V&R

Gert
Hartmann

Lebensdeutung

Theologie
für die Seelsorge

Vandenhoeck & Ruprecht
in Göttingen

Die Deutsche Bibliothek – CIP-Einheitsaufnahme

Hartmann, Gert:
Lebensdeutung: Theologie für die Seelsorge / Gert Hartmann.
– Göttingen: Vandenhoeck und Ruprecht, 1993
ISBN 3-525-62333-X

Printed in Germany
Satz: Text & Form, Hannover
Druck und Einband: Hubert & Co., Göttingen

Vorwort

Theologie für die Seelsorge

Beim Schreiben dieses Buches habe ich vorwiegend an die seelsorgerliche Praxis von *PfarrerInnen* gedacht. Ich bin selber Gemeindepastor gewesen und arbeite nun seit etwa 20 Jahren als Ausbilder mit evangelischen VikarInnen. Ich möchte den PfarrerInnen helfen, die seelsorgerliche Dimension der Theologie wahrzunehmen und in ihrer Seelsorge Theologen zu bleiben. Ich werbe dafür, dabei den Erzählungen und Bildern der Bibel Zutrauen entgegenzubringen, unbeschadet psychologischer Kenntnisse und Methoden.

Ich habe auch *PsychologInnen* im Blick gehabt, auch solche, denen Theologie bisher fremd ist. Ihnen möchte ich zeigen, wie Theologie zum Verständnis des menschlichen Lebens beitragen kann. Als Erfahrungswissenschaft unterscheidet sie sich nicht prinzipiell von Psychologie oder Soziologie. Sie hat freilich einen eigenen Beitrag zu leisten: Indem sie Lebenserfahrungen als Gestalt der Gottesbeziehung beschreibt, kann sie helfen, die Unverfügbarkeit und die Geheimnisse des Lebens wahrzunehmen. Sie setzt keinen bestimmten Glauben und keine weltanschauliche Entscheidung voraus. Wo sie sich als evident erweist, kann sie Glauben stiften.

Schließlich habe ich mich bemüht, die Dinge so darzustellen, daß sie auch ohne theologische oder psychologische Ausbildung verständlich sind. Ich wende mich auch an LeserInnen, die ohne professionelle Ziele Interesse an dem haben, worum es mir geht: Lebensdeutung. Ich hoffe, daß sie hier eigene Lebenserfahrungen beschrieben finden.

Manche theoretischen und methodischen Erläuterungen sind wohl nur für professionelle Seelsorge und Beratung bedeutsam. Andere Teile sind eher besinnlich oder erzählend. Ich versuche, exemplarisch selbst zu leisten, wozu ich anleiten will: Lebensdeutung. Das Buch soll ein Beitrag zur Theorie und Praxis der Seelsorge sein und hat selbst eine seelsorgerliche Intention.

Einige Hinweise auf meine berufliche Entwicklung

Während meines Theologiestudiums in den 50er Jahren haben zunächst das von Rudolf Bultmann vertretene Programm der Entmythologisierung und die existentiale Interpretation der Überlieferung mein Verständnis der biblischen Texte bestimmt. In den letzten Studienjahren sind mir die theologischen Entwürfe Friedrich Schleiermachers und Paul Tillichs zunehmend wichtig geworden.

Seit Beginn der 70er Jahre hat mir die Pastoralpsychologie neue Impulse gegeben. Nach gruppendynamischen Erfahrungen hat mir eine gestalttherapeutische Ausbildung zum Verständnis biblischer Symbole neue Wege geöffnet.

In Amerika habe ich mit der Therapie von Suchtkranken das Konzept der ›Anonymen Alkoholiker‹ kennengelernt. Die spirituelle Dimension dieses Programms und die Entdeckung von Suchtstrukturen auch im Leben von Menschen, die nicht von Alkohol oder Drogen abhängig sind, haben mir die Bedeutung der paulinischen Theologie neu erschlossen. Die Konzeption dieses Buches entstand denn auch, als bei einem Besuch im Therapiezentrum Hazelden, Minnesota, dem Ort dieser Erfahrungen, die Erinnerungen wieder lebendig wurden.

Lebensdeutung

Dieser Titel deutet mein Verständnis von Theologie und Seelsorge an: Ich sehe ihre Aufgabe nicht in erster Linie darin, Hilfe zu leisten, Mission zu treiben, Ruhe zu schaffen, Unruhe zu stiften oder in sonstiger Weise das Leben und die Welt zu verändern. Theologie und Seelsorge können und sollen dazu beitragen, die Dinge zu sehen, wie sie sind.

Die Dinge sehen, wie sie sind: Da mag der Eindruck entstehen, es könne nur Selbstverständliches herauskommen. Das wäre gar nicht verkehrt. Denn es ist meine Erfahrung, daß Selbstverständliches keineswegs immer auch selbstverständlich sein darf. Wir lassen uns den Blick verschleiern, oder wir verstellen uns selbst den Blick durch allerlei Manöver. Oft ist es eine erlösende Erfahrung, wenn Freude als Freude gelten darf und Trauer als Trauer, wenn Schuld als Schuld verantwortet wird, wenn Freiheit als Freiheit und Knechtschaft als Knechtschaft gesehen werden. Wenn Seelsorge dazu hilft, dient sie jedenfalls der Vergewisserung. Ob das zur Stabilisierung gerät oder zur Veränderung motiviert, wird sich finden.

Natürlich kann auch der Beitrag von Theologie und Seelsorge nur Stückwerk sein. Auch wo Wahrheit evident wird, ist sie relativ. »Wir sehen jetzt durch einen Spiegel ein dunkles Bild; dann aber von Angesicht zu Angesicht. Jetzt erkenne ich stückweise; dann aber werde ich erkennen, wie ich erkannt bin« (1.Kor 13,12).

*

Um den Lesefluß nicht zu stören, verzichte ich auf Fußnoten. Ich füge jedem Kapitel einen Anhang bei. Dort finden sich Hinweise auf Literatur und einige spezielle Gesichtspunkte für professionell Interessierte.

Inhalt

Erster Teil

Zugänge

1. Kapitel

Drei Bitten des Vater-Unsers – Drei Aspekte der Wirklichkeit

»Unser tägliches Brot gib uns heute«
»Vergib uns unsere Schuld, wie auch wir vergeben unseren Schuldigern«
»Führe uns nicht in Versuchung, sondern erlöse uns von dem Bösen«

1. Verwechslungen

Zum Beispiel: Eine leicht gestörte Geburtstagsfeier

Wir feierten den Geburtstag einer guten Bekannten. Sie hatte ein festliches Essen bereitet, und wir genossen es. Dabei unterhielten wir uns über mancherlei, unter anderem über die Zutaten und die Zubereitung des köstlichen Gerichtes.

Es dauerte nicht lange, bis einer der Gäste sich die zweite Portion mit der Bemerkung auftat, eigentlich könne er sich das gar nicht leisten. Wegen seines Gewichtes und seines Kreislaufes äße er sowieso nur mit schlechtem Gewissen, dieses Essen sei eine besonders verführerische Versuchung. Das Gespräch stockte, besonders die Gastgeberin blickte etwas verlegen in die Runde. Das Mahl nahm freilich bald wieder seinen vergnüglichen Verlauf, nachdem wir dem Thema ›Genuß und Diät‹ einen zehnminütigen Tribut gezollt hatten.

Nachhaltiger gelähmt wurde die Unterhaltung, als wir auf Urlaubsreisen zu sprechen kamen und ein weiterer Gast berichtete, wie er als Tourist in einem afrikanischen Land erschütterndes Elend gesehen habe. Seither sei ihm unser Wohlstand unerträglich, und eigentlich sollte man wenigstens bei solchen Festlichkeiten durch Bescheidenheit ein Zeichen gegen die Verführungskraft setzen. Wir reagierten zunächst mit ratlosem Schweigen. Ein Gast nahm das Thema mit Bemerkungen zu weltwirtschaftlichen Zusammenhängen auf. Einige beteiligten sich halbherzig: Sie mochten sich weder dem Thema entziehen noch dem Nachtisch, der alsbald aufgetragen wurde.

Bei dieser Geburtstagsfeier blieben dies kleine Episoden. Mir haben sie sich eingeprägt, weil ich ähnliche Verhaltensweisen auch bei schwerer wiegenden Anlässen beobachte:

Die ›Gewissensnot‹ unseres Freundes anläßlich der zweiten Portion mußte uns irritieren, weil nicht klar war, worauf er hinaus wollte, und wie ernst er es meinte. Wollte er bedauert werden? Und falls er es wollte: wegen seiner Kränklichkeit oder wegen seiner Verführbarkeit? Oder war er eher auf Bestätigung und ein bißchen Bewunderung aus? Kokettierte er mit einem ernsten Problem oder suchte er ein ernstes Gespräch über ein eitles Modethema? Vermutlich war ihm das selbst nicht klar, und seine Bemerkung tangierte uns nicht sonderlich. Nur die Gastgeberin kam in Verlegenheit: Sie fand sich als vorzügliche Köchin geehrt und zugleich als Verführerin angeklagt. Sie sollte sich daran freuen – und ein bißchen vom schlechten Gewissen übernehmen.

Über den zweiten kritischen Gesprächsbeitrag war nicht so leicht hinwegzukommen. Der Hinweis auf die Not in anderen Ländern traf einen wunden Punkt. Jeder weiß vom Ausmaß der Armut und Hungersnot. Jeder weiß auch, daß es sich dabei unter anderem um ein Verteilungsproblem handelt, und daß wir mit unserem Konsumverhalten in weltwirtschaftliche Zusammenhänge verwickelt sind. Gleichzeitig war uns klar, daß ein Konsumverzicht hier und jetzt nicht infrage käme und auch keinem nützen würde. Der war im übrigen auch nur als symbolische Handlung zur Diskussion gestellt worden, nicht als zweckdienlicher individueller Beitrag zur Hilfe. So aßen wir also weiter – mit spürbarem Unbehagen. Als Entlastung bot sich eine halbherzige Unterhaltung über weltwirtschaftliche Faktoren an.

An diesen Episoden lassen sich drei Merkmale beobachten:

1. Änderung der Stimmung statt des Verhaltens: Der Genuß des festlichen Essens wurde diskriminiert. Das geschah mit dem Hinweis auf ein gesundheitsschädliches Übermaß und auf die Not anderer Menschen, also mit gewichtigen Argumenten. Es blieb auch nicht ohne Folgen. Aber nicht das Verhalten änderte sich, sondern die Stimmung. Wir aßen ja weiter, und auch unsere beiden Freunde machten nicht den Eindruck, als wollten sie dem Genuß wirklich Einhalt gebieten.

2. Verwechslung von Schuld und Schwäche: Beide Gäste sprachen von Verführung. Der erste erwähnte mit seinem Gewissen eine moralische Instanz. Es ging aber um die Frage, welchen Genuß man sich erlaubt, und welchen Widerstand man gegen unzuträgliche Angebote leistet. Dies ist keine Angelegenheit der Moral, sondern der Autonomie und der Selbstdisziplin.

Der andere Gast dagegen redete nicht von Gewissensdruck, sondern von symbolischem Widerstand gegen Verführungskraft und Verführbarkeit. Er traf aber unser Gewissen. Mit der Erinnerung an weltweite Ungerechtigkeit hatte er die Frage nach Verantwortlichkeit und Schuld angesprochen, bei der moralische Maßstäbe durchaus eine Rolle spielen.

Zum Vergleich: Der erste Gast ähnelte einem Alkoholiker, der mit ›schlechtem Gewissen‹ sein Trinken als Schuld empfindet – und damit seine willentlich kaum zu beeinflussende Sucht vor sich selbst verschleiert. Der zweite redete wie ein nicht suchtkranker Autofahrer, der das vierte Glas Wein damit ›entschuldigt‹, daß Alkohol bei einem Festessen »leider« üblich ist – und damit seine Verantwortlichkeit überspielt.

3. Diskriminierung des Genießens: Beide Gesprächsbeiträge gaben zu verstehen, daß Genuß irgendwie bedenklich ist. Häufig meldet sich der Verdacht, daß Genuß und Maßlosigkeit oder Verantwortungslosigkeit nahe beieinander liegen. Dem meint man die Warnung vor Gier und den Hinweis auf das Gewissen unverzüglich entgegensetzen zu müssen. Spezialisten verfügen über einen weiteren Trick: »Eigentlich kann ich es mir nicht leisten, aber man soll ja nichts umkommen lassen!«

Sicherlich: Wer krank ist, kann nicht unbeschwert jedes Essen genießen. Ihm ist die Freiheit zu wünschen, unbefangen um Diät zu bitten. Grundsätzlich aber haben Genuß und Maßlosigkeit wenig miteinander zu tun. Vielmehr liegen Genußfähigkeit und Freiheit zum Verzicht näher beieinander. Hätte unser Freund – falls er nicht ernstlich krank war – sich die zweite Portion unbeschwert munden lassen, hätte er vermutlich am nächsten Tag umso leichter fasten können.

Gegen solche Verwechslungen gilt es zu sehen, daß sich Genuß und Gier unterscheiden, und daß Schuld und Verfallenheit nicht dasselbe sind. Aber mit intellektueller Klarheit allein ist es wohl nicht getan. Es gilt, den geheimen Motiven für solche Verwechslungen zu widerstehen. Es bedarf der Freiheit, sich solche Unterscheidung erlauben zu können. Merkmale solcher Freiheit wären Genußfähigkeit, Verantwortungs- und Schuldfähigkeit, schließlich Ehrlichkeit im Blick auf die eigene Verführbarkeit. Es bedarf der Freiheit, sich den Genuß dessen zu erlauben, worum man beten kann: »Unser tägliches Brot gib uns heute«, ohne sofort die Warnung vor Maßlosigkeit oder das moralische Gewissen ins Feld zu führen. Es bedarf der Freiheit, die eigene Verantwortlichkeit nicht durch die Beschwörung von Ohnmacht zu schmälern, wenn besser zu beten wäre: »Vergib uns unsere Schuld, wie auch wir vergeben unseren Schuldigern.« Endlich bedarf es der Freiheit, sich die eigene Ohnmacht einzugestehen, wenn nur noch das Gebet sinnvoll ist: »Erlöse uns von dem Bösen.«

Mit diesem Buch will ich theologische Hilfe zu einer Seelsorge leisten, die dieser Freiheit dient. Im Lauf meiner Überlegungen werde ich auch auf dramatische Fälle solcher Verwechslungen zu sprechen kommen. Hier habe ich bewußt einen undramatischen Fall zum Beispiel genommen: Nach meinem Verständnis ist Seelsorge nicht nur die Begleitung von Menschen in mehr oder weniger schweren Krisen, sondern ein Beitrag zur Kultivierung des alltäglichen Lebens. Dabei interessieren mich auch die guten Tage.

2. Eine Assoziations- und Meditationsübung

Solchen Unterscheidungen und der Freiheit, sie sich erlauben zu können, dient das Nachdenken über drei Bitten aus dem Vater-Unser, zu dem ich Gruppen und einzelne oft anleite:

Varianten der Übung

Gewöhnlich bitte ich die TeilnehmerInnen einfach, sich zu notieren, woran die drei Bitten sie jeweils denken lassen, oder worum sie damit konkret beten würden:

»Unser tägliches Brot gib uns heute. – Vergib uns unsere Schuld, wie auch wir vergeben unseren Schuldigern. – Führe uns nicht in Versuchung, sondern erlöse uns von dem Bösen«.

Manchmal formuliere ich den Bitten entsprechende Leitfragen:

Was brauche ich wie das tägliche Brot? – Wofür weiß ich mich verantwortlich und werde dem möglicherweise nicht gerecht? Wo leide ich Unrecht? – Wie erlebe ich die Versuchung oder den starken Druck, mich zu etwas hinreißen zu lassen?

Sich unmittelbar einstellende Ergebnisse

Die Bitte um das tägliche Brot läßt nicht nur an die Nahrung denken. Die Gedanken richten sich auf vielerlei Güter und Werte, die wir brauchen oder zu brauchen meinen, die wir genießen oder vermissen wie das »tägliche Brot«: Gesundheit zum Beispiel oder Anerkennung, gedeihliche familiäre und politische Lebensumstände und anderes mehr.

Die Bitte um Vergebung und Vergebungsbereitschaft läßt häufig zuerst auf familiäre Beziehungen aufmerksam werden, auch auf berufliche Situationen. Einzelne Fehlleistungen fallen ein, auch Schuld aus Interessenkonflikten und tragischen Verwicklungen. Die Aufmerksamkeit richtet sich bald auch auf Schuld an politischer Ungerechtigkeit.

Sehr unterschiedlich sind die Einfälle zur Bitte um Bewahrung vor Versuchung und um Erlösung vom Bösen. Eifersucht taucht hier auf, auch Ehrgeiz, Trägheit oder Arbeitswut. Das Essen findet sich noch einmal als Verführung zu unzuträglicher Gier. Konsumgüter fallen ein, die eine irritierende, vielleicht wirklich bedrohliche Anziehungskraft haben. Der Alkoholiker weiß, wovon er redet, wenn er hier den Alkohol erwähnt. Auch Sachzwänge werden genannt, denen man wirklich oder vermeintlich unterliegt.

Oft lenken die drei Bitten die Aufmerksamkeit auf jeweils unterschiedliche Lebensgebiete, auf Beziehungen zu jeweils verschiedenen Menschen und Dingen. Das ist verständlich. Es kann realistisch und erhellend sein, wenn jemand sich z.B. in der Familie eher empfänglich für das »tägliche Brot« findet und im Beruf eher verantwortlich – oder umgekehrt. Es kann sich freilich herausstellen, daß eine verzerrte Wahrnehmung vorliegt.

Ebenso häufig tauchen dieselben Beziehungen bei den Einfällen zu allen drei Bitten auf. Es ist dasselbe Brot, das uns ernährt, mit dessen Verteilung wir Unrecht tun und erleiden, demgegenüber Gier oder Ekel uns unfrei machen können. Wir mögen in einer Partnerschaft empfangen oder entbehren, was dem Leben dient wie das »tägliche Brot«. In derselben Partnerschaft können unfrei machende Manipulationen stattfinden, die das Zusammenleben nur solange nicht ernsthaft gefährden, als sie in erträglichen Grenzen bleiben.

Es gibt freilich Beziehungen, die so korrumpiert sind, daß die für sie charakteristischen Erfahrungen nur noch der Bitte um Bewahrung vor Versuchung und Erlösung vom Bösen zugeordnet werden können. Zum Beispiel die Beziehung des Suchtkranken zum Alkohol. Oder die Beziehung zu Eltern in einer symbiotischen Bindung.

Daß es sich um drei Bereiche handelt, die normalerweise in jeder Beziehung zu finden sind, wird am ehesten deutlich, wenn man die Leitfragen gezielt auf bestimmte Lebensbereiche richtet: Was brauche ich wie das tägliche Brot – wo sehe ich mich verantwortlich – wo verführbar z.B. als Mutter oder Lehrer? Als Gemeindepfarrerin oder Gemeindeglied, als Nachbar, Staatsbürgerin, Autofahrerin, Sportler usw.?

Intentionen der Übung

In dieser Übung erweisen sich die Bitten aus dem Vater-Unser als Wahrnehmungs- und Deutungshilfe. Sie lassen jede Beziehung zu Menschen und Dingen, jeden Ausschnitt unseres Lebens unter drei Aspekten betrachten und so drei Erfahrungsbereiche wahrnehmen, die die Realität dieser Beziehung ausmachen.

Unter dem Aspekt der Bitte um das tägliche Brot kommt zu Bewußtsein, inwiefern wir – allgemein oder in einer bestimmten Beziehung – angewiesen sind auf das, was wir empfangen oder vermissen, genießen oder entbehren. Dazu gehört mehr als die nötige ›Grundnahrung‹. Dazu gehört alles, was als gedeihliche Gabe der Lebensentfaltung dient. Wahrgenommen wird so der Bereich der geschöpflichen Abhängigkeit.

Die Bitte um Vergebung und Vergebungsbereitschaft läßt uns unsere Beziehungen unter dem Aspekt der Verantwortung sehen. Sie läßt wahrnehmen, inwiefern wir weder der Verantwortung immer gerecht werden noch immer Gerechtigkeit erfahren.

Die Bitte um Bewahrung vor Versuchung und Erlösung von dem Bösen läßt uns darauf aufmerksam werden, wie wir in jeder Beziehung auch mit einer Macht konfrontiert sind, die uns zu destruktivem Verhalten zu verführen droht oder deren Einfluß gegenüber wir uns ohnmächtig finden. Dies ist der Bereich von Verführbarkeit und destruktiver Abhängigkeit. Diese Abhängigkeit zeigt Strukturen, wie sie regelmäßig bei der Sucht zu beobachten sind.

Um ›Abhängigkeit‹ geht es im zuerst wie im zuletzt genannten Bereich. Eben dies wahrnehmbar zu machen, und dabei die geschöpfliche von der suchtartigen Abhängigkeit zu unterscheiden, ist eine Intention dieser Übung. Ebenso wichtig ist die Unterscheidung zwischen dem moralisch zu messenden Bereich der Verantwortlichkeit und dem Bereich der suchtartigen Abhängigkeit, die sich moralischer Beurteilung entzieht.

Diese Übung trägt zu einer reifen Spiritualität bei.

Ihr Beitrag liegt zunächst darin, daß wahrnehmbar wird, wie in der Beziehung zu Menschen, Dingen oder Werten diese drei Erfahrungsbereiche konkret gestaltet sind. Dabei machen die TeilnehmerInnen zuweilen überraschende Entdeckungen. Die können beglückend oder beunruhigend sein. Damit verbunden ist die Wahrnehmung, daß diese Bereiche ihre eigene Erlebnisstruktur und ihr eigenes Recht haben. Die Formulierungen des Vater-Unsers lassen das unmittelbar spürbar werden: Es ist grundverschieden, ob ich etwas als »tägliches Brot« empfange oder als Versuchung des Bösen erkenne, ob ich um Vergebung bitte oder auf Erlösung hoffe. Gegen die Tendenz zur Vermischung oder Verwechslung ist dies ein Beitrag zur Freiheit, in der man es sich erlauben kann, jeweils einen Bereich in den Vordergrund des Bewußtseins treten zu lassen: Empfangen und Genießen haben ihre Zeit, ethisches Handeln und um Vergebung bitten haben ihren Anlaß, Askese und Verführbarkeit haben ihr eigenes Gesicht.

Wenn ich in einem seelsorgerlichen Gespräch auf einen im Bewußtsein diffusen Konflikt stoße, gebe ich oft zu bedenken, welche der drei Bitten hier am ehesten ein angemessenes Gebet wäre. Dabei geht es mir dann gezielt um heilsame Unterscheidung und gegen destruktive Verwechslung. Denn wo das moralische Gewissen von Pflicht und Schuld sprechen läßt, weil man eigene Wünsche und Bedürfnisse nicht einzugestehen wagt, sollte man nicht um Vergebung bitten, sondern um das tägliche Brot. Darum zu beten, bedeutet eben auch, sich angesichts Gottes zu erlauben, diese Wünsche und Bedürfnisse zu haben. Die Bitte um Bewahrung vor Versuchung und Erlösung vom Bösen läßt mindestens ansatzweise sehen, daß Erlösung und Vergebung nicht dasselbe sind. Dies kann vor Allmachtsphantasien bewahren, die mit Schuldgefühlen oft verbunden sind. Es kann helfen, die eigene Macht und Ohnmacht realistisch einzuschätzen. Und umgekehrt: Um Vergebung und Vergebungsbereitschaft zu beten, wo es wirklich angebracht ist, bedeutet Verantwortung zu übernehmen, statt sich unter Hinweis auf eigene Ansprüche oder Schwächen zu ›entschuldigen‹.

Ein Fallbericht

In einem Seminar mit Leitern diakonischer Einrichtungen war unter dem – sich bald als verführerisch erweisenden – Motto »ich muß mir untreu werden« von einem Konflikt erzählt worden. In der betreffenden Einrichtung bildeten ein Kaufmann, ein Verwaltungsfachmann und ein Therapeut das Leitungsteam. Den dreien war klar, daß es immer wieder zur Konkurrenz zwischen unternehmerischen, verwaltungsgemäßen und therapeutischen Erfordernissen kommen würde. Sie waren es gewohnt, Kompromisse zu suchen. Dies gelang aber nicht im Fall einer bestimmten Personalentscheidung. Es ging um die Frage, ob ein kränklicher Mitarbeiter zu versetzen wäre, der seiner verantwortungsvollen Aufgabe nicht gewachsen war und so die übrigen Mitarbeiter und den Etat belastete. Eine Entscheidung konnte nicht herbeigeführt werden, weil moralische Bewertungen und Diskriminierungen die Sicht vernebelten.

In einem Rollenspiel, bei dem die Situation simuliert und eine akzeptable Lösung gesucht werden sollte, kam dies deutlich zutage. Dabei hatte der therapeutische Leiter zunächst ein leichtes Spiel. Ihm ging es schließlich um die Menschen und deren Rehabilitation. Dieses humane Engagement müsse sich auch auf den kranken Mitarbeiter beziehen, dem eben ein weiterer zur Seite gestellt werden müsse. Dabei konnte der Therapeut zwar das für sein Programm nötige Geld nicht herbeizaubern. Er konnte aber den Kollegen den Schwarzen Peter zuspielen: Es dürfe nicht nur verwalterisch um korrekte Zahlen und Gesetzeserfüllung gehen, erst recht nicht unternehmerisch um Gewinn und Expansion. Die Kollegen nahmen den Schwarzen Peter prompt an. Es kam ihnen weder zu Bewußtsein, daß auch sie mit ihrer professionellen Kompetenz den Menschen dienten, noch fragten sie nach der professionellen Solidität des therapeutischen Programms. Sie reagierten vielmehr defensiv und warben um Verständnis dafür, daß sie eben auch nicht könnten, wie sie wollten, sich also »untreu« werden müßten. Das hinderte sie freilich nicht, den therapeutischen Leiter aggressiv von dem Sockel zu stürzen, auf den er sich mit ihrer Unterstützung gesetzt hatte: Er sei die Realitäten betreffend ahnungslos und ein Träumer. Das schlechte Gewissen aller verhinderte denn auch einen redlichen Kompromiß. Es führte zum faulen Kompromiß, die Entscheidung um ein halbes Jahr zu vertagen. Es wurde nicht mehr bedacht, was das im Ernstfall kosten würde.

Die drei ließen sich also verwirren durch den irrationalen Gebrauch des Wertes ›Menschlichkeit‹. Dieser Wert wurde ohne weiteres ausschließlich der Profession des Therapeuten zugeordnet, deren Ambivalenz dadurch nicht mehr wahrnehmbar war. Seine ›menschenfreundliche‹ Option bedurfte weiter keiner fachkundigen Begründung. Ebenso ausgeblendet wurde die Möglichkeit, daß es auch eine den anderen beiden Professionen eigentümliche Moralität geben könnte.

In dieser Situation formulierte ich die Leitfragen:

»Wenn ich unsere Einrichtung unter unternehmerischen – bzw. verwaltungsgemäßen – bzw. therapeutischen Gesichtspunkten leiten will,

- brauche ich wie das tägliche Brot ...,
- bin ich verantwortlich für ... und werde dem möglicherweise nicht gerecht,
- besteht die Versuchung, mich hinreißen zu lassen zu ...«

Unter Assistenz je eines Drittels der Teilnehmer bedachten nun die drei Betroffenen diese Fragen und spitzten sie auf ihre Profession zu. Sie kamen zu interessanten Ergebnissen:

Der unternehmerisch orientierte Leiter fand, daß er neben beruflicher Erfahrung wie das tägliche Brot z.B. eine solide Marktanalyse brauche, der Verwalter neben tüchtigen Mitarbeiterinnen verläßliche Daten und ein Telefax-Gerät, der therapeutische Leiter neben Menschenfreundlichkeit auch Nüchternheit und Geld.

Daß sie alle auf ihre Weise Fehler machen konnten, war ihnen klar. So wurden auf die Frage nach der Verantwortlichkeit Fehldiagnosen, Vernachlässigung oder Überforderung von Mitarbeitern und anderes genannt.

Verführerisch erschien dem Unternehmer die Versuchung, sich in zu hohe Ziele zu verlieben, Menschen wie Schachfiguren zu versetzen und sich den Marktgesetzen kritiklos anzuvertrauen. Der Verwalter fand sich versucht, die absolute Gültigkeit scheinbar objektiver Daten zu behaupten und Sachzwänge zu postulieren. Der therapeutische Leiter nahm die Versuchung wahr, sich zu Übereifer hinreißen zu lassen, damit die Patienten abhängig zu machen oder zu überfordern.

Es ging in dieser Übung also nicht einfach darum, die Gaben herauszuarbeiten, mit denen die Beteiligten der gemeinsamen Sache dienen können, als gäbe es keine ernsthafte Konkurrenz. Mein Ziel war es, die Irrationalität der moralischen Bewertung dieser Konkurrenz zu entlarven. Der Therapeut erschien ohne weiters als Menschenfreund, der professionell vertrat, was zu tun ›eigentlich‹ alle schuldig wären, während der Kaufmann und der Verwalter eo ipso als Repräsentanten von Schuld oder Verführung galten. Deshalb sollte wahrnehmbar werden, wie die verschiedenen Professionen mit ihren Werten und Leitbildern ihre jeweils eigentümlichen Ambivalenzen und ihre eigene Würde haben. Diese Würde wird erkennbar, wenn von den Angehörigen eines Berufes ihre spezifische Abhängigkeit vom »täglichen Brot«, ihre Fehlbarkeit und ihre Verführbarkeit als Merkmale ihrer Gottesbeziehung verstanden werden. Sie müssen sich weder einander überlegen fühlen noch voreinander schämen, weil sie alle das Vater-Unser beten und die Bitten auf ihre Weise füllen können.

Bei anstehenden Entscheidungen wird dadurch ein redlicher Kompromiß möglich. Denn dieser setzt Stärke voraus, während aus Schwäche und schlechtem Gewissen nur faule Kompromisse entstehen. Auch der redliche Kompromiß enthält mindestens für einen Beteiligten die nur zweitbeste Lösung. Aber das heißt dann nicht mehr »ich muß mir untreu werden«, was ein Symptom für Abhängigkeit wäre mit Scham oder Zynismus zur Folge. Es heißt vielmehr: Ich riskiere es, schuldig zu werden, und hoffe auf Vergebung.

Irritationen, die sich bei der Übung einstellen

Leider erweisen sich die Bitten aus dem Vater-Unser nicht immer eindeutig als Wahrnehmungs- und Deutungshilfe von Lebenserfahrungen. Es stellen sich auch Unsicherheiten und Irritationen ein. Dazu einige Beispiele: Zum Stichwort »tägliches Brot« fällt einem nicht alles ein, was man tatsächlich genießt oder entbehrt, und zuweilen wagt man nicht zu notieren, was eingefallen war. Es scheint, als wäre es des Gebetes nicht wert oder würdig: Die Wohnung wird leichter dieser Bitte subsumiert als Geld, Gesundheit leichter als Potenz, naturgegebene Dinge wie Nahrung und Gesundheit eher als technische Geräte.

Häufig wird der Bitte um das »tägliche Brot« zugeordnet, wessen man sich schuldig fühlt. So denken Pfarrer oft nicht an Geld und Anerkennung, die sie selbst empfangen oder entbehren. Sie meinen vielmehr, wie das »tägliche Brot« Zeit und Energie zu benötigen, alle Einsamen zu besuchen. Nicht an die eigene Wohnung wird gedacht, in der man Ruhe genießt, sondern an die unwohnlichen Behausungen derer, denen gegenüber man ein schlechtes Gewissen hat. Als »tägliches Brot« gilt dann alles, was zu einer heilen Welt fehlt – und es wird ganz unklar, ob man Gott oder sich selbst für die Schadhaftigkeit der Realität verantwortlich macht.

Oft weiß man nicht recht, ob bestimmte Einfälle der Bitte um Vergebung zuzuordnen sind, oder ob sie eher zur Bitte um Erlösung vom Bösen gehören. Das ist nicht verwunderlich. Denn so wichtig es ist, Schuld und destruktive Abhängigkeit zu unterscheiden: Im Alltag werden sie häufig verwechselt.

Zu einzelnen Bitten fallen vornehmlich Erfahrungen aus bestimmten Lebensgebieten ein, andere Bereiche werden ausgespart. Das häusliche Leben erscheint als Bereich des Empfangens, der Beruf als Feld der Pflicht, als ob man dort nicht auch Befriedigung genösse. Das politische Leben gilt als Feld der Verantwortlichkeit, als würde es uns nicht auch mit Gütern versorgen, und als stießen wir hier weniger auf Verführungen und an Grenzen unserer Macht.

Soweit die Beispiele. Wir haben es mit einem zwiespältigen Phänomen zu tun: Die Bitten des Vater-Unsers erweisen sich oft als Deutungs- und Wahrnehmungshilfe. Sie helfen dann, Gedeihliches von Verführerischem und Schuld von Verfallenheit zu unterscheiden. Zuweilen stiften sie selbst die Verwirrung. Beides hängt mit ihrer religiösen Sprache zusammen.

3. Theologische Implikationen der Übung und ihrer Ergebnisse

Die Leitfragen der Übung beziehen sich auf Alltagserfahrungen. Selbstverständlich lassen sich diese Erfahrungen auch in säkularer Sprache und ohne Berücksichtigung ihrer religiösen Dimension beschreiben, z.B. als Erfahrungen von Reichtum und Mangel, von Recht und Unrecht, von Verführbarkeit und Ohnmacht. Die Symbolsprache der Leitfragen und ihre Herkunft aus einem vertrauten Gebet führen ohne weiteres dazu, unter den drei Aspekten auch die religiöse Dimension unserer alltäglichen Erfahrungen wahrzunehmen. Die Symbolsprache läßt spürbar werden, daß es in unserer Beziehung zu Menschen und Dingen um unsere Identität und Spiritualität geht, und daß die Aspekte unserer Beziehungen eben auch Aspekte unserer Gottesbeziehung sind.

Einige Beobachtungen und Gedanken mögen dies erläutern und zugleich auf Themen des dritten Teiles hinweisen:

»Unser tägliches Brot gib uns heute.«
Der Erfahrungsbereich geschöpflicher Abhängigkeit.

Diese Bitte läßt uns auf das aufmerksam werden, was wir wie das »tägliche Brot« benötigen oder uns wünschen, was wir haben oder entbehren. Dadurch wird die Vielseitigkeit unseres geschöpflichen Lebens sichtbar. Das ist eine durchaus ambivalente Erfahrung: Die Fülle der Einfälle zur Bitte um das »tägliche Brot« läßt den Reichtum der Schöpfung und die Vielseitigkeit unseres Lebens ebenso zu Bewußtsein kommen wie das Ausmaß unserer Abhängigkeit. Es kann zu Freude und Erschrecken, zu Lob und Klage führen. Um das »tägliche Brot« in seiner vielfältigen Gestalt zu bitten bedeutet, die Spannung von Genießen und Entbehren als Merkmal des menschlichen Lebens wahrzunehmen.

Geschöpfliche Abhängigkeit hat einen paradoxen Charakter. Sie ist eine Abhängigkeit, die Freiheit entstehen läßt und Wachstum ermöglicht. Und umgekehrt: Wenn in einer Beziehung zu Menschen oder Dingen die Abhängigkeit von der Art ist, daß sie zugleich Freiheit zur Gestaltung stiftet, darf man von geschöpflicher Abhängigkeit reden. Eben dies unterscheidet sie von destruktiver Abhängigkeit, in der wir Nahrung empfangen, die sich bald als Gift erweist, und in der wir durch illusionäre Freiheit in Knechtschaft gelockt werden.

Aber wie gesagt: Mit der Leitfrage nach dem »täglichen Brot« stellen sich auch Hemmungen ein und zensieren die Wahrnehmung. Manche Hemmungen gehen wohl auf kulturell vermittelte Bewertungen zurück: Bei der Bitte um das tägliche Brot denkt jeder sogleich und unbefangen an die Nahrung. Nicht so ohne weiteres kommt man auch auf Getränke. Der Gedanke an Hungersnot liegt uns offenbar noch näher als der an Durst. – Den Wein nimmt man zögerlicher ins Gebet als das Brot, obwohl ihn die Bibel nicht nur zu den Wohltaten der Schöpfung zählt, sondern auch zu den

Segnungen des Reiches Gottes. Gilt er als bedenklicher Luxus? Oder als zu gefährliches Rauschmittel? – Daß man eine Wohnung braucht wie das »tägliche Brot«, läßt sich leicht sagen. Geld wird nur selten erwähnt, obwohl man es ja zur Bezahlung der Wohnung braucht. Meldet sich hier die Angst, damit in die Nähe von Habsucht zu geraten oder gar in die Fänge des Mammon? – usw. Ich empfehle den LeserInnen, bei sich selbst nach Befangenheiten bezüglich vielerlei zu suchen, was zu unserer natürlichen und kulturellen Ausstattung gehört: Um Gesundheit zu beten, gilt als selbstverständlich. Auch um Leistungskraft? Um sexuelle Lust?

Wenn jemand bei dieser Übung darauf aufmerksam würde, daß für ihn bestimmte Dinge nicht zum »täglichen Brot« zählen können, weil sie nach der für ihn verbindlichen Tradition als überflüssig oder verboten gelten, so wäre über Sinn oder Unsinn solcher Bewertungen leicht zu reden. Der Normalfall ist aber, daß solche Traditionen nur halbbewußt im Hintergrund wirksam sind. Das führt dazu, daß etwas eines Gebetes nicht wert oder würdig erscheint, obwohl wir es wie selbstverständlich gebrauchen. Es gehört somit zum Leben wie »das tägliche Brot«, scheint aber in die Gottesbeziehung nicht hinein zu passen. Das kann sich destruktiv auswirken. Denn was nicht integriert, deshalb auch kaum kultiviert ist, kann sich leicht zum Nicht-Integrierbaren wandeln. Es stellt mindestens eine Versuchung zum Moralisieren dar: Geld z.B., Sexualität oder ein Festessen fallen dann sofort unter dem Aspekt von Verantwortlichkeit und Schuld ein noch ehe man wahrnimmt und sich eingestehen kann, wie sehr man sie genießt oder entbehrt, und daß sie dessen auch wert sind. Daß mit ihnen auch Versuchungen verbunden sind, bleibt natürlich ohnehin spürbar. Diffuse und irrationale Bewertungen nähren so den Verdacht, daß es sich vielleicht doch ganz und gar um Werke des Bösen handelt.

Deshalb müssen wir geschöpfliche Abhängigkeit so beschreiben, daß irrationale Bewertungen überwunden werden. Sie tragen sonst zur Abspaltung bestimmter Erfahrungsbereiche aus dem spirituellen und kulturellen Leben bei.

Andere Hemmungen zeigen, wie schwer es uns fällt, handwerkliches und technisches Handeln zu Gottes schöpferischem Handeln in Beziehung zu setzen:

Unbefangen werden der Bitte um das »tägliche Brot« Dinge zugeordnet, die wir immer noch eher als Gaben der Natur empfinden, etwa Nahrung oder Gesundheit. Dagegen werden Dinge zögerlicher genannt, bei denen unmittelbar bewußt ist, daß sie durch Handwerkskunst oder gar Technik hergestellt sind. Bei den oben genannten Leitern diakonischer Einrichtungen löste die Erwähnung eines Telefax-Gerätes zuerst Heiterkeit, dann Nachdenklichkeit aus: Gehört so etwas ins Gebet? Zwischen diesen Extremen – Brot und Telefax – gibt es eine Skala zunehmender Befangenheit: Haus und Wohnung werden eher zum Gegenstand von Dank und Bitte als ein Auto.

Diese Verlegenheit hängt wohl mit der Art zusammen, in der wir die Aufklärung in unser Alltagsbewußsein aufgenommen haben: Wir haben es uns angewöhnt, Naturwissenschaft und Technik als Ausdrucksformen menschlichen Denkens und Handelns zu betrachten, über die theologisch allenfalls unter dem Aspekt des verantwortlichen Umgangs mit ihnen nachgedacht wird.

Die Aufgabe ist also, Gott als Schöpfer so zu beschreiben, daß Natur und Technik, menschliches Empfangen und Tun als Manifestationen der Kreativität Gottes erscheinen.

»Vergib uns unsere Schuld, wie auch wir vergeben unseren Schuldigern.« Der Erfahrungsbereich von Verantwortlichkeit und Schuld

Die Frage nach Einfällen zu dieser Bitte löst weniger Verlegenheiten aus als die Frage, was einem als »tägliches Brot« gilt. Man weiß eindeutiger zu sagen, was als begangenes oder erlittenes Unrecht der Vergebung bedarf. Das ist merkwürdig. Denn sonst zeigen sich in Gesellschaft und Kirche im Umgang mit Schuld sehr wohl Verlegenheiten: Aus unterschiedlichen ethischen Maßstäben resultieren sonst brisante Konflikte. Die einen bewerten als Schuld, was andere als rechtes Verhalten ansehen. Man denke an den Streit um die Abtreibung. Hinzu kommt, daß ein Fehlverhalten in bestimmten Lebensbereichen schneller und schärfer als ›Sünde‹ diskriminiert wird, während belästigende oder gefährliche Verhaltensweisen in anderen Bereichen eher als ›Kavaliersdelikte‹ verharmlost werden. So ist es verwunderlich, daß solche Differenzen sich nur selten auf das Nachdenken über diese Bitte des Vater-Unsers irritierend niederschlagen.

Ich habe den Eindruck, daß die Sprache des Gebetes einer falschen Problematisierung entgegenwirkt. Das Vater-Unser fordert eben nicht, gründlich zu erwägen, was richtig oder falsch, gut oder böse ist. Es legt noch weniger nahe, spitzfindig schwerwiegende von verzeihlichen Sünden zu unterscheiden. Das Vater-Unser regt schlicht an, um Vergebung und Vergebungsbereitschaft zu beten. Es setzt voraus, daß jeder weiß, wofür er der Vergebung bedarf. Es versichert uns der Hoffnung auf Vergebung und macht es damit leichter, sich der Verantwortung zu stellen. Es macht überflüssig zu grübeln, wie schwer eine Schuld wiegt. Damit fördert das Gebet eine Spiritualität, die unterschiedlichen Normen ein relatives Recht einräumt und gleichzeitig die persönliche Verantwortlichkeit schärfer sehen läßt.

Nicht selten tritt allerdings eine Irritation auf, wenn man anschließend über die Bitte um Bewahrung vor Versuchung und Erlösung von dem Bösen nachzudenken beginnt: Man wird dann unsicher, ob bestimmte Einfälle wirklich dem Bereich der Schuld und der Bitte um Vergebung zuzuordnen sind. Manches wäre vielleicht realistischer als Verführbarkeit oder Verfallenheit einzuschätzen und gehörte zur Bitte um Erlösung. Oder umgekehrt. Dies läßt auf Unsicherheiten aufmerksam werden, die im privaten und öffentlichen Leben zu Verwicklungen führen. Denn Schuld hat mit Schuldfähigkeit zu tun und setzt einen Spielraum zur Willensentscheidung voraus. Versuchlichkeit und Verfallenheit dagegen sind Erfahrungen potentieller oder akuter Ohnmacht, also psychisch oder sozial bedingter Knechtschaft auch des Willens. Wenn als Schuld bewertet wird, was realistischerweise zuerst als Verführbarkeit oder Abhängigkeit von »bösen« Mächten verstanden werden muß, dann fördert das keineswegs ein angemessenes Schuldbewußtsein. Es trägt zu unrealistischen Schuldgefühlen bei, unter denen sich Größenphantasien verbergen. Umgekehrt bedeutet es eine Verleugnung von Verantwortlichkeit, wenn zur ›Entschuldigung‹ für ein bestimmtes Verhalten übermächtige Sachverhalte oder teuflische Mächte ins Feld geführt werden, obwohl sie das psychische oder soziale Leben gar nicht beherrschen.

Auch dieser Verwechslung wirkt die Meditation der Bitten des Vater-Unsers entgegen, indem sie auf den Unterschied von Vergebung und Erlösung aufmerksam werden läßt. Das setzt keine präzise Bestimmung der Begriffe ›Vergebung‹ und ›Erlösung‹ voraus. Vielmehr weckt – umgekehrt – die Frage, wann man um Vergebung, wann um Erlösung beten möchte, unmittelbar Verständnis dafür, was es damit auf sich hat: ›Vergebung‹ bedeutet die Heilung einer gestörten Beziehung, ›Erlösung‹ die irgendwie geartete Befreiung von einer fremden Macht.

»Führe uns nicht in Versuchung, sondern erlöse uns von dem Bösen«
Der Erfahrungsbereich von Verführbarkeit und destruktiver Abhängigkeit

Unter dem Aspekt dieser Bitte wird man aufmerksam auf Beziehungen oder auf Bereiche bestimmter Beziehungen, die zerstörerisch erscheinen und es möglicherweise tatsächlich sind. Erfahrungen, die man als »Versuchung« ansieht oder der Bitte um Erlösung »von dem Bösen« zuordnet, werden damit eindeutig negativ bewertet. Es sind aber nicht eindeutig Leiderfahrungen. Erlebt werden sie vielmehr – darin den Erfahrungen im Bereich der geschöpflichen Abhängigkeit scheinbar (!) ähnlich – als ambivalent:

Eifersucht wird eher quälend erlebt, ihr emotionaler Gewinn bleibt oft unbewußt. – Übertriebener Ehrgeiz dagegen wird vordergründig eher lustvoll erfahren. – Konsumzwang wird meistens zunächst genossen und gegen die sich aus dem Hintergrund meldende, oft als ›schlechtes Gewissen‹ gedeutete, Stimme verteidigt. – Politisch bedingte Unfreiheit wird stärker als Last erlebt. Aber ohne die Verführbarkeit vieler zu gewinnbringender Mitläuferschaft kämen solche Zwangslagen selten zustande.

Eben in dieser scheinbaren Ambivalenz stellen die Dinge eine Versuchung dar. Ihre eindeutig negative Bewertung hängt mit der Einsicht in die absehbar zerstörerischen Folgen zusammen. Hauptsächlich aber resultiert sie aus der Erfahrung, daß diese Einsicht gegebenenfalls wenig nützt, weil man sich unfrei findet, nach ihr zu handeln. Man hatte sich schließlich schon 100 mal entschlossen, nicht mehr eifersüchtig, gierig, geizig usw. zu sein. Die Hoffnung, der 101. Vorsatz würde die Befreiung bringen, ist unrealistisch. Der Druck mag von innen oder außen kommen, verführerisch lockend oder offen drohend: Er beherrscht uns oder führt uns mindestens in Versuchung.

Ohne weiteres frei machen können wir uns natürlich auch nicht von den Dingen, die wir benötigen wie das »tägliche Brot«. Deshalb spreche ich dort von ›geschöpflicher Abhängigkeit‹. Um ›Abhängigkeit‹ handelt es sich hier wie dort. Aber der Aspekt der geschöpflichen Abhängigkeit läßt uns Beziehungen zu Menschen und Dingen sehen, die ambivalent sind: Sie binden uns und eröffnen einen Freiraum, sie bereiten Freude und Mühe, sie dienen dem Leben und kosten ihren Preis. In destruktiver Abhängigkeit aber haben wir es mit Dingen zu tun, die ihre Ambivalenz eingebüßt haben. Ihre scheinbare Ambivalenz macht ihre Verführungskraft aus. Der zeitweilige Gewinn ist die Droge, mit deren Hilfe wir in Abhängigkeit »von dem Bösen« geraten. Mit der geschöpflichen Abhängigkeit ist die Freiheit zu genießen und zu entbehren gegeben. In destruktiver Abhängigkeit wollen wir auf den Genuß des Giftes um keinen Preis verzichten.

Ist »der« oder »das Böse« gemeint in der Bitte um Erlösung?

Die Auslegungsfrage, ob hier maskulin oder neutrisch von dem Bösen die Rede ist, ist uralt. Der griechische Text wie die deutsche Übersetzung lassen beide Deutungsmöglichkeiten zu. Seit ich mich in der hier beschriebenen Weise mit den Bitten des Vater-Unsers beschäftige, hat für mich nur noch die maskuline Form Evidenz:

Die Symbolsprache der Bitten des Vater-Unsers ist kein verzichtbares Beiwerk. Gerade sie läßt verstehen, daß es beim »täglichen Brot« nicht nur um Sättigung geht, sondern um unsere Identität und Gottesbeziehung. Sie läßt uns die spirituelle Dimension des Genießens und Entbehrens wahrnehmen. Ebenso kann die Tiefe der Erfahrungen suchtartiger Abhängigkeit nur in einer entsprechenden Symbolsprache beschrieben werden. Zur Beschreibung einer Wirklichkeit, in der weder geschöpfliche Ambivalenzen Platz haben, noch vergebende Gnade etwas ausrichten kann, bietet sich nur die symbolische Rede vom Teufel als widergöttlicher Macht an. Darüber hinaus würde die neutrische Rede suggestiv nahelegen, »das Böse« allein in uns selbst, in unseren Trieben oder unserem Willen zu suchen. Das würde auf die Verteufelung unserer Triebe hinauslaufen. Es geht hier aber um die Frage, ob uns – mit Luther zu sprechen – »Gott oder der Teufel reitet.« Es gibt offenbar Lebenserfahrungen, in denen sich nur sinnvoll von Gott reden läßt, wenn man zugleich der Rede vom Teufel als seinem Widersacher Raum gibt.

Hinzu kommen exegetische Überlegungen: Ich sehe die Bitte um Erlösung in Zusammenhang mit der Bitte »Dein Wille geschehe wie im Himmel so auf Erden«. Letztere Bitte wird volkstümlich fast immer als Gebet um die Bereitschaft verstanden, den eigenen Willen Gott unterzuordnen. Sie wird so in die Nähe des Gebetes Jesu in Gethsemane gerückt: »... nicht mein, sondern dein Wille geschehe« (Luk 22,42). Dabei ergibt der zweite Teil der Bitte des Vater-Unsers – »wie im Himmel so auf Erden« – keinen Sinn. Er wird wohl meistens als liturgische Floskel in Kauf genommen. Statt dessen finde ich in dieser Bitte die gleiche Vorstellung wie in der mythischen Erzählung in Offb 12: Der Kampf zwischen dem Erzengel Michael und dem Drachen wird im Himmel zugunsten Michaels entschieden. Der Drache wird freilich nicht getötet, sondern vom Himmel auf die Erde geworfen. Er kann dort noch sein unheilvolles Wesen treiben. Offb 13 erzählt anschließend, wie dies auch für die Erwählten verführerisch und bedrohlich ist in Situationen, in denen es nur die Alternative gibt, Täter oder Opfer zu sein. Aus solcher Bedrängnis ist zu hoffen und beten, daß Gottes Wille über den des

Satans Macht gewinnt »wie im Himmel so – endlich auch – auf Erden«. Dies wäre »Erlösung von dem Bösen«.

Die Bitte, daß Gottes Wille geschehen möge, hat im Vater-Unser eine ganz andere Tendenz als im Gebet von Gethsemane. Beide setzen unterschiedliche Gegebenheiten voraus: Es gibt Situationen, in denen es aussichtslos oder widersinnig geworden ist, bisher durchaus legitime Wünsche und Intentionen eigensinnig zu verfolgen. Dann kann nur die Aufgabe der eigenen Ziele Zukunft erschließen. Hier heißt die Spannung: mein Wille – dein Wille. Ganz anders in Situationen, in denen von einem – eventuell aufzugebenden – eigenen Willen ohnehin nicht die Rede sein kann, weil sich in uns und um uns zwei Mächte streiten und nur zur Frage steht, wer unseren Willen regiert.

Die symbolische Rede vom Teufel kann zu realistischer Deutung von Ohnmachtserfahrungen führen. Sie kann der Größenphantasie entgegenwirken, wir könnten durch Disziplin oder moralisches Handeln in den Griff kriegen, was uns längst im Griff hat. Solche Situationen sind dadurch gekennzeichnet, daß das Unheil nicht als vermeidlicher Unfall eintritt, sondern als absehbare Konsequenz einer destruktiven Dynamik. Volkstümlich spricht man von einem ›Teufelskreis‹, wenn alles, was man tut, unvermeidlich einer fatalen Dynamik dient. Das Vater-Unser setzt dem die Hoffnung entgegen: »Erlöse uns von dem Bösen«, »...wie im Himmel so auf Erden«.

4. Erste Folgerungen für die Seelsorge

Auffällig ist, daß die Erfahrungen geschöpflicher Abhängigkeit durch Symbole in den Blick kommen, die die Wirklichkeit einheitlich als Schöpfung betrachten, während die Erfahrungen destruktiver Abhängigkeit unter dem Aspekt einer dualistisch vom Streit zwischen Gott und Teufel redenden Symbolik bewußt werden. Und während die Erfahrungen im Bereich der geschöpflichen Abhängigkeit erkennbar ambivalent sind, kann bei den Erfahrungen destruktiver Abhängigkeit von Ambivalenzen keine Rede mehr sein kann. Das hat Konsequenzen für die Seelsorge:

Normalerweise haben Seelsorge, Beratung und Therapie die Intention, zur Integration beizutragen. Integriert werden sollen bedrohliche oder vermeintlich unzulässige Gefühle, die für einen Reifungsprozeß fruchtbar werden können, wenn man sie als eine Seite der geschöpflichen Ambivalenzen zu akzeptieren lernt. Es geht auch um die Integration der biographischen und geschichtlichen Vergangenheit mit ihren Leistungen und ihrer Schuld, ihren Verletzungen und Wohltaten. Offenbar finden sich aber in unserer Seele wie in unserer Geschichte auch nicht zu integrierende Anteile. Ihre verhängnisvolle Wirkung kann eingegrenzt, aber kaum fruchtbar gemacht werden.

Um Integration geht es in den Bereichen der Geschöpflichkeit und der Verantwortlichkeit. Im Bereich von Verführbarkeit und destruktiver Abhängigkeit gilt es dagegen, mit dem Bedrohlichen und nicht Integrierbaren leben zu lernen und einen Pakt mit ihm zu verweigern. Manchmal kommt *Integrität* durch *Integration* zustande. Zuweilen muß man auch *integer* (zu deutsch: unberührt) bleiben.

Dieser Unterschied ist auch zu bedenken, wenn Seelsorge zu sinnvollem Handeln ermutigen will: In Situationen, die vorwiegend durch geschöpfliche Abhängigkeit geprägt sind, gilt es, abzuwägen und entschlossen zu handeln nach bestem Wissen und Gewissen. Dabei ist oft das Risiko der Schuld nicht zu vermeiden, dann geht es nur nach dem lutherischen Motto »pecca fortiter« (»sündige tapfer«). Falls aber die Situation durch destruktive Abhängigkeit geprägt ist, sind Möglichkeiten befreiender Aktionen nicht sichtbar. Handeln kann man dann nur nach dem ebenfalls lutherischen Motto: »Wenn ich wüßte, daß morgen die Welt untergeht, würde ich heute mein Apfelbäumchen pflanzen.«

Anhang

Der oder *das* Böse? Zur Auslegung der Bitte »Erlöse uns von dem Bösen«:

Die griechischen Kommentatoren (Origines u.a.) tendieren zur maskulinen Auslegung. Das lateinische Abendland mit Augustin und, in seiner Nachfolge, Luther versteht das griechische tou ponerou in der Regel neutrisch (Lohmeyer, S.153). So hieß es deutsch im kirchlichen Gebrauch bis 1968: »Erlöse uns von dem Übel.« Unter den neueren Auslegern verstehen unter »dem Bösen« eine Person: Schniewind (»der Arge«, S. 86), Lohmeyer (»der Teufel«, S. 152), Gnilka (»das personale Böse«, S. 227). Dabei weist besonders Lohmeyer auf die Verbindung zu den Bildern des apokalyptischen Dramas hin, die keine Abstraktion, sondern nur die Vorstellung von personalen Mächten erlauben (S. 152 u.ö.). Nicht immer werden die Bitten um Bewahrung vor Versuchung und Erlösung vom Bösen im Zusammenhang gesehen. Dazu Gnilka: »Die beiden letzten Bitten gehören eng zusammen, wie Kehrseiten einer Medaille, obwohl die 7. Bitte ... erst später hinzutrat« (S. 226).

Zum Verständnis der Bitte »Dein Wille geschehe, wie im Himmel, so auf Erden«:

Schniewind (S. 81) sieht einen Zusammenhang mit dem Drachenkampf in Offb 12. Lohmeyer zieht den Bogen vom Vater-Unser zu Offb 12 nicht ausdrücklich, aber inhaltlich: »Wie Gottes Wille im Himmel geschieht, so möge er auch auf Erden geschehen« (S. 88). Im Blick auf die Bitte um Bewahrung vor Versuchung verweist er auf den Dualismus der Apokalypse: »Der Mensch und die Erde sind der Schauplatz und der Gegenstand, um den und auf dem sich die Mächte und die Reiche des Teufels mit denen Gottes und seiner Boten streiten« (S. 142f). Auch Gnilka (S. 221) betont, daß hier die Durchsetzung des Heilswillens Gottes erbeten wird. – Umso bedauerlicher, daß in der volkstümlichen Frömmigkeit fast immer an die resignative Unterordnung des menschlichen Willens gedacht wird.

J. Schniewind, Matthäus-Evangelium, NTD II, Göttingen 1937
E. Lohmeyer, Vater-Unser, Göttingen 1962
J. Gnilka, Matthäusevangelium I, Freiburg 1986

2. Kapitel

Varianten der Frage nach der Verläßlichkeit Gottes

»... manchmal denke ich, er ist nicht da.«
»Wie kann Gott das zulassen?«
»Womit habe ich das verdient?«

1. Verwechslungen

Ausschnitte aus zwei Gesprächsprotokollen

1. Ein Vikar besucht eine sehr alte und kranke Frau im Pflegeheim. Mit schwacher Stimme klagt sie über Schmerzen und Schlaflosigkeit. Eine Passage des Gespräches:

Frau: Ich frage mich, wann es zu Ende geht. Ich habe solche Schmerzen.
Vikar: Gott möchte in unserem Leid und unseren Schmerzen bei uns sein.
Frau: Solche Schmerzen müssen eine Strafe für irgend etwas sein.
Vikar: Schmerzen müssen nicht Strafe sein. Hiob hat auch große Schmerzen gehabt, ohne daß Gott ihn für etwas strafen wollte.
Frau: Fühlen Sie meine Hände. Sie sind ganz kalt, ich friere. Aber die Schwestern sagen, es sei warm im Raum.
Vikar: Es ist auch warm. 24°.
(Gibt ihr die Hand. Sie lächelt.)
Frau: Wie warm Ihre Hand ist! Meine Hände sind ganz kalt.

2. Eine Vikarin besucht einen etwa 45 jährigen Mann im Krankenhaus. Seine Krankheit droht seine Arbeitsfähigkeit zu beeinträchtigen. Es kommt zu folgendem Dialog:
Mann: Da fragt man sich: Womit habe ich das verdient? Aber so soll man ja nicht fragen.
Vikarin: Auf diese Frage wissen wir keine Antwort. Aber wir dürfen Gott anklagen. Manchmal ist es gut zu klagen.
Mann: Ja. Aber ich kann zufrieden sein. Meine Kinder sind in Ordnung.

Beide Gesprächsausschnitte zeigen, wie sich Vikarin und Vikar bemühen, auf ihre Gesprächspartner einzugehen. Zugleich ist offenkundig, wie in beiden Fällen zwei Menschen aneinander vorbeireden.

Im ersten Gespräch sehnt die Frau das Ende ihres langen, nun leidvoll gewordenen Lebens herbei. Der Vikar hält dem stand. Er versucht nicht, den Blick auf erfreuliche Seiten des Lebens zu lenken und dem Gedanken an das Sterben auszuweichen. Offenbar vermutet er, daß die Frau sich einsam fühlt. Dem setzt er den Hinweis auf Gottes Anwesenheit entgegen: »Gott möchte ... bei uns sein.« Und mit Gottes Anwesenheit verbindet er die Vorstellung von etwas eindeutig Wohltuendem. Etwas merkwürdig ist die zögerliche Formulierung. Der Vikar sagt nicht: »Gott ist ...«. Er sagt: »Gott möchte ...«. Wovon hängt es denn ab, ob Gott auch kann? Vermutlich meint der Vikar unbewußt: »Ich möchte«. Er wünscht sich wohl, daß Gott sich bemerkbar macht, und daß die Frau das glauben kann.

Wie der Fortgang zeigt, ist die Frage nach Gottes An- oder Abwesenheit aber gar nicht das Thema der Frau: Auf Gottes Gegenwart angesprochen, empfindet sie ihn als *zu* nahe, und zwar bedrohlich: Da die Schmerzen mit Gott zu tun haben, müssen sie wohl eine Strafe sein. Der Vikar fürchtet, daß die Frau sich von Gott verlassen fühlt und seine Nähe sucht. Ihr Thema ist aber die Frage nach Gerechtigkeit. Und die Schuld – »irgend etwas« – sucht sie eher bei sich als bei Gott.

Der Vikar konnte das natürlich nicht ahnen, er ist verständlicherweise überrascht. Und er reagiert hilflos: Für ein Zuschlagen, gar ein Strafen aus bedrohlicher Nähe, ist in seinem Gottesbild kein Raum. So muß er korrigieren: »Schmerzen müssen nicht Strafe sein«. Dem mag man dogmatisch zustimmen. Selbstverständlich »müssen« Schmerzen nicht Strafe sein. Hier aber übergeht er das Empfinden der Frau.

Der sich anschließende Hinweis auf Hiob ist ganz verfehlt. Der einzige Vergleichspunkt zur Situation der Frau ist, daß Hiob auch Schmerzen gelitten hat. Ausgeblendet ist in der Formulierung des Vikars die Frage nach der Ursache oder dem Sinn, nach der ›Gerechtigkeit‹ der Schmerzen. Genau die aber thematisieren die Frau und die biblische Erzählung: Im jüngeren Hauptteil des Hiob-Buches (Kap. 2,12 – 42,10) geht es um Macht und Gerechtigkeit, nur daß Hiob – anders als die Frau – nicht sich, sondern Gott der Ungerechtigkeit anklagt. In der älteren Rahmenerzählung (Kap. 1. – 2,10 und 42,11ff) ist der Teufel der Urheber, dem Gott eine zeitlang freies Spiel läßt. Da läge eher die Frage nahe: Wer sitzt im Regiment? Oder: Wie kann Gott das zulassen? Aber diese Frage bewegt die Frau nicht, und der Vikar läßt sie nicht an sich heran.

So bleibt der Frau nur die Körpersprache: »Fühlen Sie meine Hände. Sie sind kalt. Ich friere.« Schließlich kommen beide sich durch Körperkontakt versöhnlich nahe und bleiben einander doch fern: »Wie warm Ihre Hand ist«, so warm, wie er von Gott redet. »Meine Hände sind ganz kalt«, so kalt, wie sie Gott erlebt.

Anders im zweiten Gesprächsausschnitt: »Womit habe ich das verdient?«, fragt der Mann. Dann weist er sich selber in die Schranken: »So soll man ja nicht fragen!« Wer verbietet ihm die Frage? Sein aufgeklärter Verstand? Sein Gehorsam gebietendes Gewissen? Vielleicht eine resignative Mischung aus beiden. Paradoxerweise zeigt freilich die Selbstdisziplinierung, daß die Frage aggressiv gestellt worden war: Die Schuld bei sich selbst zu suchen – wie oben die Frau – wird seltener verboten. Der Mann stellt eher anklagend die Frage nach der Gerechtigkeit Gottes oder des Schicksals. Wäre da nicht eine bremsende Stimme in ihm, hätte er wohl sinngemäß gesagt: »Womit habe ich das verdient? Es gibt keine Antwort, ich weiß. Dennoch fragen wir so seit Urzeiten. Und auch ich will nicht aufhören, Recht zu fordern.«

Die Vikarin bemüht sich, beides aufzunehmen, die Frage und die darin mitschwingende Anklage. Sie scheut sich auch nicht, ihre eigene Unsicherheit einzugestehen. So hätte Solidarität entstehen können. Aber es gelingt nicht. Sie nimmt die Frage zunächst als erkenntnistheoretisches – und als solches unlösbares – Problem: »Wir (!) wissen keine Antwort.« Für einen Augenblick wird übergangen, daß der Mann kein theoretisches Interesse hat, sondern nach einer Perspektive für sein Leben sucht. Dann gibt die Vikarin, den emotionalen Gehalt der Frage aufnehmend, die Erlaubnis zur Klage. Dies tut auch sie leider paradox: Sie gibt eine Belehrung, und eine psychologische Belehrung wirkt selten ermutigend. Vor allem aber: Gott – den der Mann als persönliches Gegenüber oder gestaltlose Schicksalsmacht, jedenfalls aber als Aggressor empfindet – wird von der Vikarin so großmütig dargestellt, daß die Aggression des Mannes ins Leere laufen muß: Wie soll man gegenüber einem die Anklage so großzügig erlaubenden Feind noch zornig sein? Es sei denn, man würde nun richtig wütend.

Der Mann lenkt nun ein. Mag sein, daß schon das ansatzweise verständnisvolle Verhalten der Vikarin ihm geholfen hat, seinem Zorn ein wenig Luft zu machen, und daß er deshalb nun den Blick auf erfreulichere Seiten des Lebens richten kann. Oder er gibt entmutigt auf und lenkt ab.

2. Differenzierung

Die beiden Beispiele zeigen, wie vielschichtig und facettenreich die Frage nach Gottes Verläßlichkeit ist.

Zur Vielschichtigkeit

Vielschichtigkeit zeigt sich besonders im zweiten Beispiel. Da handelt es sich grammatisch um eine Frage: »Womit habe ich das verdient?« Die Frage ist freilich emotionsgeladen. Sie ist einerseits Expression eines Gefühls. Andererseits ist es eben doch kein indikativischer Ausdruck von Gefühlen, wie z.B. ein Fluch oder ein Jubelruf. Es ist eine Klage, die ihr Gegenüber sucht, und die so zur Anklage oder zur Frage nach der Verläßlichkeit des Gegenübers wird. Die Äußerung des Mannes würde verzeichnet, wenn man sie nur expressiv verstünde und allein den emotionalen Gehalt ernst nähme, als sei die Frageform nur ein belangloser Rest des voraufgeklärten Denkens. Würde die Seelsorgerin erwidern: »Sie sind zornig« (oder: »... traurig«, oder: »... ratlos«, je nach konkreter Wahrnehmung), mag der Mann darin sein Gefühl ausgedrückt finden. Er könnte sich dennoch kaum ernst genommen sehen. Er ist eben nicht nur zornig oder traurig, sondern er sucht mit seinem Gefühl einen Adressaten! Dem entgegenzukommen, müßte die Vikarin etwa sagen: »Sie fragen nach Gerechtigkeit«.

Solches Fragen ist nicht nur die äußere Form, in der Gefühle als das ›Tiefere‹ oder ›eigentlich Gemeinte‹ ausgedrückt würden. Es ist vielmehr umfassender und kommt aus einer tieferen Schicht des Bewußtseins. Auch kleinere Anlässe lassen uns fragend klagen: »Muß das sein?« Hier wollen nicht nur Gefühle Ausdruck finden, hier steht die Identität auf dem Spiel. Die Frage heißt: Wer sind wir Menschen? Wer bin ich? Worauf können wir uns verlassen? Und wenn uns unsere Identität fraglich wird, reden wir die Wirklichkeit an und setzen uns zu ihr in eine persönliche Beziehung. Wir wählen automatisch eine symbolische Sprache, mit der wir uns vorstellen, das Gegenüber sei ansprechbar. Wir beanspruchen seine Ansprechbarkeit.

Die Vikarin versucht, beiden Schichten in der Aussage des Mannes zu entsprechen. Sie nimmt die fragende Gestalt der Klage auf: »Wir wissen keine Antwort«. Und sie nimmt den expressiven Gehalt auf: Klagen sind erlaubt. Aber in ihrer ersten Auskunft drückt sie mit ihrem »wir« eine Solidarität aus, die sie mit der Abweisung der Frage gleich wieder zurücknimmt. Hier müßte differenziert werden. Die Struktur einer Erwiderung müßte etwa sein: Wir beide wissen, daß es keine allgemeingültige Antwort gibt; aber auch ich frage so angesichts ähnlicher Erlebnisse; so ist zu überlegen, wie wir mit dieser Spannung leben können. – Selbstverständlich soll dies kein Vorschlag zur Formulierung einer konkreten Reaktion sein. Die dazu viel zu komplizierte Formulierung soll lediglich zeigen, wie wir selbst die Dinge für uns klären müssen, damit vielleicht ein einfacher Satz daraus werden kann. Eine dem Empfinden des Mannes angemessene Sprachhilfe wäre es möglicherweise gewesen, zu sagen: »Sie suchen Gott und finden nur ein taubes und stummes Schicksal.« Oder: »Gott erscheint Ihnen unberechenbar und ungerecht.« Beide Sätze sagen nicht dasselbe. Ob der Mann eher im ersten oder im zweiten Satz eine angemessene Deutung seines Empfindens gehört hätte, hätte nur im Fortgang des Gespräches dialogisch klar werden können.

Es geht also nicht um die philosophische Frage, ob es einen intellektuell redlich zu begründenden Sinn hat, hinter den natürlichen Gegebenheiten und hinter menschlich verursachten Tun-Ergehens-Zusammenhängen einen verläßlichen, Sinn stiftenden Gott anzunehmen. Solange wir am Schreib-

oder Stammtisch diese Frage rein theoretisch stellen, kann sie der Wirklichkeit kaum gerecht werden. Theoretisch gestellt, läßt sie spekulative Lösungen zu, deren Für und Wider man beliebig lange diskutieren kann. Dabei mögen die Gedanken durchaus stringent sein, allein dadurch helfen sie noch nicht in Situationen weiter, in denen etwas auf dem Spiel steht. Dann geht es nämlich nicht zuerst um gedankliche Stringenz, sondern um eine Sprache, die Erfahrungen zu beschreiben vermag. Wenn wir – von einer schlimmen Krankheit oder einem unpassenden Verkehrsstau – spürbar betroffen sind, diskutieren wir nicht, sondern klagen Sinn ein und Sinnlosigkeit an. Dem kann nur symbolische Sprache Ausdruck verleihen.

Zum Facettenreichtum

Im zuerst zitierten Gesprächsausschnitt sprechen die Frau und der Vikar auf derselben Ebene. Die religiöse Sprache ist beiden vertraut. Möglicherweise spürt der Vikar eine leichte Verlegenheit, die seine Sprache etwas unbeholfen macht (»Gott möchte ...«), aber das ist nicht das Problem. Das Problem ist, daß beide auf derselben Ebene von unterschiedlichen Inhalten reden. Dabei geht es nicht nur um gegensätzliche Gefühle, sondern um unterschiedliche Themen. Es sind Themen, die Menschen zu allen Zeiten bewegt haben, und die in den Religionen und ihren Symbolen ganz unterschiedlich behandelt werden: Es kann um *Einsamkeit und Geborgenheit* gehen, um *Macht und Ohnmacht* oder um *Gerechtigkeit und Ungerechtigkeit*.

So unterschiedlich diese Themen sind: In jedem Falle muß unser Gottesverständnis Raum haben für Gedanken an Gottes Unberechenbarkeit. Die Frage nach der Verläßlichkeit Gottes in all ihren Varianten muß uns ratlos machen, solange wir nur an den »lieben« Gott denken und damit Gedanken an Willkür oder Zorn abwehren.

Wie unterschiedlich die klagende Frage selbst bei gleichem Wortlaut sein kann, wurde mir schlagartig bei einer Übung klar, die mir in einer Seminarsitzung eingefallen war:

In einer Gruppe von vier Vikaren berichtete einer von seinem Besuch bei der Witwe eines Bauern, der auf schreckliche Weise ums Leben gekommen war. Im Stall hatte sich ein Bulle losgerissen und ihn totgetreten. »War das Gottes Wille?« fragte die Frau. Die Frage hatte den Vikar verstummen lassen.

Bei unserer Beratung verhedderten wir uns zunächst in unbefriedigenden Gedanken. Die eher philosophische Frage, ob unsere Weltsicht eine solche Frage überhaupt zuließe, war nicht zu verbinden mit der eher psychologischen Frage, was der Witwe gut tun könnte. Die eher historische Frage nach der Behandlung dieses Themas in der alt- und neutestamentlichen Tradition führte in eine dritte Richtung ohne Ausweg. Es war bald klar, daß wir theoretisch nicht weiterkommen würden.

Daraufhin bat ich die vier Vikare, sich für eine kurze Zeit mit geschlossenen Augen in die Witwe hineinzuversetzen. Ich sagte ihnen vorher, daß ich ihnen zwei unterschiedliche Sätze anbieten wollte. Sie sollten möglichst unzensiert assoziative Gedanken und Empfindungen durch diese Sätze in sich auslösen lassen. Sie waren dazu bereit. Ich ließ eine kurze Zeit der Ruhe, damit sie sich die Situation und die Frage der Witwe zu eigen machen konnten, und sagte dann mit fester Stimme: *»Ja, es ist Gottes Wille!«* Dann bat ich sie, die entstandenen Reaktionen in den Hintergrund treten zu lassen und sich wieder auf die Witwe zu konzentrieren. Kurz darauf sagte ich wieder sehr entschieden: *»Nein, das hat mit Gott nichts zu tun!«*

Das Ergebnis war überraschend. Zwei der vier Vikare hatten beim ersten Satz spürbare Erleichterung empfunden, während der zweite Satz sie denken und fühlen ließ: »Das ist ja schrecklich!« Genau umgekehrt die beiden anderen. Sie empfanden den zweiten Satz erleichternd oder beruhigend. Der erste Satz dagegen wirkte bei einem wie ein Peitschenhieb, beim anderen wie eine drückende Last. Wir alle waren von der unterschiedlichen Wirkung verblüfft. Den möglichen Ursachen kamen wir erst auf die Spur, als die vier in einem nachdenklichen Gespräch versuchten, ihren Empfindungen Worte zu verleihen:

Der erste Satz – »Ja, es ist Gottes Wille!« – hatte beim ersten Vikar Erleichterung ausgelöst, etwa in die Worte zu fassen: »Na, dann bin ich wenigstens nicht ganz allein«, während der zweite Satz – »Nein, das hat mit Gott nichts zu tun!« – eine Ahnung von totaler Verlassenheit aufkommen ließ. Die Identifikation mit der Witwe hatte diesen Vikar Einsamkeit spüren lassen, wie sie im 22.Psalm und bei Jesus am Kreuz zum Ausdruck kommt: »Mein Gott, warum hast du mich verlassen?«

Sein Kollege empfand beim ersten Satz eine Erleichterung von anderer Art. Seine Assoziation war etwa: »Wenn Gott es selbst war, ist es immer noch besser, als hätte er es gleichgültig oder gar ohnmächtig geschehen lassen.« Eben diese Befürchtung stellte sich bei ihm mit meinem zweiten Satz ein: »Wenn es nicht Gott war, wer denn dann? Schläft er denn? Ist er gar ohnmächtig?« In ihm trat die Frage nach Macht und Ohnmacht in den Vordergrund. Er kam mit der Angst in Berührung, einer namenlosen oder widergöttlichen Macht ausgeliefert zu sein.

Macht und Ohnmacht hieß auch das Thema des dritten Vikars, hier freilich mit genau gegensätzlichen Empfindungen. Mein erster Satz erzeugte Druck und wirkte wie eine Last: »Wenn Gottes Macht sich so erweist, was bleibt uns dann zu hoffen und zu tun?« Dementsprechend die Entlastung beim zweiten Satz: »Es ist nicht so, Gott sei Dank!« Hier erschien Gottes (All)macht bedrohlich und ließ nach unserem Spielraum fragen: Wie steht es mit unserer Freiheit und Macht?

Der vierte schließlich empfand meinen ersten Satz als vernichtendes Urteil. Er war sich nicht klar, gegen wen sich das Urteil richtete. Er kannte beide Stimmen in sich: »Wenn das so ist, bin ich verworfen – und womöglich verwerflich.« Und: »... dann ist Gott ein unberechenbarer Tyrann.« Die

Erleichterung beim zweiten Satz hieß denn auch: »... dann gibt es ja vielleicht doch irgendwo Verläßlichkeit und Gerechtigkeit.« Hier war die Frage nach Gerechtigkeit zum Thema geworden.

Wohlgemerkt: Diese Sätze der Vikare waren nicht Ergebnis rationalen theologischen Denkens. Sie waren Versuche, nachträglich die Eindrücke in Worte zu fassen, die aufgrund meiner Sätze spontan in ihnen entstanden waren. Und es zeigte sich, daß damit in ihnen Themen zum Klingen kamen, die uralte Themen menschlicher Erfahrungen und theologischen oder philosophischen Nachdenkens sind: Die Frage nach Gottes Nähe und Ferne – die Frage, wer im Regiment sitzt – die Frage nach unserer Freiheit angesichts der (All)macht Gottes – Schließlich die Frage nach Gottes und unserer Gerechtigkeit.

Die Rede vom Willen Gottes – in der Frage der Witwe und in meinen beiden Sätzen – hatte in einer bestimmten Situation die verschiedenen Themen aktuell werden lassen. Dies mag die Frage provozieren, wie es denn kommt, daß die vier Vikare auf dieselbe Situation und dieselben Sätze so unterschiedlich reagieren. Es liegt nahe, die Ursache in der Biographie der einzelnen zu suchen und dabei wieder mit der Möglichkeit zu rechnen, daß auch kulturell vermittelte Deutungen und Bewertungen die individuellen Erfahrungen mitgeprägt haben. Nach solchen Ursachen zu suchen, ist hier nicht meine Absicht.

Mir geht es darum, die Vielfalt der Themen und ihr jeweils eigenständiges Recht darzustellen. Die Themen, auf die wir durch die unterschiedlichen Reaktionen der vier Vikare aufmerksam geworden waren, sind Menschheitsthemen. Sie schlummern in jedem von uns. So überraschend die unterschiedlichen Reaktionen für alle Beteiligten waren: Es ist völlig normal, daß die Reaktionen so unterschiedlich ausfielen, und normalerweise sind sie nicht vorhersehbar. Die Frage nach ihrer Ursache kann demgegenüber suggestiv festlegend wirken: »Kein Wunder, daß du bei deiner Erziehung so reagieren mußtest.« Die besondere Sensibilität für bestimmte Erfahrungen und Themen würde damit leicht als Schlagseite oder gar Fixierung diskriminiert, bevor man sich der möglicherweise zu Bewußtsein gekommen Wahrheit stellt. Wenn ein Vikar in der Identifikation mit der Witwe etwas von dem Erschrecken oder von der Erleichterung spürt, die die Rede vom Willen Gottes auslösen kann, versteht er vielleicht etwas mehr vom Sinn der vielen Symbole, die von den dunklen Seiten Gottes reden. Damit wären sein Gottesbild und sein Wirklichkeitssinn realistischer geworden, falls er sonst allzu leicht von Gottes Liebe oder freundlicher Zugewandtheit geredet hätte. Die Entdeckung, daß ein bei dieser Identifikationsübung entstandener Eindruck biographisch erklärbar ist, kann persönlich aufschlußreich sein. Sie soll aber nicht dazu verleiten, den Wahrheitsanspruch der Wahrnehmung zu relativieren.

3. Reifungsschritte und Lebensthemen

Die verschiedenen Ausdrucksformen der Frage nach der Verläßlichkeit Gottes lassen drei Themen erkennen: Verlassenheit und Geborgenheit, Macht und Ohnmacht oder Freiheit und Unfreiheit, Gerechtigkeit und Ungerechtigkeit oder Schuld. Ich nenne sie hier ›Lebensthemen‹.

Damit benutze ich einen Begriff, der insofern mißverständlich ist, als er nicht als Fachterminus geläufig ist und gelegentlich auch anders verwendet wird. Ich gebrauche den Begriff, um zu beschreiben, daß mit krisenhaften Erlebnissen nicht nur Gefühle ausgelöst werden. Krisen provozieren auch die Frage, was es mit unserem individuellen Leben auf sich hat und mit dem menschlichen Leben allgemein. Diese Frage stellt sich so, daß etwas zum Thema wird, was auch sonst unser Leben betrifft und uns Anteil an den Lebenserfahrungen und der Lebensdeutung der Menschheit gibt.

Diese Themen begegnen uns in Theologie und Philosophie. Sie finden sich in Literatur und Dichtung, in Mythen und Legenden. In auffälliger Parallelität finden sie sich in entwicklungspsychologischer Betrachtungsweise bei Erik H. Erikson.

Erikson unterscheidet acht Reifungsschritte, die in der Lebensspanne zwischen Kindheit und Alter in jeweils kritischen Phasen getan werden müssen. Er findet diese Phasen mutatis mutandis im lebenslangen Reifungsprozeß von Menschen in ganz unterschiedlichen Kulturen.

Ich werde immer wieder auf Erikson zurückgreifen. Deshalb versuche ich, seine für unseren Zusammenhang wichtigen Beobachtungen kurz darzustellen:

In der ersten Phase – etwa im Laufe des ersten Lebensjahres – heißt das Thema: URVERTRAUEN versus MISSTRAUEN. Die Frage ist, ob die erste Lernerfahrung des Kindes sein wird, daß die – zu dieser Zeit vorwiegend durch die Mutter repräsentierte – Wirklichkeit vertrauenswürdig ist. Diese Erfahrung ließe sich später etwa in den Satz fassen (in meiner Formulierung): *»Ich bin in guten Händen.«* Die gegenteilige Erfahrung könnte sich in dem Satz ausdrücken: *»Man kann sich auf nichts verlassen.«*

Falls die negative Erfahrung überwiegt, ist die weitere Entwicklung schwer belastet. Überwiegt die positive Erfahrung, so ist ein Reifungsschritt getan, der die Voraussetzung dafür bildet, das nächste Risiko einzugehen und – etwa im zweiten und dritten Lebensjahr – erste Formen der Freiheit zu erproben und daran möglicherweise zu scheitern und beschämt zu werden. Zum Thema wird die polare Spannung AUTONOMIE versus SCHAM. Daraus resultieren Erfahrungen, die sich später in Sätzen ausdrücken wie (in meiner Formulierung): *»Ich weiß, was ich will.«* Oder im Gegenteil: *»Wenn das jemand sieht.«*

Ist dieser zweite Schritt gelungen, kann es in der dritten Phase um die Polarität von INITIATIVE versus SCHULDGEFÜHL gehen. Die Erfahrungen würden sich später etwa in die Sätze fassen lassen: *»Was ich gut finde, tue ich.«*

Oder im Gegenteil: »*Ich lasse es lieber gleich sein.*« Im Gegensatz zur AUTONOMIE ist INITIATIVE ein zielgerichtetes Unternehmen. Ich will nicht nur erproben, was ich vermag und wer das Sagen hat, sondern ich will etwas Bestimmtes erreichen, z.B. ein Spielzeug. Damit riskiere ich nicht nur die beschämende Erfahrung, daß ich mich übernommen habe und andere das sehen. Durch Initiative komme ich auch Konkurrenten – z.B. Geschwistern oder Eltern – in die Quere und verletze ihre Interessen, und sie werden es mir sagen. Unter anderem dadurch unterscheidet sich SCHAM von SCHULD: Der Blick beschämt noch mehr als Worte. Schuld ist eher dem anklagenden oder verzeihenden Wort zugänglich.

Im weiteren Verlauf des Lebens stehen andere Themen an, die hier nur genannt seien, aber vorläufig nicht genauer betrachtet werden müssen.

Die acht kritischen Phasen sieht Erikson charakterisiert durch folgende Polaritäten:

URVERTRAUEN versus MISSTRAUEN
AUTONOMIE versus SCHAM
INITIATIVE versus SCHULDGEFÜHL
WERKSINN versus MINDERWERTIGKEITSGEFÜHL (Bastelalter)
IDENTITÄT versus IDENTITÄTSDIFFUSION (Zeit der Pubertät)
INTIMITÄT versus ISOLATION
GENERATIVITÄT versus STAGNATION
INTEGRITÄT versus VERZWEIFLUNG und EKEL

Ein Reifungsschritt ist getan, wenn die jeweils ermutigende Erfahrung stärker wurde als die lähmende, wenn also das Vertrauen größer werden konnte als das Mißtrauen, die Autonomie stärker als die sie gefährdende Scham usw. Dabei werden die lähmenden Erfahrungen niemals ganz und gar und ein für allemal überwunden. Die polaren Spannungen bleiben als Lebensthemen erhalten. Ein Mensch, der nur Vertrauen kennte ohne eine Spur von Mißtrauen, autonom wäre ohne eine Spur von Scham usw., wäre ein Phantom. Den jeweils vorigen Schritt voraussetzend, treten die Themen in einem bestimmten Lebensalter in den Vordergrund. Aber sie werden durch einzelne Erlebnisse und neue Lebenserfahrungen natürlich immer wieder akut.

Soweit die Darstellung. Nun zurück zu unseren Beispielen.

Die Frage »*Womit habe ich das verdient?*« und ihre resignative Zurücknahme »So soll man ja nicht fragen!« drücken ein Gefühl aus, das sich wohl auch allgemein in den Satz fassen ließe: »Man kann sich auf nichts verlassen«. Natürlich, denn die Polarität von URVERTRAUEN und MISSTRAUEN steht fast immer irgendwie im Hintergrund. Aber damit wäre die spezifische Aussage der Frage übergangen. Denn der Mann beansprucht Gerechtigkeit. Dies entspricht eindeutig der Polarität von INITIATIVE und SCHULDGEFÜHL. Mit Initiative »verdient« man eben Strafe oder Lohn, und wir wollen offenbar nicht aufhören zu hoffen, daß es dabei gerecht zugeht. Grundsätzlich könnte dies auch eine bange Frage nach eigener Schuld sein. Aber der selbstdisziplinierende Nachsatz ließ eher vermuten, daß die Frage aggressiv gemeint war: Gott ist ungerecht, nicht ich, und ich lasse mir deshalb keine Schuldgefühle machen! Da Gott hier als Verursacher gesehen wird, liegen Initiative und Schuld bei ihm. Dieser Gedanke ist nicht ungefährlich. Deshalb: »So soll man ja nicht fragen«.

Gott? Oder Schicksal? Wir wissen aus dem kurzen Gesprächsausschnitt nicht, ob der Mann in seinem Alltagsdenken Raum hat für das Bild eines persönlich begegnenden Gottes. Er macht ein Gegenüber persönlich verantwortlich. Was aber stellt er sich vor? Und wenn die Klage ins Leere geht, wenn sie keine Antwort findet, oder wenn sie zensiert wird vom aufgeklärten Alltagsverstand, der das Bild vom personalen Gott nicht zuläßt? Dann wäre Einsamkeit die Folge: Niemand hört zu – es kann ja auch keiner da sein – peinlich, überhaupt zu fragen. Damit träte möglicherweise eine Krise des Urvertrauens in den Vordergrund.

Die Frau im zuerst zitierten Gespräch hat dieses Problem nicht. Sie sieht sich gestraft. Selbst wenn damit unrealistische Schuldgefühle mit der Tendenz zur Selbstbestrafung verbunden wären: Wer sich strafbar verantwortlich sieht, ist sich seiner Person und der persönlichen Gottesbeziehung sicher. Umso schmerzlicher erlebt sie den Konflikt. Hier geht es ausschließlich um das Thema Initiative und Schuldgefühl.

Ganz anders klingt die Frage *»Wie kann Gott das zulassen?«* Sie kann ängstlich und traurig gestellt sein oder aggressiv. Im letzteren Falle wäre damit ein paradoxer kleiner Triumph verbunden: Selbst machtlos gegen das, was er zuläßt, kann man Gott Passivität oder Schwäche bescheinigen. Gegen wen oder was sollte er sich denn durchsetzen? Gegen uns? Gegen unsere Feinde? Gegen den Bösen?

Hier geht es um Erfahrungen von Macht und Ohnmacht, und die Machtfrage stellt sich in zwei Richtungen: Sie stellt sich in der Beziehung zwischen Gott und uns, und da wirkt der Gedanke an seine Allmacht meistens bedrohlich. Die Machtfrage stellt sich auch im Blick auf das, was uns neben oder gegen Gott zu beherrschen droht. Dann ist es eher beunruhigend, daß er »so etwas« zulassen und damit einem anderen das Feld überlassen könnte. Dem entspricht die Polarität von Autonomie und Scham, denn Autonomie ist immer bedroht und bedrohlich, und Scham ist ihr Pendant. Es ist eben beschämend festzustellen, daß die Autonomie doch nicht so grenzenlos ist, wie ich sie phantasiert hatte. Erst recht mag sich nicht mehr sehen lassen, wer klein gemacht wurde oder sich klein gemacht hatte. In der Frage, wie Gott »so etwas« zulassen kann, spricht sich der paradoxe Wunsch aus, er möge stärker sein als der Teufel, aber bitte nicht stärker als wir.

Der Polarität Urvertrauen gegen Misstrauen entsprechen Erfahrungen von Geborgenheit und Verlassenheit. »Mein Gott, warum hast du mich verlassen?« Hier kann auch noch Aggression mitschwingen. Wie fast immer bei der Rechtfertigung heischenden Warum-Frage liegt hier eine hintergründige Verbindung zum Thema INITIATIVE und SCHULD. Aber ein Jugendlicher im Autoritätskonflikt fragt nicht: »Warum hast du mich verlassen?«. So fragt ein Kind. Später fragt so der Partner oder die Partnerin nach einer gescheiterten Liebe mit der Erfahrung von INTIMITÄT und ISOLATION. Eindeutig drückt sich Verlassenheit aus in dem Eindruck: *»Manchmal denke ich, er ist nicht da.«*

In den angeführten Beispielen wurde die Frage nach Verläßlichkeit mit einer Ausnahme ausdrücklich an Gott gerichtet. Dabei geht es zugleich immer um die Frage nach der Verläßlichkeit der Wirklichkeit, damit nach dem Sinn oder der Perspektive des Lebens. Es wäre ein Irrtum zu meinen, solche Fragen setzten den Glauben an einen – wie immer vorgestellten – Gott voraus und würden sich erledigen, wenn man auf die Frage nach Gott verzichtete. Die Klage wählt sich automatisch die Form der Anfrage oder Anklage. Wir setzen uns damit zur Wirklichkeit in Beziehung, und die Symbolsprache bietet sich an, diese Beziehung zu deuten.

So läßt sich eben URVERTRAUEN in den Satz fassen :«Ich bin in guten Händen«. Dabei mag man in bestimmten Fällen an einzelne Menschen denken. Aber das Merkmal des Urvertrauens ist es gerade, daß man auch deren Fehlbarkeit zu ertragen vermag, weil man sich der Verläßlichkeit der Wirklichkeit als ganzer gewiß ist. Auch die Spannung von AUTONOMIE und SCHAM erleben wir meistens in Beziehung zu bestimmten Menschen. Aber sie läßt uns grundsätzlich fragen: Welchen Sinn hat es, von Freiheit zu reden? Oder: Wer gewährleistet, daß wir die Ambivalenz der Freiheit aushalten und nicht in Allmachts- und Ohnmachtsphantasien flüchten? Erfahrungen in der Polarität von INITIATIVE und SCHULDGEFÜHL lassen uns nicht nur im Blick auf bestimmte Menschen fragen, wie mit Schuld umzugehen ist, und ob sich Gerechtigkeit lohnt. Die Wirklichkeit als ganze soll gerecht sein! Daß Gerechte leiden müssen, war schon immer eine schwere Anfechtung. Heute fragt auch ein sonst eher atheistisch denkender Mensch: »Womit habe ich das verdient?«

4. Lebensthemen und ihre Symbole

Wenn in kritischen Situationen die Frage nach Verläßlichkeit so verschiedenartigen Ausdruck findet, liegt es offenbar daran, daß solche Erlebnisse Themen aus unterschiedlichen Reifungsphasen aktualisieren. Das muß nicht zur Regression in dem Sinne führen, daß wir auf Erlebnis- und Verhaltensweisen kindlicher oder jugendlicher Art zurückgeworfen werden. Die Themen waren ja nicht nur damals virulent und hatten sich damals nicht erledigt. Sie begleiten uns seither.

Nun finden sich in unserer Tradition Symbole, die jeweils einem dieser

Themen entsprechen und deshalb am ehesten geeignet sind, die Situation zu deuten und uns der Verläßlichkeit Gottes zu versichern: Wer in Verlassenheit eine Krise des URVERTRAUENS erlebt, hat recht, wenn er Gottes Ferne unheilvoll und Gottes Nähe heilsam nennt. Wer indessen mit der Frage nach Gerechtigkeit beim Thema INITIATIVE und SCHULD ist, hat recht, wenn er wahrnimmt, daß es mit Gottes Nähe so einfach nicht ist, und daß sie tröstlich und bedrohlich sein kann, wie es in den Bildern vom gerechten Richter und vom zornigen und gnädigen Gott beschrieben wird.

Ebenso umgekehrt: Die Symbole werden mit ihrem unterschiedlichen Bildgehalt zur Wahrnehmungs- und Deutungshilfe. So verschaffen sie uns Zugang jeweils zu bestimmten Themen, die sonst im Hintergrund blieben. Das Bild vom gerechten Richter erreicht nicht die Einsamkeit des Verlassenen. Umgekehrt genügt das Bild von Gott, der uns » wie eine Mutter« tröstet (Jes 66,13), nicht in der Streitfrage nach Gerechtigkeit.

Recht und Wahrheit der einzelnen Symbole liegen in ihrer spezifischen Themenbezogenheit. Es hat keinen Sinn, von irgend einem vermeintlich objektiven Standpunkt aus zu urteilen, daß es z.B. verwerflich sei, nur von Gottes heilsamer Nähe zu reden ohne Rücksicht darauf, daß er auch als Richter gesehen werden muß. Ebenso unsinnig wäre es, die Frage, wie Gott dies oder das zulassen kann, als abwegig zu diskriminieren, weil der Gedanke an seine Allmacht die Annahme gar nicht zuläßt, daß ein Feind neben oder gegen ihn, mit oder ohne seine Erlaubnis etwas tut. Mit dogmatischer Rechthaberei würde man der Wirklichkeit niemals gerecht.

Mit den unterschiedlichen Themen ist eine unterschiedliche Beziehung zur Wirklichkeit verbunden. Dem korrespondierend, setzt der Bildgehalt der jeweiligen Symbole ein Wirklichkeitsverständnis voraus, das mit dem der anderen nicht harmonisierbar ist:

Verlassenheit wird erlebt als Beziehungslosigkeit und Sehnsucht nach Nähe: Es ist niemand da. Und wenn einer käme, wäre er eindeutig willkommen. »Wie der Hirsch lechzt nach frischem Wasser, so schreit meine Seele, Gott, zu dir« (Ps 42,1).

Ungerechtigkeit, Schuld, Gnadenlosigkeit werden erlebt als Beziehung in bedrohlicher und doch unaufgebbarer Nähe. »An dir allein habe ich gesündigt, ... damit du Recht behaltest in deinen Worten und rein dastehst, wenn du richtest. Verwirf mich nicht von deinem Angesicht« (Ps 51).

Ohnmachtserfahrungen liegen dazwischen. Ohnmacht wird erlebt als Beziehung, die keine ist: Als erdrückende Nähe des Aggressors, der keinen Raum für Eigenständigkeit läßt, und als Verlassenheit von einem denkbaren Retter, der passiv bleibt oder schwach ist. Die Kehrseite ist das Leiden an der Destruktivität eigener Macht, der niemand Grenzen setzt: Wir können unser Leben, möglicherweise sogar die Schöpfung ruinieren. Wie kann Gott das zulassen?

Ebenso unterschiedlich ist der Bildgehalt der Symbole, die solche Erfahrungen beschreiben. Dies wird unmittelbar deutlich, wenn man sich in den

Bildgehalt der Symbole hineindenkt und dabei der Phantasie Raum gibt. Aber auch wenn man über das implizierte Wirklichkeitsverständnis im Sinne einer Metaphysik oder Ontologie theoretisch nachdenkt, kommt man zu unvereinbaren Gegensätzen:

Wo Urvertrauen gegen Misstrauen ausgedrückt wird, wird Gottes Allmacht eindeutig als liebevoll, fürsorglich und schützend beschrieben. Mißtrauen gilt nicht seiner Macht, sondern den Mächten, die er gebannt hat: Dem Chaos und der Urflut zum Beispiel (1.Mose 1) oder der leblosen Trockenheit (1.Mose 2). Solange es um Urvertrauen geht, herrscht also ein einheitliches Weltbild. Die ganze Welt ist Gottes Schöpfung.

Diese Erfahrungen gestatten durchaus pantheistische Vorstellungen. Sie verlangen nicht unbedingt nach einem als Person symbolisierten Gott. Der Bibel ist der Pantheismus fremd. Aber manche Schöpfungspsalmen nähern sich pantheistischen Vorstellungen. Erst recht Ps 139: »Von allen Seiten umgibst du mich und hältst deine Hand über mir«.

Ein ganz anderes Wirklichkeitsverständnis zeigen die Bilder, wenn es um Autonomie gegen Scham geht. Da bekommt Gott Konkurrenz durch den Menschen oder den Teufel. Hier läuft es, in der Bibel erst zögerlich, dann entschieden auf den Dualismus hinaus. Die Schlange ist in der Erzählung vom Paradies (1. Mose 3) nicht der Teufel. Sie ist ein Geschöpf, das aber vor den Menschen Autonomie in Anspruch nimmt. Um die Menschen werbend, tritt sie zu Gott in Konkurrenz – und stiftet so die Menschen zum Schritt in die Autonomie an. Von ihr geht der Weg eher zum Teufel, der in ihrer Gestalt dann in der Apokalypse auftritt.

Autonom wird der Mensch zum Gegenüber Gottes, und in Krisensituationen fragt sich dann: Mein oder dein Wille? Sofern wir der Versuchung erliegen, unsere Autonomie absolut zu setzen, verfallen wir leicht den Allmachtsphantasien, die ein Merkmal destruktiver Abhängigkeit sind. Dann hat es keinen Sinn mehr zu fragen, wie frei wir Gott gegenüber sind. Zu fragen ist dann nur noch, wer uns aus den Fängen des Bösen erlöst. Und der Erlöser müßte sich als mächtiger erweisen als sein – und unser – Widersacher: »Ich vermag alles durch den, der mich mächtig macht« (Phil 4,13).

Verlangen solche Erfahrungen die personhafte Vorstellung von Gott und vom Teufel? Unser Alltagsempfinden gestattet es, auch neutrisch von dem Guten und dem Bösen zu reden. Wenn wir fragen, ob heilsame oder destruktive »Mächte« uns und die Welt regieren, verlangt das nicht notwendig die Vorstellung von einem personhaften Teufel. Wie aber wäre dann noch von Gott zu reden? Wenn bestimmte Erfahrungen uns fragen lassen, wer im Regiment sitzt, impliziert das automatisch eine dualistische Vorstellung. Und die Frage »Wie kann Gott das zulassen?« kommt meistens aus solchen Erfahrungen. Anders gesagt: Es gibt Situationen, in denen die Rede von Gott nur Sinn hat, wenn man sich nicht scheut, auch vom Teufel als seinem Gegenspieler zu sprechen.

Wieder anders, wo es um Initiative gegen Schuldgefühl geht. Wo um

Gerechtigkeit und Schuld verhandelt wird, ist nur Raum für verantwortungsfähige Partner. Da wird das Weltbild wieder einheitlich. Und – anders als beim Thema URVERTRAUEN – ist hier das Symbol des persönlichen Gottes unbedingt nötig. Zu Schuld und Gnade ist nur eine Person fähig. Nur eine Person kann für Gerechtigkeit einstehen und für Ungerechtigkeit verantwortlich gemacht werden. Man kann die Ungerechtigkeit des Schicksals beklagen, man kann es aber nicht auf Verantwortlichkeit hin anreden, schon gar nicht um Vergebung fragen.

Hier zeigt sich eine zeitgeschichtlich bedingte Tragik: Die Vorstellung eines persönlichen Gottes ist unserem Alltagsbewußtsein weithin verloren gegangen, mindestens problematisch geworden. Paradoxerweise meldet sich aber in Gesprächen mit Menschen, die nicht unbefangen von Gott reden, die Frage nach der Verläßlichkeit besonders häufig in der Verantwortlichkeit heischenden Variante: »Womit habe ich das verdient?«.

Zusammengefaßt: Wo Urvertrauen fraglich wird, geht man fast automatisch von einem einheitlichen Weltbild aus, das Gottesbild mag pantheistisch oder theistisch sein. Fragen oder Klagen aus Ohnmachtserfahrungen implizieren mindestens tendenziell ein dualistisches Weltbild. Auseinandersetzungen um Gerechtigkeit und Schuld finden in einem einheitlichen Weltbild statt und verlangen nach einem personalen Gottesbild. Die Evidenz der entsprechenden Symbole liegt also nicht darin, daß sie logisch aufeinander zu beziehen sind. Sie liegt in ihrer Korrespondenz zu jeweils entsprechenden Erfahrungen.

5. Nuancen

So unterschiedliche Erlebnisweisen auch mit den Varianten der Frage nach Verläßlichkeit verbunden sind: Sie vermischen sich natürlich in konkreten Situationen. Auch innerhalb einzelner Themen finden sich viele Nuancen, und die Themen tauchen mit unterschiedlicher Häufigkeit auf.

Die folgenden Beobachtungen resultieren aus eigenen Seelsorgegesprächen und aus der Beratung vieler Gesprächsprotokolle von VikarInnen. Ich kann ihre Allgemeingültigkeit nicht überprüfen. Die LeserInnen mögen sie an ihren Erfahrungen messen.

Beobachtungen bei unseren GesprächspartnerInnen

Ich habe den Eindruck, daß bei unseren Gesprächspartnern die Variante »Wie kann Gott das zulassen?« seltener geworden ist. Häufiger werden Erfahrungen von *Verlassenheit* ausgedrückt und gegenteilige Erfahrungen von Geborgenheit und verläßlichem Geleit. Am häufigsten und am meisten spontan wird *Gerechtigkeit* eingeklagt. Dazu einige Details:

»Wie kann Gott das zulassen?«: So oder ähnlich wird z.B. angesichts von Naturkatastrophen gefragt. Wenn ich mich recht erinnere, wurde früher häufiger so gefragt, als in noch frischer Erinnerung von Kriegserlebnissen die Rede war. Wenn es um eigenes individuelles Leid geht, heißt die Frage viel öfter: »Womit habe ich das verdient?« oder ähnlich. Also: »Wie kann er mir das antun?« Wie kommt es, daß bei großen Zusammenhängen der Natur und der Geschichte Gott eher als zu passiv oder schwach empfunden wird, während man ihn bei persönlich erfahrener Unbill als stark und aggressiv verantwortlich macht? Will man ihn – und sich – im ersteren Falle schonen, damit vielleicht doch noch irgendwo Hoffnung ist? Es gibt ja auch die gegenteilige Tradition, nach der Gott der Herr der Kriege ist und persönliches Leid vom Teufel kommt. Ich treffe selten auf Spuren dieser Tradition.

Eher stellt sich die Machtfrage in der Beziehung zwischen Gott und uns, meistens natürlich als klagender Ausdruck eigener Ohnmacht. Aber auch die Gefährlichkeit unserer Macht wird gelegentlich zur Sprache gebracht:

Frau: Manchmal glaube ich, es muß von Zeit zu Zeit einen Knall geben, damit die Menschen nicht übermächtig werden. Was jetzt in der Gentechnik passiert, nicht mal vor der Eizelle wird halt gemacht! Und Tschernobyl!

Vikarin: Ich kann nicht an einen Gott glauben, der von Zeit zu Zeit mal dreinschlägt.

Frau: Doch. Ich stelle mir vor, daß wir nur eine vorübergehende Erscheinung sind und nach uns vielleicht Wesen kommen, die mit dem Ozonloch leben können.

Vikarin: Nein. Ich sehe darin unsere Verantwortung. Die Schöpfungsgeschichte erzählt von einem guten Anfang, und daß wir vernünftig mit unserem Leben umgehen können. Wissenschaftliche Fehler machen die Schöpfung nicht sinnlos.

Die Verantwortung, auf der die Vikarin besteht, würde die Frau kaum bestreiten. Aber das ist nicht ihr Thema. Die Vikarin etabliert damit den Menschen zum Erhalter der Schöpfung geradezu an Gottes Stelle. Die Frau aber fragt nach der Macht. Sie sieht die Gefahr eben nicht darin, daß die Macht der Menschen begrenzt ist, sie also »wissenschaftliche Fehler« machen können. Sie sieht die Gefahr, daß der Mensch seine Grenzen verkennt. Sie rechnet dennoch mit einer Zukunft.

Von der Erfahrung der *Ferne Gottes* wird häufiger gesprochen. Liegt es daran, daß der Verdacht so naheliegt, es gäbe ihn gar nicht? Sehr oft wird so im Zusammenhang mit dem Beten geklagt. »Es kommt keine Antwort.« Oder: »Ich habe dazu keine Kraft mehr«.

Merkwürdig, wie oft gerade in diesem Zusammenhang von »Kraft« gesprochen wird. Kraft gegen was? Wozu speziell Kraft zum Beten? Bedarf es der Kraft, das Gegenüber festzuhalten, damit es nicht im Nebel verschwindet? Oder ist es der Versuch der eigenen Disziplinierung? So jedenfalls, wenn es heißt: »Ich muß jeden Tag um die Kraft beten, sonst kann ich ›Dein Wille geschehe‹ nicht sagen.«

Besonders oft findet sich, wie gesagt, die klagende Frage nach Gerechtigkeit: *»Womit habe ich das verdient?«* Daß in unserer an säkulare Denk- und Sprachweise gewohnten Zeit gerade die ein persönliches Gegenüber am meisten verlangende Ausdrucksform der Frage nach Verläßlichkeit am häufigsten ist, ist nicht nur merkwürdig. Es ist eine ernste Herausforderung an die Seelsorge. Denn wenn eine solche Klage ins Leere geht, können Traurigkeit oder Zorn leicht übermächtig werden.

Beobachtungen bei VikarInnen

Den VikarInnen geht es manchmal so ähnlich wie ihren GesprächspartnerInnen. Ich finde aber auch auffällige Unterschiede.

Am leichtesten fällt es ihnen, sich auf Gespräche einzulassen, in denen es um Glauben im Sinne des Urvertrauens geht. Die Zusage der Nähe Gottes kommt ohne allzu große Hemmungen von den Lippen. Hier scheuen sie auch nicht die Paradoxie: Mit Psalm 23 wird Gottes Geleit auch »im finstern Tal« zugesprochen. Oft wird auf Jesu Verlassenheit in Gethsemane und auf seine Angst am Kreuz hingewiesen.

Mit den dunklen Seiten Gottes haben sie dagegen regelmäßig Schwierigkeiten. Zwar ist das psychologische Wissen vorhanden, daß das Bild vom nur lieben Gott ein süßliches Klischee ist, und daß Aggressionen legitim sind. Aber dieses Wissen ist selten verbunden mit einer durch entsprechende Symbole gedeuteten Gottesbeziehung, die auch von den bedrohlichen Seiten Gottes reden ließe. Im Gegenteil: Wenn Menschen aggressiv klagen, werden sie dazu ermutigt, oft unter Hinweis auf Hiob, von dem zu lernen sei, daß Gott sich solche Klagen gefallen läßt. Damit wird der Klage die Schärfe genommen, der Streit wird zum Mittel entlastender Aggressionsabfuhr. Dem Zorn Hiobs wird gerade kein Raum gegeben, er wird zum Therapeutikum. Und Gottes Großmut muß dem, der sich nicht schnell beruhigen will, geradezu überwältigend erscheinen.

Wo Unheil begegnet, ist den VikarInnen noch am ehesten der Gedanke zugänglich, daß Gott das zuläßt, die Vorstellungsweise also, die bei ihren Gesprächspartnern die seltenste ist. Daß Gott auch als Verursacher gesehen werden könnte, ist vielen eine nahezu unerträgliche Vorstellung.

Zu dieser Vermeidung mag das historische Wissen beitragen, daß mit der Rede von Gottes Zorn und Strafe oder von seiner Allmacht auch psychischer Terror ausgeübt worden ist. Aber diese Erklärung reicht nicht aus. Die noch erträgliche Frage »Wie kann Gott das zulassen?« kann ja in nicht weniger schreckliche Vorstellungen führen als die tabuierte Frage: *»Warum tut er mir das an?«* Mit wem bekommen wir es denn zu tun, wenn Gott ihn gewähren läßt? Mit einem schwachen und möglicherweise gleichgültigen Gott lebt es sich ja nicht bequemer als mit einem starken und nicht immer berechenbaren. Wenn uns der Gedanke an Gottes Ohnmacht erträglicher ist als der an seine Macht, geraten wir in die Nähe von Größenphantasien. Wir müssen dann die Hilfe leisten, die wir ihm nicht zutrauen. Wir müssen auf uns nehmen, was wir ihm nicht vorzuwerfen wagen. Jedenfalls fällt es dann schwer, dem Sprache zu verleihen, was die Menschen bewegt, wenn sie fragen: *Warum?*

Welche problematischen Folgen das haben kann, zeigt sich im folgenden Ausschnitt des Gespräches einer Vikarin mit einem 60jährigen Frührentner. Vor etwa einem Jahr war dessen Frau gestorben, nun sein Schwiegervater.

Mann: Fast auf den Tag genau ist er gestorben. Er am 27. Januar und meine Frau am 29.

Vikar: Da sind alle Erinnerungen an den Tod Ihrer Frau wieder aufgetaucht. (Er weint)

Mann: Aber er ist ja schon alt gewesen, 85.

Vikar: Er durfte ein hohes Alter erreichen. Nun fragen Sie sich, warum Ihre Frau so früh sterben mußte.

Mann: Ja, natürlich. Sie hat auch immer gesagt: Warum muß ich soviel leiden? Ich habe doch niemandem was Böses getan.

Vikar: Sie fragen sich, wie Gott so etwas zulassen kann. Das ist grausam und unverständlich.

Mann: Ja sicher. Aber so ist das mit dem Schicksal.

Vikar: Ich kann Ihnen auch keine Antwort auf Ihre Frage geben. Ich glaube aber, daß Gott uns gerade dann weiterhelfen kann, wenn alles so ganz aussichtslos ist und wir wie in einem dunklen Keller sitzen, aus dem wir nicht mehr herauskommen.

Mann: (heftig) Was habe ich schon gebetet, daß er mir hilft.

Vikar: Und es hat nicht geholfen (Er nickt). Nun haben Sie das Gefühl, daß Gott Sie auch noch im Stich gelassen hat.

Mann: Es wird ja immer schlimmer, besonders jetzt im Winter. Manchmal habe ich mich nachmittags schon ins Bett gelegt. Dann bist du wenigstens weg, habe ich gedacht.

Nicht der Mann, die Vikarin führt die Frage ein: »Warum?« Der Mann macht sie sich zu eigen, im Namen seiner Frau Gerechtigkeit einklagend. Die Vikarin hält dem nicht stand. Für sie hat Gott nicht Unrecht getan, er hat es ›nur‹ »zugelassen«, und »es« – nicht »er« – ist grausam. Da kann auch der Mann nur vom »Schicksal« reden. Aggressiv klagend und dringlich betend hatte er nach Gott gesucht. Daraufhin führt die Vikarin ihn in den »dunklen Keller«, wo freilich »Gott uns gerade ... weiterhelfen kann« (nicht »wird« oder »will«). Der Mann folgt ihr in diese Tiefe, nur trifft er dort Gott nicht an. Er hatte gebetet, daß »er« hilft. Die Vikarin sieht, daß »es« nicht geholfen hat und er sich verlassen fühlt.

Das Gespräch führt in immer tiefere Schichten: Von der Klage um Gerechtigkeit zur Erfahrung von Ohnmacht, endlich zur Verlassenheit. Die Frage ist, ob die Vikarin den Mann in die Tiefe begleitet, in der er sich tatsächlich befindet, oder ob sie durch die Wahl ihrer Symbole den Weg in solche Verzweiflung selbst nahelegt. Möglicherweise wäre dieser Weg vermeidbar gewesen, hätte der Mann seinen Kampf dort kämpfen können, wo er ihn begonnen hatte: Mit dem starken Gott um Gerechtigkeit hadernd, hätte er vielleicht dessen Segen errungen. Ein Klagepsalm hätte ihm Worte verleihen können.

Um solchen Situationen gerecht zu werden, müssen wir wieder Zugang finden zu Symbolen, die die dunklen Seiten Gottes beschreiben. Wir müssen Sinn für ihre Vielfalt entwickeln, die der Vielfalt der Lebenserfahrungen entspricht. Zum Thema Verlassenheit spricht die Bibel nicht so einfarbig nur von Gottes Geleit und freundlicher Nähe. Sie weiß zum Beispiel vom Segen, der beständig ist, und vom Segen, der entzogen werden kann. Sie erzählt von Gotteserfahrungen der Starken und der Schwachen. Vor allem enthält sie paradoxe Symbole: Die Wüste als Ort der Verlassenheit und als vorzüglicher Ort der Gottesbegegnung – die Nähe Gottes im Heiligtum und vor den Toren – kreatürliche Lebendigkeit und Leben aus der Erfahrung des Todes.

Die Bibel kennt den Tod als Freund, wenn einer »alt und lebenssatt« stirbt. Sie kennt ihn auch als Feind und spricht damit das Thema Ohnmacht und Erlösung an. Angesichts von Ohnmachtserfahrungen ist biblisch ja nicht nur von Gott die Rede, der sich fernhält und sich vielleicht doch einmal wieder stark und freundlich zeigen wird. Die Bibel redet von Befreiung und Erlösung von todbringenden Mächten.

Die Frage nach Gerechtigkeit und Erfahrungen von Unrecht und Schuld werden ebenso vielfarbig besprochen: Angst vor dem Zorn Gottes und Hoffnung auf seinen Zorn gegen die Feinde – Unheil als Strafe oder als Prüfung oder Herausforderung zur Reifung – Gott, der unbeirrbar ist, und der sich doch auch zum Einlenken bereden läßt – die Paradoxie der Rechtfertigung des Gescheiterten.

Verständlicherweise sind wir gegenüber manchen dieser Symbole befangen. Wir wissen, wie gerade die weniger handlichen Symbole mißbraucht werden konnten, um Druck zu erzeugen und die Leute handlich zu machen. Aber bedrückende und schreckliche Erfahrungen sind ja nicht aus der Welt geschafft. Selbstverständlich darf nicht zusätzlicher Druck erzeugt werden. Symbole sind keine Hilfsmittel zur Disziplinierung. Sie können aber dem Schrecken Ausdruck verleihen und zu einer Spiritualität beitragen, die angesichts schlimmer Erfahrungen nicht verstummt.

Anhang

Zur Frage nach der Verläßlichkeit Gottes

O. Beyer, Erhörte Klage, NZSystTh+Relphil 25, 1983, S. 259-271, beschreibt die Bedeutung der Klage als Herausforderung der Theologie und als Element des Gebetes, bes. im Gottesdienst. Er zeigt, wie die Verformung der Klage und die Säkularisierung der

Theodizeefrage zu Larmoyanz oder Moralismus führt. Beispiele findet er bei Kant, Marx, Horkheimer (S. 265ff).Ders: Die offene Frage der Theodizee, in: Autorität und Kritik, Tübingen 1991, S.201-207

Darstellungen und Texte im Studienbuch: *W. Sparn, Leiden – Erfahrung und Denken, Materialien zum Theodizeeproblem, München 1980*

*

Zu den Reifungsschritten

E.H. Erikson, Identität und Lebenszyklus, Frankf./Main 1971
Darin: Wachstum und Krisen der gesunden Persönlichkeit
Ders.: Kindheit und Gesellschaft, Stuttgart (4.Aufl.) 1971

Siehe auch: J.W. Fowler, Glaubensentwicklung: Perspektiven für Seelsorge und kirchliche Bildungsarbeit, München 1989

Fowler achtet weniger auf »Lebensthemen«, wie ich sie aus Eriksons Konzept ableite. Eher an einer religionspsychologischen Beschreibung des Glaubens und seiner Entwicklung interessiert, unterscheidet er – im Dialog mit Piaget, Kohlberg und Erikson – sieben »Stufen des Glaubens«. Diese Stufen haben zwar ihr eigenständiges Recht, müssen aber auch durchschritten werden, damit es schließlich zu einem reifen Glauben kommt, der die ihn auch einengenden Tendenzen früherer Stufen überwunden hat. Ich stimme Fowler weitgehend zu, verfolge hier aber eine andere Tendenz: Mir geht es weniger um die – zu entwickelnde – Gestalt des Glaubens, sondern um dessen Themen, die zwar auch im Laufe einer Entwicklung bedeutsam werden, uns dann aber das Leben lang begleiten.

3. Kapitel

Folgerungen für ein Konzept: Seelsorge als Lebensdeutung

Im ersten Kapitel habe ich drei Bitten des Vater-Unsers als Deutungshilfe von Lebenserfahrungen gebraucht. Im zweiten Kapitel habe ich die Fragen nach der Verläßlichkeit Gottes mit Hilfe des psychologischen Modells von Erikson interpretiert. Dabei handelt es sich um zwei zunächst eigenständige Ansätze. Ich werde sie in den folgenden Kapiteln verbinden.

Ein Vergleich läßt Entsprechungen und Unterschiede erkennen:

Mit der Frage »Wie kann Gott das zulassen?« wird die Machtfrage gestellt. Ähnlich, wenn die Bitte um Erlösung von dem Bösen uns an destruktive Abhängigkeit denken läßt. Beidesmal handelt es sich um Erfahrungen in der von Erikson beschriebenen Spannung von Autonomie und Scham.

Im Gebet um Vergebung werden Gerechtigkeit und Schuld zum Thema, ähnlich in der Klage: »Womit habe ich das verdient?« Hier geht es um die Spannung von Initiative und Schuldgefühl.

Ähnlichkeiten finden sich auch zwischen der mit der Bitte um das tägliche Brot angesprochenen geschöpflichen Abhängigkeit und der Spannung von Urvertrauen und Misstrauen. Beide haben mit Empfangen und Entbehren, mit Versorgt- und Verlassensein zu tun. Es wäre aber problematisch, das Bewußtsein geschöpflicher Abhängigkeit mit Urvertrauen gleichzusetzen. Daraus würden Verkürzungen und Verzeichnungen folgen.

Bei einer Gleichsetzung würde Gottvertrauen auf kindliche Wirklichkeitserfahrungen reduziert, was leider ohnehin nicht selten geschieht. Solche Verkürzung zeigte sich z.B. schon, wenn sich Nahrung und andere Güter der Natur unbefangen der Bitte um das »tägliche Brot« zuordnen lassen, während sich Bedenken melden, wenn es um handwerkliches Handeln und um unsere Beziehung zu technischen Dingen geht. Für Erwachsene charakteristische Erfahrungen bleiben so aus der Spiritualität ausgespart.

Verzeichnet würden die Spannungen, mit denen wir es in der geschöpflichen Abhängigkeit zu tun haben. Erikson bezeichnet mit dem Gewinn des Urvertrauens einen Reifungsschritt, der zwar durch Mißtrauen bedroht bleibt, aber noch unangefochten ist durch kritische Erfahrungen in der Spannung von Autonomie und Scham und von Initiative und Schuld. Urvertrauen ist noch nicht von dem tangiert, was biblisch als ›Sünde‹ bezeichnet wird, gleichsam der paradiesische Zustand vor dem Erwachen der Frage: »Sollte Gott gesagt haben ...?« (1.Mose 3,1). In der geschöpflichen Abhängigkeit haben wir es aber mit Erfahrungen von Ambivalenzen zu tun. Diese werden in der Bibel z.B. dadurch beschrieben, daß der Acker außerhalb Edens auch »Dornen und Disteln« trägt. Geschöpfliche Abhängigkeit wird eben außerhalb Edens erlebt. Sie ist gezeichnet von Lebensfreude und Todesangst, von Verantwortlichkeit und Schuld, von erlösender Befreiung zur Genuß- und Leidensfähigkeit.

Zwei weitere Unterschiede erscheinen mir bedeutsam:

Alltag und Krisen als Herausforderung zur Seelsorge

Anlaß zur Frage nach der Verläßlichkeit Gottes geben Krisenerfahrungen. Beim Nachdenken über die Bitten des Vater-Unsers geraten dagegen meistens Gegebenheiten in den Blick, die normalerweise und kontinuierlich das Leben mitbestimmen.

Die Wahrnehmung von Alltäglichem ist zwar nicht gezielte Absicht, sie ergibt sich aber von selbst, wenn die Leitfragen sich auf das richten, was einem in Familie, Beruf oder anderweitig tägliches Brot, Schuld und Versuchungen sind. Dies ist mir insofern wichtig, als damit ein Verständnis von Seelsorge verbunden ist, dem die übliche Seelsorge zuwider läuft: Die allermeisten Seelsorgegespräche finden anläßlich krisenhafter Erlebnisse oder kontinuierlichen Leidens statt, oder sie konzentrieren sich auf Konflikte.

PfarrerInnen machen Besuche vornehmlich bei kranken und alten Menschen, bei letzteren kaum wegen ihres Reichtums an Lebenserfahrung, sondern wegen der vermuteten und oft gegebenen Einsamkeit oder Gebrechlichkeit. Nur ausnahmsweise kommt es zu Kontakten mit Menschen, die mitten im Leben stehen. Am ehesten begegnet man ihnen als Konfirmandeneltern. Aber auch wenn die besucht werden, richtet sich das Interesse überwiegend auf Krisen. Man achtet z.B. auf Konflikte mit den heranwachsenden Kindern, kaum dagegen auf Berufs- und Freizeiterlebnisse der Eltern.

Das liegt nicht nur an der Zeitnot der PfarrerInnen. Mehr oder weniger bewußt, zeigt sich hier das Verständnis von Seelsorge als Krisenbegleitung und Beistand in Leidenszeiten. Ich werbe hier für ein anderes Konzept:

Seelsorge als Lebensdeutung. Das bedeutet, sich für Alltäglichkeiten genauso zu interessieren wie für Höhe- und Tiefpunkte, für Erfolg und Glück ebenso wie für Niederlagen und Konflikte. Es bedeutet, der Tatsache Rechnung zu tragen und sich für sie zu interessieren, daß alle Erlebnisse eine spirituelle Dimension haben, und daß wir uns unserer Identität versichern, wenn wir diese Erlebnisse als Erfahrung von geschöpflicher Abhängigkeit, von Bewährung und Schuld, oder von Verführbarkeit wahrnehmen.

Die einseitige Orientierung an den Schattenseiten des Lebens führt zu einer Abspaltung. Die zeigt sich z.B., wenn jemand ein Gespräch rückblikkend beurteilt: »Es war nur small talk. Ich bin nicht an die Probleme der Leute herangekommen«. Nun, vielleicht hatten sie keine akuten Probleme. Ist deshalb ihr Leben weniger interessant? Man stelle sich vor, ein guter Schriftsteller würde einen beliebigen Lebensausschnitt dieser Leute beschreiben. Da gäbe es viel zu entdecken. Vielleicht war es diesmal wirklich nur »small talk«, weil der Vikar oder die Pfarrerin die Alltäglichkeiten keiner Rede wert fand. Die durch die Bitten des Vater-Unsers angeleitete Übung zeigt, daß sie sehr wohl der Rede und des Gebetes wert sind.

Die Reihenfolge der Themen

Im Vater-Unser tauchen die Themen in einer anderen Reihenfolge auf als bei Erikson. Die Bitte um Vergebung steht vor der Bitte um Bewahrung vor Versuchung und Erlösung von dem Bösen. Nach dem Modell Eriksons kommt es zur Spannung von Initiative und Schuld erst, nachdem die Krise um Autonomie und Scham fürs erste erfolgreich bestanden war. Beide Reihenfolgen haben ihre Logik.

Im Vater-Unser kommt die Reihenfolge wohl daher, daß Jesus mit der Bitte um Vergebung an Schuld im alltäglichen Leben denkt, während er die Bitte um Bewahrung vor Versuchung und Erlösung vom Bösen mit der Vorstellung von den Leiden der Endzeit und von endgültiger Befreiung verbindet.

Diese Reihenfolge entspricht auch der Art, in der wir normalerweise die Wirklichkeit wahrnehmen: Wir sehen, wie uns die Güter der Natur und der menschlichen Produktivität zur Verfügung stehen oder entzogen sind. – Wir erleben, wie wir um diese Güter konkurrieren und auch anderweitig aneinander schuldig werden. – Und falls es ganz schlimm kommt, finden wir uns in Abhängigkeiten verstrickt, die fesselnder und kränkender sind, als daß ein vergebendes Wort uns versöhnen könnte und die Beziehung wieder gedeihlich werden ließe.

Wo solche Abhängigkeit gegeben ist, wird klar, daß von Schuld und Vergebung erst wieder zu reden ist, wenn der psychische oder soziale Konflikt um die Macht entspannt ist. Dabei wird spürbar, was grundsätzlich gilt: Die Frage nach Freiheit und Abhängigkeit stellt sich vor der Frage nach ethischen Normen und moralischem Handeln. Auch dies ist eine biblisch überlieferte Einsicht. Im Alten Testament erzählt 1.Mose 3 vom Begehren, zu »sein wie Gott«: Der Schritt in die Autonomie, mit Scham als Kehrseite, geht voraus, ehe es zur Initiative mit Konkurrenz und Schuld kommt, wovon die Geschichte von Kain und Abel erzählt (1.Mose 4). Im Neuen Testament beschreibt Röm 6,1-12 die als Herrschaftswechsel erlebte Erlösung, mit der dann auch ethische Herausforderungen gegeben sind: Wir sind mit Christus »begraben durch die Taufe in den Tod, damit, wie Christus auferweckt ist von den Toten durch die Herrlichkeit des Vaters, auch wir in einem neuen Leben wandeln«. Warum es um Tod und Leben gehen muß und Verantwortungsfähigkeit nicht billiger zu haben ist, beschreibt Paulus anschließend in Röm 7.

Hier finden wir also die gleiche Reihenfolge wie bei Erikson.

Wo immer die Machtfrage so geklärt ist, daß Autonomie eine Chance hat, bleibt dies doch eine vorläufige und immer angefochtene Lösung. Auch wo Erlösung aus akut zerstörerischer Abhängigkeit erfahren wurde, bleibt sie partiell und gefährdet. Solange wir leben, werden wir es nicht nur mit den geschöpflichen Ambivalenzen zu tun haben, sondern auch mit der Antagonie zwischen geschöpflicher und suchtartiger Abhängigkeit. Eine Erlösung aus der Bindung an die Macht des Destruktiven in dieser oder jener Erscheinungsform kann alltäglich erlebt werden. Eine endgültige Erlösung aus der Antagonie gegensätzlicher Mächte liegt jenseits der in unserem Leben gegebenen Möglichkeiten. Darin liegt das Recht der Reihenfolge der Bitten im Vater-Unser.

Man darf sich durch die Reihenfolge der Themen im Vater-Unser nur nicht dazu verführen lassen, mit den Gedanken an Erlösung immer gleich Vorstellungen von Endgültigem, Endzeitlichem oder Jenseitigem zu verbinden. Dann erscheinen die aktuellen individuellen und politischen Konflikte nämlich nur noch als Themen der Ethik und als Bewährungsfeld der Moral.

Für die kirchliche Verkündigung und Seelsorge halte ich es deshalb für wichtig, sich unter anderem durch die Reihenfolge in Eriksons Konzept auf die Alltäglichkeit von Konflikten im Spannungsfeld von Autonomie und Abhängigkeit oder Scham aufmerksam machen zu lassen. Das bedeutet nicht nur, Scham von Schuld zu unterscheiden und Abhängigkeit von moralischem Versagen. Es bedeutet vor allem, Befreiung und Erlösung zum Thema seelsorgerlicher Gespräche werden zu lassen.

Dies scheint schwierig zu sein. Wenn ich an eigene Seelsorgegespräche denke und an die vielen mir bekannten Gesprächsprotokolle, so finde ich dieses Thema darin selten aufgenommen. Da wird, etwa mit Psalm 23, von Gottes Geleit gesprochen. Jesu Angst in Gethsemane und sein Leiden am Kreuz werden zu Symbolen, die Hoffnung auf Gottes Gegenwart im Sinne des Urvertrauens vermitteln sollen. Ausgespart bleiben Texte, die von Erlösung sprechen, etwa von Jesu und unserem Sterben und Auferstehen zu neuem Leben im Sinne des Römerbriefes, oder von Befreiung aus den

Fängen des Drachen (Offb 12), Sie gehören offenbar nicht zum Schatz der Symbole, denen man in Gesprächen eine Deutung unserer Situation zutraut. Für eine Seelsorge, die nicht zu eingeschränkter Wahrnehmung, sondern zur Lebensdeutung beitragen will, ist es unerläßlich, wieder Zugang zu diesen Themen und ihren Symbolen zu finden.

In den Kapiteln des dritten Teiles sind die Themen durch die Bitten des Vater-Unsers bestimmt. In der Reihenfolge aber folge ich dem Konzept Eriksons, freilich in umgekehrter Richtung:

Ich werde mit Erfahrungen von Verantwortlichkeit und Schuld beginnen. Dabei wird über die Bedeutung der Symbole von Gottes Gericht und Gnade nachzudenken sein. Anschließend wird es um Autonomie und Scham, Macht und Ohnmacht gehen. Sie betreffen tiefere Schichten des Bewußtseins als Verantwortlichkeit und Schuld. Erfahrungen von destruktiver Abhängigkeit verlangen nach Erlösung. Dabei will ich den apokalyptischen Symbolen besondere Aufmerksamkeit widmen. Schließlich soll die geschöpfliche Abhängigkeit bedacht werden. Sie ist das erste Merkmal unseres Lebens. Dennoch will ich damit nicht beginnen. Vorher muß von Erlösung geredet werden, denn wo geschöpfliches Leben gelingt, trägt es oft Zeichen erlösten Lebens. Daß die Beschreibung geschöpflicher Abhängigkeit ausführlicher ist als die von Schuld und Verfallenheit, entspricht meinem Konzept: Mir liegt daran, die Aufmerksamkeit auf die Vielfalt des Lebens und seine spirituelle Dimension zu lenken.

Vor dieser Entfaltung im dritten Teil scheint mir ein Zwischenschritt nötig. Bisher ist von Symbolen die Rede gewesen, ohne daß ich erläutert hätte, in welchem Sinne ich diesen Begriff gebrauche. Darüber soll der zweite Teil Auskunft geben.

Zweiter Teil

Zum Verständnis und Gebrauch von Symbolen

1. Kapitel

Die Bedeutung und Wirkungsweise von Symbolen

In Theologie, Psychologie und Soziologie werden Wesen und Wirkungsweise von Symbolen unterschiedlich eingeschätzt. Ich folge weitgehend dem Symbolverständnis, wie es im Bereich der Systematischen Theologie Paul Tillich und im Bereich der Pastoralpsychologie Joachim Scharfenberg dargestellt haben. Dabei ist mir bei Tillich die Unterscheidung von ›Zeichen‹ und ›Symbol‹ besonders wichtig, bei Scharfenberg die von ›Symbol‹ und ›Klischee‹. Zur Beschreibung von Erlösungssymbolen halte ich aber eine weitere Differenzierung für nötig.

1. Begriffsbestimmung: Symbol – Zeichen – Klischee

In einer Gruppe, die zu methodischen Übungen zusammengekommen war, hatte jemand von einer schwierigen Entscheidung erzählt und schließlich gesagt: »Ich bin jetzt meiner Sache sicher«. Daraufhin bat ich die Mitglieder, sich Sätze einfallen zu lassen, die dem Gesagten symbolischen Ausdruck verleihen. Wir wollten dann sehen, welche Reaktionen sie in dem Betroffenen auslösen würden.

Einer sagte: »Da fühlst du dich stark wie ein Baum«. Ein anderer erinnerte sich an den 139. Psalm: »Herr, du erforschest mich und kennst mich. ... Ich gehe oder liege, so bist du um mich und siehst alle meine Wege.«

Der erste hatte also eine bildhafte Ausdrucksweise gewählt, die nicht an eine bestimmte Tradition gebunden war. Würde man nach biblischen Entsprechungen suchen, käme einem vielleicht der 1.Psalm in den Sinn: »... wie ein Baum, gepflanzt an den Wasserbächen, der seine Frucht bringt zu seiner Zeit, und seine Blätter verwelken nicht. Und was er macht, das gerät wohl.« Dem zweiten war ein biblischer Satz eingefallen. Würde man seiner Assoziation einen weniger religiös

gebundenen Ausdruck zu geben suchen, könnte man etwa sagen: »Du siehst in einem schwierigen Gelände nun einen Weg«.
Im ersten Falle mit dem Baum, im zweiten Falle mit dem Weg war Gegenständliches zum Symbol geworden. In beiden Fällen bietet das Gegenständliche sich dazu an durch seine sichtbare, die Phantasie anregende Gestalt. Dabei wirkt auch unsere Tradition mit, die ja in unzähligen bildlichen Darstellungen und Sprichworten, in Legenden, Mythen und Gedichten mit »Baum« und »Weg« menschliches Leben beschreibt. Die Kenntnis dieser Tradition mag die Wirkung der Symbole durch vielfältige Assoziationen unterstützen, sie ist aber keineswegs die Voraussetzung dafür, daß sie ihre Wirkung tun.

Der Inhalt ist natürlich unterschiedlich: Der Baum läßt wohl – zunächst! – an Festigkeit denken, der Weg an Bewegung.

Nahezu jeder Gegenstand, jede Geste, jedes Geschehnis kann auf diese Weise zum Symbol werden und damit in einer Situation und zu dieser Situation etwas offenbaren. Im Sinne Paul Tillichs gesagt: Ein *Symbol* partizipiert an der Gestalt des direkt Bezeichneten. Deshalb ist es nicht austauschbar. Die Bedeutung des Baumes als Symbol unterscheidet sich von der des Weges, wie sich auch Baum und Weg in der Landschaft unterscheiden. – Anders das *Zeichen*: Ein Zeichen kann beliebig gewählt werden und gilt nur durch Verabredung: Prinzipiell könnte z.B. das Additionszeichen + auch minus bedeuten, die rote Ampel könnte die Fahrt freigeben. Genau umgekehrt aber ist das beliebig zu verabredende Zeichen in seiner Intention eindeutig, während das an der Gestalt des direkt Bezeichneten unverwechselbar partizipierende Symbol vieldeutig ist.
Das *Symbol* weist über das direkt Bezeichnete hinaus in eine nicht begrenzte und nicht berechenbare Weite und Tiefe.

In die Weite: Der Baum, hier wohl zunächst als Ausdruck von Festigkeit genommen, wird möglicherweise zugleich bewußt machen, daß ein fester Stamm auch starr sein kann, daß er Wurzeln hat und Nahrung findet oder auch nicht, daß seine Blätter grünen und welken und anderes mehr. Und eben dies alles mag nun auch zum Aspekt der symbolisch beschriebenen Situation werden. – Der Weg, zunächst als Ausdruck zielstrebiger Bewegung genommen, läßt vielleicht zugleich bewußt werden, daß er ein Ende hat, oder daß er eine Strecke ist, die man mit schwerem oder leichtem Gepäck durchmißt und mit hoffentlich ausreichender Wegzehrung. Auf diese Weise geben Symbole den Ambivalenzen Raum. Sie können die Ambivalenzen einer bestimmten Situation zu Bewußtsein bringen.

In die Tiefe: Symbole betreffen nicht nur unsere Gefühle, sie betreffen auch Gedanken und Phantasie, Bewußtes und Unbewußtes, sie meinen den Menschen als ganzen, seine Identität mit Leib und Seele. Sie lassen eine punktuelle Situation im Zusammenhang von Menschheitserfahrungen und Menschheitsgeschichte sehen: Menschen sind »wie ein Baum« und vergessen das manchmal, sie sind »unterwegs« und übersehen das zuweilen. Symbole lassen etwas von unserer Teilhabe an der Vielfalt und Ganzheit der Wirklichkeit erkennen oder ahnen.

Umgekehrt die *Zeichen*: Eindimensional eine wenn-dann-Folge intendierend, sollen sie gerade nicht die Phantasie anregen und Freiheit stiften. Sie sollen vielmehr ein Chaos dadurch zu vermeiden helfen, daß sie einen Reiz-Reaktions-Mechanismus auslösen. Mit dem eindimensionalen wenn-dann ist ein zweckrationales um-zu verbunden: Bei ›Rot‹ soll man eben nicht losfahren. Zeichen sind normativ.

Symbole dagegen sind nicht normativ, sondern deskriptiv. Sie sperren sich gegen zweckrationalen Gebrauch: Wir haben besonders im zweiten Kapitel des ersten Teiles gesehen, wie dasselbe Symbol ganz unterschiedliche Reaktionen auslöst. Das führt häufig zu der irritierten Frage, wie denn im Gespräch oder in der Liturgie unter diesen Umständen verantwortlich mit Symbolen umzugehen sei. Darauf ist vorläufig zu antworten: Wer – aus guten oder schlechten Gründen – eindeutige Wirkungen erzielen will, darf keine Symbole verwenden. Denn deren Funktion ist es gerade, Freiheit zu stiften. Gebrauchen kann sie nur, wer ihrer beruhigenden wie beunruhigenden, ihrer bestätigenden wie kritischen Wirkung Heilsames zutraut. Es steht in unserer Macht, nach Verabredung frei über die Zeichen zu verfügen. Die Symbole stiften Freiheit, wenn wir uns ihnen in ihrer Unverfügbarkeit aussetzen. Symbole geben Ambivalenzen Raum, sofern sie nicht mißbräuchlich zum Klischee gemacht werden: Wenn aus dem Baum die »Deutsche Eiche« wird, darf sie nur noch Festigkeit und Verläßlichkeit suggerieren. Der Gedanke, daß sie auch starr sein oder gefällt werden könnte, soll gerade abgewehrt werden. Ein *Klischee* kann und soll nicht mehr eine Vielfalt von Aspekten zu Bewußtsein bringen und Freiheit stiften, sondern suggestiv bestimmte Gefühle hervorrufen oder legitimieren. Klischeebildung kann gezielt erfolgen, wofür es in der politischen Propaganda und in der Verkaufswerbung viele Beispiele gibt. Sie findet sich auch in der Kirche, wenn z.B. Gott nur als liebevoll oder nur als drohend dargestellt wird, zum Zweck des Tröstens oder der Buße zielstrebig eingesetzt. Zweckrationalität eignet dem Klischee wie dem Zeichen. Aber das Zeichen soll nur verabredungsgemäß einen Handlungsmechanismus auslösen, es ist insofern unschuldig. Ein Klischee aber soll und kann Einstellungen und Gefühle manipulieren.

Den Unterschied von Symbol und Klischee hat besonders Joachim Scharfenberg betont und beschrieben. Ich folge ihm, sofern wir es mit Symbolen zu tun haben, die Erfahrungen unserer Geschöpflichkeit beschreiben. Wo es um destruktive Abhängigkeit und Erlösung geht, scheint mir eine andere Differenzierung nötig zu sein. In diesem Falle lösen sich, wie im ersten Kapitel schon angedeutet, die Ambivalenzen in Polaritäten auf: Eine normale zwischenmenschliche Beziehung etwa ist ambivalent, bedeutet z.B. Geborgenheit und Einengung. So hat sie Raum für die Spannung von Zuneigung und Aggression. Eine symbiotische Bindung dagegen ist gekennzeichnet durch eine totale ›Liebe‹, die keine aggressiven Gefühle zuläßt, sondern selbst zum Instrument unbewußt aggressiver Herrschaft wird. Sie kann in Haß umschlagen, der für Liebe keinen Raum mehr bietet. Hier sind aus Ambivalenzen nicht mehr zu verbindende Polaritäten geworden. Aus dieser unerträglichen Spannung kann nur Erlösung befreien. Die kann nur mit Symbolen angesagt werden, die nicht Ambivalenzen beschreiben, sondern eindeutig von Bösem und Erlösendem reden. Die Rede vom zornigen und gnädigen Gott spricht von Ambivalenz. Die Symbolik von Gott und Teufel bezeichnet Eindeutiges.

2. ›Religiöse‹ und ›säkulare‹ Symbole

Ich setze die Begriffe ›religiös‹ und ›säkular‹ in Anführungsstriche, um anzudeuten: Die Unterscheidung ist nicht ganz sinnlos, aber ich mißtraue ihr. Sie ist irreführend. Symbole sind eo ipso religiös, indem sie uns mit einer bestimmten Situation die unverfügbare Tiefe und Weite unseres Lebens wahrnehmen lassen.

Mißtrauen weckt schon die Art, in der mir die Frage, wie denn ›säkulare‹ von ›religiösen‹ Symbolen zu unterscheiden seien, begegnet. Dabei beobachte ich regelmäßig eine Paradoxie: Hat die Diskussion eine theoretische Klärung zum Ziel, wird auf die Unterscheidung von ›säkular‹ und ›religiös‹ Wert gelegt in der Befürchtung, sonst würde die Einzigartigkeit biblischer Symbole einer Gleichmacherei zum Opfer fallen. Umgekehrt, wenn der praktische Gebrauch von Symbolen in der Seelsorge zur Diskussion steht. Dann wird – nicht selten von denselben TeilnehmerInnen – in einer ganz anderen Intention unterschieden. Dann richtet sich nämlich der Widerstand besonders gegen die biblischen Symbole. Denn Befangenheit herrscht ja weit weniger gegenüber alltagssprachlichen Symbolen wie ›Baum‹ oder ›Weg‹ und viel eher gegen die religiöse Sprache, mit der »die Leute sowieso nichts anfangen« könnten. Kurz: Im Rahmen einer Theorie soll mit der Unterscheidung zuerst die Heiligkeit der biblischen Symbole gesichert werden. Dann soll im Blick auf die Praxis ihre Unbrauchbarkeit behauptet werden.

Betrachtet man diese Einwände genauer, so ist festzustellen, daß es in Wahrheit um zwei Unterschiede geht, die mit den Begriffen ›religiös‹ und ›säkular‹ gar nicht erfaßt sind: Will man die besondere Dignität der biblisch überlieferten Symbole betonen, so muß nach deren Unterschied zu anderer religiöser Symbolik gefragt werden. Wird dagegen der – vermeintliche oder tatsächliche – Widerstand »der Leute« gegen biblische Symbole bedacht, so stellt sich die Frage, ob und wie es sich auswirkt, daß bestimmte Symbole mit kanonischer Verbindlichkeit tradiert werden, während andere sich aus dem Schatz volkstümlicher oder auch exotischer Überlieferung anbieten. Diese beiden Fragen sollte man nicht vermischen.

Natürlich ist es sinnvoll zu fragen, ob sich christliche Symbole inhaltlich von außerchristlichen unterscheiden. Dies müßte sich darin zeigen, daß sie unsere Situationen und Erfahrungen in anderer Weise deuten. Es müßte an einzelnen Symbolen überprüft werden. Solche Unterschiede von vornherein zu postulieren, verstellt eher den Blick.

Dagegen hat die besondere Wertschätzung kanonisch überlieferter Symbole oder der Widerstand speziell gegen sie möglicherweise weniger mit ihren Inhalten zu tun und mehr mit ihrer postulierten bzw. bestrittenen Autorität. Der Widerstand kommt gegebenenfalls aus dem Verdacht, man solle Glauben als Gehorsamsleistung erbringen.

Die widersprüchliche Art, in der die Frage gewöhnlich diskutiert wird, läßt annehmen, daß unbewußte Motive und Interessen im Spiel sind. Ich werde deshalb auf den Unterschied von verbindlich überlieferten und frei umlaufenden Symbolen im Kapitel über die psychischen Widerstände genauer eingehen.

Mit relativem Recht mag man Symbole ›religiös‹ nennen, wenn sie eindeutig dem Traditionsgut einer bestimmten Religion entstammen. Sie unterscheiden sich von den sogenannten säkularen Symbolen dann kaum in ihrem Bildgehalt, der auch aus der vorfindlichen Natur oder Kultur genommen wird, wie z.B. »Baum« und »Weg« in den Psalmen. Indem sie sich aber im Text einer bestimmten Tradition finden, verbinden sich mit ihnen Assoziationen an andere mit dieser Tradition verbundene Symbole: Wem das Alte Testament vertraut ist, dem stellen sich mit dem 1. Psalm auch Gedanken an den Gott ein, der am Sinai seine Gebote erlassen hat. Er weiß, daß die »Lust« an diesem »Gesetz des Herrn« jemanden sein läßt »wie ein(en) Baum, gepflanzt an den Wasserbächen«.

In dem eingangs genannten Beispiel hatten wir es mit ausdrücklich ›religiöser‹ und sogenannter ›säkularer‹ Sprache zu tun: »Ich bin mir jetzt meiner Sache sicher«, hatte jemand gesagt. »Fest wie ein Baum«, wurde in alltagssprachlicher Symbolik erwidert. Es wäre kein Gegensatz, aber auch nicht dasselbe gewesen, wenn die Situation mit dem Psalmwort vom »Baum, gepflanzt an den Wasserbächen« gedeutet worden wäre. Ebensowenig gegensätzlich und doch nicht gleich wäre es gewesen, wenn statt des Wortes aus dem 139. Psalm vom »Herrn«, der uns »erforscht und kennt« alltagssprachlich gesagt worden wäre: »Du siehst einen Weg vor dir.«

Die symbolische Rede von ›Baum‹ und ›Weg‹ unterscheidet sich von den symbolischen Psalmworten insofern nicht, als beide expressiv und nicht appellativ, deskriptiv und nicht normativ sind. Dadurch wirken beide zuerst und vornehmlich bestätigend. Beide lassen auch neue Aspekte wahrnehmbar werden und können dadurch auch unsicher oder unruhig machen. Dies geschieht aber im Rahmen der ohnehin gegebenen Ambivalenzen:

Daß der Herr – so Ps 139 – unseren Weg sieht, kann im Sinne verläßlichen Geleites verstanden werden, ebenso im Sinne der unbequemen Aufsicht. Das entspricht der Erfahrung, daß Geborgenheit nur um den Preis der Abhängigkeit zu haben ist, Geleit nur um den Preis der Loyalität. Daß der Herr uns erforscht und unsere Gedanken versteht, kann Ausdruck umso größeren Selbstvertrauens in dem Sinne sein, in dem jemand etwa sagt: »Ich habe mir die Sache weiß Gott gut überlegt.« Auch damit würde ein Rest eigener Unsicherheit eingeräumt und Gott anheim gegeben. Stärker träte das Bewußtsein eigener Fehlbarkeit in den Vordergrund, würde dieses Bild in dem Sinne genommen, in dem jemand sagt: »Ich schwöre... so wahr mir Gott helfe.« Und das Symbol kann – umgekehrt – die Zweifel verstärken: »Kann ich damit wirklich bestehen?« Alle Aspekte kämen zusammen, würde jemand zu dem Satz finden: »Er versteht mich besser als ich selbst«. Der kann eine ebenso beglückende wie bedrohliche Erfahrung ausdrücken.

Dies alles würde Ambivalenzen benennen, die unser Leben kennzeichnen, deren eine Seite zuweilen verdrängt, aber nicht abgeschafft oder wegdiskutiert werden kann. Sehen wir von dem – später zu bedenkenden – Verdacht ab, die Rede von ›Gott‹ als solche müsse Widerstand hervorrufen, so läßt sich sagen, daß die Begriffe ›Gott‹ und ›Herr‹ die symbolische Kraft der ihrerseits symbolhaltigen Begriffe ›Baum‹ und ›Weg‹ vertiefen und erweitern: Im Umfeld dieser Psalmverse ist vom Nahrung spendenden oder den Weg begleitenden Gott vielfach die Rede. Dieses Umfeld wird mitkommuniziert, soweit es dem Hörer bekannt ist. Damit wird die Bedeutung des einzelnen Symbols erweitert. Eine Vertiefung wird dadurch nahegelegt, daß mit dem Begriff ›Gott‹ die Unverfügbarkeit der mit der Situation gegebenen Perspektiven ausdrücklich benannt wird. Die einzelne Erfahrung kann so als Erfahrung geschöpflicher Abhängigkeit gesehen werden.

Die Bezeichnung ›säkular‹ oder ›religiös‹ sagt also allenfalls etwas über Herkunft und Reichweite eines Symbols. Sie ist irreführend, wenn damit ein prinzipieller Unterschied postuliert wird. Symbole sind eo ipso religiös. Sie setzen keinen Glauben voraus. Sie können vielmehr Glauben stiften.

2. Kapitel

Die Evidenz der Symbole

1. Symbole als Schlüssel zur Realität

Symbole bringen zur Sprache und zu Bewußtsein, was vorher leicht zu übersehen war – oder was man vorher nicht wahrnehmen mochte. Sie stärken oder stiften die Freiheit, eine Situation unverstellt wahrzunehmen. Oft können wir auch ohne das Gespräch mit einem unbestechlichen Partner und ohne symbolische Deutung eine Situation in ihrer Vielseitigkeit realistisch einschätzen. Dann bietet ein Symbol den Ausdruck eigener Empfindungen und die willkommene Hilfe, den Tendenzen zur Flucht in unrealistische Gedanken und Phantasien zu widerstehen. Von einer Stiftung der Freiheit ist zu reden, wenn man auf eine einseitige oder verzerrte Sicht der Dinge festgelegt war, und wenn einem nun für eine neue und eher realistische Sicht die Augen aufgehen. Symbole fügen also der Realität nichts hinzu, was prinzipiell über sie hinausgeht, andersartig ist und nichts mit ihr zu tun hat. Sie nehmen vielmehr etwas hinweg: unsere Scheuklappen. Sie lösen oder mildern die Befangenheit, mit der wir die Realität verzerren, und deren Motiv allemal Angst ist:

Wenn jemand sagt, er sei nun seiner Sache sicher, sollte man nicht gleich annehmen, er würde sich selbst betrügen und die Ambivalenzen übersehen, die damit verbunden sind, daß er sich nun auf den ›Weg‹ macht, oder daß er sich wie einen ›Baum‹ einschätzt. Falls die ihm vorher bewußt waren, würde er in den Symbolen einen tieferen und weitläufigeren Ausdruck seines Empfindens und seiner Selbsteinschätzung finden. Eben darin läge ihre Evidenz. Es ist aber auch denkbar, daß er sich nach vorheriger Ratlosigkeit nun allzu sicher fühlt und meint, über die Zukunft verfügen zu können. Dann könnten ihn die Symbole nachdenklich machen. Sie könnten ihm die Vielseitigkeit der Situation und die Unverfügbarkeit der Zukunft realistischer zu Bewußtsein bringen. Ihre Evidenz läge dann darin, daß sie überraschend sehen lassen, was vor Augen liegt, und wovor man die Augen verschlossen hatte.

Evidenzerlebnisse in diesem Sinne sind es auch, wenn jemand in der im ersten Teil beschriebenen Übung mit den Bitten des Vater-Unsers Entdekkungen macht: Man sieht die Wirklichkeit realistischer, wenn man z.B. versteht, wie bestimmte Dinge nicht als Schuld, sondern als Verstrickung in destruktive Abhängigkeit einzuschätzen sind. Oder neue Perspektiven öffnen sich, wenn man sieht, daß man bestimmte Dinge tatsächlich genießt oder entbehrt wie das »tägliche Brot«, und daß sie dies auch wert sind.

In allen Fällen erweist sich die Evidenz der Symbole darin, daß sie zu einer Veränderung der Beziehung zwischen unserer inneren und äußeren Realität führen. Sie beleuchten die Beziehung der inneren Realität unserer Gedanken und Gefühle, unserer Phantasien und Selbstdefinitionen zur Realität der äußeren Umstände mit ihren Chancen und Grenzen. So eröffnen Symbole die Möglichkeit, diese Beziehung klarer zu sehen, und sie unter Umständen neu zu gestalten. ›Glauben‹ bedeutet also die Klarheit in der Sicht der Dinge und die Freiheit, dieser offenbar gewordenen Wahrheit standzuhalten.

Es besteht ja immer eine wechselseitige Beziehung zwischen innerer und äußerer Realität: Ereignisse und Lebensumstände lösen bestimmte Gedanken, Gefühle und Phantasien aus. Sie werden zu Teilen der Lebenserfahrung und tragen zu unserer Lebensphilosophie bei. Umgekehrt führen Gedanken, Gefühle und Phantasien, Lebenserfahrungen und Lebensweisheiten dazu, Ereignisse und Lebensumstände in bestimmter Weise selektiv wahrzunehmen und zu bewerten. Ereignisse und Lebensumstände tragen zur Definition unserer selbst bei. Umgekehrt prägt die Selbstdefinition, in der man sich als guten Vater oder tüchtige Lehrerin sieht, die Einschätzung der Situation.

Symbole können die vertraute Sicht der Dinge bestätigen. Sie werden es tun, wenn diese es wert ist. Indem sie den Ambivalenzen Raum geben, und indem sie die Unverfügbarkeit unserer Erfahrungen erkennen oder ahnen lassen, werden Symbole auch im solchen Fall nicht zur Fixierung auf das Gewohnte führen. Sie können uns eher daran erinnern, daß das, was jetzt unsere Identität ausmacht, nicht berechenbar und machbar ist.

Symbole können auch offenbar machen, wie wir uns in der bisherigen Sicht die Dinge verzerrt zurechtgelegt und die Beziehung zwischen innerer und äußerer Realität in einer der Wahrheit nicht dienlichen Weise geregelt hatten. Auch in solchen Fällen erweisen sie Evidenz, indem sie uns etwa sagen lassen: »Ja, so ist es!«

Wir haben es hier mit dem zu tun, was theologisch mit dem Unterschied von ›Gewißheit‹ und ›Sicherheit‹ beschrieben wird. Was uns zur ›Gewißheit‹ wird, widerfährt uns unberechenbar. Es mag auch ›Sicherheit‹ im Auftreten und Handeln geben. Aber es war nicht schon vorher ›sicher‹ und wird es auch künftig nicht sein. Und was uns ›mit Sicherheit‹ zu gelten scheint, gibt keine ›Gewißheit‹, es kann ihr sogar im Wege stehen.

Höchst unsichere ›Sicherheit‹ wollen wir auch verteidigen, wenn wir uns gegen Symbole wehren, die uns nicht ohne weiteres einleuchten: Die Rede vom Tod als »der Sünde Sold« (Röm 6,23) sei ihr zuwider, meinte eine Vikarin. So wolle sie sich Gott nicht vorstellen, so könne man doch nicht beim Tod von Kindern reden. Nun ja, nicht immer redet die Bibel so vom Tod. Aber daß viele Kinder an den Sünden Erwachsener sterben, ist auch offenkundig. Der Hinweis darauf erreicht sicher noch nicht die Tiefe der paulinischen Deutung des Todes, kommt aber in seine Nähe. Die Frage heißt: Wehren wir uns gegen ein Symbol oder gegen die Realität, die es beschreibt? Oft erschließen gerade sperrige Symbole Realität.

Indem Symbole Situationen des täglichen Lebens deuten, offenbaren sie Gott als Dimension unserer Wirklichkeit und Religion als eine Dimension unserer Erfahrung: Gott ist in uns, aber er geht nicht in uns auf. Gott ist in den Dingen außer uns, aber er geht nicht in den Dingen auf und sie nicht in ihm. Indem Gott uns an der Schnittstelle zwischen innerer und äußerer Realität zu uns selbst finden läßt, stiftet er die Möglichkeit, uns zu uns selbst und zur Welt in Beziehung zu setzen. Eben dies ist das Merkmal geschöpflichen Abhängigkeit. Symbole vergewissern uns der geschöpflichen Abhängigkeit, oder sie weisen auf die Bedürftigkeit der Erlösung aus der falschen Sicherheit destruktiver Abhängigkeit hin.

2. Die Ebenen menschlicher Kommunikation

In der Kommunikationsforschung wird von verschiedenen Ebenen gesprochen, auf denen wir zur Wirklichkeit in Beziehung treten. Auch welcher Ebene erreichen uns die Symbole?

Vier Ebenen der Kommunikation

Durch die Arbeiten Paul Watzlawicks und vieler anderer ist es uns zunächst selbstverständlich geworden, die Ebene der Sachverhalte oder Handlungen von der Ebene der Gefühle oder der zwischenmenschlichen Beziehung zu unterscheiden. Wir kommunizieren immer zugleich auf beiden Ebenen: Wenn jemand erzählt, er habe viel Zeit in seinem Garten verbracht und dabei diese und jene Pflanzen gezogen, so berichtet er von Handlungen und teilt Sachverhalte mit. Es ist aber selbstverständlich und wahrscheinlich spürbar, daß dabei bestimmte Gefühle im Spiel sind. Die Erinnerung an die Gartenarbeit kann mit Freude verbunden sein, Stolz kann mitschwingen, vielleicht auch Ärger oder traurige Enttäuschung, wenn aus den Pflanzen nichts Rechtes geworden ist. – Falls jemand klagt, er könne kaum noch die Miete bezahlen, mag er ein sachliches Interesse an Information über die gesetzlichen Regelungen zum Wohngeld haben. Zugleich ist zu erwarten, daß seine Lage ihn traurig oder zornig macht.

Ich halte allerdings die Unterscheidung von nur zwei Ebenen – und die damit oft gegebene seelsorgerliche Konzentration auf die Gefühle – für unzureichend: Vielleicht wäre es gut, im Zusammenhang der Klage über die Miete noch über ganz andere Aspekte zu sprechen. Die Bedeutung der individuellen Situation könnte sich auch durch ein Gespräch über unsere Wohnkultur erschließen, die feste Häuser Zelten vorzieht. Damit müßte man sowohl die ›Sachebene‹ wie die ›Gefühlsebene‹ verlassen.

Wo nur Sachverhalte und Gefühle unterschieden werden, gerät vieles gar nicht in den Blick, was auch zu unserem inneren Haushalt gehört und die Beziehung zur Wirklichkeit bestimmt: Unsere Phantasien und Träume sind nicht mit den Gefühlen identisch. Unsere Werte und Lebensentwürfe, das Verständnis unserer selbst gehen darin nicht auf. Die Art, in der wir von den Themen berührt sind, die ich aus dem Konzept Erik Eriksons abgeleitet und ›Lebensthemen‹ genannt hatte, läßt sich so kaum beschreiben. Diese Faktoren sind es aber, die zusammen mit Sachverhalten und Gefühlen unsere Identität im Kontext von Kultur und Gesellschaft ausmachen.

Kurz: der größte Teil dessen, was Symbole in uns ansprechen, wird von Begriffen wie ›Gefühl‹ und ›Emotion‹ kaum erfaßt. Symbole haben mit Gefühlen weniger zu tun als mit unserer Phantasie und unseren Träumen. Und sie haben zu tun mit dem, was als Gewißheit hoffentlich bleibt, wenn wir uns unserer Gefühle unsicher werden.

Deshalb unterscheide ich vier Ebenen, auf denen wir uns zur Wirklichkeit in Beziehung setzen:

Die Ebene der SACHVERHALTE und HANDLUNGEN, auf der sich die Frage stellt, ob und wie was zu machen ist.

Die Ebene der GEFÜHLE, mit denen wir die Sachverhalte und Handlungen erleben.

Die Ebene der IDENTITÄT, auf der sich die Frage stellt: Wer bin ich?

Die Ebene der SPIRITUALITÄT, auf der sich entscheidet, worauf wir uns letztlich verlassen, und ob angesichts der Unverfügbarkeit der Wirklichkeit das Vertrauen größer ist als die Angst.

Zur Ebene der Identität:

Es ist denkbar, daß jemand auf den Bericht von den Erlebnissen im Garten erwidert hätte: »Wie du deinen Garten genießt, so lebe ich auf, wenn ich in meinen Hobbykeller gehe.« Schon damit würden zwei Leute nicht nur einander mitteilen, was sie tun und dabei fühlen. Sie erzählten etwas von dem, was ihnen wichtig ist. Sie sagten etwas darüber, wer sie sind, was ihre Identität ausmacht. Natürlich beschrieben sie damit ihre Identität nicht umfassend. Sie sind ja nicht nur Gartenliebhaber und Heimwerker. Sie sind auch Staatsbürger, möglicherweise Väter, Berufstätige oder Rentner und anderes mehr. Man muß auch nicht annehmen, daß der hier angesprochene Lebensbereich ihnen der wichtigste oder liebste ist. Aber indem sie sich mit diesem Bereich ›identifizieren‹, sagen sie etwas über sich selbst.

In diesen Bereichen haben die beiden Gesprächspartner teil an bestimmten überlieferten Regeln kompetenten und ›standesgemäß‹ ethischen Handelns, an bestimmten Einstellungen und Werten, kurz: an alledem, was den Gärtner zum Gärtner und den Handwerker zum Handwerker macht. Sie partizipieren an der uralten Tradition, daß Menschen Bauern oder Handwerker und als solche eben nicht dieselben waren, wie die unterschiedlichen Sprichwörter und Gedichte, die Geschichten, Legenden und Mythen zeigen, in denen von ihnen die Rede ist.

Zur Identität eines Menschen gehören auch das Gottesbild und das Gottesverständnis, das mehr oder weniger bewußt, mehr oder weniger bruchstückhaft, mehr oder weniger kommunikabel zu seinem Weltbild gehört. Das mag sich darin zeigen, wie einer in bestimmten Situationen von Glück, in anderen vom Schicksal, in wieder anderen von Gerechtigkeit redet. Das Gottesverständnis zeigt sich auch daran, wie jemand Sprichworte gebraucht wie z.B. »Jeder ist seines Glückes Schmied«, oder »Der Mensch denkt und Gott lenkt«. Und es ist denkbar, daß die Freude des Gärtners und die des homo faber mit unterschiedlichen Gottesbildern verbunden sind. Immerhin waren ihnen früher verschiedene Götter zugeordnet.

Zur Ebene der Spiritualtität:

Auf der Ebene der Identität geht es um unser Selbst*verständnis* und unsere Selbstdefinition. Auf der Ebene der Spiritualität geht es um die *Beziehung* zu uns selbst. Auf der Identitätsebene klärt sich unser Gottes*verständnis*, auf der Ebene der Spiritualität geht es um die Gottes*beziehung*. Dabei kann die Beziehung zur Wirklichkeit von Grundvertrauen oder tiefem Mißtrauen geprägt sein, von Offenheit oder Fixiertheit, kongruent oder inkongruent mit unserem Selbstverständnis und unseren Gefühlen. Die Identität betrifft das Wirklichkeitsverständnis, Spiritualität bestimmt die Beziehung zur Wirklichkeit, ihre Wahrnehmung als vertrauenswürdig oder unverläßlich. Und eben hier gilt das Paradox: Als vertrauenswürdig erweist sich die Realität, wenn wir offen bleiben für ihre Unverfügbarkeit. Wo wir meinen, sie sicher im Griff zu haben, erweist sie sich als unverläßlich.

Es können eher beiläufige Evidenzerlebnisse sein, mit denen uns – Vertrautes bestätigend oder eine neue Sicht eröffnend – klar wird, was es damit auf sich hat, ein Gartenliebhaber zu sein. Und es können die Lebensgestaltung erschütternde Evidenzerlebnisse sein, wenn bewußt wird, wie man die Position im Familienleben falsch eingeschätzt hatte, oder wie sie unter veränderten Umständen neu einzuschätzen ist, weil man z.B. nicht mehr jugendlich ist, sondern erwachsen.

Identität bildet sich heraus, wir besitzen sie nicht. Wenn wir meinen, sie besitzen und festhalten zu können, sind wir schon versucht, uns auf falsche Wahrnehmungen zu fixieren. Spiritualität ist die Offenheit für die sich an der Schnittstelle von innerer und äußerer Realität einstellende Identität: »Fürchte dich nicht, denn ich habe dich erlöst; ich habe dich bei deinem Namen gerufen, du bist mein« (Jes 43,1).

Kommunikationsebenen und Gesprächsführung

Jede Äußerung transportiert Inhalte auf allen Ebenen. Gewöhnlich findet sie Ausdruck auf einer der Ebenen. Wer sagt »Ich bin froh«, spricht ein Gefühl aus. Mit dem Satz »Ich kann nun meine Miete bezahlen« würde ein Sachverhalt benannt. Möglicherweise sagen beide Sätze dasselbe, und immer schwingen Bewußtseinsinhalte auf den anderen Ebenen mit.

Es entscheidet sich an der Situation, auf welche Ebene man sich begibt. Eine Information über Wohngeld betreffende Bestimmungen und ein Nachdenken über die Bedeutung unseres Bedürfnisses nach einem Zuhause beziehen sich auf dasselbe Thema, sie sind aber kaum zur selben Zeit angemessen.

Es dient selten der Kommunikation und läßt oft auf dubiose Motive schließen, wenn man unbedacht die Ebene wechselt: Wer zugehört hatte, als Angst vor einer Krankheit laut wurde, und plötzlich nach medizinischen Fakten fragt, will wohl flüchten, wo es gälte, Angst und Ohnmacht auszuhalten. Ebenso unangemessen ist es, Gefühle zu verbalisieren, nachdem symbolisch von Identität und Spiritualität die Rede war. Das beobachte ich sehr häufig. Es hat oft fatale Folgen:

»Ich bete jeden Abend zu meinem Heiland«, hatte eine alte Frau gesagt. Eine Vikarin erwiderte: »Das tröstet sie.« Mag sein, daß es sie tröstet. Aber mit diesem – vermeintlichen oder tatsächlichen – Aufnehmen eines Gefühls wird die Frau wieder auf sich selbst verwiesen, wo sie sich gerade mit der symbolischen Sprache in eine ihre Einsamkeit aufbrechende Beziehung gesetzt hatte. Darüber hinaus wird sie so auf ein bestimmtes Gefühl fixiert, womit der Klischeebildung Vorschub geleistet wird. Was ein Gebet bedeutet und bewirkt, entscheidet sich im Gebet selbst, eben in der damit konstituierten Beziehung. Es kann zu Klarheit führen oder zu Erschütterung, zu Ruhe oder Unruhe. Der Verweis auf tröstliche Gefühle läßt wohl die geheime Absicht erkennen, die Frau auf Zutrauen und den Heiland auf Freundlichkeit festzulegen.

Ein zweites Beispiel: Eine Mutter hatte gesagt: »Ich habe (nach dem Tod eines Kindes) keinen Sinn mehr im Leben gesehen. ›Kommt her zu mir alle, die ihr mühselig und beladen seid, ich will euch erquicken.‹ Diesen Spruch habe ich irgendwo gehört. Er hat mir in dieser Zeit aus dem Abgrund geholfen.« Eine Vikarin entgegnete: »Dieser Zuspruch ist ihnen zur Kraftquelle geworden und hat ihnen neuen Mut gegeben.«

Hier wird der Inhalt verzerrt. Wie immer die Frau sich den vorgestellt haben mag, der sie einlud, ihre Last abzuladen: Sie mußte nun nicht mehr Kraft zeigen, die sie nicht hatte. Sie konnte Ohnmacht und Kraftlosigkeit akzeptieren. Die Vikarin aber wünscht ihr Kraft! Wichtiger noch: Die Frau hatte ein Gegenüber gefunden, das ihr Halt gab. Die Vikarin funktionalisiert das Jesuswort aus Mt 11,28 zu einer innerlich wirksamen »Kraftquelle«. Natürlich: Wo die Beziehung aufgelöst wird, muß man eben »Kraft« – mit Hilfe welches Therapeutikums auch immer – in sich selber finden.

In beiden Fällen handelt es sich um unangemessene Psychologisierung von spiritueller Erfahrungen. Sie sind Symptom einer generellen Schwierigkeit mit religiöser Wirklichkeitsdeutung: Wir reden leichter über Gefühle als in symbolischer Sprache. Und wenn in symbolischer Sprache direkt oder indirekt Gott als Wirklichkeit außerhalb unserer selbst benannt oder angedeutet wird, reden wir allenfalls vom Glauben. »Glauben hilft«, »Glauben gibt Kraft«: Solche Sätze finde ich in Protokollen regelmäßig. Sie sind hoffnungslos: Glaube hilft eben nicht, Gott kann helfen! Glaube ist nicht verläßlich. Eben deshalb ist es notwendig, sich durch Symbole der Verläßlichkeit Gottes versichern zu lassen.

Es ist für die Seelsorge unerläßlich, die Sprache der Gefühle von der der Symbole zu unterscheiden: Symbole geben Gefühlen Raum, aber sie legen nicht auf Gefühle fest. Sie beschreiben die Wirklichkeit als glaubwürdig, aber sie leben nicht vom Glauben. Wenn die Rede vom Glauben die Rede von Gott ersetzt, wird sie suggestiv.

3. Der Unterschied der Symbole von Schöpfung und Erlösung

Ein wichtiger Gesichtspunkt ist bisher nur beiläufig erwähnt worden: Die Evidenz der Geschöpflichkeit beschreibenden Symbole ist von anderer Art als die Evidenz der Symbole, die Erlösung ansagen. Erstere lassen uns die mit geschöpflichem Leben gegebenen Ambivalenzen zu Bewußtsein kommen. Letztere weisen uns auf polare Spannungen hin. Deshalb stoßen die Bilder der sich auf Geschöpflichkeit beziehenden Symbole auf korrespondierende Erfahrungen in uns. Das gilt so aber nicht für Symbole, die auf eine im geschöpflichen Leben auch vorkommende Gefangenschaft hinweisen und Erlösung verheißen.

Zum Vergleich Verse aus drei bekannten Kirchenliedern:

1. Geh aus, mein Herz, und suche Freud
in dieser schönen Sommerzeit
....
Ach, denk ich, bist du hier so schön
und läßt du's uns so lieblich gehn
auf dieser armen Erden:
Was will doch wohl nach dieser Welt
dort in dem reichen Himmelszelt
und güldnen Schlosse werden!

Paul Gerhardt, EKG 371

2. Jesu, meine Freude, meines Herzens Weide,
Jesu meine Zier,
....
Weg mit allen Schätzen; du bist mein Ergötzen,
Jesu, mein Lust.
Weg, ihr eitlen Ehren, ich mag euch nicht hören,
bleibt mir unbewußt!
Elend, Not, Kreuz, Schmach und Tod
soll mich, ob ich viel muß leiden,
nicht von Jesu scheiden.

Johann Franck, EKG 293

3. Wenn ich einmal soll scheiden, so scheide nicht von mir,
wenn ich den Tod soll leiden, so tritt du dann herfür,
wenn mir am allerbängsten wird um das Herze sein,
so reiß mich aus den Ängsten kraft deiner Angst und Pein.

Erscheine mir zum Schilde, zum Trost in meinem Tod
und laß mich sehn dein Bilde in deiner Kreuzesnot.
Da will ich nach dir blicken, da will ich glaubensvoll
dich fest an mein Herz drücken.
Wer so stirbt, der stirbt wohl.

Paul Gerhardt, EKG 63

»Ach, denk ich, bist du hier so schön« – »Weg mit allen Schätzen«: Da legt sich der Eindruck nahe: Entweder meinen die beiden unterschiedliche Welten oder sie haben unterschiedliche Götter!

Wären Paul Gerhardt und Johann Franck in Streit geraten, wenn sie eng beieinander gelebt hätten? Sie waren Zeitgenossen. Hätten beide in Guben gelebt, wo Franck Bürgermeister war, wäre es ein merkwürdiger Streit gewesen: Paul Gerhardt hätte dem Bürgermeister Franck die Weltflucht vorwerfen können, dieser dem Pastor Gerhardt die

Lust an der Welt. Nun ist der innerkirchliche Streit um die rechte Frömmigkeit nicht selten. Und der die spätere, pietistische Jesusliebe schon vorwegnehmende Franck mag tatsächlich anders geprägt gewesen sein als der lutherische Paul Gerhardt. Aber das muß uns hier nicht weiter interessieren, weil wir ja selbst ohne weiteres beide Lieder singen können.

Beide Lieder gehören zu den bekanntesten unseres Gesangbuches. Beide drücken etwas aus, was in uns ist und seinen Ausdruck sucht. Es wäre zu einfach, nur mit unterschiedlichen Stimmungen zu rechnen, die die Dichter gerade bewegt hätten. Sicherlich legen auch Stimmungen unterschiedliche Lieder nahe. Aber es geht um mehr: Die Sicht der Wirklichkeit ist gegensätzlich. Wir stoßen hier wieder darauf, daß widersprüchliche Beschreibungen der Wirklichkeit sich als Ausdruck unserer Erfahrungen anbieten. Weltsicht und Gottesbeziehung sind in den beiden Liedern so gegensätzlich, wie die Erfahrungen von geschöpflicher und destruktiver Abhängigkeit:

Paul Gerhardt beobachtet die beglückende Schönheit der Natur und beschreibt sie symbolisch, darin den alttestamentlichen Schöpfungspsalmen verwandt: »Des großen Gottes großes Tun erweckt mir alle Sinne« (V. 8). Und indem die Natur in ihren einzelnen Teilen und als Ganze zum Symbol wird, weist sie über sich hinaus und kann Anschluß finden an Symbole, die eine neue Schöpfung beschreiben: »Himmelszelt« und »güldenes Schloß«. Aber nicht die Evidenz der Neues ansagenden Symbole läßt die vorfindliche Natur transparent werden, nicht die Hoffnung auf Neues und Vollkommenes läßt über die Ambivalenzen »dieser armen Erde« hinaus hoffen. Sondern umgekehrt: Das Diesseitige macht in seiner Symbolträchtigkeit den Blick darüber hinaus frei: »Ach, denk ich, bist du hier so schön .., was will doch wohl nach dieser Welt .. werden!«

Umgekehrt im Lied »Jesu meine Freude«. »Weg mit allen Schätzen«: Das ist zornige Absage an das, was Gefangenschaft ausmacht. Die Schöpfung erscheint hier nicht mehr ambivalent, sondern nur noch als Reich des Bösen: »Trotz dem alten Drachen« (V. 3). Aber kann die Erfahrung von Abhängigkeit mehr schaffen als allenfalls eine Sehnsucht nach Erlösung und jedenfalls keine Gewißheit? Und wie könnte Erlösung zur Erfahrung werden? Das scheint eine komplizierte Angelegenheit zu sein, die nur für diejenigen einfach wird, die etwas davon erlebt haben: In der Suchttherapie z.B. eröffnet nur die Einsicht in die Ohnmacht den Weg zu neuer Freiheit. Andererseits wird ohne eine schon irgendwie befreiende Erfahrung die Abhängigkeit fast niemals wirklich erkannt. In diesem Lied jedenfalls liegt die Hoffnung stiftende und die Absage an das Böse motivierende Evidenz allein in den Neues beschreibenden Bildern: »Weicht ihr Trauergeister, denn mein Freudenmeister, Jesus tritt herein« (V. 6).

Dem entsprechend hat die Hoffnung auch unterschiedliche Gestalt: Paul Gerhardt redet hier aus Freude: »O wär ich da! O stünd ich schon, ach süßer Gott, vor deinem Thron.« Die Lust an der »schönen« und »armen Erde« und die Lust am Himmel ist dieselbe. Bei Johann Franck ist zwar die Absage an das Böse entschieden und eindeutig. Aber die Hoffnung bleibt in der Spannung von Vertrauen und Angst: »Dennoch bleibst du auch im Leide, Jesu, meine Freude.«

Von Leid weiß freilich auch Paul Gerhardt, wie – neben anderen – die zitierten Verse des Liedes »O Haupt voll Blut und Wunden« zeigen: »Wenn ich einmal soll scheiden«: Hier ist das Sterben mit »Angst und Pein« verbunden, kein eitel freudiger Weg ins »güldene Schloß«. Dieses Lied zeigt ein wiederum anderes Wirklichkeitsverständnis. Zunächst ist schwer zu sagen, ob hier Geschöpflichkeit im Blick ist, mit dem Tod als leidvoller Seite. Der Tod müßte dann ambivalent gesehen werden, als Freund nach einem erfüllten Leben und als Ursache von Schmerz und Angst. Jesus erschiene dann als Begleiter. Oder geht es um Erlösung auch vom Tod als dem »letzten Feind, der überwunden werden muß« (1.Kor 15,26)? So ist es eindeutig im Lied von Johann Franck. Dort ist der Tod keinesfalls freundlich. Paradoxerweise ist er zwar Voraussetzung für die Erlösung vom Bösen, aber er ist dessen Verbündeter. Nur als »Todesrachen« kann er symbolisch benannt werden. Hier erscheint Jesus als der vom Zorn des Drachen wie von den eigenen »Trauergeistern« erlösende »Freudenmeister«.

Weder das eine noch das andere trifft genau zu im Lied »O Haupt voll Blut und Wunden«. Hier erscheint Jesus zwar als Begleiter, nicht als Erlöser von bedrohlichen Feinden, und die stärkende Evidenz liegt in dem Symbol des Kreuzes. »Laß mich sehn dein Bilde in deiner Kreuzesnot«. Aber es geht nicht nur um die Angst des Geschöpfes, dem Jesus Geleit gewährt. Es geht hier um die Angst des Schuldigen: »Nun, was du, Herr, erduldet, ist alles meine Last«. Und aus diesen »Ängsten« muß Jesus »herausreißen«. Hier geht es also um Schuld und Vergebung. Diese Spannung liegt der Erfahrung von Geschöpflichkeit näher als der von tödlicher Abhängigkeit.

Fazit: Das Lied »Geh aus, mein Herz, und suche Freud« preist die Schöpfung und richtet den Blick über diese Schöpfung hinaus auf eine neue. *Die Evidenz des Symbols liegt darin, daß ihm Erfahrungen in uns selbst korrespondieren.* – Anders die Erlösung ansagenden Symbole. Sie beschreiben eine Abhängigkeit, deren Bedrohlichkeit eindeutig erkennbar ist. Insofern hat die Rede vom Teufel zuweilen mehr Evidenz als die Rede von Gott; und der Ruf nach irgend so etwas wie Erlösung kann sich leichter artikulieren als Dank und Bitte um das tägliche Brot: »Weg mit allen Schätzen ...« *Die Evidenz der Erlösung ansagenden Symbole liegt aber vorwiegend in den Bildern selbst,* Erfahrungen korrespondieren ihnen in weit geringerem Maße: Was ist »Erlösung«? Schwierigkeiten bereitet nicht der Bildgehalt selbst. Natürlich kann man sich das »himmlische Jerusalem« bildlich vorstellen. Wie aber steht es um seine zukünftige Wirklichkeit, dem ja keine Erfahrung entspricht? Auch ein Einsamer würde nicht fragen: Was ist Geborgenheit? Er würde aber daran zweifeln, daß er davon etwas erleben kann. Die Frage ist also, wie die Symbole soviel Überzeugungskraft entfalten können, daß es wirklich zu einer Trennung von dem Bösen kommt. Ich werde darauf zurückkommen.

3. Kapitel

Widerstände und Abwehrmechanismen

Beim Nachdenken über die Bitten des Vater-Unsers haben sich manche Verlegenheiten eingestellt. Im Zusammenhang der Frage nach Verläßlichkeit zeigten sich Widerstände gegen bestimmte Symbole, z.B. gegenüber der Rede von Gottes Macht. Es findet sich Widerstand gegen religiöse Sprache generell. Die Frage ist, wie wir solche Widerstände ernst nehmen können, ohne ihnen auf den Leim zu gehen. Widerstand ist ein im psychischen und sozialen Leben normales und unvermeidliches Phänomen. Er ist nur selten ein Symptom für Böswilligkeit, Dummheit oder Krankheit. Es gibt keinen psychischen Reifungsprozeß und keine sozialen Veränderungen ohne Widerstand, der sich gegen verfestigte Strukturen oder unrealistische Sichtweisen richtet oder zu deren Verteidigung geleistet wird.

1. Psychische Abwehrmechanismen

Die verschiedenen Abwehrmechanismen sind besonders durch tiefenpsychologische Forschung bekannt geworden. Inzwischen gibt es aber viele andere psychologische Konzepte. Sie betrachten die Menschen auf andere Weise. So beschreiben sie auch die Mechanismen des Widerstandes unterschiedlich, auch wenn sie zuweilen dieselben Begriffe benutzen. Der Sprachgebrauch ist nicht einheitlich. Deshalb will ich hier erläutern, in welchem Sinne ich die Begriffe gebrauche.

Übertragung, ein Mechanismus, der andere, gleich zu bedenkende, Mechanismen erst möglich macht: Erfahrungen aus früheren Situationen werden auf gegenwärtige *übertragen* – zu deren Verständnis oder Verzerrung. Irgendwann hatte man z.B. gelernt, was ein Bäcker ist. So weiß man hinfort, wie andere als Bäcker zu erkennen und wie sie einzuschätzen sind.

Dieses Beispiel zeigt, was für alle Abwehrmechanismen gilt: Sie sind nötig und nützlich, und sie sind gefährlich: Ohne Vorerfahrung würde man schwerlich unter der Fülle der Zeitgenossen den Bäcker erkennen, und man wüßte wenig mit ihm anzufangen. Die *Übertragung* läßt uns zu ihm in Beziehung treten. Dabei überträgt man allerdings zugleich das durch – gute oder schlechte – frühere Erfahrungen geprägte Bild auf den, mit dem man heute zu tun hat. Das stört die Beziehung. Denn der die frühere Erfahrung vermittelt hat, war ja nicht ›der Bäcker schlechthin‹, er war ein Individuum mit eigenem Profil. Die Frage ist, ob man selbst offen ist, und ob der andere sich als stark genug erweist, das Bild zu korrigieren. In bedrohlichen Situationen hält man sich gern an bewährte Bilder.

Entsprechendes gilt für das Verständnis einzelner Symbole: Sie sprechen vom Unanschaulichen und Unverfügbaren in anschaulichen Bildern. In welchem Maße prägt die Erfahrung mit dem leiblichen Vater die Beziehung zum als Vater symbolisierten Gott? In welchem Maße bestimmen Erfahrungen mit dem Vater-Gott die Einschätzung des leiblichen Vaters? Es geht in beiden Richtungen, in offenbarendem und in verzerrendem Sinne. Erfahrungen mit dem irdischen Vater können helfen, mit dem himmlischen Vater in Kontakt zu treten. Sie können verführen, ihn auf eine unrealistische Sicht festzulegen. Ohne *Übertragung* hätten Symbole keine Evidenz, zugleich erweisen sie Evidenz in der Korrektur des übertragenen Bildes.

Spezielle, auf Übertragung beruhende Mechanismen

INTROJEKTION: ein Lernvorgang, bei dem man sich bestimmte Inhalte ›einverleibt‹ hatte, ohne sie zu ›kauen‹ und damit ›verdaulich‹ zu machen. Es handelt sich also um Inhalte, die wir uns nicht wirklich zu eigen gemacht haben, über die wir nicht verfügen, und die wir nicht situationsgerecht ergänzen oder verändern können. Das *Introjekt* liegt einem wie ein eratischer Block ›im Magen‹. Man kann es in sich behalten oder als Ganzes abstoßen.

Auch die Introjektion ist nicht grundsätzlich verwerflich. Manches erarbeiten wir uns gleich, wenn wir für ein Problem selbst eine Lösung finden müssen. Vieles aber nehmen wir lernend auf, bevor wir es verstehen. Viele Gedichte, mathematische Regeln, ethische Gebote haben wir ohne tieferes Verständnis auswendig gelernt. Später war Zeit genug, sie gedanklich zu verarbeiten und an Erfahrungen zu messen.

Gefährlich wird es, wenn die Autorität, die uns die Inhalte vermittelt, zur Verarbeitung keinen Raum läßt. Es kann sein, daß die Autorität von tyrannischer Art ist, kritische Fragen mit Strafe bedroht oder Gottes Strafe beschwört. Es kann auch sein, daß die Autorität uns besonders verehrungswürdig erscheint, und daß wir deshalb Selbständigkeit als Untreue bewerten.

Um nicht den Zorn der Mutter oder des Gruppenleiters zu erregen, oder um ihre Liebe nicht undankbar zu verraten, läßt man das Einverleibte unangetastet.

Eine Krise, die eine Neuorientierung verlangt, wird deshalb zugleich als Autoritäts- und Loyalitätskonflikt erlebt. Und weil das Erlernte nicht ›verdaut‹ wurde, kann man es nur als Ganzes abstoßen. So kann kein langsamer Reifungsprozeß stattfinden, sondern nur eine Kehrtwendung. »Adora quod incendisti, incende qod adorasti«, hatte Remigius dem Frankenkönig Chlodovech bei der Taufe aufgetragen: »Bete an, was du in Brand gesteckt hast, zünde an, was du angebetet hast.«

Wenn die ganze Bibel als Heilige Schrift gilt, kann man auf den Gedanken kommen, man sei es sich schuldig, sie ganz zu ›glauben‹. Oder man glaubt, es sich als emanzipierter Zeitgenosse schuldig zu sein, sie ganz zu verwerfen.

Projektion: der Vorgang, daß man beim anderen überscharf wahrnimmt oder in ihn hineinphantasiert, was man bei sich selbst nicht wahrnehmen darf, Zorn etwa oder Kleinlichkeit. Es war ja nicht ungefährlich, dem Zorn freien Lauf zu lassen, z.B. als Kind gegenüber Eltern oder Lehrern. Sie waren allemal stärker. So lag es nahe, sich ihre Reaktion vorsorglich auszumalen, zumal falls Erfahrung gelehrt hatte, daß sie bedrohlich zu reagieren pflegten. Auch dagegen ist nichts zu sagen. Es ist tatsächlich gefährlich, aggressiv zu sein. Es wäre töricht, im familiären, beruflichen und politischen Leben den Gegner zu unterschätzen. Es kann klug sein, den Zorn zurückzuhalten, anstatt um der Ehre oder der psychischen Hygiene willen einen Rausschmiß zu riskieren.

Schlimm kann es werden, wenn der Gegner Autorität war, und wenn er nicht nur Grenzen gesetzt, sondern Aggresivität – oder worum sonst es sich handelte – als solche verboten und moralisch diskriminiert hat. Wenn er sich auch darin Gehorsam zu verschaffen wußte, liegt es nahe, den Zorn soweit herunter zu schlucken, daß er ins Unbewußte abgleitet. Man spürt ihn dann nicht mehr, aber er ist natürlich noch da und will irgendwo hin. So wirft ihn die Phantasie auf den Gegner, der damit umso bedrohlicher erscheint.

Mit Projektionen ist meistens zweierlei verbunden: Der Gegner erscheint größer als er ist, weshalb man unentwegt ›nachrüsten‹ muß, um ihm Paroli zu bieten. Und man neigt zu Verallgemeinerungen. Man weiß Bescheid und erwartet nichts Neues: »Immer tust du dies und das.« Man erwartet das Gewohnte nicht nur vom konkreten Gegenüber, sondern auch von seinesgleichen. Man kennt z.B. »die heutige Jugend.« Weil man sich entsprechend verhält, wird der andere tatsächlich ärgerlich werden. Dann kann man sagen: »Siehste!« Das ist der einzige Triumph, den der Projizierende erringt. Projektionen werden nahegelegt, wenn Gott einem mit dem Klischee des unbarmherzig strengen Richters nahegebracht wurde, der Sünder haßt und keinen Zornigen neben sich duldet. Dann tut es natürlich gut, sich als Gerechter mit ihm einig zu wissen und mit heiligem Zorn die Sünder anzuklagen.

Retroflektion: Man nimmt an sich selbst überscharf wahr, was man an seinem Gegenüber nicht wahrhaben will.

Die Situation, die zu retroflektieren lehrte, war der ähnlich, die zur Projektion verleitete: Aggression wurde diskriminiert. Aber aus bestimmten Gründen – vielleicht weil der Gegner nicht mit Gewalt, sondern mit Traurigkeit Druck ausübte – fand man einen anderen Ausweg: Statt die Aggressivität auf das Gegenüber zu projizieren, lernte man, sie gegen sich selbst zurückzuwenden: Es war besser, sich selbst anzuklagen und die Schuld auf sich zu nehmen. Auch dies kann seinen guten Sinn haben. Es ist wichtig zu lernen, in Konflikten eigene Anteile in Rechnung zu stellen. Aber wenn es zur Gewohnheit wird, Fehler ausschließlich bei sich selbst zu suchen, werden Demut und schlechtes Gewissen zu Ehrenzeichen.

Wie bei der Projektion erscheint auch hier der Unterschied zwischen einem selbst und dem Gegenüber größer als er ist. Diesmal aber macht man nicht den Gegner größer, sondern sich selbst kleiner – und kann auch damit Druck ausüben. Das Klischee vom nur lieben Gott, der womöglich überdies traurig ist über unsere Undankbarkeit, leistet dem Vorschub.

Symbiosen: Beziehungen, in denen beide Partner einander so ergänzen, daß sie aufeinander angewiesen bleiben.

Daß zwei einander ergänzen und so ihre unterschiedlichen Eigenarten fruchtbar machen, kann eine beglückende Erfahrung sein. Und in Leidenszeiten kann durchaus auch einer für den anderen sorgen, und man darf es sich gefallen lassen. In symbiotischen Beziehungen aber sorgt man nicht nur für den Partner oder die Partnerin. Man sorgt unbewußt auch dafür, daß er oder sie sorgebedürftig bleibt, weil man in der Fürsorge die Identität gefunden zu haben meint. Und der andere läßt es sich gefallen, dankbar und mit kindlichem Trotz. Symbiotisch sind Beziehungen, in denen man sich gegenseitig hilft, Selbständigkeit zu vermeiden. Solche Beziehungen entstehen z.B., wenn ein Mann in seiner Frau nicht nur die Gattin sucht, sondern auch eine Mutter, und wenn sie ihn als Kind annimmt, oder umgekehrt.

Es liegt nahe anzunehmen, daß das Klischee vom starken Gott, dem gegenüber wir uns nur schwach sehen dürfen, einer Gottesbeziehung mit symbiotischer Struktur den Weg bereiten kann. Dann wäre zu hoffen, daß Gott sich auf dieses Spiel nicht einläßt. Dieses Problem scheint mir zur Zeit nicht sehr verbreitet zu sein. Ich finde aber eine subtile Umkehrung, wenn man dem Gedanken an Gottes Macht aus dem Wege geht. Wenn er nur schwach sein darf – und anspruchsvoll zugleich, müssen wir sehr stark sein. Das suggeriert das leider häufig zitierte Gedicht, das von Jesus redet, wie auch ein Behinderter nicht gern von sich reden hörte:

> »Jesus Christus hat keine Hände, nur unsere Hände,
> um seine Arbeit heute zu tun.

Er hat keine Füße, nur unsere Füße,
um Menschen auf seinen Weg zu führen.
Christus hat keine Lippen, nur unsere Lippen,
um Menschen von ihm zu erzählen.
Er hat keine Hilfe, nur unsere Hilfe,
um Menschen an seine Seite zu bringen.«

Zwei Abwehrmechanismen von anderer Art: Intellektualisierung und Rationalisierung. Sie haben weniger mit Übertragung zu tun und mehr mit der Verwechslung der Ebenen:

Intellektualisierung verschiebt in den Kopf, was ins Herz gehört. Wenn zwei Verliebte sich über das Wesen der Liebe unterhalten, können sie dabei auf kluge Gedanken kommen. Sie sind mit ihren Gedanken auch durchaus bei dem Thema, das sie im Herzen bewegt. Wenn sie diese Gedanken von anderen hörten oder läsen, könnten sie sie vielleicht sogar weiterführen. Wo sie nun aber selbst darüber diskutieren, vermeiden sie das, worum es ihnen doch geht, und wovor sie vielleicht Angst haben: einander die Liebe zu bekennen.

Auch *Rationalisierung* verlagert in den Kopf, was anderswo nach Ausdruck oder Klärung verlangt. Auch dabei kann es sich um kluge Gedanken handeln, und sie können das richtige Thema haben. Der Fehler ist, daß sie der Rechtfertigung dienen sollen: »Ich habe dies und das getan, weil...«. Es mag stimmen oder nicht, es vermeidet den Satz: »Entschuldige bitte, daß ich dir weh getan habe.« Oder: »Mutter sein bedeutet eben, wie Untersuchungen zeigen, heutzutage ...« Auch dies mag richtig sein, aber es vermeidet den Satz: »Ich leide daran, daß mir auch nichts Besseres einfällt.«

2. Widerstände gegen religiöse Sprache

SeelsorgerInnen finden sich oft gehemmt, in ihren Gesprächen in religiöser Symbolsprache zu reden. Sie begründen dies häufig mit der Befürchtung, damit könnten die Leute »nichts anfangen«. Auch theoretisch wird die Auffassung vertreten, unsere säkulare Zeit verlange eine säkulare Sprache, so seien allenfalls alltagssprachliche Symbole wie ›Baum‹ oder ›Weg‹ allgemeinverständlich, theologische Begriffe und biblische Geschichten seien nur legitim, wenn die Leute zu verstehen geben, daß sie damit vertraut sind.

Es läßt sich eindeutig beobachten, daß solche Bedenken sich häufiger in den TheologInnen melden als bei den Menschen, mit denen sie reden. So ist zu vermuten, daß die Argumentation nicht frei von Projektionen und Rationalisierungen ist.

Selbstverständlich finden sich bei den Leuten Befangenheiten, die sie z.B. leichter von einem »Schutzengel« als von Gott reden lassen. Es finden sich Unbeholfenheiten, die sie z.B »Kirche« sagen lassen, wenn so etwas wie Gott gemeint ist. Es findet sich der paradoxe Verdacht, es gäbe Gott nicht, weil er einem ja zumutet, was man nicht verdient hatte, usw. Aber das heißt doch nicht, man könnte damit »nichts anfangen«. Es zeigt, daß man, mit widersprüchlichen Lebenserfahrungen konfrontiert und durch vielfältige Deutungsmuster beeinflußt, keine überzeugende Sprache findet.

Natürlich haben diese Verlegenheiten zeitgeschichtliche Gründe. Wenn es aber stimmt, daß sich Hemmungen und Widerstände gegenüber religiöser Sprache in uns heftiger und häufiger zur Geltung bringen als bei unseren GesprächspartnerInnen, so muß dies auch berufsspezifische Ursachen haben, die uns verleiten, zusätzlich unsere eigenen Probleme auf sie zu projizieren. Mir fallen drei Phänomene auf, die möglicherweise zu diesem Syndrom beitragen.

Der Mißbrauch von Symbolen im Sinne von Zeichen

Nicht selten in der theologischen Wissenschaft, noch häufiger in der kirchlichen Praxis ist man um theologische »Begründungen« von Positionen oder Entscheidungen bemüht. Wenn man aber eine – günstigenfalls vernünftige und zweckmäßige – ethische Entscheidung oder einen moralischen Appell »theologisch« begründen will und dazu Symbole, wie z.B. »Exodus« oder »Schöpfer«, benutzt, verwendet man Symbole analog den Zeichen: Sie sollen bestimmte Handlungen möglichst zuverlässig auslösen: »Exodus« soll reformfreudiges Handeln bewirken. Das Stichwort »Schöpfer« soll den pfleglichen Umgang mit den ökologischen Gegebenheiten bewirken. »Wenn – dann«: Wenn die Erde Gottes Schöpfung ist, sollten wir sie erhalten. Sonst nicht?

Die rote Ampel mag – als Zeichen – ein Chaos zu vermeiden helfen. Dies ist auch die Intention theologischer Ethik, wogegen nichts zu sagen ist, sofern sie sich dabei nicht übernimmt. Aber wenn hier Symbole in der Art von Zeichen gebraucht werden, sollen sie – als »Begründungen« – auch Beliebigkeit ausschließen und Erfolg gewährleisten. Eben dies vermögen sie nicht. Die Kirchengeschichte zeigt hinlänglich, wie sich zur Legitimation ganz verschiedener Verhaltensweisen in der Bibel begründende ›Zeichen‹ finden lassen. Diese mißbräuchlich zeichenhafte Verwendung von Symbolen kann eine der Ursachen für die Befürchtung sein, die Leute könnten mit Symbolen »nichts anfangen«, jedenfalls gewährleiste kein Konsens deren Wertschätzung und Verständnis.

Diese Befürchtung hat nämlich durchaus ihren Sinn, wenn ›zeichenhaft‹ geredet wird. Zeichen gelten und wirken eben nur, soweit sie bekannt und durch Verabredung plausibel sind. So ist z.B. die Aussage, daß die Erde bewahrt werden solle, weil Gott sie geschaffen hat, nur für solche Leute über vernünftige Erwägungen hinaus bedeutsam, für die die Vokabel ›Gott‹ eine vertraute und in ihrer Intention eindeutige Autorität bezeichnet. Dies gilt aber nicht im selben Maße für deskriptiv gebrauchte Symbole. Die deskriptive symbolische Aussage, daß uns z.B. Gott oder der Teufel reiten mag, verlangt kaum Voraussetzungen, um nachdenklich zu machen. Aber an die normative, den Zeichen entsprechende, Verwendung von Symbolen gewöhnt, übertragen wir automatisch die dabei geltenden Gesetze der Kommunikation und meinen, Bekanntheit und Zustimmung voraussetzen zu müssen. So werden wir im Gebrauch von Symbolen verständlicherweise befangen.

Der Mißbrauch von Symbolen als Klischees

Wenn das Gottesbild durch Klischees geprägt worden war, kann die symbolische Rede von Gott dem Vater oder die Beschreibung seiner Gegenwart mit den Worten des 139.Psalms die suggestive Propaganda von Gottes allumfassender Liebe oder – umgekehrt – von seinem alles erspähenden Richterauge wieder zum Klingen bringen. Und wie steht es um Klischeebildung bei uns selbst?

Ein Vikar erzählte, wie er mit einem Mann gesprochen hatte, der sich seitens seines Kollegen nicht anerkannt fühlte: »Wenn ich gewußt hätte, daß der Mann mit Gott etwa anfangen kann, hätte ich ihm gerne gesagt, daß Gott ihn annimmt.« Nun, daß Gott Menschen »annimmt«, entspricht biblischem Zeugnis. Dennoch klingt es allzu kirchlich, irgendwie süßlich. Auch ich hätte Hemmungen, dem Mann das zu sagen. Wie aber wäre es z.B. mit dem Satz: »Nicht der Kollege, Gott ist Ihr Richter«? Gerade weil es kantiger klingt, würde ich mir das lieber sagen lassen und auch unbefangener selber sagen.

Auf Klischeebildung läßt es auch schließen, wenn SeelsorgerInnen sich besonders scheuen, von Gott zu sprechen, falls an leidvollen Situationen nichts zu ändern und eine Besserung nicht abzusehen ist. Auch hier lautet zuweilen die erste Begründung, in dieser Lage könnte ein Patient damit »bestimmt nichts anfangen«. Gespräche ergeben dann bald, daß die Angst in Wahrheit heißt: Gott wird nicht einlösen, was man mit der Rede von seiner Liebe ansagt.

Hier haben wir es mit einem vielschichtigen Problem zu tun. Natürlich kennen die TheologInnen die biblisch überlieferte Überzeugung, daß Gott den Leidenden nahe ist. Aber irgend etwas in uns, eine Mischung aus Mitleid und Allmachtsphantasie wohl, läßt uns darauf bestehen, daß doch eigentlich irgend etwas zu machen sein müßte. Dem entspricht das Klischee von Gott, der nur lieb sein darf, und dies ja irgendwie erweisen muß. Hier stellt sich unausgesprochen die Frage nach der Verläßlichkeit in den SeelsorgerInnen selbst, und Symbole von den dunklen Seiten Gottes müßten evident werden und aus der Sprachlosigkeit erlösen. Hinzu kommt eine andere kritische innere Stimme: Wenn Gott helfen wollte, müßte er ja in menschliche Handlungsabläufe und ins natürliche Geschehen eingreifen, und an Mirakel will man doch nicht glauben. Mit der Klischeebildung vermischt sich die Befangenheit im positivistischen Weltbild.

Tatsächlich begegnen viele Leute den biblischen Symbolen befangener als anderen, seien es umgangssprachliche Natursymbole, seien es Gestalten oder Bilder aus anderen Religionen. Auch gegen Märchenmotive wehrt sich in der Regel nur, wer, etwa 13jährig, nicht mehr kindlich und noch nicht erwachsen ist. Selbst geheimnisvolle und fremdartig anmutende biblische Symbole, z.B. aus der Apokalypse, stoßen kaum auf Befremden, wenn sie von Schriftstellern oder Journalisten gebraucht werden. Nur der Pfarrer soll ›weltlich‹ reden – oder meint, es zu sollen.

Ein Grund für dieses Verhalten ist sicherlich darin zu sehen, daß die Bibel traditionellerweise als Autorität gilt: Die einen beugen sich ihr – oder meinen, sich ihr ›eigentlich‹ beugen zu müssen. Andere entziehen sich ihr – oder meinen, sich ihr als aufgeklärte und emanzipierte Menschen entziehen zu müssen. Viele haben beide Stimmen in sich.

Auch viele TheologInnen sind davon nicht frei. Historisch-kritische Exegese und religionsgeschichtliche Vergleiche sind den meisten inzwischen zu selbstverständlichen Instrumenten der Interpretation biblischer Texte geworden. Aber sie erinnern sich natürlich daran, daß ihnen manche biblische Texte im Laufe des Lebens unzugänglich gewesen sind, und daß sie sich unsicher waren, ob Zweifel und kritische Fragen erlaubt und nicht etwa Zeichen von Glaubenslosigkeit sind. Einige Texte oder Dogmen sind ihnen bis in die Gegenwart unzugänglich geblieben. Aber auch die tragen sie in sich. Manchmal bewegen und bewirken solche Motive in uns mehr als wir verstehen und als uns bewußt ist.

Ich erinnere mich selbst: Während meines Studiums bestimmte Rudolf Bultmanns Programm der Entmythologisierung unsere Diskussionen. Historisch kritische Forschung und existentiale Interpretation waren mir im Umgang mit biblischen Texten zu Schlüsseln der Wahrheit geworden. Mir war also klar, daß z.B. die Rede von Himmel und Hölle zu entmythologisieren sei, daß sie etwas über unsere Existenz aussagt, aber nicht Orte des Aufenthaltes nach dem Tode beschreibt. – Kurz nach dem Studium wurde ich als Vikar zu einer sterbenden Frau gerufen. Als ich in ängstlicher Aufregung zu ihr kam, war gerade ein Arzt um sie bemüht. Ich ergriff die Gelegenheit zur Flucht, ohne mit ihr zu sprechen. Nachmittags überfielen mich Gewissensbisse: Wenn die Frau ohne Gebet gestorben ist und in die Hölle kommt, bist du daran schuld! Das heißt jedenfalls: Die Dinge, die uns in solchen Situationen bewegen, liegen tiefer, als daß man sie durch aufgeklärte Gedanken ohne weiteres erreichen könnte. In diesem Falle meldeten sich über die Jahre eines engagierten Studiums hinweg Konflikte wieder, die mich in der Konfirmandenzeit beunruhigt hatten.

So kommt es, daß aufgeklärte TheologInnen den Zwiespalt auch empfinden: Sie glauben sich zur ›gehorsamen‹ Wertschätzung der Bibel ebenso verpflichtet wie zu emanzipatorisch kritischem Widerstand. Und sie sind versucht, diesen Konflikt auf ihre Gesprächspartner zu projizieren. Wir haben es wohl mit Introjekten zu tun. Das mag daran liegen, daß uns der Glaube durch

Menschen vermittelt wurde, denen gegenüber wir uns zur Loyalität verpflichtet fühlen. Darüber hinaus aber habe ich den Eindruck: Religiöse Überlieferung kommt nicht ohne Introjektion aus, religiöse Überzeugungen nicht ohne fundamentalistische Reste. Daran ändert auch kritische Theologie nichts.

Die Inhalte unseres Glaubens werden in einem Kanon ausdrücklich heiliger Schriften überliefert, was ihre Verbindlichkeit unterstreicht. Hinzu kommt, daß nicht nur die Schriften als heilig gelten, sondern daß ihr Inhalt von Heiligem erzählt. Verbindlichkeit wird also nicht nur postuliert. Sie stellt sich ein, wenn der Inhalt Evidenz bekommt und uns als etwas betrifft, was uns »unbedingt angeht« (Paul Tillich). Man mag sich im alltäglichen Leben von dieser Verbindlichkeit distanzieren und dafür manche rationalisierenden Argumente finden, das Gespür für Verbindlichkeit bleibt halbbewußt im Hintergrund. In dieser Überlieferung ist eben von Gott die Rede. Und man mag über Gott so distanziert diskutieren, wie man will, es bleibt ein Gefühl dafür, daß es sich dabei um etwas Verbindliches handelt, oder ›eigentlich‹ handeln sollte.

Ein Introjekt ist etwas, was ›unverdaut‹ ist und über das wir nicht frei verfügen. Gott ist auch unverfügbar, und verdaulich ist er schon gar nicht. Das bedeutet keineswegs, daß jedes Bewußtsein und jedes Verständnis von Gott als Introjekt zu bewerten ist. Im Gegenteil: Differenziertes Nachdenken über Gott kann dazu führen, introjizierte Glaubensinhalte zu verarbeiten. Es kann dazu beitragen, manch andere Introjekte als solche zu erkennen, denn die Autorität Gottes relativiert andere Autoritäten. Aber beim Nachdenken über Gott, auch wenn wir es in theoretischen Begriffen tun, brauchen wir mindestens einen Rest bildhafter Vorstellungen. Wir brauchen also Symbole. Auf der Bewußtseinsebene der Identität erleben wir aber die Symbole nicht als offenbarende Begegnung, sondern benutzen sie als dogmatische Sätze, die beschreiben, was offenbart und durch Denken klar geworden war. Solche Sätze, die symbolische Sprache und dogmatischen Charakter haben, bilden, wie mir scheint, einen unvermeidlichen fundamentalistischen Rest, auf den sich in kritischen Situationen auch Menschen zurückziehen, denen eigenständiges Denken selbstverständlich ist. Das gilt in höherem Maße für Menschen, denen differenziertes Denken nicht vertraut ist.

Wenn also unter dem Einfluß von Introjekten Symbole auf Abwehr stoßen, ist dies etwas Normales, über das man verständnisvoll reden muß. Man muß dann hoffen, daß Symbole selbst Evidenz entfalten und Offenheit in zweifachem Sinne stiften: Offenheit zu selbständigem Umgang mit dem Überlieferten und für dessen Anspruch auf Verbindlichkeit.

4. Kapitel

Symbole – Gottesbegriff – Wirklichkeitsverständnis

Symbole stoßen zuweilen auf Widerstände, die bisher nur beiläufig bedacht wurden: Sie erscheinen schwer vermittelbar mit unserem das Alltagsbewußtsein bestimmenden Weltbild.

Wo die Hölle denn sei, und wie Eva aus Adams Rippe stammen könne, wird eher am Stammtisch gefragt. In einer bestimmten Situation seelsorgerlich als Bild angeboten, würde ein Symbol kaum solche Fragen provozieren. Da würde man Spuren des Paradieses oder der Hölle in sich und in seiner Umgebung entdecken. Jedenfalls halte ich die Symbole nicht für so schwach und die Menschen nicht für so töricht, daß es dazu nicht kommmen könnte. Die Frage ist eben nicht, ob die Bilder von Paradies und Hölle (noch) verständlich sind. Die Frage ist, wie wir das Paradies finden und nicht der Hölle anheim fallen.

Manchmal melden sich solche skeptischen Fragen freilich nicht nur am Stammtisch, sondern auch in unserer an zweckrationale und eindimensionale Weltsicht gewohnten Seele. Nicht so plump natürlich, die Aussagekraft von Symbolen und Geschichten gar nicht bestreitend, fragt etwas in uns: »Es sind also doch nur(!) Symbole?« Das heißt: Gut und schön für die Seele, aber nicht für die Welt der Tatsachen. Eine theoretische Erwiderung hätte ich wohl parat. Aber Theorien reichen offenbar nicht bis dahin, woher die Fragen kommen.

1. Verlegenheiten zwischen Theismus und Pantheismus in unserem Alltagsbewußtsein

Die Frage stellt sich schlicht: Gibt es Gott? Manchmal wird gefragt: Gibt es einen Gott? Dann schwingt deutlicher der Verdacht mit, es gäbe keinen. Jede Theologin und jeder Theologe weiß zwar, daß die Frage in die Irre führt, weil Gott kein Gegenstand ist, den es wie andere Gegenstände geben oder nicht geben könnte. Die Frage meldet sich trotzdem. Sie ist nicht durch die theoretisch richtige Einsicht zu beruhigen, daß sie falsch gestellt ist.

Zugleich bietet sich ein anderer Weg an: Da uns die Vorstellung von Gott als einem persönlichen Gegenüber verdächtig oder fremd geworden ist, denken wir ihn in irgend einem pantheistischen Sinn als Alles in Allem, oder mit Paul Tillich als »Tiefe« oder »Grund des Seins«, oder mit Faust nach Goethe eben nicht als »Wort«, sondern eher als »Sinn«, »Kraft« oder »Tat«, je nach Bildung und Ausbildung. Solche Betrachtungsweisen können in differenzierendem Nachdenken zu tiefen Erkenntnissen leiten. Und man kann in konzentrierter Meditation mit diesem nicht gegenständlich gedachten Gott wesentliche Erfahrungen machen. Aber schon in weniger anspruchsvoller Betrachtung verschwimmt er in einem eher romantischen Gefühl. Und wo wir alltäglich planen und handeln, bleibt davon wenig übrig, allenfalls ein Gefühl von Urvertrauen.

Dies scheint mir unser Dilemma zu sein: Mit gründlichen Gedanken und ernsthafter Meditation stellen sich Differenzierungen ein. Aber in unseren Alltagsgedanken und Alltagsempfindungen haben wir kaum andere Möglichkeiten, als uns Gott gegenständlich vorzustellen, oder eben ein pantheistisches Gefühl zu entwickeln. Mit beidem bleiben wir unzufrieden.

Mir geht es hier also nicht um eine Auseinandersetzung mit dem Gott prinzipiell als Person denkenden Theismus und mit dem auf gegenständliche Vorstellung verzichtenden Pantheismus in ihren theologisch und philosophisch ernsthaft durchdachten Formen. Mir ist an einer Beschreibung unseres Alltagsbewußtseins gelegen, in dem beide Modelle unvermeidlicherweise eine verkürzte, oft triviale Gestalt annehmen. Während im differenzierten Denken Theismus und Pantheismus in fruchtbarer Spannung zueinander stehen können, neutralisieren sie sich meinem Eindruck nach in ihrer trivialeren Alltagsgestalt gegenseitig.

Durch biblische Überlieferung geprägt, liegt uns die Vorstellung von Gott als Person näher. Nur so auch können wir uns zu ihm in Beziehung setzen als dem, den die Bibel uns anbietet: Der ein Volk und später eine neue Gemeinde erwählt, der heilsgeschichtliche Pläne verfolgt, dem als unbestechlichem und gnädigem Richter an Gerechtigkeit liegt.

Genau so entspricht es auch der Art, in der wir uns sonst zur Wirklichkeit in Beziehung setzen. Wir gehen ja nicht in ihr auf, sondern finden uns ihr und ihren Einzelteilen gegenüber. Und während Descartes – als Mitgestalter des neuzeitlichen Denkens – immerhin sich selbst fraglich war und die Frage nach sich selbst beantwortete: »Cogito, ergo sum«, geht es nach dem unkritischen Alltagsbewußtsein wohl eher umgekehrt: Sum, ergo cogito – et ago.

Paul Gerhardt – von Kausalgesetzen noch nicht so durchgängig geprägt wie wir – konnte die Welt in ihrer Gegenständlichkeit betrachten, in ihrer Vielfalt und Schönheit ihr Geheimnis wahrnehmen und durch das Vorfindliche hindurchsehend Gott als noch größere und schönere Gestalt vorstellen.

Dem Empfinden Paul Gerhardts können wir weitgehend folgen, aber unser Denken ist anders. Unser Denken und Handeln ist durch die Wahrnehmung von Kausalität und Zweckrationalität geprägt, und es bewährt sich täglich. Daß Naturwissenschaftler uns versichern, das Kausalitätsprinzip sei längst nicht mehr ihr Paradigma und auch nur ein Symbol, ändert daran wenig. Die neue Orientierung der Wissenschaft erreicht – noch? – nicht das alltägliche Denken und Handeln.

In diesem das aktuelle Empfinden prägenden, an Differenzierung und an Gegenständlichem orientierten Denken kann Gott auch kaum anders vorgestellt werden als eben auch gegenständlich. Zugleich ist dieser gegenständlich gedachte Gott kaum vorstellbar – als »alten Mann mit Bart« mag man sich ihn ja nicht denken. Wie aber sonst? Er ist nicht auffindbar und macht sich selbst kaum bemerkbar.

Solange in theistischer Vorstellung eine lebendige Beziehung zu Gott als Gegenüber erlebt wird, ist sie verbunden mit der Erfahrung von individueller oder kollektiver Identität in der Ambivalenz von Würde und Festgelegtheit: »Ich habe dich bei deinem Namen gerufen, du bist mein« (Jes 43,1). In unserem trivialisierten Alltagstheismus bekommt die Gottesbeziehung eine polare Spannung: Triumph, weil wir ihn vertrieben haben, und Verlassenheit, weil wir uns außer auf uns selbst und die Naturgesetze auf nichts mehr verlassen können. Beide, Triumph und Verlassenheitsgefühl, können neutralisiert werden im Gefühl von Belanglosigkeit, weil Gottes Existenz weder beweisbar noch widerlegbar, also nur denkbar ist. Falls er sich doch bemerkbar macht, z.B. in Symbolen, die uns nach wie vor ansprechen, so ist das immer noch vermittelt mit dem, was unser Glück und Unglück spürbar ausmacht. Es ist aber nicht vermittelt mit dem zweckrationalen Alltagshandeln, das als wichtiger und ernsthafter gilt. Es gehört nicht in die Welt der ›Tatsachen‹. Es ist eben ›nur ein Symbol‹, etwas fürs Gefühl oder fürs moralische Gewissen.

Die Alternative, eine pantheistische Vorstellung, ist uns auch zugänglich. Und hier sollte nicht zu schnell bewertet werden: Wenn Sigmund Freud vom ›ozeanischen Gefühl‹ spricht und die Pfarrerin mit Ps 139 von den ›Flügeln der Morgenröte‹, dann darf der Nachbar Gott auch im Walde finden.

Diese Alternative bietet sich nicht nur dem Alltagsempfinden an. Auch wenn wir versuchen, intellektuell redlich Rechenschaft über unser Gottesbild abzulegen, bieten sich Vorstellungen und Begriffe an, die dem Pantheismus verwandt sind. Sie scheinen mit modernem Denken eher vereinbar, sofern sie weniger dem Verdacht voraufgeklärter Naivität unterliegen.

Dem entspricht die schon erwähnte Beobachtung, daß bei Assoziationen zum Stichwort ›Gott‹ meistens Wasser, Quelle, Wiese und Ähnliches genannt werden, gelegentlich Schöpfer. Es sind Natur- und nicht Kultursymbole, meistens Symbole, die Glauben am ehesten im Sinne des Urvertrauens beschreiben.

Der Pantheismus beschreibt am ehesten die Grunderfahrung der Partizipation mit ihrer Ambivalenz von Zugehörigkeit und Abhängigkeit. In seiner trivialisierten Form kann das auf eine symbiotische Erfahrung hinauslaufen mit ihrer polaren Spannung von Wonnegefühl und Panik. Denn wo Gott Alles in allem ist, bin ich nichts außer ihm.

Aber so ernst ist es ja auch mit dem Pantheismus meistens nicht gemeint, zumal wenn nicht an Allmacht gedacht wird. Dann wird daraus eher ein Gefühl von Harmonie mit etwas Schauder, das etwa im Blick auf die Natur nicht nur das Werden, sondern auch das Vergehen noch ertragen kann. Die Nachricht von Erdbeben freilich macht dann schrecklich ratlos. Damit wird der Pantheismus vollends neutralisiert zu einem Ästhetizismus, der weder den Herausforderungen des Alltags genügt, noch die Tiefe ernster Meditation erreicht.

Die Folgen beider Modelle korrespondieren einander: Was für den Theismus in seiner lebendigen Gestalt die Erfahrung von Identität in ihrer Ambivalenz von Würde und Festgelegtheit ist, ist für den Pantheismus die Erfahrung der Partizipation in der Ambivalenz von Zugehörigkeit und Abhängigkeit. Wird im Alltagstheismus daraus die Polarität von Triumph und Verlassenheit, so tendiert der Pantheismus zur Symbiose mit der Polarität von Wonnegefühl und Panik. Diese bedrohlichen Polaritäten muß man aber nicht aushalten, weil sich im Hin und Her der alltäglichen Vermischung jeweils ein Modell kreuzweise zum Gegengewicht des anderen anbietet: Mit einem Rest von Pantheismus läßt sich die Einsamkeit etwas ausgleichen, so daß man dann die nur noch interessanten Gesprächsstoff liefernde Frage stellen kann: »Gibt es einen Gott?«. Mit einem Rest von Vertrauen in den Gott der Liebe und der Gebote läßt sich die pantheistische Symbiose zum Ästhetizismus oder Moralismus entschärfen.

Eine weitere folgenschwere Korrespondenz zwischen Theismus und Pantheismus in ihrer Alltagsgestalt ist darin zu beobachten, daß beide den Glauben und die Gottesbeziehung fast ausschließlich auf der Stufe der von Erikson dargestellten Spannung von Urvertrauen und Mißtrauen beschreiben. So bieten sie keine Möglichkeit zur Beschreibung der ja durch ganz andere Themen und Spannungen gekennzeichneten Erfahrungen im Leben Erwachsener:

Der Pantheismus bietet auch in seiner differenzierteren Gestalt kaum Möglichkeiten, mit Personalität verbundene Erfahrungen von Autonomie, Initiative, Werksinn usw. beschreiben. Der Vorstellung von Allmacht bietet er freilich leicht Raum. Und mit dem Gedanken an Allmacht – Gottes, der Natur, des Schicksals oder wessen immer – wäre man immerhin schon beim Thema Autonomie versus Scham. Man käme mit diesem Thema bereits in Kontakt, wenn man dem eigenen Widerstand Aufmerksamkeit widmen würde, der TheologInnen regelmäßig verführt, die Frage *»Womit habe ich das* *verdient?«* (also: »Wie kann – der bedrohlich starke! – Gott mir das antun?«) in die Frage abzuwandeln: *»Wie kann* – der schwache! – *Gott das zulassen?«* Wenn es dann auf die Auskunft hinausläuft, als allmächtig wolle man sich Gott eben nicht denken, verlieren pantheistische Vorstellungen vollends ihre Verbindlichkeit und werden zur urvertraulichen Ästhetik.

Dem Theismus geht es prinzipiell um die persönliche Gottesbeziehung. Er hat für Erfahrungen von Personalität vielgestaltigen Raum. Insbesondere konnte er Erfahrungen von Verantwortlichkeit, Schuld und Vergebung zum Ausdruck verhelfen. Aber wo theistisches Denken auf die Frage zurückgeworfen wird: »Gibt es (einen) Gott?«, verliert es diese Möglichkeiten: Vor einem Gott, dessen Existenz gerade noch denkbar und eher fraglich ist, kann man sich schwerlich verantworten. Man kann auch schwerlich eine von ihm ausgehende richtende oder rechtfertigende Wirkung wahrnehmen, da ja erst geklärt werden muß, ob es ihn überhaupt gibt. So bleiben wir mit dem verletzten Gewissen allein, ohne aus dieser Erfahrung heraus nach einer richtenden oder vergebenden Instanz zu fragen, weil die Gedanken mit der Frage befaßt sind, ob es (einen) Gott gibt. Als unmittelbarem Erleben kann diese Frage aber nur der Spannung von Zugehörigkeit und Verlassenheit korrespondieren. Wie beim verkürzten Pantheismus läuft es also auch hier auf die allererste Spannung hinaus, die Erikson die Polarität von Urvertrauen und Mißtrauen nennt, und die ich mit den Sätzen zu beschreiben versuche: »Ich bin in guten Händen« versus »Man kann sich auf nichts verlassen«.

Die Symbole erreichen uns natürlich nach wie vor auch auf allen anderen Erlebnisstufen. Es ist ja unmittelbar spürbar und einleuchtend, daß z.B. mit der Erzählung von Kain und Abel, vom Exodus aus Ägypten oder von Jesu Passion ganz andere Themen angesprochen sind. Hier geht es um Freiheit oder Gerechtigkeit oder neue Identität im geschöpflichen oder erlösten Leben. Aber da ist eben von Gott die Rede. Und da stellt dann auch unser Verstand seine berechtigten Ansprüche. Und der kann Gott nur noch in Kategorien erfassen, die der Erfahrung von Urvertrauen und Mißtrauen entsprechen. So sagt er völlig konsequent: »Es sind nur Symbole.« Sehr klar zeigte das der Diskussionsbeitrag einer Vikarin: »Ich merke ja, wie Symbole wirksam sind und viel in mir bewegen. Das ist wichtig und real. Und doch meldet sich immer wieder der Verdacht, das sei alles nur ein Überbau.« Und natürlich darf man ihr nicht empfehlen, sich nur noch auf ihr Gefühl zu verlassen und das Denken aufzugeben.

2. Ein möglicher Ausweg: Suche nach Verbindlichkeit

Das Problem ist nicht intellektueller Art. Es ist leicht, theoretisch das begrenzte Recht der theistischen wie der pantheistischen Vorstellungsweise zu beschreiben und dabei zu zeigen, in welche Aporien die Absolutsetzung der einen wie der anderen führt. Aber die theoretische Einsicht führt aus der Verlegenheit noch nicht hinaus. Zum Vergleich: Gegen das Alleinsein kann man leicht argumentieren, daß Einsamkeit droht. Aber das Argument schafft keinen Besuch herbei. Gegen Gemeinschaft als höchsten Wert kann man die drohende Symbiose als Argument ins Feld führen. Aber das Argument schafft aus einer symbiotischen Beziehung noch keine Befreiung.

Daß Theorie nicht aus der Verlegenheit hinausführt, diskreditiert das Denken nicht. Gedankliche Konsequenz, intellektuelle Redlichkeit und die Beschäftigung mit guten systematischen Entwürfen können helfen, Steine zu erkennen, die im Wege liegen. Sie mögen sogar helfen, Steine aus dem Wege zu räumen. Bewegung auf dem Wege bewirken sie kaum.

Dies liegt vor allem daran, daß theoretisches Nachdenken über Gott fast automatisch zu einem Denken wird etsi Deus non daretur (als gäbe es Gott nicht). Andernfalls müßte ja im theistischen System die erste Frage nicht lauten: Wer oder was ist Gott, und gibt es ihn? Sie müßte lauten: Wer bin ich ihm gegenüber? Im pantheistischen Sytem müßte die erste Frage nicht lauten: Wie ist Gott begrifflich zu beschreiben als ›Tiefe‹ oder ›Alles‹ oder wie sonst? Sie müßte lauten: Wer bin denn ich in ihm?

Was also hieße es, der Frage nach der Wirklichkeit Gottes nachzugehen etsi Deus daretur? Die Frage ist alt: Wie ist der Paradoxie Rechnung zu tragen, mit Gott etwas zum Gegenstand unserer Betrachtung und Diskussion zu machen, das – wie immer wir es erfassen und beschreiben – ja jedenfalls zuerst als eine auch unser Denken und Betrachten bedingende Wirklichkeit wahrgenommen werden muß?

Dieser Paradoxie Rechnung zu tragen, heißt wohl zuerst: Von Erfahrungen ausgehen und versuchen, diese zu beschreiben.

Ein erster Schritt dazu könnte sein, das theistische und das pantheistische Modell daraufhin zu prüfen, welches von beiden – allen Verkürzungen und Trivialisierungen zum Trotz – einem am ehesten unmittelbar einleuchtet und am ehesten unmittelbar spürbare und verbindliche Erfahrungen gestattet.

Vom eher pantheistischen Denken ausgehend, würde man wohl zur Wahrnehmung der Partizipation am Ganzen kommen mit ihrer Ambivalenz von eingefügt sein und unkenntlich werden. Möglicherweise würde man die Gefahr der Symbiose spüren mit ihrer Polarität von Wonnegefühl und Panik. Die Herausforderung wäre, sich spirituellen Erfahrungen nicht aus der Angst vor Verschmelzung oder vor Realitätsverlust zu entziehen, als müsse es immer und sofort auch gleich um Weltverantwortung gehen.

Vom theistischen Modell ausgehend, würde man wohl zur Wahrnehmung von Identität in ihrer Ambivalenz von Würde und Festgelegtheit kommen. Man würde dabei angesichts des unsicher gewordenen Gegenübers möglicherweise etwas von der Spannung von Triumph und Verlassenheit spüren. Der Angst vor Verlassenheit wäre standzuhalten, ohne sich gleich mit pantheistischen Anleihen in ein Harmoniegefühl zu stehlen.

Mir liegt es persönlich näher, von pantheistischen Vorstellungen auszugehen. Sie sind mir im alltäglichen Nachdenken leichter zugänglich, und theistische Vorstellungen gestatten mir eher gedankliche und emotionale Spiele. Ich weiß, daß andere umgekehrt eher mit Hilfe theistischer Vorstellungen zu einer verbindlichen Gottesbeziehung finden.

So oder so: Von jeweils auch dem Alltagsbewußtsein zugänglichen relativ verbindlichen Erfahrungen ausgehend, stellt sich die Frage nach Gott anders, als in der dargestellten Weise des Suchens und Nachdenkens. Und auch die Frage nach den Symbolen stellt sich anders. Die Richtung kehrt sich um. Die Frage heißt dann nicht mehr: Wer oder was ist Gott, und gibt es ihn überhaupt? Die Frage heißt: Wer bin denn ich, und welchen Sinn hat es, vom Menschen zu reden?

Diese Frage stellt sich inhaltlich unterschiedlich, je nachdem, ob sie mit eher theistischen oder eher pantheistischen Vorstellungen verbunden ist. Aus theistischer Vorstellung heraus würde man wohl fragen: Wer bin ich, der ich mein Gegenüber verloren habe, oder dessen Gegenüber fern gerückt ist oder spezifische Gestalt verloren hat? Wird nun alles Beliebige unbedingt wichtig und alles Wichtige beliebig? Eine Sicht der Wirklichkeit, wie sie spätestens bei Friedrich Nietzsche und dann bei den Existenzialisten beschrieben ist. – Aus pantheistischer Erfahrung heraus müßte es zur umgekehrten Frage kommen: Wer bin ich in ihm? Welchen Platz habe ich als absolut abhängiges Teil des Ganzen, und sind womöglich alle Erfahrungen von Autonomie Illusion? Eine Sicht der Wirklichkeit, von der z.B. Friedrich Schleiermacher zunächst ausgeht, wenn er die Gottesbeziehung als ›Gefühl schlechthinniger Abhängigkeit‹ beschreibt.

Von relativ verbindlichen Erfahrungen jeweils ausgehend, heißt die Frage nicht mehr: Glaube ich an Gott? Die Frage heißt: Glaube ich an mich? Denn Gott ist das Selbstverständliche, selbst wenn die Vokabel ›Gott‹ an diesem kritischen Punkt kaum mehr sein sollte, als eine Chiffre für das, was den Hintergrund für die Spannung von Triumphgefühl und Verlassenheit bildet bzw. für die Spannung von Wonnegefühl und Angst vor Verschmelzung. Gott ist das Selbstverständliche, aber ich bin mir alles andere als selbstverständlich. Nicht Gott ist dann das Rätsel, das es zu entschlüsseln gilt, sondern ich werde mir zum Rätsel, und die Symbole bieten sich an zur deutenden Beschreibung dessen, was es mit den Rätseln des menschlichen Lebens auf sich hat.

3. Symbole als Schlüssel zu den Geheimnissen und Rätseln unseres Lebens

In den Symbolen gewinnt Gott Gestalt. Er wird anschaulich, erscheint als Vater oder Mutter, als Retter oder Richter, redend, hörend, sehend. Natürlich sind es unsere Bilder, in denen wir ihn so beschreiben, und manchmal benutzen wir sie, um ihn mit Klischees handlich zu machen. Aber davon kann keine Rede sein, wenn aus Einsamkeit oder drohender Verschmelzung oder welcher Art von Betroffenheit auch immer heraus gefragt wird und ein Symbol sich anbietet. Indem Gott in den Symbolen Gestalt gewinnt und anschaulich wird, vermitteln die Symbole aus der Einsamkeit des trivialisierten Theismus heraus eine Erlösung zur Partizipation. Aus der Symbiose des trivialisierten Pantheismus heraus vermitteln sie die Erlösung zur Personalität.

Damit erscheinen Symbole nicht mehr als schwer verständliche und mühsam zu entschlüsselnde Rätselrede. Sie bieten sich an als Schlüssel zu den Geheimnissen und Rätseln des menschlichen Lebens, und zwar den alltäglich erlebten.

In einer der in der Ausbildung regelmäßig wiederkehrenden Debatten, ob nicht Symbole doch bestimmte – heute eben nicht gegebene – Kenntnisse und Einstellungen voraussetzten, widersprach eine Vikarin solchen Einwänden. Sie berichtete, wie ein Mann ihr von einem – mir nicht mehr erinnerlichen – persönlichen Konflikt erzählt hatte. Sie hatte ihn daraufhin gefragt, ob ihm Orpheus bekannt sei. Nachdem er das verneint hatte, erzählte sie ihm, wie Orpheus seine geliebte Euridike aus dem Totenreich zurückholen wollte, durch seinen Gesang den Herrn der Unterwelt bewegte, Euridike freizugeben, falls er ihr auf dem Rückweg zur Erde vorangehen würde, ohne sich umzudrehen, wie er schließlich doch den Blick zurückwandte und die Geliebte kurz vor dem Ziel wieder verlor. – Der Mann sagte daraufhin spürbar bewegt: »Warum konnte Orpheus denn nicht wenigstens soviel Glauben aufbringen?«

Die Vikarin hatte lediglich die Geschichte erzählt. Und es handelte sich nicht um ein einfaches Symbol wie ›Baum‹ oder ›Weg‹ oder Gott als ›Richter‹. Es handelte sich um eine mythische Geschichte mit vielen nicht mehr vertrauten Gestalten und uns fremden weltanschaulichen Implikationen. Dennoch wird niemand auf den Gedanken kommen, es bedürfe der Kenntnis der griechischen Mythologie, gar des ›Glaubens‹ an sie, um die Geschichte zu verstehen. Die Geschichte selbst erschien keineswegs als Rätsel, als der Mann sich selbst rätselhaft geworden war: »Warum konnte Orpheus – können wir – kann ich – nicht wenigstens soviel Glauben aufbringen?«

Unser Umgang mit symbolischen und mythischen Texten ist geprägt durch historisch-kritische Forschung, der auch ich mich verpflichtet weiß. Zweifellos hat sie uns geholfen, Zusammenhänge zu sehen, Widersprüche zu durchschauen und Fremdartiges zu verstehen. Ihre Voraussetzung ist aber, daß wir mit den uns verfügbaren Mitteln die Welt der Götter entschlüsseln müßten. Dabei kann es leicht geschehen, daß sie uns so fernrückt, wie wir sie distanziert betrachten.

Wenn wir voraussetzen, daß uns solche Bilder und Texte nicht unmittelbar ansprechen können, tun sie dies auch nicht. Wenn wir ihnen aber unmittelbaren Zugang zu uns erlauben, erreichen uns die Bilder. Sie lassen in uns Verdecktes offenbar, Unbewußtes bewußt werden. Danach ist immer noch Gelegenheit, wissenschaftlich zu forschen zur Erweiterung der Erkenntnis und zur selbstkritischen Überprüfung unserer Eindrücke: »Credo ut intelligam«, »Ich glaube, um zu verstehen.«

Sicherlich: Viele Mythen und alte Symbole sind uns fremd. Vor ägyptischen Fresken und fernöstlichen Statuen steht man ratlos, solange sie nicht ein Kundiger deutet. Und wenn biblische Gestalten wie Sara und Hiob nicht mehr vertraut sind, bewirkt es nichts, im seelsorgerlichen Gespräch einfach auf sie zu verweisen. Man muß dann ihre Geschichte erzählen. Das gilt besonders von Mythen und mythischen Legenden. Denn deren Bildwelt und ihre vielen Gestalten machen ihren symbolischen Gehalt aus. Bilder von Himmel und Unterwelt, Engel und Dämonen sind nicht entbehrliches Beiwerk, sondern bewirken erst die Korrespondenz zu unseren Erfahrungen. Die Frage heißt dann nicht: Wie ist die Geschichte zu erzählen, damit sie heutigen Gewohnheiten und Gegebenheiten entspricht? Die Frage heißt: Wie geht es mir, wenn ich mir vorstelle, ich wäre damals dabei gewesen?

Anhang

Symboltheorie im Kontext der hermeneutischen Debatte

Meine Überlegungen liefen auf die These hinaus: Nicht die Symbole sind rätselhaft; rätselhaft ist vielmehr unser Leben; und Symbole bieten sich an zu seiner Deutung. Demgegenüber gehen wir, zumindest im akademischen Bereich, eher davon aus, daß Symbole nicht ohne weiteres verständlich sind, und daß wissenschaftliche Instrumente, z.B. der historischen und psychologischen Forschung, uns den Zugang erschließen: Zwei Wege in gegensätzlicher Richtung. Sie schließen einander aber nicht aus und können sich gegenseitig befruchten.

Zur historisch-kritischen Forschung

Sie hat bis in die 50er Jahre unseren Umgang mit biblischen Texten weitgehend geprägt. Wenn ich nur selten auf ihre Ergebnisse eingehe, bedeutet das nicht, daß ich sie für unerheblich halte. Meine Überlegungen setzen sie voraus:

– Daß die Wahrheit von Legenden, Märchen und Mythen von anderer Art ist als die historischer Darstellungen, ist eine moderne Erkenntnis. Und das Recht, auch bezüglich biblischer Texte im modernen Sinne von Symbolen zu reden, wurde von Wissenschaftlern erstritten.

– Viele Ergebnisse historischer Forschung sind als selbstverständlich präsent, so z.B., daß 1.Mose 1 und 2 zwei ursprünglich getrennt überlieferte Schöpfungsberichte bieten. Erst dadurch irritiert es nicht mehr, sondern wird verständlich und symbolisch aussagekräftig, wenn in 1.Mose 1 Schöpfung u.a. darin besteht, daß gegenüber dem Wasser trockenes Land gesichert wird, während 1.Mose 2 die Befeuchtung der Wüste als Schöpfungstat preist.

Darüber hinaus können Erkenntnisse historischer Wissenschaft als Korrektiv von Erfahrungen dienen: In der Seelsorge muß man sich darauf einlassen, daß Symbole eine spontane, nicht programmierbare Reaktion auslösen. Das bedeutet aber nicht, dieser Reaktion blind zu vertrauen. Sie kann durch Klischeebildung geprägt sein. Dies wird manchmal evident, wenn man den Text dann genau und nüchtern betrachtet:

– Das genaue Achten auf den Wortlaut bedient sich noch nicht der Wissenschaft. Es nähert sich ihr aber an.

– Näher ist man wissenschaftlicher Betrachtung, wenn durch Kenntnis des Kontextes deutlich wird, wie selektive Wahrnehmung die Wahrheit verzerrt hatte. Gegen Kreuzzugsgefühle kann man z.B. zeigen, daß die Joh-Offb nirgends von menschlicher Beteiligung am Krieg gegen den Drachen redet.

– Bei überindividueller Klischeebildung, die z.B. Pharisäer zu Symbolgestalten von Selbstgerechtigkeit und Scheinheiligkeit werden läßt, kann wissenschaftliche Auskunft eines Besseren belehren.

– Brisant wird die Frage nach der Relevanz wissenschaftlicher Erkenntnisse, wenn Symbole im Zusammenhang von Mythen und Legenden begegnen, und wenn sich historisch-kritisch verschiedene Entwicklungsstufen beobachten lassen, auf denen die Bedeutung der Symbole unterschiedlich, gar gegensätzlich ist. Ein für meine Überlegungen wichtiges Beispiel: Heide Göttner-Abendroth analysiert Mythen, die in patriarchaler Gestalt bekannt sind, und legt eine oder mehrere ältere matriarchale Schichten frei, die in patriarchalischem Interesse deformiert wurden.

Ich beziehe mich meistens auf die Fassung, in der sich uns die Mythen und Symbole anbieten, und in der sie die jüngere Geistes- und Kulturgeschichte mitgeprägt haben.

Ich teile weder die Auffassung, eine Fassung enthielte mehr Wahrheit, je näher sie der ursprünglichen Gestalt einer Erzählung ist, noch betrachte ich spätere Fassungen als reifer und deshalb aussagekräftiger, noch messe ich der Fassung exklusive Verbindlichkeit bei, die in den Kanon biblischer Schriften Eingang gefunden hat. Ich gehe vielmehr von der Voraussetzung aus, daß Überlieferungen auf jeder ihrer Entwicklungsstufen eine spezifische, begrenzte Aussagekraft haben, die freilich auch auf jeder Stufe durch ideologische Klischeebildung korrumpiert sein kann. In ihrer Widersprüchlichkeit spiegeln die unterschiedlichen Fassungen nicht nur die krisenhaften Entwicklungen der Kultur- und Sozialgeschichte wieder. Sie können darüber hinaus zur Wahrnehmung und Deutung der kaum auflösbaren Widersprüche unseres Lebens dienen. (Näheres dazu im Anhang zum Kapitel über die Sexualität.)

Zur psychologischen Betrachtung biblischer Texte

Unter den Exegeten der 50er Jahre war Psychologie eher verpönt. In den 60er Jahren gewann sie öffentliche Bedeutung. Tiefenpsychologisch geprägte Symboltheorien wurden wirksam.

Auf zwei Bücher beziehe ich mich direkt:

P. Tillich, Systematische Theologie I, Stuttgart 1956, bes. S.277

J. Scharfenberg/ H. Kämpfer, Mit Symbolen leben, Olten 1980

Aus der kaum noch übersehbaren Literatur nenne ich einige weitere Werke, die mir besonders aufschlußreich waren:

E. Drewermann, Tiefenpsychologie und Exegese, 2 Bde, Olten 1984/85

M. Eliade, Ewige Bilder und Sinnbilder, Frankfurt 1986

W. Jetter, Symbol und Ritual, Göttingen 1978

A. Lorenzer, Entwicklung und Revision des psychoanalytischen Symbolbegriffs, Frankfurt 1970

N. Peseschkian, Der Kaufmann und der Papagei, Orientalische Geschichten als Medien der Psychotherapie, Ffm 1979

P. Ricoeur/E. Jüngel, Metapher, München 1974

J. Scharfenberg, Einführung in die Pastoralpsychologie, Göttingen 1985

Eine Anleitung zur praktischen Arbeit mit Symbolen bei Berücksichtigung von Unterscheidungen (Symbol/Zeichen/Klischee/Fetisch/Idol): P. Biehl, Symbole geben zu lernen, Neukirchen-Vluyn 1989.

Auf einen Unterschied zwischen tiefenpsychologischer Auslegung von Symbolen und meinem Zugang sei hingewiesen. Dazu Drewermann als Beispiel für viele: Ich weiß mich mit Drewermann einig, wenn er sagt, eine alte, ursprünglich in anderem Kontext erzählte Begebenheit könne von aktueller Bedeutung sein, wenn sie »über sich selbst hinaus auf etwas Wesentliches, Typisches, Grundsätzliches im Menschen hinweist«, und weil es »bestimmte Typen des Denkens, Vorstellens und Fühlens gibt, die zu allen Zeiten und Zonen gleich sind.« Eine andere Tendenz zeigt sich, wenn er folgert, solche Erzählungen seien »so zu lesen, wie die Tiefenpsychologie einen Traum oder einen Mythos, ein Märchen, eine Legende oder eine Sage zu lesen pflegt« (Bd.I, S.37f). Dazu ein Beispiel:

In 1.Mose 3 erregt zuerst das *Angebot* der Schlange meine Aufmerksamkeit. Ich nehme wahr, wie die Menschen die Frucht essen, und wie daraus die von Gott bestätigte Autonomie resultiert, mit Scham als ihrer Schattenseite. So wird mir die Geschichte zum Symbol und erinnert mich an eigene Erfahrungen im Spannungsfeld von Autonomie und Scham. – Drewermann dagegen achtet stärker auf *die Schlange selbst.* Er erschließt ihre Bedeutung aus anderen, wissenschaftlich ausgewerteten, mythischen Texten, Märchen und Träumen und sieht sie als »Ursymbol der Angst, des offenen Rachens, in den die geschaffene Welt sich verwandelt, wenn man sie ohne Schöpfer betrachtet« (Bd.II, S.388).

Gegenläufige Wege, die sich nicht ausschließen: Die Ausführungen Drewermanns lassen mich fragen, ob ich etwa die Schlange, die ja nicht irgend ein Tier ist, verharmlose, wenn ich sie als ambivalent wahrnehme und ihr als Repräsentantin von Neugier und Wissensdrang auch Sympathien entgegenbringe. Andererseits: Wenn tiefenpsychologische Deutungen zwar mein Interesse wecken, ich aber keine Korrespondenz in meinem Inneren finde, muß das kein Symptom für Abwehr sein. Es kann auch sein, daß die Bilder in mir anderes berühren, als tiefenpsychologische Wissenschaft anzunehmen nahelegt.

Tiefenpsychologische Interpretation will oft den Leuten den Weg zum Verständnis der Symbole zu weisen. Ich will Symbole möglichst spontan wirken lassen. Psychologische Deutungen können dann helfen, punktuelle Erfahrungen kritisch zu prüfen und sie in den Kontext anderer Erfahrungen einzuordnen.

Zum Verständnis von Mythen

Vom Symbol hat sich in den letzten Jahren das Interesse auf den Mythos verlagert.

Auch Mythen sprechen in uns – großenteils unbewußte – Erfahrungen an, die wir bei eindimensionalem und zweckrationalem Denken leicht übergehen, und die am ehesten die Sprache der Bilder erschließt. Darin gleichen sie Symbolen. Aber Mythen sind dramatische Erzählungen. Und während Symbole – wie Baum oder Weg – sich uns leichter unmittelbar in ihrer Bildhaftigkeit anbieten, stellt sich bei den Mythen eher die distanzierte Frage, was es denn mit den mitunter komplizierten und fremden Bildern auf sich haben mag. Es bedarf dann eines Entschlusses, sich auf die Bildwelt einzulassen, als hätte es sich so zugetragen, und als sei man dabei gewesen.

Auch Symbole sind vielseitig, beim Baum mögen sich Blätter, Stamm oder Wurzeln zu spontaner Identifikation anbieten, und es empfiehlt sich, auch den anderen Aspekten Beachtung zu schenken. Umso wichiger ist es bei den Mythen, sich den verschiedenen Personen und Instanzen auszusetzen, auf Details und die Logik der Handlung zu achten. Näheres dazu bei der Besprechung von 1. Mose 3 und der apokalyptischen Bilder im Kapitel über die destruktive Abhängigkeit.

Einen ausgezeichneten Einblick in den Stand der Überlegungen bietet die Sammlung der Vorträge des VI. Europäischen Theologenkongresses von 1987: H.H. Schmid (Hg.), Mythos und Rationalität, Gütersloh 1988. Gegen das aufklärerische Postulat, den Mythos durch den Logos, also rationales Denken, zu überwinden, zeigen die Vorträge auf vielfache Weise, daß Mythen ihre eigene Rationalität haben und so zur Wirklichkeitsdeutung beitragen. Leider bleibt es weitgehend bei anregender Theorie. Selten wird versucht, die Mythen wirklich sprechen zu lassen.

Angewandte Wirklichkeitsdeutung in diesem Sinne finde ich bei: H. Timm, Das ästhetische Jahrzehnt, Gütersloh 1990

*

Viele Entsprechungen zu meinen Überlegungen aus religionspsychologischer Sicht finde ich bei W. Huth, Glaube, Ideologie und Wahn, Frankfurt 1988.

Zum Gedanken, daß uns Symbole an der Schnittstelle von innerer und äußerer Realität ansprechen, siehe:

W.R. Bion, Attention and Interpretation, London 1970

Ders., Learning from Experience, London 1988

Zur Frage, wie theologisch zu reden sei etsi deus daretur, halte ich immer noch für lesenswert: R. Bultmann, Welchen Sinn hat es, von Gott zu reden?, in: Glaube und Verstehen Bd.I, Tübingen 1954, urspr. in: Theologische Blätter IV, 1925.

Dritter Teil

Entfaltung

Erster Erfahrungsbereich:

Verantwortlichkeit und Schuld – Die Symbole von Gericht und Gnade

»Vergib uns unsere Schuld,
wie auch wir vergeben unseren Schuldigern«

1. Verlegenheiten im Umgang mit Schuld in Gesellschaft und Kirche

Selten wird in Seelsorgegesprächen ausdrücklich nach vergebendem Zuspruch verlangt. Auch wo sich Schuldgefühle melden, etwa in Trauerfällen, werden sie kaum mit Gedanken an Gottes Gericht oder Gnade verbunden. Stimmt es also, was schon während meines Studiums in den 50er Jahren unter Professoren und Studenten gängige Rede war: Die Menschen fragen heute nicht mehr – wie Luther – nach dem richtenden und gnädigen Gott, sie haben andere Fragen?

Nicht nur seitens der Gemeindeglieder wird die Frage nach Gottes Gericht und Gnade selten zum Thema gemacht. Auch TheologInnen reden kaum davon, auch wo es thematisch naheläge: Die Frage »Womit habe ich das verdient?« wird umgewandelt zur Frage »Wie kann Gott das zulassen?« Offenbar leben SeelsorgerInnen leichter mit dem Verdacht auf Gottes Schwäche als mit dem Gedanken an seinen gerechten oder unberechenbaren Zorn.

Wo in kirchlichen Stellungnahmen im Blick auf geschichtliche und politische Ereignisse Schuldbekenntnisse abgelegt oder empfohlen werden, wird dies eher mit dem psychologischen Gedanken an ›Aufarbeitung‹ oder mit der politischen Hoffnung auf Versöhnung verbunden. Von Gottes Zorn oder Gerechtigkeit oder Vergebung ist dabei kaum die Rede.

Diese beispielhaft genannten Phänomene legen den Eindruck nahe, daß es in der privaten und öffentlichen Frömmigkeit zu einem Themenwechsel gekommen ist. Das ist denkbar. Die Frage nach Verläßlichkeit stellt sich auf vielfältige Weise.

Um auf Erikson zurückzukommen: Wir erleben und interpretieren unsere Beziehung zur Wirklichkeit eben nicht nur im Spannungsfeld von Initiative und Schuld. Und wie sich im Laufe eines Lebens zu verschiedenen Zeiten unterschiedliche Themen aktualisieren, so kann es auch sein, daß sich im Laufe der Kultur- und Sozialgeschichte die Themen wandeln. Andere Spannungsfelder mögen stärker die Beziehung zur Wirklichkeit bestimmen.

Man mag es sogar als Überwindung einer bedenklichen Einseitigkeit betrachten, daß die Rechtfertigungs- oder Gnadenlehre nicht mehr so eindeutig Theologie und kirchliches Leben bestimmen, wie sie das über Jahrhunderte getan haben. Ich bin demgegenüber dennoch skeptisch. Ich habe den Eindruck, daß wir es bei der Frage nach Schuld und Vergebung mit einem Thema zu tun haben, das verdrängt, aber keineswegs erledigt ist. Diesen Verdacht nähren besonders drei Phänomene: Weder in den Familien noch im öffentlichen Leben fehlt es an Schuldgefühlen und Schuldzuweisungen. Allenthalben finde ich Rechtfertigungsdruck und Rechtfertigungsversuche. Moralische Appelle sind an der Tagessordnung. Es fehlt nur der Richter, vor dem Moral und Schuld zu verantworten wären.

Schuldzuweisungen

Wenn ein technischer Unfall oder eine kriminelle Tat geschehen war, steht am nächsten Tag in der Zeitung, wer daran mutmaßlich schuldig ist.
Selbstverständlich ist nichts dagegen zu sagen, daß Schuldige gesucht und zur Verantwortung gezogen werden. Nichts auch dagegen, daß Journalisten sich an den Recherchen beteiligen. Mir geht es hier um die Anteile des öffentlichen Interesses, die über den Wunsch nach Aufklärung zum Zweck der Haftung und Schadensbegrenzung hinausgehen: Das Interesse an der Benennung von Schuld und Ursache ist so groß, daß man leichter Vorverurteilungen riskiert als Ratlosigkeit erträgt. Und es ist stärker als das Interesse an der Frage, wie es den Opfern geht. Offenbar gibt es das Empfinden, eine den berechenbaren Lauf der Dinge störende Katastrophe sei leichter erträglich, wenn man die Ursache und den Verursacher kennt. Wie mir scheint, gibt man sich dabei mit der Auskunft, es habe sich um ›menschliches Versagen‹ gehandelt, leichter zufrieden als mit dem Gedanken, das Material könne sich als unzuverlässig erweisen.

Ich erinnere mich an ein besonders auffälliges Beispiel für dieses Phänomen: 1987 explodierte in Amerika und vor den Augen fernsehender Zuschauer eine Raumfähre unmittelbar nach dem Start. Natürlich bewegte die Zuschauer zuerst die bange Frage nach Überlebenschancen der Insassen. Aber schon 10 Minuten nach dem Unglück fragte ein Journalist einen zufällig auffindbaren Interviewpartner: »Gibt es schon Vermutungen über die Ursache?« Es war nicht nur unwahrscheinlich, daß zu diesem Zeitpunkt diese Frage zu beantworten wäre. Es war mir zunächst auch befremdlich, daß er jetzt auf diese Frage kam. Für ein Interesse daran, wie solche Unfälle künftig zu vermeiden wären, war es ja viel zu früh.

Daran war ihm auch nicht gelegen. Auch in einem Trauerprozeß kommt die Frage, wie das Leben nun weitergehen kann, als zweckrationale Planungsfrage ja viel später. Aber als anklagend fragende Expression kommt sie schon beim ersten Schock: »Wie kann so etwas geschehen?« Die Frage des Journalisten suchte nicht nur Antwort. Sie klagte etwas ein: Zuverlässigkeit Gottes oder der Menschen oder des Schicksals, der Natur oder Technik. Unzuverlässigkeit wird dann schnell als Ungerechtigkeit empfunden: Irgend einer muß doch schuld sein!

Diese Phänomene zeigen, daß Schuld und Schuldfähigkeit, Verantwortlichkeit und Verantwortungsfähigkeit Kategorien sind, ohne die wir unsere Beziehung zur Wirklichkeit nicht beschreiben können. Diese Phänomene lassen leider auch erkennen, wie das Bedürfnis, ›Roß und Reiter‹ zu benennen, zu ungerechten und irrationalen Schuldzuweisungen führen kann. Diese können den Blick auf die wirklichen Ursachen vernebeln. Sie lassen uns auch der Einsicht ausweichen, daß in tragischen Verwicklungen und angesichts komplizierter Sachverhalte Schuld fast unvermeidlich ist. Ein Autofahrer, der meinte, unschuldig bleiben zu können, wäre Allmachtsphantasien verfallen.

Die Folgen sind: Rigide Schuldzuweisungen einerseits, andererseits Nachsicht, in der man ›ein Auge zudrückt‹. Beide tragen nicht zu Schuldfähigkeit und verantwortlichem Verhalten bei. Diese Fehlformen diskreditieren freilich nicht die Frage nach Ursache und Verursacher. Wie aber kann die Frage den richtigen Adressaten finden und vielleicht eine Antwort?

Schuldgefühle und Rechtfertigungsdruck

Häufig sind bei Trauernden Schuldgefühle gegenüber Verstorbenen zu finden: »Hätte ich doch ..!« Nicht selten ist besorgtes Verhalten von Eltern gegenüber ihren Kindern in der – oft unbewußten – Angst begründet, etwas falsch zu machen oder frühere Versäumnisse ausgleichen zu müssen. Oft werden im familiären und beruflichen Leben notwendige Entscheidungen aufgeschoben aus Angst, jemanden zu verletzen.

Auf solche Schuldgefühle weist auch der Rechtfertigungsdruck hin, in den uns bestimmte Fragen bringen. Z.B.: »Wieviel verdienst du?« Vielleicht war die Frage mit detektivischem Unterton gestellt. Vielleicht kam sie auch aus freundschaftlichem Interesse, und der Rechtfertigung heischende Ton kommt aus uns selbst. Wenn es ums Geld geht, weiß man gewöhnlich noch nicht einmal, was zu rechtfertigen wäre: Daß man zu wenig verdient? Oder zu viel?

Bei solchen Schuldgefühlen und solchem Rechtfertigungsdruck ist es jedesmal schwierig zu entscheiden, wieweit hier ein realistisches Bewußtsein der eigenen Verantwortlichkeit und der Verletzlichkeit anderer vorliegt, und wieweit anerzogene Normen Forderungen stellen, die weder erfüllbar noch dem Leben dienlich sind. Je unrealistischer die Forderungen sind, umso näher bringt der Rechtfertigungsdruck uns der Scham. Die Frage heißt nicht mehr nur: Was kann ich vertreten? Sie wandelt sich zur Frage: Kann ich mich (noch) sehen lassen?

Solche Schuldgefühle lassen sich in Fülle beobachten, obwohl unsere Gesellschaft in den letzten Jahrzehnten liberaler und pluralistischer geworden ist. Selbstverständlich haben Aufklärung und Liberalisierung zu spürbaren Erleichterungen geführt: Das Zusammenleben ohne standesamtliche Legitimation, das Scheitern einer Ehe, die Beanspruchung eines guten Maßes an Freizeit und anderes mehr sind nicht mehr öffentlich diskriminiert. Sie verursachen nicht automatisch Schuldgefühle. Es wäre aber ein Irrtum zu meinen, Pluralismus würde immer auch eine entspannende Liberalisierung mit sich bringen. Das Gegenteil kann der Fall sein: In drei Büchern über Erziehungsfragen finden junge Eltern drei unterschiedliche Leitbilder rechten Umgangs mit den Kindern. Das gibt nicht nur Entscheidungshilfe und trägt damit zur Mündigkeit bei. Drei Leitbilder können auch dreifachen Rechtfertigungsdruck auslösen und damit skrupulös machen. Wiederum geht es zunächst um die Spannung von Initiative und Schuld, denn schuldig kann ich werden, indem ich initiativ werde und in einer der angebotenen Richtungen handele – und die Angst davor kann die Initiative lähmen. Aber auch hier ist mit der Frage nach Mündigkeit schon die tiefer liegende Spannung von Autonomie und Scham berührt.

Ein Unterschied zu früheren Verhältnissen scheint mir bemerkenswert: Wenn ich recht sehe, löste es früher eher Schuldbewußtsein aus, wenn man etwas Bestimmtes getan, damit bestimmte Gebote übertreten, bestimmte Normen verletzt hatte. Das entsprach der Intention der alttestamentlichen 10 Gebote, die kein positives Ideal aufrichten, sondern via negationis sagen, wo die Grenzen des Erlaubten sind: »Du sollst nicht ...!«

Heute trifft man in Seelsorgegesprächen eher auf Schuldbewußtsein oder selbstkritische Fragen, die sich nicht auf bestimmte Taten beziehen, sondern auf Versäumnisse. Nicht: »Ich habe die Ehe gebrochen.« Sondern: »Ich habe meine Kinder (oder meine Eltern oder meinen Ehepartner) nicht genug geliebt.« Das mag realistische oder skrupulös unrealistische Einschätzung sein, in jedem Falle wird das Verhalten nicht an bestimmten Geboten gemessen, sondern an einem Ideal. Und angesichts dieses Ideals ist auch kaum noch zu sagen, wieviel des Guten angemessen, welches Schuldbewußtsein also realistisch ist.

Diese Entwicklung hat mit der Emanzipation von kasuistisch verstandener Gesetzlichkeit zu tun. Wir begegnen ihr in ihrer modernen Gestalt, sie hat aber nicht erst mit der Neuzeit begonnen. Schon im Alten Testament gilt das Liebesgebot als das höchste. Bei Jesus werden geradezu programmatisch die übrigen Gesetze im Namen des Liebesgebotes relativiert. Die Reformation hat die »Freiheit eines Christenmenschen« gepredigt und dabei Verbindlichkeit und Mündigkeit betont: »Ein Christenmensch ist ein freier Herr über alle Dinge und Niemand untertan. Ein Christenmensch ist ein dienstbarer Knecht aller Dinge und Jedermann untertan« (WA 7,21). Humanismus und Aufklärung haben auf ihre Weise zur Achtung der Würde des einzelnen und zur Befreiung von Fremdbestimmung durch nicht einleuchtende Normen beigetragen. Moderne psychologische und soziologische Kritik hat zur Relativierung von Normen ein übriges getan. Daraus resultiert die

Freiheit zu mündigem, verstehendem Gehorsam gegenüber dem Willen Gottes oder bestimmten Idealen, die man der Verpflichtung für wert hält. Einen Weg hinter diese Entwicklung zurück halte ich nicht für erstrebenswert.

Umso dringlicher aber wird die Frage nach der Rechtfertigung. Umso bedrückender muß es werden, wenn die Frage nach Rechtfertigung nicht gestellt und beantwortet wird, sondern unbewußt im Hintergrund bleibt. Denn dem Ideal gegenüber kann ich nicht gerecht werden. Es verführt mich eher, des Guten zuviel zu tun: Ich kann es – wenn ich denn will – vermeiden, die Ehe zu brechen. Aber ich kann meine Frau (oder Kinder oder Eltern oder armen Nachbarn) nicht ›genug‹ lieben! Falls ich es dennoch ernstlich will, werde ich sie eher erdrücken.

Der Rechtfertigungsdruck ist nicht als solcher verwerflich. Zunächst zeigt er, daß wir offenbar unvermeidlicherweise auf Schuld und Rechtfertigung hin ansprechbar sind. Aber dieser Druck kann uns skrupulös und manipulierbar machen, wenn wir nicht mehr wissen, vor wem wir uns rechtfertigen müssen und wer uns rechfertigen könnte. Es geht deshalb nicht nur um die Frage, wie Schuld zu vermeiden ist. Die Frage ist vielmehr, wie wir schuldfähig bleiben oder werden können. Lutherisch hieße das: Pecca fortiter! Sonst verwandeln sich realistische Anforderungen und realistisches Schuldbewußtsein in unrealistische Postulate und Schuldgefühle, die in Verstrickungen führen. Paulus hat das verstanden. Darum fragt er im Römerbrief am Ende des 7. Kapitels nicht mehr nach Rechtfertigung (wie in Röm 3), sondern nach Erlösung.

Moralische Appelle

Als Demokratie und mit ihren technischen Mitteln ist unsere Gesellschaft in höherem Maße auf verantwortliches Handeln aller Mitglieder angewiesen als frühere Gesellschaften, wo wenige das Sagen hatten und die Vielen nicht so leicht großen Schaden anrichten konnten. Unter anderem dies mag es in gewissem Maße berechtigt erscheinen lassen, daß wir allenthalben mit moralischen Appellen konfrontiert werden: Zu Disziplin im Straßenverkehr, zu Solidarität mit armen Völkern, zu Rücksicht auf Kinder, zur Schonung der Natur usw. Im familiären Bereich sind moralische Appelle – z.B. zum Gehorsam gegen Eltern, zu sexueller Zucht – seltener geworden. Im selben Maße haben sie bezüglich des öffentlichen Lebens zugenommen. In den meisten Fällen finde ich sie inhaltlich auch berechtigt.

Kirchlicherseits werden solche Appelle häufig auf den Willen Gottes zurückgeführt. Nach seinem Wille sollen wir zu ›Frieden, Gerechtigkeit und Bewahrung der Schöpfung‹ beitragen. Gottes Wille wird dabei genannt, um ohnehin einleuchtende, mindestens diskutable Forderungen verbindlicher zu machen. Damit wird aber kaum der Gedanke verbunden, daß Gott die

Einhaltung seines Willens auch einklagen und ein Versagen richten oder vergeben könnte. Das Bild Gottes als des Richters taucht hier fast niemals auf. Der moderne Appell argumentiert nicht, wie die alte Paränese, mit der Androhung des Zornes Gottes. Er argumentiert mit der Androhung absehbarer Folgen in Gestalt von Unfällen, Staus, ökologischen und ökonomischen Katastrophen – oder in Gestalt des schlechten Gewissens angesichts von Folgen für ferne Völker oder die nächste Generation.

Die Argumentation dieser Appelle scheint auf den ersten Blick rationaler zu sein als der alte Hinweis auf den richtenden Gott. Der Hinweis auf die Folgen appelliert in eher nachprüfbarer Weise an die Einsicht: Wenn – dann. Auf den zweiten Blick zeigt sich freilich, daß auch die heutigen Appelle nicht nur auf zweckrationale Einsicht setzen und sich eben doch an das Gewissen wenden, besonders falls sie sich auf den Willen Gottes berufen. Diese Mischung ist fatal, sie macht wehrlos.

Die inhaltliche Berechtigung dieser Appelle garantiert eben noch nicht ihre Wirksamkeit. So klar das inhaltliche Recht vieler Appelle erkennbar ist, so eindeutig wäre auch aus der Erfahrung zu lernen, daß moralische Appelle selten nützen und meistens nur die Leute bewegen, die ohnehin eher zu viel als zu wenig tun. Und was geschieht mit dem ja immerhin angesprochenen, gar beschworenen schlechten Gewissen? Ein vergebender Gott ist ja nicht einfach verfügbar, auch kein richtender Gott, mit dem man sich auseinandersetzen könnte. Vom Nachbarn ist auch keine Rechtfertigung zu erwarten, allenfalls eine Beschwichtigung nach dem Motto: Wir sind ja alle ›nur‹ Menschen.

Wenn es um den Sinn von Ethik geht, stelle ich gelegentlich eine Testfrage: Glauben Sie an den Erfolg Ihres Appells? Oft lautet die Antwort: Nein. In diesem Falle kann der Appell zwei Motive haben: Er ist in Wahrheit ein Ausdruck des nicht offen eingestandenen Mißtrauens gegen die anderen Leute, die gleichzeitig umworben und angeklagt werden: eine Zumutung, die keine Zu-mutung ist. Oder der Appell ist Ausdruck der nicht gerne eingestandenen Trauer oder des Zorns über die eigene Ohnmacht. Damit sind wir mit einer bestimmten Herausforderung, die als Frage nach ethischer Verantwortung in das Spannungsfeld von Initiative und Schuld gehörte, wiederum abgerutscht in das ursprünglichere und tiefer liegende Spannungsfeld von Autonomie und Scham, wo auch Vergebung nichts mehr ausrichten könnte, sondern nur Erlösung befreien kann.

Schlußfolgerungen

Ich war von dem Eindruck ausgegangen, daß das Thema Schuld und Vergebung im kirchlichen und öffentlichen Leben möglicherweise an Bedeutung verloren hat. Dieser Eindruck wird unter anderem dadurch nahegelegt, daß in seelsorgerlichen Gesprächen kaum nach dem richtenden oder gnädigen Gott gefragt wird.

Andererseits findet sich eine Fülle von Phänomenen, die zeigen, wie es uns direkt oder indirekt, bewußt oder unbewußt, privat und politisch nach wie vor nicht nur um Schuld geht, sondern auch um Rechtfertigung. Diese Phänomene zeigen freilich nicht nur, daß das Bewußtsein von Schuld und das Verlangen nach Rechtfertigung nach wie vor Merkmale unseres Lebens sind. Sie zeigen auch, wie ein realistisches Schuldbewußtsein zu einem verantwortlichen Leben gehört, und wie ein unrealistischer Umgang mit Schuld eher zum Gegenteil führt: zu ungerechten Schuldzuweisungen, zu skrupulösen Manövern, zu moralistischer Selbstbefriedigung. Darüber hinaus hat sich regelmäßig ein fataler Mechanismus gezeigt: Es kommt leicht zum Themenwechsel. Dem konkreten Anlaß entsprechend, geht es zunächst eindeutig um Verantwortlichkeit und Schuld. Und allzu oft gleiten wir ab in unrealistische Schuldgefühle und zu Erfahrungen von Ohnmacht und Scham.

Wie kommt es zu soviel unrealistischen Schuldgefühlen? Die Stimmen sind noch nicht verstummt, die darin die Spätfolgen der kirchlichen Konzentration auf das Thema Schuld, mindestens des klerikalen Mißbrauches dieses Themas sehen: Daß die Rede von Gottes Gericht in Predigt und Seelsorge die Gewissen mitunter weniger getröstet als schlechte Gewissen zielstrebig erzeugt hat, ist bekannt. Das lag nicht in der Intention der Rechtfertigungs- oder Gnadenlehre. Aber schon dadurch, daß sie als zentrales Thema der Theologie verhandelt wurde und so die Predigt des richtenden und vergebenden Wortes Gottes zum zentralen Thema der kirchlichen Praxis werden ließ, wurde das gesamte Leben unter dem Aspekt von Verantwortlichkeit und Schuld betrachtet und beurteilt. Dies mag dazu beigetragen haben, daß andere Phänomene, wie z.B. Abhängigkeit und Sucht, eben auch nach moralischen Maßstäben gemessen wurden.

Diese Erklärung ist nicht ganz unberechtigt. Aber sie ist zu pauschal. Manche Erscheinungen in der Biographie einzelner lassen sich auf solche Einflüsse zurückführen. Aber wo wäre denn in den letzten 200 Jahren soviel klerikaler Moralismus zu finden, daß diese Schuldzuweisung generell überzeugen könnte?

Ich stelle eine umgekehrte These zur Diskussion, die freilich auch nur partiellen Erklärungswert beansprucht: Eine Ursache für soviel unbeholfenen Umgang mit Schuld liegt darin, daß das Symbol vom richtenden, zornigen und gnädigen Gott seine Plausibilität verloren hat, während seine Gebote diese Plausibilität behalten haben. Solange der als Richter symbolisierte Gott für die Gebote verantwortlich war, hatte das Gewissen sein Gegenüber. Man konnte sich vor ihm mit Furcht und Vertrauen verantworten. Man konnte sich auch als Schuldiger von ihm ernst genommen fühlen, unter Umständen ernster als von den Mitmenschen; und man konnte auf vergebende Gnade hoffen. Wenn aber das Gegenüber verloren ist, findet man sich wie jemand, dessen Konfliktpartner gestorben ist, ihm seine Normen hinterlassen hat und ihn im übrigen mit Schuldgefühlen und Aggressionen sitzen läßt. Diese Aggressionen sind natürlich ›verboten‹: De mortuis nihil nisi bene! Auch deshalb ist es angezeigt, nach dem ›Tode Gottes‹ die aggressive Frage »Womit habe ich das verdient?« in die traurige Frage abzuwandeln »Wie kann Gott das zulassen?«

Wenn nur noch die Gebote übrig bleiben und sich zur Verstärkung des Appells an das Gewissen anbieten, kann es eben nur noch zu einem inneren Dialog mit dem Gewissen kommen. Damit übernimmt das ›Gesetz‹ die Herrschaft: Eine moderne Variante dessen, was Paulus schon in Röm 7 dargestellt hatte.

2. Realistisches und unrealistisches Schuldbewußtsein

Zwei Thesen:

1. Einem realistischen Bewußtsein und Gefühl von Schuld kann nur durch einen die Schuld bestätigenden und vergebenden Zuspruch angemessen begegnet werden. Eine beratende oder therapeutische Klärung bewußter und unbewußter Motive oder eine kritische Diskussion der implizierten Werte würde eine gesunde Einstellung als krank verdächtigen. Sie würde die Entstehung unrealisischer Schuldgefühle geradezu herausfordern.

2. Einem unrealistischen Bewußtsein und Gefühl von Schuld kann nur durch beratende oder therapeutische Klärung der unbewußten Motive begegnet werden. Der Zuspruch von Vergebung würde meistens ohnehin nicht angenommen. Er würde jedenfalls die unangemessene moralische Bewertung eines Verhaltens bestätigen, das als – eventuell zu vergebende – Schuld gar nicht gelten kann.

Bevor ich diese Thesen weiter entfalte, will ich die Begriffe definieren. Bisher habe ich ohne Definition von ›realistischem‹ und ›unrealistischem‹ Schuldbewußtsein geredet. Ich habe auch nicht zwischen ›Schuldbewußtsein‹ und ›Schuldgefühl‹ getrennt. In der psychologischen und theologischen Literatur findet sich keine einheitliche Terminologie. Häufig wird zwischen ›Schuld‹ und ›Schuldgefühl‹ unterschieden, wobei dann mit letzterem meistens das gemeint ist, was ich hier als ›unrealistisches‹ Schuldgefühl bezeichne. Das halte ich für unangemessen, weil auch reale Schuld mit einem – hoffentlich realistischen – Gefühl von Schuld verbunden ist. Deshalb wähle ich hier eine eigene Definition:

Als *Schuld* bezeichne ich die Verletzung von unter den Beteiligten geltenden Normen, die meistens mit der Gefährdung, Störung oder Verletzung anderer verbunden ist.

Dies ist eine eher pragmatische Definition. Sie soll der Unterscheidung von realistischem und unrealistischem Schuldbewußtsein dienen und nimmt dabei Vereinfachungen in Kauf. Die Beziehung des Begriffes Schuld auf die unter den Beteiligten jeweils geltenden Regeln und Normen soll der Erfahrung Rechnung tragen, daß in verschiedenen Kulturen und Zeiten unterschiedliche Normen bestimmen, was als ›Schuld‹, was als ›Tun des Gerechten‹ einzuschätzen ist.

Vereinfachungen in Kauf nehmend, umgeht diese Definition z.B. die Frage, ob es absolute Maßstäbe gibt, nach denen geschichtlich überlieferte Normen zu messen wären. Diese Frage stellt sich etwa in der Diskussion um die Menschenrechte. Sie stellt sich auch angesichts der Erfahrung, daß unter bestimmten Verhältnissen geltende Normen später als lebensfeindlich, gar verbrecherisch erkannt werden. Deshalb reicht diese Definition nicht aus in Situationen, in denen z.B. Erfahrungen aus der NS-Zeit zum Thema werden.

Als *realistisch* bezeichne ich ein Schuldbewußtsein, das in der Einschätzung der eigenen Verantwortlichkeit und der Gefährdung oder Verletzung des anderen einigermaßen frei ist von Verharmlosung und Dramatisierung.

Einigermaßen frei: Es gibt meines Erachtens keinen objektiven Maßstab, nach dem ein Außenstehender zuverlässig messen könnte, wo Realismus aufhört, und wo Dramatisierung oder Verharmlosung beginnt. Es gibt dafür aber unübersehbare Symptome. Die zeigen sich im Verhalten. Man kann nämlich davon ausgehen, es mit einem realistischen Schuldbewußtsein und -gefühl zu tun zu haben, wenn Verzeihung erbeten und – gegebenenfalls – auch angenommen wird. Unrealistisches Schuldbewußtsein und -gefühl in verharmlosender oder dramatisierender Gestalt sind an den Manövern zu erkennen, mit denen der Beleidigte unbewußt manipuliert werden soll:

Im Falle der Dramatisierung wird er in Mitleid heischender Demut um Verzeihung gebeten, an die der Bittende dann – auch wenn sie gewährt wird – nicht glaubt. Statt »Ich danke dir« heißt es dann: »Ist die Sache wirklich in Ordnung?« Und vorher hieß es nicht: »Bitte vergib mir.« Vielmehr wurde klagend gefragt: »Kannst du mir noch einmal verzeihen?« Ist der Beleidigte ein skrupulöser Mensch, wird er sich veranlaßt sehen, den Schuldigen mitleidig zu trösten und hundert Beweise seiner Versöhnlichkeit zu erbringen. Falls er endlich der Manipulationen doch müde und zornig wird, sieht der Schuldige endlich bewiesen, was er schon lange glaubte: Daß die Sache unverzeihlich und er selbst verwerflich ist.

Im Falle der Verharmlosung wird der Schuldige die Bitte um Verzeihung gleich mit vielerlei ›entschuldigenden‹ Begründungen des Fehlverhaltens garnieren, so daß dem Betroffenen kaum anderes übrig bleibt, als die Entschuldigung wohlfeil zu gewähren oder sich der Manipulation zu entziehen und damit seine ›Gnadenlosigkeit‹ unter Beweis zu stellen.

Kurz: Realistisches Schuldbewußtsein und -gefühl zeigt sich darin, daß jemand es riskiert, sich zu dem Beleidigten – es seien Menschen oder Gott – in der Spannung von Angst und Hoffnung in Beziehung zu setzen. Er weiß und rechnet damit, daß der andere ein Recht hat, »ja« und »nein« zu sagen. Unrealistisches Schuldbewußtsein und -gefühl führt dazu, die Beziehung manipulativ beeinflussen zu wollen und im Grunde bei sich selbst zu bleiben. Die realistischem Schuldbewußtsein entsprechende Selbstdefinition heißt: Ich bin verantwortlich und verantwortungsfähig, und ich habe verwerflich gehandelt. Die unrealistischem Schuldgefühl entsprechende Selbstdefinition heißt entweder: Ich bin verwerflich, und die anderen sind zu schwach, mich zu erlösen. Oder sie heißt: Ich kann, wie alle anderen, Fehler machen, aber die anderen sind gnadenlos. Es handelt sich also um Allmachts- und Ohnmachtsphantasien.

Daß wir es bei der Neigung zur Verstrickung in unrealistische Schuldgefühle mit einem kollektiven Phänomen zu tun haben, verrät ein verbreiteter Sprachgebrauch: Es heißt häufiger: »Ich entschuldige *mich.*« Seltener hört man: »Ich bitte *dich* um Entschuldigung.« Wer um Entschuldigung bittet, riskiert es, sich in Beziehung zu setzen. Wer sich entschuldigen will, bleibt bei sich selbst. Der Satz »Ich entschuldige mich« ist manipulativ. Er wartet die Entschuldigung gewährende oder versagende Reaktion des anderen nicht ab. Er suggeriert oder setzt voraus, daß das Eingeständnis des Fehlverhaltens schon als rechtfertigende Tat anzusehen ist. Ein Beispiel:

Vor einiger Zeit war in einer Zeitung zu lesen, wie ein Kommunalpolitiker sich unpassend über die Juden geäußert hatte. Auf die Beschwerde der jüdischen Gemeinde hin hatte er sich öffentlich ›entschuldigt‹. Die jüdische Gemeinde war mit seiner Reaktion noch nicht zufrieden. Daraufhin stellte der Politiker fest: Er habe sich entschuldigt, damit sei die Sache ›in Ordnung‹. Offenbar war sie nicht ›in Ordnung‹.

Was ist hier Ursache, was Folge? Die Vermeidung der Beziehung ist das Symptom für unrealistische Schuldgefühle. Umgekehrt kann aber auch Beziehungslosigkeit als Lebenserfahrung oder -gewohnheit dazu führen, aus realistischem Schuldbewußtsein in Manipulationen auszuweichen und in eigenen Gefühlen zu kreisen: Der homo incurvatus in se ipsum (Luther).

3. Vier Beispiele aus der Praxis und eine biblische Geschichte

Im Jahre 1972 habe ich zur ›Klinischen Seelsorge-Ausbildung‹ (KSA) vier Monate in Hazelden mitgearbeitet, einem Therapiezentrum für Alkoholiker und Drogenabhängige in Minnesota, USA. Daher stammen die beiden ersten Fallberichte. Der dritte Bericht beschreibt eine Begebenheit in einer Selbsterfahrungsgruppe, in der ich Mitglied gewesen bin. Das vierte Beispiel bildet ein Rollenspiel, mit dem ich in der Vikarsausbildung aufschlußreiche Erfahrungen gemacht habe.

Die Beichte des Priesters

Ich war als ›student‹ und ›clergy‹ – also etwa: geistlicher Praktikant – einer Gruppe von etwa 20 alkoholabhängigen Männern zugewiesen worden. Ein Mitglied dieser Gruppe war ein Priester. Etwa zwei Wochen lang redete er kaum etwas, weder in den Gruppensitzungen noch bei geselligen Gelegenheiten. Er wirkte sehr bedrückt. Aufgrund seines freundlichen Wesens war er allen sympathisch. Zugleich machte er die Gruppenmitglieder und den Leiter ratlos. Denn alle Versuche, ihn zum Reden zu ermutigen, schlugen fehl. Schließlich machte ein anderer Priester, ebenfalls Patient und redselig, einen neuen Versuch. Er ermunterte seinen Kollegen mit den Worten: »Was immer du zu erzählen hast: Das Dach wird nicht über dir zusammenbrechen, und wir werden dich auch nicht hinauswerfen!« Nach langem Zögern fing er schließlich an und erzählte zaghaft, es habe in seinem Leben vor 25 Jahren eine Frau gegeben. Es war zu sehen, wie schwer ihm dieses Geständnis fiel. Aber sein Kollege war damit glücklicherweise noch nicht zufrieden und fragte: »Und was war vor 15 Jahren?« Nun: Vor 15 Jahren hatte er mit einer zweiten Frau zu tun. Sein Kollege ließ nicht locker und fragte, wie es denn zur Zeit stünde. Schon etwas leichter konnte der bis dahin stumme Patient nun erzählen, daß er inzwischen mit der vierten Frau zusammenlebe. Zunächst sagte niemand etwas dazu, aber es war spürbar, wie das Aussprechen des vermeintlich Unsagbaren den Priester und die Gruppe erleichtert hatte. Er riskierte sogar eine scherzhafte Bemerkung: Er würde sich nun wohl an den Gesprächen beteiligen können. Die Gruppe möge aber mit ihm geduldig und nachsichtig sein, denn die hier zuweilen üblichen Straßenwörter seien ihm nicht so geläufig. Sein Kollege, in dieser Hinsicht unbefangen, quittierte diese Bitte mit der Bemerkung: »You are an old fucker!« Bei dem Gelächter, das nun losbrach, wäre das Dach doch fast eingestürzt. Es war ein Gelächter ohne Häme. Es war ein solidarisches Lachen, mit dem sich die Spannung explosiv löste und die Freude darüber ausdrückte, daß nun die Therapie einen hoffnungsvollen Anfang genommen hatte.

Drei Bemerkungen dazu:

1. Gemessen an seinen zölibatären Regeln hatte der Priester reale Schuld zu verantworten. Es war vermutlich von großer Bedeutung, daß dies von den anderen – keineswegs katholischen und frommen – Patienten anerkannt wurde ohne Diskussion, ohne Verharmlosung und ohne Verurteilung. Ein Gespräch über Sinn oder Unsinn des Zölibats, gar Witzeleien über diese ›weltfremde‹ Norm oder über das ›allzu menschliche‹ Verhalten des ›Sünders‹ hätten das Entscheidende verhindern können: Der Patient fühlte sich mit seiner Schuld ernst- und angenommen.

2. Ich habe diese Begebenheit in der Überschrift als Beichte bezeichnet. Zwar fehlte die ausdrückliche priesterliche Absolution im Namen Gottes. Dennoch waren alle traditionellen Elemente der Beichte vorhanden: Die ›contritio cordis‹ und die ›confessio oris‹ waren erfolgt, und es war deutlich, daß das Beichtkind sie sich nicht leicht gemacht hatte. Daß die therapeutische Beratung über die ›satisfactio operis‹ folgen würde, war jedem klar, und

niemand gab sich der Illusion hin, der Patient sei nun schon gegen seine Sucht gefeit. Die ›Absolution‹ war vorher immerhin zugesagt worden. Dabei war es vielleicht nicht ganz bedeutungslos, daß der Wortführer auch ein Priester war. Wichtiger war meines Erachtens seine ausdrückliche Andeutung, daß nicht nur auf Annahme seitens der Gruppe zu hoffen war: Das Dach würde nicht einstürzen.

3. Wir hatten es hier nicht nur mit Schuld zu tun. Den Priester hatte die Scham gehindert, über seine Schuld zu reden. Scham ist kaum durch Vergebung zu überwinden, die sich ja immer auf moralisch zu messendes Verhalten bezieht. Sie bedarf einer erlösenden Erfahrung. Hier war es gelungen, den Patienten zu ermutigen, aus dem Kreisen in seinen Schamgefühlen heraus zur Gruppe in Beziehung zu treten und sein Verhalten als Schuld wahrzunehmen. Vielleicht hatte auch das Lachen erlösende, damit über Vergebung hinausreichende Qualität.

Dies Beispiel zeigt realistischen Umgang mit realer Schuld.

Der untröstliche Farmer

Mit einem anderen Patienten dieser Gruppe hatte ich ein beratendes Einzelgespräch zu führen. Es war am Anfang meiner dortigen Mitarbeit. Das therapeutische Programm war mir noch nicht vertraut. Ich fühlte mich unsicher.

Der Patient, ein 50jähriger Farmer, ebenfalls katholisch, begann nach anfänglichem Zögern von seiner Schuld zu sprechen, die unverzeihlich sei. Durch sein Trinken habe er seine Familie und seine Farm ruiniert. Es lag nahe anzunehmen, daß er damit Recht hatte. Dennoch meldete sich bei mir der Verdacht, es mit Übertreibungen zu tun zu haben. Jedenfalls schien mir der Schaden, den er angerichtet hatte, bei weitem nicht so dramatisch wie der, von dem andere Patienten zu berichten wußten. Etwas hilflos fragte ich ihn, welche Erfahrungen er denn bezüglich seiner Schuld als katholischer Christ mit der Beichte gemacht habe. Er ginge regelmäßig zur Beichte, erzählte er, das würde ihm aber nicht helfen, seine Schuld sei zu groß. Ich wies auf neutestamentliche Texte hin, etwa die Geschichte von Zachäus. Er erwiderte, daß er diese Geschichten alle kenne. Es seien auch sehr gute Geschichten, aber sie seien eben nicht für ihn: Seine Schuld könne nicht vergeben werden.

Ratlos, eher einem etwas ärgerlichen Einfall folgend als gezielt konfrontierend, stellte ich daraufhin die Frage, die sich im Rückblick als richtig und weiterführend erwies: »Sag mal, für wie schwach hältst du Gott denn, daß er mit deinem bißchen Sünde nicht fertig werden sollte?«

Die konfrontierende Frage hat ihn nachdenklich gemacht und ihm geholfen, sein fatales Manöver zu durchschauen. Mir war zum erstenmal klar geworden, wie sich unter solchen sich demütig gebenden Schuldgefühlen Größenphantasien verbergen. Ich habe mich damals gefragt, ob solche Erfahrungen

Anlaß gegeben haben mögen zu dem Wort, daß es Lästerungen gegen den heiligen Geist gibt, die nicht zu vergeben sind (Lk 12,10). Gibt es im Spiel mit Macht und Ohnmacht Manipulationen, gegen die auch Gott wehrlos ist? Jedenfalls hatte hier der Hinweis auf Gottes vergebende Gnade nicht nur nicht getröstet. Er hatte die selbstzerstörerische moralische Bewertung der Sucht bestätigt und die irrationalen Schuldgefühle verstärkt. Mein Widerstand gegen die verräterische Demut hat dagegen bewirkt, daß er den therapeutischen Prozeß nun ernsthaft beginnen konnte.

Dies ist ein Beispiel für ein unrealistisches Bewußtsein und Gefühl von Schuld, dem nicht mit dem Zuspruch von Vergebung zu begegnen ist, sondern mit konfrontierender Gesprächsführung.

Wir kommen alle in den Himmel

Ein Ereignis in einer Selbsterfahrungsgruppe: Eine etwa 40jährige Frau war in den ersten Tagen eher zurückhaltend gewesen. In einer Sitzung am dritten Tage wollte sie nun Zeit für sich in Anspruch nehmen. Sie sprach von Schuldgefühlen, die sie schwer belasteten, es klang sehr dramatisch. Der Leiter ermutigte sie, Genaueres zu erzählen. Sie berichtete zuerst eine Reihe von Schummeleien mit Haushaltsgeld. Dann kam sie auf sexuelle Phantasien und gelegentliche Spielereien mit kleinen Kindern zu sprechen. Das klang alles unerfreulich, aber doch nicht besonders aufregend, schon gar nicht kriminell. Der Gruppenleiter forderte daraufhin alle Mitglieder auf zu erzählen, wie sich Ähnliches in ihrem Leben fände. Sein Ziel war es wohl, eine Solidarität der kleinen ›Sünder‹ herzustellen und damit der Frau Entlastung zu verschaffen. Wir erzählten also reihum, und natürlich hatten jede und jeder Einschlägiges zu berichten. Wer hätte noch nie mit Taschen- und Haushaltsgeld geschummelt? An sexuellen Phantasien fehlte es auch nicht. Einige konnten unerlaubte Abenteuer und auch Spielereien mit Kindern oder sogar Tieren beisteuern.

Die Spannung der Frau löste sich dadurch zusehends. Die Stimmung in der Gruppe wurde zunehmend heiter. Mit Tanz und Umarmungen wurde endlich der Triumph über den Moralismus gefeiert.

Zunächst also schien die Intervention des Leiters angemessen gewesen zu sein. Aber: Am nächsten Tag kam die Frau nicht wieder. Sie war abgereist, ohne sich von irgend jemandem zu verabschieden. Auf die Hochstimmung nach Art des Karnevalsliedes »Wir kommen alle, alle, alle in den Himmel« folgte der Kater. Die Gruppe war ratlos, unklare Schuldgefühle stellten sich ein, auch Phantasien über einen denkbaren Selbstmord der Frau. Die Gruppe und ihr Leiter wußten sich nicht besser zu beruhigen, als durch die hilflose Feststellung, jeder sei eben für sein eigenes Leben verantwortlich.

Zur Analyse diese Falles zwei Gedanken. Da ich der Frau nicht mehr begegnet bin, sind es nur Vermutungen:

1. Der Leiter hatte eine Solidaritätsbezeugung zur Überwindung des

Moralismus angeregt, in dem er wohl die Ursache für die Schuldgefühle der Frau sah. Wir waren ihm darin gefolgt. Aber was die Frau belastet hatte, waren eben nicht irrationale und unrealistische Schuldgefühle. An ihren Maßstäben gemessen, war es reale Schuld. Auch nach unseren Maßstäben war es zwar keine aufregend große, aber doch reale Schuld. Und die wird nicht ernstgenommen, wenn moralische Maßstäbe ausgesetzt werden. Moralismus und moralisches Verantwortungsbewußtsein sind eben nicht dasselbe. Der Moralismus nährt unrealistische Schuldgefühle und speist sich wiederum aus ihnen. Er dient damit nicht der Schuld- und Verantwortungsfähigkeit. Aber angesichts realer Schuld und realistischen Schuldbewußtseins verletzt die Aussetzung moralischer Werte die persönliche Würde des Betroffenen ebenso wie eine gnadenlose Verurteilung. Im zuerst beschriebenen Falle konnte sich der Priester mit seiner Schuld verstanden und ernstgenommen fühlen. In diesem Falle durfte die Frau zeitweilig die symbiotische Verschmelzung im Kreis der kleinen Sünder genießen und blieb dabei doch einsam.

2. Auch hier war das Schuldbewußtsein der Frau mit Scham verbunden. Diese wurde durch die schamlos exhibitionistischen Offenbarungen der Gruppenmitglieder zeitweilig überspielt und dabei der Lächerlichkeit preisgegeben. Der Priester konnte seine Scham unter den verständnisvollen Blicken der Gruppe aushalten und zur Bearbeitung seiner Schuld den Schritt in die Beziehung tun. Der Frau, deren Schuld nicht ernstgenommen wurde, und der damit eine persönliche Beziehung versagt wurde, blieb nur der Weg, sich in ihre Scham zurückzuziehen.

Dies ist ein Beispiel für ein gesundes Bewußtsein und Gefühl von Schuld, die als krank wegtherapiert werden sollten.

Der verlassene Freund

Um in der Vikarsausbildung die mit Schuldbewußtsein gegebene seelsorgerliche Herausforderung anschaulich zu machen, habe ich ein Rollenspiel entwickelt. Es führt immer wieder zu ähnlichen Ergebnissen.

Der konstruierte Fall: Eine Vikarin oder ein Vikar wird von einem Studenten – nicht Theologe – angesprochen. Der war viele Semester lang mit einem Freund zusammen gewesen. Sie hatten Erlebnisse geteilt und Studienerfahrungen ausgetauscht. Im vergangenen Semester war dieser Freund in eine Krise geraten, als die enge Beziehung zu einer Freundin zerbrochen war. Der Erzähler hatte davon gewußt. Mit eigenen Problemen – etwa bei der Vorbereitung des Examens – beschäftigt, hatte er es aber versäumt, mit ihm über seinen Kummer zu sprechen. Inzwischen hatten die beiden sich aus dem Auge verloren. Der Freund war an einen anderen Studienort gezogen, möglicherweise ins Ausland, jedenfalls unerreichbar. Der Erzähler weiß nicht, wie es dem früheren Freund jetzt geht. Es gibt keinen Grund anzunehmen, daß er immer noch am enttäuschenden Verhalten seines Studienfreundes leidet. Dem aber geht das eigene Versagen nicht aus dem Kopf.

Zwei Bedingungen sind vorgegeben: 1. Es handelt sich um reale Schuld von begrenztem, nicht allzu dramatischem Ausmaß. 2. Der verletzte Partner ist nicht erreichbar.

Ich bitte die Beteiligten, die Rolle des Studenten so zu spielen, daß eine realistische Einschätzung der Schuld ohne Dramatisierung oder Verharmlosung zum Ausdruck kommt. Ich bitte sie auch ausdrücklich, zum Zweck der Übung die – hier zugegebenermaßen etwas unwahrscheinliche – Bedingung zu akzeptieren, daß der Freund unerreichbar, eine Entschuldigung seinerseits also nicht zu haben ist. – Daß der Fall nicht unrealistisch ist, zeigt sich übrigens daran, daß nicht selten jemand gesteht, fast genauso sei es ihr oder ihm ergangen.

In der Rolle des Seelsorgers ermutigen die VikarInnen ihren Gesprächspartner, seine Empfindungen auszusprechen. Sie wollen ihm helfen, seine Gedanken zu ordnen und seine traurigen oder aggressiven Gefühle zu klären. Sie versuchen, herauszufinden, welche Normen diese Gefühle prägen und ob es nicht doch eine Möglichkeit gibt, den Freund zu erreichen. Sie regen zuweilen ihren Gesprächspartner an, sich vorzustellen, wie der Freund reagieren würde, falls er erreichbar wäre.

Es ist wohl leicht vorstellbar, daß diese Art der Gesprächsführung hier kaum weiterhilft. Selbstverständlich ist es gut, wenn der Partner zunächst Gelegenheit findet, seine Empfindungen und Gedanken auszusprechen. Aber die Klärung der Gefühle ist überflüssig, weil sie dem Betroffenen längst klar sind. Eine Diskussion der Normen ist unangebracht, weil es keinen Hinweis auf zweifelhafte oder widersprüchliche Normen gibt. Der Versuch, die Adresse des Freundes doch herauszufinden, kann nur illusionäre Hoffnungen nähren oder muß angesichts der Vergeblichkeit traurig oder aggressiv machen.

Nicht selten wird der Partner im Verlauf des Gespräches zunehmend mutlos. Manchmal wird er traurig und kann sich geradezu in Selbstmitleid hineinsteigern. Manchmal wird er aggressiv gegen den Freund oder gegen sich selbst und kommt bisweilen zu ganz unrealistischen Schuldzuweisungen. Kurz: Nachdem er zu Beginn des Gespräches in seinem Schuldbewußtsein durchaus gesund reagiert hatte, aber nun eher wie ein Patient behandelt worden war, bahnen sich Manöver an, wie sie sonst im Zusammenhang unrealistischer Schuldgefühle zu beobachten sind.

Zunächst tut es gut, wenn er erzählen kann, was ihn bewegt. Spürbar erleichternd wirkt es auch, wenn die Seelsorgerin oder der Seelsorger die Schuld benennt und damit anerkennt, etwa mit einer Bemerkung: »Da haben Sie wirklich etwas versäumt.« Zunächst scheint es auch weiterzuführen, sich eine Begegnung mit dem Freund vorzustellen und das Gespräch mit ihm in der Phantasie zu führen. Denn schon dadurch wird wenigstens ansatzweise der im Falle von Schuld nötige Schritt in die Beziehung getan. Bald zeigt sich jedoch, daß auch dies nicht zum Ziel führt, und der junge

Mann stellt fest, daß er um das Wohlergehen des Freundes und um dessen Verständnis für sein Versäumnis gar nicht so besorgt ist. Sein eigenes Versagen macht ihm eben Kummer.

Als nicht ganz abwegig erweisen sich Erfahrungssätze wie: »Sie werden mit dieser Schuld leben müssen, und sie bestimmt ja nicht Ihr ganzes Leben.« Oder die sprichwörtliche Weisheit: »Die Zeit heilt Wunden.« Solche Sätze stellen das individuelle Erlebnis in den Zusammenhang von Menschheitserfahrungen. Aber muß das alles sein?

Gelegentlich, und in letzter Zeit etwas häufiger, fällt einem Gruppenmitglied schließlich doch ein, daß wir es hier mit einer Erfahrung zu tun haben, die einmal das zentrale Thema der Theologie gewesen war. Oder ich weise selbst darauf hin. Das Ergebnis ist meistens eine eher ratlose Betroffenheit, die dann zu einer engagierten Diskussion darüber führt, ob und wie diese christliche Tradition hier fruchtbar werden könnte, und weswegen wir damit solche Schwierigkeiten haben. Nur sehr selten wird der Versuch gewagt, im Rollenspiel ein lösendes Wort in diesem Sinne zu formulieren. Der Versuch beginnt dann mit der zaghaften Frage, ob unser Gegenüber vielleicht ausnahmsweise und wider Erwarten doch etwas mit der Vokabel ›Gott‹ anfangen könne. – Vielleicht kann er mit der Vokabel mehr anfangen als mit dieser Frage.

Zwei Bemerkungen zu diesen Beobachtungen.

1. Die VikarInnen versuchen, auf den Konflikt ihres Gesprächspartners nach den Regeln eines beratenden Gespräches einzugehen. Sie wollen ihm das Aussprechen seiner Empfindungen erleichtern und zu einer Klärung seiner Gefühle und Normen beitragen. Dies wäre sinnvoll, wenn ein Überdruck von Gefühlen herrschte, wenn eine Diffusion von Gefühlen und Normen bestünde oder ein Kreisen in unrealistischen Schuldgefühlen. Von alledem kann hier aber keine Rede sein.

Damit sind in der Beziehung von Theologie und Therapie die Fronten geradezu vertauscht worden: Zu Beginn unseres Jahrhunderts haben die Therapeuten den Theologen vorgeworfen, durch ihre Rede von Gottes Gericht und Gnade die Schuldgefühle erst zu erzeugen, mit denen die Patienten dann zu ihnen kamen. Dieser Vorwurf bestand teilweise zu Recht, sofern der Zuspruch des richtenden und vergebenden Wortes Gottes unrealistische Schuldgefühle tatsächlich verstärken kann, wie das Beispiel vom ›untröstlichen‹ Farmer zeigt. Die Theologen haben die Therapeuten umgekehrt verdächtigt, Verantwortlichkeit und Schuld zu verharmlosen, indem sie Schuldgefühle als Symptome biographisch bedingter Komplexe analysieren und relativieren. Auch dieser Verdacht hatte ein partielles Recht, sofern die Relativierung eines gesunden Schuldbewußtseins fatale Folgen haben kann, wie sie die Frau in der Selbsterfahrungsgruppe erlebte. Inzwischen ist es keinem solide arbeitenden Therapeuten mehr zweifelhaft, daß Schuld und

Schuldfähigkeit Merkmale einer gesunden Persönlichkeit sind. Theologen aber reagieren unbefangener, wenn sie unrealistische Schuldgefühle vermuten können.

2. Bei dem in dem Rollenspiel gegebenen Fall ist den VikarInnen natürlich klar, daß es sich nicht um eine Verstrickung in verdächtige Gefühle handelt, sondern um eine gesunde Reaktion in einem Beziehungskonflikt. Die Versuchung, dennoch in eine eher therapeutische Gesprächsführung abzugleiten, rührt daher, daß die Meinung herrscht, ein Beziehungskonflikt sei in jedem Falle lösbar und müsse durch die Heilung dieser Beziehung gelöst werden. Das ist ein tendentiell depressiver Aberglaube, weil damit das Heil von gelingenden zwischenmenschlichen Beziehungen erwartet wird.

Schuld ist ein Beziehungskonflikt, und er betrifft meistens die Beziehung zu einem konkreten Gegenüber. Aber selbst wenn dieses Gegenüber erreichbar und zur Vergebung bereit wäre, wäre damit der Schuldige noch nicht automatisch mit sich selbst im Reinen. Die Frage, wie er sein Versagen und seine Fehlbarkeit erträgt, muß er selbst und unabhängig von der Reaktion des Beleidigten lösen. Nur wenn diese Frage prinzipiell gelöst ist, wird er im konkreten Fall dem Beleidigten ohne manipulative Manöver gegenübertreten und es riskieren, dessen Freiheit zu einem »Ja« oder »Nein« Raum zu geben.

Trotzdem muß auch für diese Frage nach der eigenen Identität angesichts schuldhaften Versagens gelten, daß es sich um ein Beziehungsproblem handelt. Will man sich nicht in Selbstmitleid oder in illusionäre Selbstrechtfertigungen verstricken, muß diese Frage in Beziehung zur richtenden und hoffentlich gnädigen Wirklichkeit außer uns selbst ausgehalten werden. Diese Wirklichkeit könnten SeelsorgerInnen repräsentieren, wenn sie nicht in beraterischer Attitüde Zurückhaltung übten, sondern persönlich Stellung nähmen. Der unbedingt autorisierte Repräsentant dieser Wirklichkeit ist Gott, der unverfügbar, aber ansprechbar ist – falls er nicht unerreichbar wurde.

Ein anschauliches Beispiel dafür bietet die biblische Erzählung von Jakobs Kampf am Jabbok und der anschließenden Begegnung mit seinem Bruder Esau.

Jakobs Kampf am Jabbok (1.Mose 32 und 33)

Vor seinem überlisteten Onkel und Schwiegervater zurück in die Heimat fliehend, unmittelbar vor der Überquerung des Jabbok und vor der unvermeidlichen Begegnung mit seinem betrogenen Bruder Esau, ist Jakob immer noch ein Trickser und Manipulierer. Wie immer spielt er auf Sieg und will die Niederlage um jeden Preis vermeiden. Aber diesmal hat er Angst, zu verlieren. Er versucht, seinen Bruder mit Geschenken zu beschwichtigen. Aber er traut ihm nicht. Durch die Aufteilung seiner Leute in zwei Lager baut er einer gefährlichen Konfrontation vor. Seinen Gott versucht er sich als Verbündeten zu verpflichten, indem er ihn an das Versprechen treuen Geleites erinnert und sich selbst unterwürfig der Unwürdigkeit zeiht. Dann aber:

»Jakob stand auf in der Nacht und nahm seine beiden Frauen und die beiden Mägde und seine elf Söhne und zog an die Furt des Jabbok, nahm sie und führte sie über das Wasser, so daß hinüberkam, was er hatte, und blieb allein zurück. Da rang ein Mann mit ihm, bis die Morgenröte anbrach. Und als der sah, daß er ihn nicht übermochte, schlug er ihn auf das Gelenk seiner Hüfte, und das Gelenk der Hüfte Jakobs wurde über dem Ringen verrenkt. Und er sprach: Laß mich gehen, denn die Morgenröte bricht an. Aber Jakob antwortete: Ich lasse dich nicht, du segnest mich denn. Er sprach: Wie heißest du? Er antwortete: Jakob. Er sprach: Du sollst nicht mehr Jakob heißen, sondern Israel; denn du hast mit Gott und mit Menschen gekämpft und hast gewonnen. Und Jakob fragte ihn und sprach: Sage doch, wie heißest du? Er aber sprach: Warum fragst du, wie ich heiße? Und er segnete ihn daselbst. Und Jakob nannte die Stätte Pnuel; denn, sprach er, ich habe Gott von Angesicht gesehen, und doch wurde mein Leben gerettet.«

Im nächtlichen Ringen mit dem Flußgott am Jabbok findet Jakob zu sich selbst. Der Flußgott, der ihn überfällt, kann ihn nicht besiegen, und Jakob kann ihn sich nicht unterwerfen. Er verletzt ihn an der Hüfte und läßt sich den Segen abringen.

Danach ist Jakob fähig, seinem Bruder offen zu begegnen. Und der ist frei, ihn versöhnlich zu empfangen. Die Geschenke weist Esau zunächst zurück:

»Ich habe genug, mein Bruder; behalte, was du hast. Jakob antwortete: Ach nein! Hab ich Gnade gefunden vor dir, so nimm mein Geschenk von meiner Hand; denn ich sah dein Angesicht, als sähe ich Gottes Angesicht, und du hast mich freundlich angesehen.«

Damit erlebte Jakob eine neue Alternative. Es ist genau die Alternative, um die es seelsorgerlich in vergleichbaren Situationen gehen muß: Bisher hieß Jakobs Alternative Sieg oder Niederlage. Am Jabbok aber stellte sich heraus, daß dies in Wahrheit Kehrseiten einer Medaille sind, es sich also um eine Scheinalternative handelt. Die wirkliche Alternative zum Spiel um Sieg oder Niederlage ist die Begegnung, aus der man verletzt und gesegnet zugleich hervorgeht.

Drei Gedanken zu dieser Erzählung:

1. Der Flußgott ist anders als der handliche Gott, dem Jakob sich anvertraut hatte, und der nicht mehr half, wo die Angst größer geworden war als das Vertrauen. Der Flußgott überfällt ihn, als sein Gott ihm abhanden gekommen war. Er trägt durchaus dämonische Züge. Mag er – psychologisch betrachtet – die von Jakob bis dahin erfolgreich verdrängte unbändige

Triebwelt Esaus repräsentieren, oder mag er für die bis dahin allzu freizügig gehandhabten Rechte Esaus, also für gültige Normen stehen: Erst nachdem Jakob den Kampf mit ihm bestanden hatte, offenbart er sich. Aber Offenbarung geschieht nicht, indem er seinen Namen nennt, sondern indem er Jakob einen neuen Namen gibt: Israel. Und erst nachdem in dieser Auseinandersetzung mit Gott und sich selbst aus dem Spiel um Sieg oder Niederlage ein Kampf mit Verletzung und Segen geworden war, ist Jakob in der Lage, Esau zu begegnen.

2. Der Flußgott ist ein Gott der Nacht, nicht des Lichtes. Merkwürdig, wo doch die Bibel Gott sonst eindeutig dem Licht zuordnet: »Das Volk, das im Finstern wandelt, sieht ein großes Licht.« Denen, die psychisch oder sozial in Finsternis verstrickt sind, wird Gott als Licht angekündigt. Aber denen, die sich – wie Jakob und möglicherweise wir – kultiviert als Kinder des Lichts geben und meinen, archaischen Trieben und unbedingt gültigen Normen das Erstgeburtsrecht abluchsen zu können, begegnet Gott zur Nacht. Er zeigt sich nicht übermächtig, daß er uns unterwerfen könnte. Er zeigt sich auch nicht schwach, daß wir ihn gängeln könnten. Wer ihn der Morgenröte aussetzt, kann ihn besiegen – um den Preis des verpaßten Segens. Nur wer den nächtlichen Kampf aushält, erringt mit der Verletzung den Segen.

›Aufklärung‹ heißt übrigens englisch ›enlightment‹. Nichts gegen die Morgenröte grundsätzlich. Hier aber hätte sie nicht ein Gespenst vertrieben. Sie hätte ausgelöscht, was nur wirken kann, solange man ihm seine Unverfügbarkeit und sein Geheimnis läßt: den Segen. Anders gesagt: Man kann aufklärerisch Schuld wegdiskutieren oder wegtherapieren und damit die Beziehung auflösen. Schuld kann auch mit Segen getragen werden.

3. »Ich lasse dich nicht, du segnest mich denn«, sagt Jakob dem Flußgott. Ohne dessen nächtlichen Überfall hätte er es womöglich dem Esau gesagt. Da hätte es arg manipulativ geklungen. Eben dies wäre der Versuch gewesen, Vergebung zu erpressen, wie etwa mit dem selbstmitleidigen und zugleich aggressiven Satz: »Du mußt mir noch einmal verzeihen!« Auf so etwas hatte Jakob sich am Vorabend eingestimmt. Daraufhin kann man nur klein beigeben oder zornig werden. Im Ringen mit dem des Nachts eben nicht greifbaren und manipulierbaren Gott wird es zu einem ehrlichen Handel. Nach diesem nächtlichen Ringen kann Jakob im Morgenlicht dem Esau sagen: »Ich sah dein Angesicht, als sähe ich das Angesicht Gottes.«

4. Die Struktur der Symbole von Gericht und Gnade

Ein Vergebung zusagendes Wort kommt uns nur schwer über die Lippen. Das hat sich im Rollenspiel mit dem schuldbewußten Studenten gezeigt. Ich beobachte es auch bei anderen Gelegenheiten. Zwar finden sich auch sonst oft Hemmungen gegenüber theologischer Sprache und geistlicher Rede. Sie verschärfen sich, wenn es um Schuld und Vergebung geht. Dafür sehe ich zwei Gründe:

1. Anders als viele Symbole, die Ambivalenzen des geschöpflichen Lebens beschreiben, setzt der Zuspruch von Vergebung die Vorstellung von Gott als einem persönlichen Gegenüber voraus. Sie bedarf der fraglosen Vorstellung von der bedrohlichen – und hoffentlich auch gnädigen – Gegenwart dieses Gegenübers. Denn die gegen intellektuelle Zweifel verteidigte bloße Denkbarkeit eines persönlich vorgestellten Gottes kann uns allenfalls die Ahnung eines Haltes vermitteln, wenn wir unserer Individualität unsicher werden oder Einsamkeit fürchten, in einer Krise des Urvertrauens also. Sie kann aber nicht helfen, die Spannung von Angst und Hoffnung in einer schuldhaft gestörten Beziehung auszuhalten. Unserem halbherzigen und diffusen Alltagsbewußtsein und -empfinden würde da etwa der Satz entsprechen: Falls es Gott gibt, gibt es vielleicht auch Vergebung; und falls es ihn nicht gibt, gibt es auch kein Gericht. Dieser Satz ist hoffnungslos. Denn Spuren des Gerichtes finden sich unüberspielbar in dem mit realistischem Schuldbewußtsein einsam bleibenden Gewissen. Dieses Gewissen müßte ein Gegenüber finden, mit dem es sich auseinandersetzen muß, und dessen Gegenwart man sich nicht durch Gedankenspiele versichern muß – und auch entziehen kann.

Sicherlich: Sprichwörtliche Sätze wie »Die Zeit heilt Wunden« haben Evidenz als Ausdruck von Menschheitserfahrung. Sie setzen nicht die Vorstellung von einem Gott voraus, der persönlich für das Funktionieren dieser Regel sorgen würde. Sie drücken ein Geschichtsbild oder einen Schicksalsglauben aus, die mit eher pantheistischen Vorstellungen verbunden sein mögen. Aber Vergebung hier und jetzt ist ohne ein persönlich vergebendes Gegenüber nicht zu haben. Mit Verantwortlichkeit und Schuld steht eben unsere persönliche Integrität auf dem Spiel. Nur eine persönliche Beziehung kann dem gerecht werden.

2. Zwar sind auch Verantwortlichkeit, Schuld und Versöhnung geschöpfliche Erfahrungen. Dennoch unterscheiden sich die Symbole von Gericht und Gnade in einer weiteren Hinsicht von den Symbolen der Geschöpflichkeit. Letztere beschreiben etwas; erstere sagen etwas an! Letztere beschreiben Ambivalenzen. Erstere bringen, wie auch der direkte und ausdrückliche Zuspruch von Vergebung, ein Geschehen zur Sprache, das die Beziehung und damit die Situation des Betroffenen verändert.

Geschöpfliche Abhängigkeit beschreibende Symbole beziehen sich auf ambivalente Erfahrungen von Geborgenheit oder von Freiheit, von Werden und Vergehen, von Stärke und Schwäche usw. Ihre Evidenz liegt darin, daß sie sich als Wahrnehmungs- und Deutungshilfe dessen erweisen, dem unsere Erfahrung korrespondiert. Auch wenn sie bestimmte Aspekte oder Perspektiven neu entdecken lassen, beschreiben sie die Situation, wie sie ist. Die Evidenz der Symbole von Gericht und Gnade aber müßte sich darin erweisen, daß etwas geschieht. Und zwar etwas, was unverfügbar ist, nicht beschworen und nicht herbeimanipuliert werden kann.

Was wäre denn z.B. im Rollenspiel dem Studenten zu sagen? Denkbar sind Sätze wie: »Ihr Freund kann nicht entschuldigen, weil er unerreichbar ist, aber Gott vergibt.« Oder: »Jesus hat sich zu Schuldigen und Verstoßenen gesellt und damit gezeigt, daß sie angenommen sind.« Ich halte es für möglich, daß solche Sätze weiterführen. Aber sie klingen künstlich und irgendwie billig. Unsere Hemmungen vor solchen Sätzen sind Zeichen für einen berechtigten Widerstand: Auch wenn es gelingt, die Frage zurückzudrängen, ob es den vergebenden Gott überhaupt gibt, klingen die Sätze banal. Nicht daß sie fürchten ließen, der Betroffene würde sich die Sache damit zu leicht machen. Die Befürchtung ist wohl eher, daß wir es uns damit zu leicht machen. Dieser Verdacht besteht zu Recht. Irgendwie werden Gott und Jesus mit solchen Sätzen handlich gemacht. Wie mit einem Klischee soll ein tröstlicher Ausgang suggeriert werden.

Vor solcher Leichtfertigkeit können uns widerständige Symbole wie die Erzählung vom Jakobskampf bewahren. Sie zeigt, wie der Segen nicht ohne den nächtlichen Kampf zu haben ist. Sie berichtet, wie Gott sich erst erkenntlich zeigt und – hier mit der Namensgebung – eine verläßliche Identität verleiht, nachdem man die Konfrontation mit seiner geheimnisvollen und dämonischen Seite ausgehalten hatte. Die Evidenz solcher Symbole erweist sich nicht in ihrer Kraft zu deuten, was ist. Sie erweist sich darin, daß jemand sich auf die Auseinandersetzung einläßt und dabei etwas erlebt, was vorher nicht zu beschreiben gewesen wäre. Es läßt ihn dann verstehen: »Du hast mit Gott und mit Menschen gekämpft und hast gewonnen.«

Daß es gilt, sich auf einen Prozeß mit offenem Ausgang einzulassen, widerspricht nur scheinbar der Tatsache, daß die Bibel von Gottes Gnade oder Vergebung als einer zuverlässigen Verheißung spricht. Die Bibel empfiehlt nicht, sich einem willkürlichen Dämon auszusetzen. Sie wirbt um Vertrauen zu einem Gott, der sich selbst zur Zuverlässigkeit verpflichtet hat. Zugleich besteht sie auf der Spannung von Gericht und Gnade.

Das ist ein Paradox, das nicht aufgelöst werden darf. Es entspricht genau dem, was auch zwischenmenschliche Konflikte und innere Reifungsprozesse kennzeichnet. Es geht um Vertrauen im Sinne der Gewißheit: Das Vertrauen in die Verläßlichkeit des Partners läßt uns einen ehrlichen Konflikt riskieren und dabei der Spontaneität des Gegenübers Raum geben. Die Gewißheit der eigenen, nicht in uns selbst begründeten Identität läßt uns eben diese Identität in einem Prozeß aufs Spiel setzen, um sie in unvorhersehbarer Gestalt – vielleicht nach Erschütterungen – neu zu gewinnen. Es sind frühere Erfahrungen solcher Verläßlichkeit, die zu diesem Risiko ermutigen können. Vertrauen im Sinne der Sicherheit dagegen wäre nur die Kehrseite der Angst. Sicherheit wie Unsicherheit würden dazu verleiten, den Partner zu manipulieren oder ihm aus dem Wege zu gehen. Sie würden nahelegen, sich eine Identitätskrise zu verschleiern.

Wenn ich recht sehe, sind es also zwei Widerstände, die uns befangen machen und hemmen, geistlichen Zuspruch zu geben: Das Gefühl, damit möglicherweise über Gott zu verfügen, und die Unsicherheit der Gegenwart Gottes als eines persönlichen Gegenübers. Beide Widerstände können wohl am ehesten solche Symbole überwinden, die, wie der Jakobskampf, zu einer Auseinandersetzung herausfordern. Denn sie verwehren es uns, über Gott manipulativ zu verfügen. Und sie selbst geben dem Gottesbild und der Gottesbeziehung eine verbindliche Gestalt: Am Jabbok wird Gott vom Dämon zur Person, indem er Jakob vom Trickser zur verantwortungsfähigen Person werden läßt.

Auch für solche Symbole gilt: Man muß sich ihrer Überzeugungskraft nicht vorher versichern, man muß sich ihnen aussetzen. Sie bedürfen nicht des Glaubens, sie können Glauben stiften.

5. Möglichkeiten seelsorgerlicher Rede von Vergebung

Die Rede von Gottes Vergebung oder – genauer – von Gottes Gericht und Gnade muß eindeutig und verbindlich sein. Zögerliches ›Wenn‹ und ›Aber‹ und ›Vielleicht‹ würde aus unseren berechtigten Hemmungen unberechtigte Prinzipien machen. Zugleich darf diese Rede nicht versuchen, über Gott zu verfügen. Das ist paradox. Eben dieses Paradox findet Ausdruck in vielen Erzählungen und Sentenzen, die die Gottesbeziehung unter dem Aspekt von Verantwortlichkeit und Schuld beschreiben. Auf einige will ich beispielhaft eingehen.

»Wenn wir sagen, wir haben keine Sünde, so betrügen wir uns selbst, und die Wahrheit ist nicht in uns. Wenn wir aber unsere Sünde bekennen, so ist er (Gott) treu und gerecht, daß er uns die Sünde vergibt und uns von aller Ungerechtigkeit reinigt«, heißt es im 1.Johannesbrief (1,8f). Ähnlich und doch etwas anders klingt es im selben Brief: »Wenn unser Herz uns verdammt, so ist Gott größer als unser Herz und erkennt alle Dinge« (3,20).

Beide Sentenzen beschreiben ein Geschehen nach der Regel ›wenn – dann‹. Beide gehen davon aus, daß ein Schuldbewußtsein da ist, und daß darauf die Erfahrung von Heil folgt. 1.Joh 1,8f betont die Unbestechlichkeit und Treue Gottes. Demgegenüber bringt 1.Joh 3,20 noch eine weitere Dimension zur Sprache: Das Urteil des eigenen Herzens ist unerbittlich, aber Gott hebt dieses Urteil auf. Nicht, indem er ›ein Auge zudrückt‹, sondern indem er genauer sieht.

Beide Sentenzen klingen ganz anders als der oben versuchsweise formulierte Satz: »Ihr Freund kann nicht entschuldigen, weil er unerreichbar ist, aber Gott vergibt.« Ein Unterschied liegt darin, daß dieser Satz der bekümmernden Unerreichbarkeit des Freundes einfach die Freundlichkeit Gottes entgegensetzt, während die Sentenzen aus 1.Joh von richtendem Urteil und Gnade sprechen. Noch gewichtiger erscheint mir der Unterschied, daß die biblischen Sätze konkrete Glaubenserfahrungen verallgemeinernd beschreiben und es offen lassen, an welcher Stelle und in welcher Weise der Hörer sich darin wiederfindet. Sie überlassen ihm die Auseinandersetzung. Die muß wohl nicht in jedem Falle so dramatisch sein wie Jakobs Kampf am Jabbok. Aber sie kann in vergleichbarer Weise stattfinden, weil das Symbol zu ihr herausfordert. Die Voraussetzung dafür ist allerdings, daß der Seelsorger nicht versucht, durch Erklärungen oder Bekenntnisse diese Sätze suggestiv glaubhaft zu machen, sondern sich zurückhält und dem Symbol zutraut, daß es wirksam wird. Nicht der Seelsorger oder die Seelsorgerin, sondern das Symbol wäre dann das Medium, durch das es zu einer riskanten, offenen Beziehung zwischen innerer und äußerer Realität kommt.

1.Joh 3,20 bestätigt das Urteil des Herzens nach menschlichem Maßstab und setzt es nach Gottes Maßstab aus. Darin erinnert diese Sentenz an den Satz des Paulus: »Ich bin mir zwar nichts bewußt, aber darin bin ich nicht gerechtfertigt; der Herr ist's aber, der mich richtet« (1.Kor 4,4). Ähnlich Ps 139,23f: »Erforsche mich Gott, und erkenne mein Herz; prüfe mich und erkenne, wie ich's meine. Und siehe, ob ich auf bösem Wege bin, und leite mich auf ewigem Wege.«

Situationsbedingt gehen die drei Sätze von unterschiedlichen Voraussetzungen aus: 1.Joh 3,20 von Schuldbewußtsein, Paulus vom Bewußtsein der Rechtschaffenheit, Ps 139 von Unsicherheit. Aber alle drei relativieren die Urteilskraft des eigenen Herzens oder Gewissens. Sie bringen damit eine weitere Dimension unserer Beziehung zu Gott, den Menschen und zu uns selbst zu Bewußtsein:

Wollen wir uns nicht willkürlichen Normen und Gesetzen unmündig ausliefern, können wir uns zur Einschätzung von Schuld und Rechtschaffenheit auf nichts anderes verlassen, als auf eigene Urteilskraft. – Zugleich aber lehrt Erfahrung, daß unsere Einsicht und Urteilskraft begrenzt sind, fehlbar und korrumpierbar. Die genannten Symbole fordern heraus, diesen Widerspruch zu akzeptieren und die Auseinandersetzung mit beiden widersprüchlichen Wahrheiten aufzunehmen. Der Alternative von Autonomie und Heteronomie setzt die Bibel die Theonomie entgegen. Theonomie bedeutet nicht, Gott willenlos zu folgen, noch bedeutet sie, es durch seine Inspiration nun ganz genau zu wissen. In beiden mißbräuchlichen Varianten würde das Symbol zum Klischee verdorben. Theonomie bedeutet, der eigenen Einsicht zu folgen und sich bezüglich des Urteils auf Gott zu verlassen. Dies kann in kritischen Fällen durchaus eine Auseinandersetzung im Sinne des Jakobskampfes sein: »Ich lasse dich nicht, du segnest mich denn!«

Einen weiteren Aspekt der Gottesbeziehung in Situationen von Verantwortlichkeit und Schuld beschreibt das Psalmwort »So fern der Morgen ist vom Abend, läßt er unsere Übertretungen von uns sein« (Ps 103,12). Vergleichbar und etwas trivialer klingt das Sprichwort: »Die Zeit heilt Wunden.« Hier wird die Dimension der Zeit eingeführt. Aber es wird nicht billig klischeehaft ein Automatismus angesagt. Denn indem auf die Dimension der Zeit verwiesen wird, wird auch gesagt, daß Leid, auch Schuldbewußtsein und Gewissensnot, eine Zeitlang ausgehalten werden müssen.

Jeder kennt wohl die Situation, daß uns die Zeit unerträglich lang erscheint; wir wollen das lösende Wort oder das erlösende Ereignis sofort haben, gemäß der Suchtstruktur ›I want, what I want, when I want it!‹ So ist auch hier eine Auseinandersetzung nötig.

Der Versuchung, der Auseinandersetzung auszuweichen, und sich auf einen Automatismus zu verlassen, tritt der Prophet Hosea scharf entgegen: Er verwirft es als Aberglauben, wenn seine Hörer zutraulich meinen: »Er macht uns lebendig nach zwei Tagen. ... Er wird zu uns kommen... wie ein Spätregen, der das Land befeuchtet.« Das Zutrauen in den ›natürlichen‹ Lauf der Dinge wird entlarvend umgekehrt: »Eure Liebe ist wie eine Wolke und wie der Tau, der frühmorgens vergeht« (Hos 6,2ff). Hier geht es nicht nur um unsere Verläßlichkeit oder Unzuverlässigkeit. Hier steht auch Gottes Verläßlichkeit auf dem Spiel.

In all diesen Beispielen geht es um eine Auseinandersetzung, deren Muster in der Geschichte vom Jakobskampf besonders deutlich gezeichnet ist: Es geht darum, daß sich das Spiel um Sieg oder Niederlage, um Verwerflichkeit oder Rechtschaffenheit verwandelt in eine Begegnung mit Verletzung und Segen. In ihrer Unterschiedlichkeit machen uns die Symbole auf verschiedene Aspekte und Dimensionen der mit Verantwortlichkeit und Schuld verbundenen Situationen aufmerksam. In jedem Falle beschreiben diese Symbole einen Prozeß: Ein Weg muß gegangen werden, und der führt sozusagen über den Jabbok.

Der traditionelle Ort des Zuspruches von Gericht und Gnade ist die Beichte. Sie ist als rituelle Praxis in der evangelischen Kirche nahezu in Vergessenheit geraten. Als Einzelbeichte kommt sie nur in seltenen Ausnahmefällen vor. Auch die gottesdienstliche Beichte – früher vor der Abendmahlsfeier vielerorts Brauch – findet kaum noch statt.

Kann man also das Thema auf sich beruhen lassen? Wir sind bei den Überlegungen zu Schuld und Vergebung wiederholt darauf gestoßen, daß nicht eindeutig klar ist, welche unserer Verlegenheiten Ursachen, welche Wirkungen sind. Es kann immerhin sein, daß die in Kirche und Gesellschaft zu beobachtenden Verlegenheiten und Irrationalitäten im Umgang mit Schuld auch mit dem Verlust der Beichte zu tun haben.

6. Seelsorge bei unrealitischem Schuldbewußtsein

Realistisches Schuldbewußtsein läßt die Beziehung zum verletzten Gegenüber aushalten. Unrealistisches Schuldbewußtsein läßt dagegen dem Risiko der Beziehung ausweichen und mit demütiger oder hochmütiger Attitüde auch ein vergebendes Wort abwehren.

Es ist nicht immer leicht, dem seelsorgerlich zu begegnen, zumal dabei die Gefahr besteht, sich in das Spiel zu verwickeln. Manchmal wird man es kaum vermeiden können, selbst in die Galerie projizierter Feindbilder eingeordnet zu werden oder vor überwältigender ›Demut‹ zu kapitulieren.

Projiziertes Schuldbewußtsein und -gefühl

Von Projektionen und dem Widerstand gegen sie ist in der Bibel häufig die Rede. Klassisch ist der Satz in der Bergpredigt: »Was siehst du den Splitter in deines Bruders Auge und nimmst nicht wahr den Balken in deinem Auge?« (Mt 7,3).

Zwei weitere bekannte Geschichten:

König David hatte seine Macht skrupellos genutzt und seinen Offizier Uria in den Tod geschickt, damit dessen Frau Batseba für ihn verfügbar wurde. Sein Seelsorger, der Prophet Nathan, erzählt ihm daraufhin eine Geschichte, die David zunächst nicht als Gleichnis, sondern als Bericht verstehen muß: Ein reicher Mann hatte Besuch bekommen. Um nicht eines seiner eigenen Schafe zum Gastmal schlachten zu müssen, nahm er das Schaf eines armen Mannes. Als David daraufhin zornig wird und den Reichen zum Tod verurteilt, konfrontiert ihn Nathan mit dem Satz: »Du bist der Mann!« David ließ sich die Konfrontation gefallen (2.Sam 12).

Nathan hatte David mit seiner Geschichte geradezu verführt, die Projektion zu verstärken, um ihm den Spiegel vorhalten zu können. Umso größer war sein Risiko. Die Konfrontation gelang. Nicht immer reagieren Machthaber so, zumal wenn sie Gott auf ihrer Seite wissen.

Das Johannes-Evangelium erzählt, wie eine Ehebrecherin gesteinigt werden sollte. Die Ordnungshüter wollten mit der Steinigung nicht nur dem Gesetz genügen. Sie wollten auch Jesus in eine Falle locken. Würde er für die Frau Partei ergreifen, wäre seine ›Gottlosigkeit‹ erwiesen: »Mose hat uns im Gesetz geboten, solche Frauen zu steinigen«. – Wo projiziert wird, gibt es eben nur Gute und Böse! Jesus läßt sich darauf nicht ein. Er schreibt mit dem Finger im Sand, als ginge ihn die Sache nichts an. Als sie keine Ruhe geben, folgt der Satz: »Wer von euch ohne Sünde ist, werfe den ersten Stein!« Nachdem sie sich, einer nach dem anderen, davongemacht hatten, fragt er die Frau: »Hat dich niemand verdammt?« Sie verneint es und er sagt schließlich: »So verdamme ich dich auch nicht; geh hin und sündige hinfort nicht mehr« (Joh 8).

Jesus diskutiert hier also nicht über die Ehe und Sexualität betreffenden Normen und deren ungleiche Anwendung auf Männer und Frauen. Solche Diskussionen sind nötig und mögen langfristig nützen. Sie können aber kaum akute Projektionen auflösen, weil sie sich an den Verstand wenden in Situationen, in denen der – projizierte – Zorn die Sicht vernebelt. Anders als z.B. in der Diskussion um die rechte Heiligung des Sabbats akzeptiert Jesus hier, daß das, was zur Beurteilung steht, nach den geltenden Normen Schuld ist. So kann er die Männer mit ihren eigenen ehebrecherischen Erfahrungen oder Phantasien als ihrer ›Sünde‹ konfrontieren. Offenbar haben sie verstanden, daß sie dabei waren, die Frau zum Sündenbock für das zu machen, was in ihnen für sie selbst bedrohlich war.

Solche Projektionen prägen oft auch das Gottesbild:

Es kann sein, daß eigene Aggressionen auf Gott projiziert werden, der damit umso bedrohlicher erscheint. So wird Gott als Richter ernst genommen. Aber er wird nicht als Richter vorgestellt, auf den man sich in der Spannung von Zutrauen und Furcht verlassen kann. Er erscheint als einer, der in gerechtem Zorn nur furchtbar ist: Sozusagen Richter und Staatsanwalt in einer Person. So wird das Symbol zum Klischee.

Oder man weiß Gott auf seiner Seite: Meine Feinde sind auch seine. Natürlich machen mich alle ›Sünder‹ zornig, denn sie konfrontieren mich mit dem, was ich selbst in mir habe, und was aus Angst vor diesem Richter nicht wahr sein darf. So wird mein Zorn zum heiligen Zorn in seinem Namen.

Es hat keinen Sinn, dem Klischee vom nur zornigen Gott das Klischee vom nur lieben Gott entgegenzusetzen. Die Verdrängung der eigenen Ungerechtigkeit ist ja motiviert durch den Wunsch, als gerecht zu gelten. So kann man sich wohl der Einsicht in den Selbstbetrug eher öffnen, wenn bestätigt wird, daß Gott tatsächlich an Gerechtigkeit gelegen ist: Gott urteilt, aber er verurteilt nicht: Entlarvend und verheißungsvoll zugleich heißt es im 1. Johannesbrief: »Wenn wir sagen, wir haben keine Sünde, so betrügen wir uns selbst. ...Wenn wir aber unsere Sünde bekennen, so ist er treu und gerecht, daß er uns die Sünden vergibt und uns reinigt von aller Ungerechtigkeit.«

Retroflektiertes Schuldbewußtsein und -gefühl

Auch Retroflektionen haben ihre ›fromme‹ Gestalt: Da Demut ›christlicher‹ ist als Hochmut, liegt es nahe, sich eine demütige Haltung anzueignen, für die Schuldbewußtsein das beste Zeichen sein kann. Wenn Hochmut als ›Schwäche‹ diskriminiert und Demut als ›Stärke‹ geadelt werden, liegt es nahe, Selbstbewußtsein mit Hochmut gleichzusetzen und gar nicht wahrzunehmen, wieviel manipulative Macht auch durch einen ›demütigen‹ Umgang mit Schuld und Schuldgefühlen ausgeübt werden kann.

Der ›untröstliche Farmer‹, von dem ich erzählt hatte, fühlte sich selber schwach, verletzlich und hilflos. Aber es war ihm immerhin jahrelang gelungen, sich nicht nur dem Anspruch Gottes zu entziehen, wessen er sich schuldbewußt klar war. Es war ihm auch gelungen, dem Zuspruch Gottes den Eingang in seine Festung zu verwehren. Eben dies war seine ›Stärke‹. Das war ihm freilich nicht klar.

Dabei handelte es sich um eine besonders dramatische Form solcher Retroflektion, weil hier das Bewußtsein ›unverzeihlicher‹ Schuld auch die Beziehung zu Gott als hoffnungslos empfinden ließ. Häufiger wird das schlechte Gewissen eher als Zeichen besonders intensiven Glaubens angesehen. Die Gottesbeziehung selbst erscheint dann nicht selbst als Problem. Umso empfindlicher wird die Beziehung zu den Mitmenschen gestört. Der in solche Manövern Verstrickte kann kaum verstehen, daß er sich damit keine Freunde macht.

Natürlich entspricht eine solche Frömmigkeit nicht der Gottesbeziehung, wie sie die Bibel beschreibt. Die lädt ein, in der Spannung von Angst und Hoffnung die Beziehung zu suchen, statt aus der Not eine Tugend zu machen und Schuld durch ein ehrenwertes Schuldgefühl aufzuwiegen. Aber es gibt in der Bibel nur wenige Texte, die sich mit diesem Phänomen auseinandersetzen. Offenbar ist den biblischen Zeugen Hochmut der Gottlosigkeit eher verdächtig als Demut. Sie sehen oft die Versuchung zur Überschätzung der eigenen Gerechtigkeit. Viel seltener wird die Versuchung beschrieben, Selbstgerechtigkeit unter skrupulösen Selbstanklagen und Selbstmitleid zu verstecken.

Paulus schreibt davon Röm 7. Aus solcher Verstrickung zu befreien, ist wohl auch die Tendenz des wiederholt erwähnten Satzes in 1.Joh 3,19f. Er relativiert das Urteil des Herzens, nicht seine Wahrhaftigkeit, aber seine Unerbittlichkeit: Gott sieht genauer, und er ist »größer als unser Herz«. Dem Urteil des Herzens folgend, fällt man sich und anderen zur Last. In der Beziehung zu dem »größeren« Gott »können (wir) unser Herz ... zum Schweigen bringen.«

Aufschlußreich war mir die gegensätzliche Verwendung des gleichen Motives auf einem altägyptischen Fresko. Im Grab des Sen-nefer, eines Bürgermeisters von Theben, zeigt ein Bild den Toten vor dem Gericht, dem er vor dem Zugang zum Totenreich seine Untadeligkeit erweisen muß. Er trägt ein Amulett mit einer Hieroglyphe. Die sagt: »Herz, verrate mich nicht!« Auch hier wird also die Stimme des Herzens als wahrhaftig und deshalb gefährlich betrachtet. Deshalb muß man das Herz beschwören, vor Gericht zu schweigen. Umgekehrt in 1.Joh 3. Hier muß es Gott genau wissen, damit er das Herz zum Schweigen bringt.

7. Die Erzählung von Kain und Abel

In der Erzählung von Kain und Abel finde ich eine klassische Beschreibung der von Erikson als Merkmal der dritten Reifungsphase genannten Spannung von INITIATIVE und SCHULDGEFÜHL mit ihren tragischen Komponenten.

Bei Gesprächen, meditativen Übungen und bibliodramatischen Spielen habe ich oft erlebt, wie bedeutsam diese Erzählung für die Seelsorge ist. Die folgende Betrachtung gibt wieder, was diese Erzählung als Wahrnehmungs- und Deutungshilfe zu Bewußtsein brachte. Die Betrachtung ist weniger eine Auslegung dieser Geschichte, eher die Auslegung lebensgeschichtlicher Erfahrungen mit ihrer Hilfe:

Abel wurde ein Schäfer, Kain wurde ein Ackermann

Zwei Brüder, einer betreibt Ackerbau, der andere Viehzucht: Unterschiedliche Lebensweisen und Lebenserfahrungen, unterschiedliche Identitäten. Die Erde hat Platz für beide. Keine Rede davon, daß sie einander mißgünstig betrachtet hätten. Es gab noch nicht die Frage, wer der Bessere ist.

> Es begab sich, daß Kain dem Herrn Opfer brachte von den Früchten des Feldes und Abel von den Erstlingen seiner Herde.

Beide bringen ein Opfer. Sie tun mit Selbstverständlichkeit, was uralter Ritus vorschreibt. Sie bringen zum Ausdruck, daß die Frucht ihrer Arbeit etwas mit Gott und mit ihrer Identität zu tun hat. Es läßt uns daran denken, wie Kinder ihren Eltern präsentieren, was sie gemalt oder gebastelt haben. Oder wie unsere Hauskatze uns – ihren Göttern? – eine erjagte Maus auf die Türschwelle legt.

> Und der Herr sah gnädig an Abel und sein Opfer.
> Kain und sein Opfer sah er nicht gnädig an.

Es ist nicht gesagt, warum. Wir fragen trotzdem: Warum? Wir finden keine Antwort, die weiterführt.

Warum denn hat, als ich Kind war, mein Vater mich meinem Bruder vorgezogen? Warum hat die Mutter mich hinter die Schwester zurückgesetzt? Es ließe sich vielleicht psychologisch erklären, aber wozu wäre das gut? Manche waren mal in der Lage des Kain, mal in der Lage des Abel. Andere blieben über Jahre in einer der Positionen.

Wo ich nun erwachsen bin und Vater oder Mutter zweier Kinder: Natürlich will ich gerecht sein. Was aber, wenn ein Kind mit mir Ball spielen will und das andere Geschichten hören? Das Kind will natürlich auch nicht nur dies oder das tun, sondern damit zugleich sich meiner Liebe versichern. Irgendwann fragt es ausdrücklich, wen ich am meisten liebe. Ich konnte es bisher nicht besser machen als Gott in dieser Geschichte. Konnte oder wollte er es nicht besser machen?

Die Geschichte erzählt nicht, was Abel gedacht und gefühlt hat. Hat er sich gefreut? Hat er geahnt, daß durch Kains Kränkung der brüderliche Friede schon verdorben war?

> Da ergrimmte Kain sehr und senkte finster seinen Blick. Da sprach der Herr zu Kain: Warum ergrimmst du, und warum senkst du deinen Blick? Ist es nicht so? Wenn du fromm bist, kannst du frei den Blick erheben. Bist du aber nicht fromm, so lauert die Sünde vor der Tür und verlangt nach dir. Du aber herrsche über sie.

Kain fühlt sich übergangen und sieht sich ungeliebt. Wie soll er »frei den Blick erheben?« Soll er in der väterlichen Belehrung die Zuwendung erkennen, die ihm vorher versagt worden war? Schwer, auch falls sie so gemeint gewesen ist. Man kennt die unklare Mischung aus Trauer und Zorn, die keinen klaren Blick mehr gestattet und väterliche Warnungen nicht hören läßt. Zorn gegen wen? Kain wendet ihn gegen den bevorzugten Bruder, gegen den Liebling, das Glückskind.

Den Zorn nach oben zu wenden, war es noch viel zu früh. In der Bibel hat erst Hiob diesen Konflikt riskiert. In der Familie lösen erst in der Zeit der Pubertät die Elternkonflikte die Geschwisterkonflikte ab. Und nicht selten finden wir danach mit den Eltern früher unseren Frieden als mit den Geschwistern. Auch politisch gibt es mehr Streit um Privilegien und bessere Chancen als Revolutionen gegen die Mächtigen.

> Da sprach Kain zu seinem Bruder Abel: Laß uns aufs Feld gehen! Und es begab sich, als sie auf dem Felde waren, erhob sich Kain gegen seinen Bruder Abel und schlug ihn tot. Da sprach der Herr zu Kain: Wo ist dein Bruder Abel? Er aber sprach: Ich weiß nicht. Soll ich meines Bruders Hüter sein?

Kain reagiert zunächst kaltschnäuzig, als ginge ihn nichts an, was geschehen war.

Zuweilen sagt man nicht: »Ich war es nicht.« Man sagt: »Ich habe nichts gesehen!« Das kommt nicht nur bei Kindern vor, auch bei Erwachsenen. Die glauben es manchmal sogar selbst.

Daß Kain sich der Lüge bewußt war, verrät seine freche Frage. Des Bruders Hüter zu sein, hatte ja niemand verlangt. Er hätte nur die Frustration ertragen müssen.

> Der Herr aber sprach: Was hast du getan? Die Stimme des Blutes deines Bruders schreit zu mir von der Erde. Und nun: Verflucht seist du auf der Erde, die ihr Maul aufgetan hat und deines Bruders Blut von deinen Händen empfangen hat. Wenn du den Acker bebauen wirst, soll er dir hinfort seinen Ertrag nicht geben. Unstet und flüchtig sollst du sein auf Erden.

Diese Worte sind zu gewaltig, als daß sie in den Gruppen, in denen ich mit dieser Geschichte gearbeitet habe, konkrete biographische Erinnerungen geweckt hätten. Die Teilnehmer stammen eben meistens aus einem bürgerlichen Milieu. Ihre Geschwisterkonflikte waren oft bitter genug. Aber sie waren subtiler. Glücklicherweise waren sie meistens von begrenztem Ausmaß und endeten jedenfalls nicht tödlich. Immerhin: wer wüßte nicht von Mordphantasien?

Es stellt sich mindestens eine Ahnung davon ein, daß auch Taten begrenzteren Maßes verhängnisvolle Folgen nach sich ziehen, die mit einer gerechten Strafe nicht abgetan sind, sondern sich über Generationen fortpflanzen. Beim Nachdenken erinnert man sich auch an Familienmitglieder oder alte Bekannte, die »unstet und flüchtig« sind, oder die man selber flieht.

Die politische Geschichte läßt leichter an Konkretes denken. Wer weiß, was die Vandalen im Jahre 455 in Rom wirklich angerichtet haben? Ihr Name ist Schimpfwort, seit H. Gregoire, Bischof von Blois, 1794 von ›Vandalismus‹ sprach. Niemand fragt, ob das gerecht ist. – Ich hatte bei einem Besuch des Konzentrationslagers in Majdannek das Gefühl, daß von dem dort vergossenen Blut noch nach tausend Jahren die Rede sein würde. Ich dachte: Was hier geschehen ist, kann man nicht ›aufarbeiten‹. Man kann nur Schweigen oder müßte im Stil antiker Sagen davon reden. Und man muß die Folgen eben tragen.

> Kain aber sprach zu dem Herrn: Meine Strafe ist zu schwer, als daß ich sie tragen könnte. Siehe, du treibst mich heute vom Acker, und ich muß mich vor deinem Angesicht verbergen und muß unstet und flüchtig sein auf Erden. So wird mir's gehen, daß mich totschlägt, wer mich findet.

Kain hält seinen Widerstand nicht durch. Er sieht sich ganz und gar verwerflich, ohne Ehre und ohne Zukunft.

»Seit ich im Krieg einen erschossen habe, bin ich nicht mehr in die Kirche gegangen«, sagte ein alter Mann einer Vikarin. »Ich dachte, Gott will jetzt nichts mehr von mir wissen.«

> Aber der Herr sprach zu ihm: Nein, sondern wer Kain totschlägt, das soll siebenfältig gerächt werden. Und der Herr machte ein Zeichen an Kain, daß ihn niemand erschlüge, der ihn fände.

Gott nimmt Kain ernst. Kain vermag sich selbst nicht mehr ernst zu nehmen in seinem Hin und Her zwischen Verleugnung und Selbstverurteilung. Aber Gott zeichnet ihn.

Schuldig aus tragischen Konflikten, sind wir weniger gekennzeichnet durch die Verletzung und den Segen, wie sie Jakob aus dem Ringen am Jabbok davonträgt. Wir sind eher gezeichnet wie Kain. Das Kainszeichen ist ein Merkmal zugleich des Makels und des göttlichen Schutzes.

Einige weitere Gedanken:

Es ist eine rätselhafte Geschichte, und gerade in ihrer Rätselhaftigkeit ist sie realistisch. Sie vermag unsere Erfahrungen im Spannungsfeld von Initiative und Schuld zu deuten, solange wir sie als Symbol gelten lassen. Das heißt: Solange wir es uns gefallen lassen, daß diese Erzählung symbolisch Leben beschreibt, wie es ist. Sie sagt nicht, wie Leben (nicht) sein sollte! Zum moralischen Apell gegen Aggression und Totschlag mißbraucht, verliert sie ihre Evidenz. Sie trägt dann nicht mehr bei, die Widersprüche unseres Lebens zu verstehen, sondern verführt eher dazu, uns in Widersprüche zu verstricken:

Wir versuchen dann, der Spannung von Initiative und Schuld auszuweichen. Dazu beobachte ich zwei Mechanismen. Ich nenne sie das *Kainsyndrom* und das *Abelsyndrom.*

Das *Kainsyndrom* finde ich in der Diskriminierung von Aggression und im daraus folgenden Triebverzicht. Wo eine zur Initiative ermutigende Stimme in uns etwa sagt »Was ich gut finde, tue ich«, meldet sich lähmend die stärkere Gegenstimme: »Ich lasse es lieber sein.« Kain hatte noch frech gefragt: »Soll ich meines Bruders Hüter sein?« Wird das schlechte Gewissen zum Habitus, sagt es: »Nimm dich zusammen – und sei deines Bruders Hüter!«

Das *Abelsyndrom* finde ich in der Diskriminierung von Erwählungs- und Glückserfahrungen. »Ich habe es nicht verdient«, sagen wir schamhaft angesichts eines Geschenkes oder einer Beförderung, eines Komplimentes oder einer Liebeserklärung. Natürlich haben wir nicht verdient, was sich eben nicht erdienen läßt. Aber was sich hier verschämt gibt, ist wohl eher die Angst, dem Neid der weniger Glücklichen zum Opfer zu fallen. So laden wir uns lieber die Fehler anderer aufs Gewissen und versuchen, an den Unglücklichen gut zu machen, was im Himmel und auf Erden an ihnen versäumt wurde.

Die Geschichte vom Brudermord bereitet uns Unbehagen. Auf familiären und politischen Frieden bedacht, stellt sich natürlich die Frage, wie zu verhindern ist, daß sich die Geschichte permanent wiederholt. Läßt sie sich umschreiben? Es sind ja viele Varianten denkbar:

Zuerst müßte man überlegen, was verhindert werden soll: Daß Abel vorgezogen wird? Oder daß Kain zuschlägt? Wenn den Reichen gepredigt wird, sie sollten ›solidarisch‹ ihrer armen Brüder »Hüter« sein, hatte man darüber jedenfalls nicht nachgedacht und naiv die Rollen vertauscht.

Wir könnten die Geschichte schon am Anfang umschreiben und utopisch erzählen: Kain war und blieb ein Ackermann, Abel war und blieb ein Schäfer. Sie ließen es aber sein, Opfer zu bringen. Sie hatten es nämlich aufgegeben, sich um Bestätigung ihrer Identität und Würde an Gott zu wenden, der seine Zuneigung so unberechenbar verteilt. – Diese atheistische Variante würde den Religionskriegen ein Ende setzen. Ich zweifle aber daran, daß Ideologien und Interessen uns weniger entzweien würden.

Wir könnten durch eine Korrektur an späterer Stelle eine andere Utopie erzählen: Dem Abel war es peinlich, ein bevorzugtes Glückskind zu sein. Er ging zu Kain, ihn aufzurichten und sich für das zu entschuldigen, was Gott getan hatte. – Diese diakonische Variante kommt sogar vor. Ich zweifle, daß Kains Zorn sich legt, wenn Abel ihn umarmt.

Nahe liegt auch: Kain unterdrückte seinen Zorn und hörte wohlerzogen auf die väterliche Ermahnung. – Aber diese pädagogischen Variante war auch nie sonderlich erfolgreich.

Schließlich die pastorale Utopie: Die Brüder taten sich zusammen. Sie trennten sich von dem unberechenbaren Gott, um einen Gott zu suchen, der nur Gerechtigkeit und Liebe ist. – Ob sie ihn finden? Ich habe einen so handlichen Gott nicht gefunden.

Tatsächlich wird im familiären und politischen Leben die Geschichte oft an ihrem Ende anders umgeschrieben, auch variabel: Kain beharrt bei der Verleugnung von Verantwortlichkeit und Schuld. Oder er flüchtet sich in Untröstlichkeit und verurteilt sich selbst. Oder er wird gnadenlos verstoßen.

Es führt zu nichts Gutem, die Geschichte umzuschreiben. Weiterführend ist es, im privaten und politischen Leben nach den eigenen Anteilen an dieser

Geschichte zu suchen: Wo sind wir – individuell oder kollektiv – eher in der Position Abels: Der Liebling – der leicht zum Opfer werden kann? Wo finden wir uns eher wie Kain: Zurückgesetzt und grimmig – und am Ende vielleicht von Schuld und Segen gezeichnet? Wo und wie sind wir eher wie Gott, der Sympathie spontan und unteilbar vergibt – und haben Anteil an seiner Macht und Ohnmacht in der Entscheidung zwischen zwei Konkurrenten?

In vielen Konflikten des familiären, beruflichen und gesellschaftlichen Lebens gibt es nur diese drei Positionen. Wir haben Anteil an allen dreien. Wir finden Anteile aller drei auch in unserem Inneren: In einem innerseelischen Konflikt mögen die drei sich in uns streiten. In einem Beziehungskonflikt kann man immer nur eine der drei Positionen haben.

Dabei kann man zur Karikatur seiner selbst werden, wenn man dieser Geschichte nicht traut:

Abel macht sich zur Karikatur, wenn er den Erwählungsglauben zur Arroganz werden läßt, oder wenn er sich seines Glückes schämt. Die Bibel erzählt, wie Gott Menschen erwählt, und wie sie nicht selten zu Opfern werden.

Kain macht sich zur Karikatur, wenn er Verantwortlichkeit leugnet oder sich in Selbstverurteilung hineinsteigert. Die Bibel erzählt, wie Gott Kain zeichnet und damit seine Schuld und sein Recht auf Zukunft öffentlich macht.

Gott wird zur Karikatur, wenn er nur noch lieb sein soll, oder wenn er den Aggressor nicht mehr schützen darf.

8. Der Opfertod Christi: ein verschüttetes Symbol

> Wir danken dir, Herr Jesu Christ,
> daß du für uns gestorben bist
> und hast uns durch dein teures Blut
> gemacht vor Gott gerecht und gut.
>
> Christoph Fischer, EKG Nr. 59

Ich wollte, ich könnte meinen Glauben auch in solche Worte fassen. Es will mir kaum gelingen.

Es ist ja nicht zweifelhaft: Schuld betreffend, ist Jesu Opfertod ein zentrales Thema. Spätestens mit den nachösterlichen Aussagen im Neuen Testament beginnend, über Mittelalter und Reformation hinweg mindestens bis zum Pietimus, war der Opfertod Jesu wesentlicher Grund und Inhalt der Frömmigkeit und Angelpunkt des theologischen Denkens. Für meine Frömmigkeit und Seelsorge hat das Thema zur Zeit nur marginale Bedeutung. In der Seelsorge der KollegInnen, mit denen ich in der Aus- und Fortbildung zu tun habe, spielt es fast keine Rolle.

Ich will hier in erster Linie ein Defizit beschreiben. Wenn wir das Defizit schon nicht ausgleichen können, sollten wir uns wenigstens klar machen, worauf wir verzichten müssen, wenn wir zur Rede vom Opfertod Christi kaum Zugang finden. Vielleicht gelingt es auch, einige Steine aus dem Weg zu räumen.

Widerstände

In Publikationen und öffentlichen Diskussionen wie in Gesprächen mit KollegInnen und theologischen Laien kommen vielerlei Widerstände gegen die Interpretation des Todes Jesu als Opfer zum Ausdruck, falls überhaupt darüber gesprochen wird. Beispielhaft nenne ich einige Widerstände, die ich auch in mir selbst finde. Dabei vermischen sich intellektuelle Bedenken mit emotionaler Abwehr:

– Wenn Gott vergeben will, dann soll er es eben tun. Wozu bedarf es da noch eines Opfers? Viele biblische Erzählungen sagen auch ohne Umstände Vergebung zu. Ich kenne freilich auch Zweifel: Zu vergeben ist nicht immer so einfach.

– Ein Gott, der ein Blutopfer verlangt, befremdet mich. – Ist er meinem Gefühl unheimlich oder meinem Verstand unfaßbar?

– Daß jemand als Stellvertreter für mich eintreten könnte, wo es um meine Verantwortlichkeit geht, leuchtet mir kaum ein. – Will ich es nicht zulassen?

– Ich sehe, wie Jesus verurteilt werden und sterben mußte, weil er zur unerträglichen Herausforderung für Menschen und Verhältnisse wurde, deren Charakteristika ich auch in mir finde. Aber ich sehe nicht, wie ich davon frei werden könnte, weil er den Tod auf sich genommen hat.

– Die Rede von der Heilsbedeutung eines Opfers in all ihren Varianten ist einem archaischen Wirklichkeitsverständnis verhaftet. Sie rechnet mit Möglichkeiten, den Lauf der Dinge zu beeinflussen, die mit einer rationalen Weltsicht unvereinbar sind. Dieser Einwand ist nicht von der Hand zu weisen. Aber intellektuelle Redlichkeit verlangt nicht nur, die Bedingungen heutigen Denkens ernst zu nehmen. Sie verlangt ebenfalls zu sehen, daß wir auch heute von Opfern reden und Opfer bringen, und zwar in keineswegs rationaler Weise.

Ich reihe mich also nicht in die Schar derer ein, die entsprechende biblische Texte und Gesangbuchlieder für abgetan oder unzumutbar halten. Solche Texte sind problematisch, und es mag sein, daß wir von einigen tatsächlich Abstand nehmen sollten. Zunächst gehe ich aber davon aus, daß das Problem auf unserer Seite liegt. Aber auch dann bleibt Fremdheit zwischen uns und solchen Texten, und wir müssen mit einem Defizit leben.

Von einem Defizit spreche ich aufgrund einer Voraussetzung: Wenn ein Motiv die Menschen über nahezu zweitausend Jahre angesprochen und ihre Frömmigkeit geprägt hat, muß es in ihnen auf einen Resonanzboden gestoßen sein. Wie weitgehend immer der kulturgeschichtlich geprägt gewesen sein mag: Mir ist schwer vorstellbar, und es entspricht nicht meiner sonstigen Erfahrung, daß wir uns so grundlegend verändert haben sollten, daß die Konflikte und Spannungen, die im Symbol des Opfertodes Jesu ihre Deutung und Lösung fanden, sich aufgelöst hätten. Ich nehme eher an, daß wir sie unter Pseudorationalität verstecken und ins Unbewußte verdrängen.

Hinzu kommt eine Beobachtung: Die Interpretation des Todes Jesu als des ein für allemal gültigen Sühnopfers hatte Evidenz, als kultische Opfer selbstverständliche Praxis waren. Wer es gewohnt war, Opfer zu bringen, dem konnte es als Evangelium einleuchten, daß dies nun aufgrund eines endgültigen Opfers nicht mehr nötig ist. Wer sowieso keine Opfer bringt, dem würde es natürlich weniger einleuchten. Solche Leute gibt es aber nicht. Zwar bringen wir kaum noch rituelle Opfer in antiker Gestalt. Es gibt aber im privaten und öffentlichen Leben zahlreiche Einstellungen und Praktiken, die unbewußt der alten Sühnopfer-Praxis entsprechen.

Varianten der neutestamentlichen Rede vom Opfertod Jesu

Von Christi Opfertod wird auf vielerlei Weise geredet:

Die Praxis kultischer Opfer steht im Hintergrund der für die paulinische Rechtfertigungslehre zentralen Stelle: »Es ist kein Unterschied: sie haben alle gesündigt und ermangeln daher der Herrlichkeit Gottes; sie werden aber ohne Verdienst gerechtfertigt durch seine Gnade aufgrund der Erlösung, die durch Christus Jesus geschehen ist. Den hat Gott für den Glauben hingestellt als Sühnopfer in seinem Blut zum Erweis seiner Gerechtigkeit, indem er die Sünden vergibt, die früher begangen wurden in der Zeit seiner Geduld« (Röm 3,22ff).

Ähnlich klingt es, wo nicht an ein kultisches Opfer sondern an personale Stellvertretung gedacht ist: »Ist Gott für uns, wer kann wider uns sein? Der auch seinen eigenen Sohn nicht verschont hat, sondern hat ihn für uns alle dahingegeben, wie sollte er uns mit ihm nicht alles schenken?« (Röm 8,32).

In beiden Texten wird Gott als Initiator des erlösenden Geschehens gesehen.

Anders an den Stellen, an denen Christus als Initiator gilt. Er macht sich zum Stellvertreter: »Ihr Männer, liebt eure Frauen, wie auch Christus die Gemeinde geliebt hat und hat sich selbst für sie dahingegeben« (Eph 5,25).

Ebenso, diesmal aber wieder im Gedanken an ein kultisches Opfer: »...lebt in der Liebe, wie auch Christus uns geliebt hat und sich selbst für uns gegeben als Gabe und Opfer, Gott zu einem lieblichen Geruch« (Eph 5,2).

Persönliche Hingabe oder kultisches Opfer: Im Hintergrund steht eine Weltsicht, nach der Schuld durch Übertretung eines Gesetzes nicht nur als Störung einer Beziehung angesehen wurde, sondern als Störung einer das Leben gewährleistenden, für Menschen und Götter verbindlichen Ordnung. Es ging nicht nur um Heilung der Beziehung durch ein versöhnliches Wort. Es ging darum, die verhängnisvollen Folgen abzuwenden, die sich sonst zwangsläufig einstellen würden: Der »Fluch der bösen Tat« mußte unterbrochen werden. Dies konnte nur durch Sühne geschehen. Die konnte stellvertretend geleistet werden. Aber da Leben auf dem Spiel stand oder verwirkt war, mußte eben Leben geopfert werden, das eines Menschen oder das eines Tieres. Auf diesem Hintergrund erscheint es nicht als Willkür oder Halbherzigkeit, wenn mit der Bereitschaft zur Versöhnung die Forderung nach einem Opfer einhergeht. Es ist vielmehr Gnade, wenn durch Stellvertretung der Gerechtigkeit schon Genüge getan ist.

Entsprechungen im modernen Leben

So fremd uns solches Empfinden und Denken anmuten mag: Für den »Fluch der bösen Tat« finden sich viele Beispiele:

1. Wenn sich realistisches Schuldbewußtsein zu unrealistischem wandelt, wird es zu einer die Gefühle und den Willen beherrschenden Macht. Manipulationen ergeben sich fast zwangsläufig. Sozusagen ansteckend, können sie sich wie ein Virus auf eine Familie oder eine größere Gruppe ausbreiten: Wie will ein Sohn sich gegen eine Mutter wehren, die sich – um Schuldgefühle abzuarbeiten – ›aufopfert‹ für ihn, und ihn damit zum –

möglicherweise lebenslang unmündig bleibenden – Opfer ihrer Sorge werden läßt? Sollte er sich zornig lösen, wird sie sich als Opfer fühlen – und das schlechte Gewissen kann ihn verführen, sich für seine Kinder ›aufzuopfern‹.

Diesen verhängnisvollen Mechanismus kann keine Absolution mehr unterbrechen, zumal unter den Beteiligten kaum jemand verstünde, was denn zu vergeben wäre. Sie sind aber davon überzeugt, daß ›Opfer‹ gebracht werden müssen zur Sühne für irgend etwas.

»Ihr Beruf ist doch bestimmt schwer für eine Frau«, meinte eine alte Dame zu einer Vikarin. Wie sie darauf käme, fragte die Vikarin. »Eine Frau fühlt mehr mit, wenn sie sieht, wie andere weinen und traurig sind«, war die Antwort, »ich könnte nicht Pfarrerin sein – bei dem Elend in der Welt. Die Kurden, die fliehen müssen, erst die Kälte, nun die Hitze. Und dann die Überschwemmung. Nur Elend.« Die Frau übertrug ihr Mitleid auf die angehende Pfarrerin und meinte, die müsse alles Leid der Welt auf ihre Schultern nehmen. Natürlich widersprach die Vikarin. Aber wir fanden in der Beratung heraus, daß ihr eine solche Opfermentalität selbst doch nicht ganz fremd war. Nicht selten findet sich dieses Motiv in unserem Beruf.

Ob jemand, der meint, sich aufopfern zu müssen, verstünde, daß Jesus sich an seiner Stelle geopfert hat? Könnten so die Wahrheit evident und die Dynamik unterbrochen werden?

2. Wir glauben heute nicht mehr daran, daß wir die Last unserer Schuld loswerden, indem wir sie rituell einem Tier als »Sündenbock« aufladen. Wer aber wollte bestreiten, daß wir nach wie vor Sündenböcke suchen und finden – und daß dies uns emotional tatsächlich entlastet? Mitunter freilich mit fatalen Folgen: Da wir an Tieropfer nicht mehr glauben, bringen wir eben wieder Menschenopfer. Auch tödliche, wie Pogrome zeigen.

Bekanntlich sind da Projektionen im Spiel. Aber die gibt es eben. Sie funktionieren, und Aufklärung schafft sie nicht weg. Zuweilen bietet sich im Familien- oder Kollegenkreis das Opferlamm auch an, übernimmt jedenfalls willig die Rolle und erleidet stellvertretend Schmach und Krankheit.

Ob jemand, der einen Sündenbock braucht, verstehen kann, daß Gott Jesus zum öffentlichen Sühnopfer gemacht hat? Würde für den, der sich zum Sündenbock oder Opferlamm anbietet, Evidenz in der Botschaft liegen, daß Jesus sich für ihn geopfert hat?

3. Es gibt wirklich Schuld im familiären und politischen Leben, die mit versöhnlichen Worten nicht zu tilgen ist:

Wenn mir in Israel oder Polen Menschen freundlich begegnen, erleichtert mich das. Aber es löst nicht die Beklemmung. Falls mich jemand unversöhnt an die Verbrechen der NS-Zeit erinnert, kann ich nicht widersprechen.

Was könnte es hier bedeuten, sich sagen zu lassen, daß Jesus stellvertretend gesühnt hat? Könnte es die Gelassenheit stiften, die nötig ist, um nicht zwischen Zorn und Unterwürfigkeit zu pendeln und manipulierbar zu werden? Die Gewißheit der Vergebung Gottes reicht offenbar nicht.

4. Wir rechnen bekanntlich mit Verkehrsopfern, mit Kriegsopfern, oder mit Wäldern, die wir dem Verkehr opfern müssen.

Ich glaube nicht, daß kultiviertes und zivilisiertes Leben möglich ist, ohne viele Preise zu zahlen. Unter weniger zivilisierten Lebensumständen waren die Preise wohl auch nicht billiger. Woher kommt, was bedeutet und bewirkt es aber, daß wir hier von ›Opfern‹ sprechen, ohne bewußt an einen Adressaten zu denken? Ich fürchte, es fördert nicht und hindert eher Nüchternheit und Verantwortlichkeit bei der Kalkulation: Offenbar halten wir es – wie die Vorfahren – für unumgänglich, zur Erhaltung der Ordnung unseres Lebens Opfer zu bringen, und zwar lebendige. Verrät die Sprache, daß wir ahnen, wie unsere Eingriffe in die Gegebenheiten etwas mit Schuld zu tun haben? Damit könnten wir der Wahrheit ein Stück näher sein. Nur versäumen wir, uns klar zu machen, ob wir unsere ›Opfer‹ einem Gott oder einem Dämon darbringen.

Indem wir von Opfern reden, investieren wir Emotionen, denn Opfer bemitleidet man, oder man verehrt sie als Helden. Auch dies könnte der Wahrheit gemäß sein, wenn wir nicht versäumen würden, das eine vom anderen zu unterscheiden. Die Wehleidigkeit einerseits und die Aggressivität andererseits, mit der die Diskussionen um das nötige und vertretbare Maß solcher ›Opfer‹ geführt werden, deutet darauf hin, daß wir nicht immer klar sehen, wer Täter und wer Opfer ist.

Fänden wir uns freier von Irrationalitäten und vermeintlichen Sachzwängen, wenn wir sehen könnten, daß Christus das Opfer zu unserer Versöhnung ist?

Soweit die Beispiele. Sie zeigen, wie wir offenbar kaum ohne Opfer und Sühne auskommen.

Vielleicht meldet sich der Einwand: Früher wurden Opfer von den Göttern verlangt oder ihnen angetragen. Heute handelt es sich um innerseelische und zwischenmenschliche Vorgänge. Wo wäre der Unterschied? Die Opfer, die uns unvermeidlich erscheinen, unterscheiden sich von den antiken nur darin, daß wir uns nicht vorstellen, Gott verlange sie durch seine Willensentscheidung. Wir meinen, daß wir sie verlangen dürfen, oder daß Sachzwänge oder moralische Werte sie uns abverlangen. An unseren inneren und äußeren Konflikten ändert das wenig. Es macht nur den Weg weiter zum Symbol vom erlösenden Sühnetod.

Was hat Gott zu tun mit dem, was sich in unserer Seele abspielt, oder was uns in moralischen Gesetzen oder sogenannten Sachzwängen von außen begegnet? Wen oder was meinen wir denn, wenn wir »Gott« sagen? Welchen Sinn hätte es, von Gott zu reden, wenn wir ihn – oder seinen Widersacher – nicht in dem wahrnehmen, was uns auch im modernen Leben von innen und außen bewegt? Wir haben es hier wieder mit dem schon oft beobachteten Phänomen zu tun: Wenn wir gedanklich und existentiell Gott nicht mehr als Macht wahrnehmen, der wir uns stellen müssen, kann es nicht mehr zu einer Auseinandersetzung kommen. Dann legt sich weder die Frage nahe: »Warum tust du das?«, noch nötigt es uns die Frage ab:«Was habe ich verschuldet?« Aber dann bekommen wir es mit Ohnmachtserfahrungen zu tun, die uns – auf eine frühere Reifungsstufe regrediert – zur Frage führen: »Wie kann Gott das zulassen?« Nur scheinbar lebt es sich leichter, wenn nicht mehr nach Gerechtigkeit gefragt wird, sondern danach, wer im Regiment sitzt. Am Ende bleibt vielleicht nur die Frage: Läßt du uns allein, oder hat es dich nie gegeben?

Sind Gottes Schwäche oder Abwesenheit die einzigen Alternativen zu seiner Macht? Bietet der Hymnus im Philipperbrief eine überzeugende Alternative? Er preist Christus Jesus:

> Er, der in göttlicher Gestalt war, hielt es nicht für einen Raub, Gott gleich zu sein, sondern entäußerte sich selbst und nahm Knechtsgestalt an, ward den Menschen gleich und der Erscheinung nach als Mensch erkannt.
> Er erniedrigte sich selbst und ward gehorsam bis zum Tode, ja zum Tode am Kreuz. Darum hat ihn auch Gott erhöht und hat ihm den Namen gegeben, der über alle Namen ist, daß in dem Namen Jesu sich beugen sollen aller derer Knie, die im Himmel und auf Erden und unter der Erde sind, und alle Zungen bekennen sollen, daß Jesus Christus der Herr ist, zur Ehre Gottes, des Vaters (Phil 2).

Ich habe beispielhaft Konflikte und Mechanismen genannt, die sich in unserem psychischen und sozialen Leben zeigen. Ihnen habe ich symbolische Texte oder Motive zugeordnet, die von Jesu Tod als Stellvertretung oder Sühnopfer sprechen, und deren

Aussage mir mehr oder weniger genau diesen Konflikten und Mechanismen zu korrespondieren scheinen.

Mir persönlich leuchten die Korrespondenzen am ehesten auf intellektueller Ebene ein. Daß diese Symbole wirklich etwas bewegen können, ist eher Ahnung als Erfahrung. So bleibt eine Fremdheit zwischen meinen Erfahrungen mit den geschilderten Konflikten und den Symbolen.

Das bedeutet: Es gibt offenbar mit Verantwortlichkeit und Schuld zusammenhängende Konflikte, denen das Symbol vom Opfertod Deutung und Heilung bieten könnte. Harmlosere Symbole erreichen die Tiefe dieser Konflikte kaum. Umso wehrloser, Wiederholungszwängen ausgeliefert, sind wir, solange uns solche Symbole fremd bleiben.

Deshalb will ich das Kapitel mit Versen eines Passionsliedes schließen, dessen Text mir einigermaßen zugänglich ist, und der mich zugleich ein Stück über das hinausführt, was mir normalerweise vertraut ist:

Ich kann mit Paul Gerhardt singen: »Nun, was du, Herr, erduldet, ist alles meine Last, ich habe selbst verschuldet, was du getragen hast« (EKG 63). Ich kann mich in denen wiedererkennen, die ihn ans Kreuz gebracht haben. Auch den übernächsten Vers kann ich mir zu eigen machen: »Ich will hier bei dir stehen, verachte mich doch nicht; von dir will ich nicht gehen, wenn dir dein Herze bricht.« – Aber daß ich frei sein sollte von der Last durch seine Stellvertretung, will mir schwer in den Kopf. – Eine Ahnung, was es damit auf sich haben könnte, kommt mir, wenn nicht einfach von Stellvertretung oder Sühnopfer geredet wird, sondern es eher im Sinne mystischer Identifikation in diesem Lied weitergeht: »Es dient zu meinen Freuden und tut mir herzlich wohl, wenn ich in deinem Leiden, mein Heil, mich finden soll.«

Anhang

Viele Fragen lösen Rechtfertigungsdruck aus. Mehr dazu, vergnüglich wie nützlich zu lesen, bei R.A.Bodenheimer, Warum? Von der Obszönität der Frage, Reclam 1984.

Zum bleibenden Rechtfertigungsdruck bei wechselnden Instanzen: V. Läpple, Das Methodenproblem in der evangelischen Seelsorge, in: Freiheit und Methode, Göttingen und Wien 1979. Läpple beschreibt die Wandlung von der »traditionalen« über die »innengeleitete« zur »außengeleiteten« Gesellschaft: Bot früher die Tradition verbindliche Orientierung, so wußten sich die Menschen im 19.Jh. »innengeleitet« ihrem persönlichen Gewissen verantwortlich. Gegenwärtig sehen sich die »außengeleiteten« Menschen eher von ihren wechselnden Bezugsgruppen abhängig, mit Ratlosigkeit als häufiger Folge.

*

Zu realistischem und unrealistischem Schuldbewußtsein im Unterschied zur Scham:
E. Stein, Schuld im Verständnis der Tiefenpsychologie und Religion, Olten 1978.
E. Struck, Über Schuld, Scham und Triumph, WZM 39,1987
Beide sind für Theorie und Praxis aufschlußreich, in der Terminologie aber nicht immer eindeutig.

*

Meine Betrachtung der Geschichte von Kain und Abel ist die Überarbeitung der ursprünglichen Fassung in: Pastoraltheologie und Pastoralpsychologie als Quelle für ein auf Gerechtigkeit beruhendes Friedenstiften, Prag 1989.

*

Die Rede vom Opfertod Christi wird heute oft als archaisch empfunden, gar als sadistisch verworfen. So z.B. in der Artikelserie Ein sanfter Gott? im Deutschen Allgemeinen Sonntagsblatt, Dez. 1988 bis April 1989. Auch L. Schottroff, Die Crux mit dem Kreuz, Ev.Kom.4,1992, 216ff, beginnt polemisch. Sie entwirft dann eine »Re-Vision« der Kreuzestheologie aus feministischer Sicht. In ihrer Polemik übersieht sie, daß von der Opferung des königlichen Sohnes und seiner Auferstehung auch matriarchale Mythen reden.

Die ursprüngliche Intention der Rede vom Opfertod Christi ist es nicht, eine Opfermentalität zu erzeugen. Sie will Erlösung von einer solchen Mentalität ansagen. Zum Bemühen, diesem theologischen Motiv gerecht zu werden, siehe: Die Heilsbedeutung des Kreuzes für Glaube und Hoffnung der Christen, ZThK, Beiheft 8, 1990. Darin:

G. Ebeling, Der Sühnetod Christi als Glaubensaussage;
J. Becker, Die neutestamentl. Rede vom Sühnetod Christi;
W. Härle, Die Rede von der Liebe und vom Zorn Gottes;
K.-P. Jörns, Der Sühnetod Jesu Christi in Frömmigkeit und Predigt.

*

Rechtfertigung und Erlösung in der systematischen Theologie

Wenn ich von VERGEBUNG oder von GERICHT und GNADE spreche, so ist damit nicht alles erfaßt, was die klassische Rechtfertigungslehre beschreibt. Diese bezieht sich nicht nur auf konkrete Schuld, sondern auf die SÜNDE als umfassendes Charakteristikum menschlicher Existenz. Andererseits: Der Begriff RECHTFERTIGUNG, wie umfassend immer man ihn versteht, bezeichnet ein Geschehen zwischen Gott und Mensch in einem Rechtsverhältnis. Er kann kaum dem Rechnung tragen, was ich als Erfahrung von Ohnmacht und Fremdbestimmung DESTRUKTIVE ABHÄNGIGKEIT nenne und symbolisch als Machtkampf zwischen Gott und Teufel um den Menschen beschreibe. Da RECHTFERTIGUNG aber in der protestantischen Tradition als zentrales Heilsgeschehen gilt, ist zu fragen, wie solche Ohnmachtserfahrungen in theologischen Entwürfen mit der Rechtfertigungslehre verbunden werden.

Sehr aufschlußreich dazu: G. Aulén, Die drei Haupttypen des christlichen Versöhnungsgedankens, ZSystTh 8, 1931, 501-538. Aulén sieht die Theologiegeschichte zunächst geprägt durch zwei Typen des »Versöhnungsgedankens«:Im »klassischen« Typ erscheint Christus als Sieger über Sünde, Tod und Teufel. Dabei haben diese Mächte ein doppeltes Gesicht: Sie gelten als widergöttlich, zugleich repräsentieren sie auch den göttlichen Gerichtswillen. So hat auch dieser Typ Raum für Gedanken an ein RECHTSVERHÄLTNIS zwischen Schöpfer und Geschöpf, aber umfassender ist der Gedanke an einen erlösenden MACHTKAMPF, in dualistischen (!) Bildern beschrieben. Altkirchliche Repräsentanten dieses Typs sind griechische Theologen, beginnend mit Irenäus. Anders der »lateinische« Typ, der sich schon bei Cyprian zeigt, bei Anselm von Canterbury (Cur Deus homo?) zur Ausformung kommt und die europäische Theologie im Mittelalter bestimmt: Auf der lateinischen Bußtheologie fußend, geht es um SATISFAKTION angesichts eines Rechtsbruches. Luther ordnet Aulén dem »klassischen« Typ zu, nicht dem »lateinischen«: Luther geht es um Erlösung von der Macht des Zorns und des Gesetzes, Anselm um die Spannung von Gerechtigkeit und Liebe. Einen dritten Typ findet Aulén im 18. und 19. Jahrhundert: Ohne Sinn für den »klassischen« Typ und dessen dualistische Implikationen, erwuchs der neue Typ der Auseinandersetzung mit dem »lateinischen« Typ in dessen nachreformatorisch orthodoxer Ausprägung. Der Satisfaktionsgedanke wurde ersetzt durch den Gedanken an moralische Vervollkommnung.

Diesem dritten Typ ordnet Aulén auch Schleiermacher zu, dem er damit kaum gerecht wird, und den ich eher in der Nähe des »klassischen« Typs finde: Im Rahmen seiner umfassenden ERLÖSUNGSLEHRE ist RECHTFERTIGUNG nur ein Aspekt unter anderen. Vgl.: Der christliche Glaube, 2 Bde, Berlin 1960. Als SÜNDE gilt hier die Hemmung des Gottesbewußtseins: Die Erregbarkeit des sinnlichen Bewußtseins durch innerweltlich Vorhandenes hemmt das Gottesbewußtseins, und ein falsches Bewußtsein kann zur Herrschaft gelangen. Schleiermacher ordnet sich selbst denen zu, die Sünde als Abwendung vom Schöpfer betrachten, weniger denen, die sie als Übertretung eines göttlichen Gesetzes erklären (§ 66). Entsprechend versteht er ERLÖSUNG als Gewinn eines neuen, letztlich unanfechtbaren Gottesbewußtseins. RECHTFERTIGUNG bedeutet innerhalb des neuen Gottesverhältnisses Vergebung der Sünde und Anerkennung als Kind Gottes. Sie wirkt sich darin aus, daß ein ÜBEL – irgend ein das Leben hemmendes Widerfahrnis – nicht mehr als Strafe erscheinen muß, sondern zur Erneuerung führt, wodurch das Gottesbewußtsein zur Herrschaft kommt (§ 109).

Ähnlich bei P. Tillich, Systematische Theologie II, Stuttg. 1958. Er übernimmt zur Beschreibung der menschlichen Existenz von Hegel den Begriff ENTFREMDUNG. Dabei bezeichnet SÜNDE deren Entscheidungscharakter, das »persönlich-aktive sich Wegwenden von dem, wozu man gehört« (54). Merkmale der ENTFREMDUNG sind Unglaube, Hybris, Konkupiszenz. Der Hybris (»Selbstüberhebung«) erliegen wir unvermeidlich: Mit der ENDLICHEN FREIHEIT (= Gottesebenbildlichkeit, 1.Mose 1) erfahren wir potentiell die Unendlichkeit unserer Möglichkeiten, dies führt zu dem Bestreben, zu »sein wie Gott« (1.Mose 3) (58f). Demzufolge bestimmt uns die Konkupiszenz als »unbegrenzte Sehnsucht, das Ganze der Wirklichkeit dem eigenen Selbst einzuverleiben« (60). Entsprechend wird auch das Heil mit Begriffen umschrieben, die umfassender sind als der der Rechtfertigung. Es geht um ERLÖSUNG mit dreifachem Charakter: Erlösung als Teilnahme am Neuen Sein (WIEDERGEBURT), als Annahme des Neuen Seins (RECHTFERTIGUNG), als Umwandlung durch das Neue Sein (HEILIGUNG) (178ff).

Ein entscheidend anderer Akzent findet sich bei W. Härle/E. Herms, Rechtfertigung, Göttingen 1979. Auch Härle und Herms wissen sich dem Erbe Schleiermachers verpflichtet, und sie beschreiben die schlechthinnige Abhängigkeit des Geschöpfes vom Schöpfer ähnlich wie er. In ihrem Verständnis des Heils kommt nun aber der RECHTFERTIGUNG die erste und entscheidende Bedeutung zu. Das mag damit zusammenhängen, daß sie die PERSONALITÄT als charakteristisches Merkmal des Menschen in seiner Bezogenheit auf Gott, auf sich selbst und auf die Mitgeschöpfe sehen: Der Mensch kann diesen Bezogenheiten entsprechen, er kann ihnen auch widersprechen. Der Rechtfertigungsglaube behaftet den Menschen bei seinem Widerspruch (Sünde) als seiner Schuld, erkennt aber Gott als Urheber der neuen, widerspruchsfreien (gerechten) Beziehung des Menschen zum Schöpfer, zu sich selbst und zur Umwelt. Der Gerechtfertigte weiß, daß Gott ihn trotz seiner faktischen Beschaffenheit bejaht und zur ethischen Bewährung seiner Freiheit auffordert. Damit befinden sich Härle und Herms eher in der Nähe des »lateinischen« Typs (im Sinne Auléns), in dem Gerechtigkeit (nicht Macht) die zentrale Kategorie ist.

Auf meine Ausgangsfrage nach der Beziehung von RECHTFERTIGUNG und ERLÖSUNG in der systematischen Theologie zurückkommend, finde ich einen merkwürdigen Sachverhalt: Schleiermacher und Tillich reden von RECHTFERTIGUNG im Zusammenhang der umfassenderen Rede von ERLÖSUNG, dem »klassischen« der von Aulén beschriebenen Typen entsprechend. Anders als in meinen Überlegungen, ist damit bei ihnen aber keine Deutung der Wirklichkeit mit dualistischen Bildern verbunden. Ihr Denken ist geprägt durch eine monistische Sicht der Welt, in der zwar die Geschöpfe dem Schöpfer zu widersprechen vermögen, aber kein Teufel ihn ernsthaft zum Kampf fordert. So geht es auch weniger um ERLÖSUNG des Menschen von besiegten destruktiven Mächten, verbunden mit Erfahrungen von Tod und Auferstehung. Es geht eher um Erlösung von Irrtum und Verblendung durch das Erscheinen der Wahrheit. Mag man dies als Verengung des Erlösungsgedankens empfinden, so entspricht dem paradoxerweise etwas, was man als Verschärfung ansehen kann: ENTFREMDUNG im Sinne Tillichs ist Kennzeichen des menschlichen Lebens als ganzem. Sie ist nicht gleichbedeutend mit der DESTRUKTIVEN ABHÄNGIGKEIT, durch die ich unser Leben nur ausschnittweise geprägt sehe. Tillich sieht in 1.Mose 3 die Akzente anders als ich, entsprechend nimmt er eine uns umfassend bestimmende Suchtstruktur wahr.

Daß sich bei Härle / Herms keine dualistischen Bilder finden, ist dagegen konsequent. Die Rechtfertigungslehre bedarf ihrer nicht, um die Existenz als – gestörte und geheilte – Beziehung zu beschreiben. Von ERLÖSUNG ist in dem genannten Buch ausdrücklich nie die Rede. Härle/Herms sprechen freilich auch von BEFREIUNG und berühren damit die Machtfrage. Es handelt sich um Befreiung aus selbstverschuldeter Verstrickung, nicht aus den Fängen einer sich verselbständigenden widergöttlichen Dynamik, Befreiung gleichsam aus einem Gestrüpp, nicht aus Tyrannei. – Nebenbei: Härle/Herms charakterisieren die Umweltbeziehung des Gerechtfertigten als »Inanspruchnahme«. Der Art, in der sie damit die Grundlage ihrer Ethik beschreiben, stimme ich zwar voll zu, mir geht es aber zunächst um die Genußfähigkeit. Auch dieser Unterschied hängt wohl damit zusammen, ob man der RECHTFERTIGUNG oder der ERLÖSUNG zentrale Bedeutung beimißt: Die neue Gerechtigkeit findet konkrete Gestalt in der Verantwortungsfähigkeit. Die Alternative zur Verfallenheit aber ist die Freiheit zu genießen und zu entbehren.

Mit diesem Versuch, meine Überlegungen in Zusammenhänge der Theologiegeschichte und des systematisch-theologischen Denkens einzuordnen, will ich den TheologInnen Orientierungshilfe zu geben, die möglicherweise gewohnt sind, dieselben Begriffe in anderem Sinne zu gebrauchen. Dem Versuch, eine Beziehung zu systematisch-theologischen Entwürfen herzustellen, sind freilich Grenzen gesetzt, weil mein Ausgangspunkt ein anderer ist: Ich gehe von der Bildwelt der Symbole und Mythen aus mit der Frage, welche Aspekte der Wirklichkeit sich damit erschließen. Dabei nehme ich in Kauf, daß es zu widersprüchlichen Deutungen kommt, und verzichte darauf, eine systematische Ordnung herzustellen. Eben letzteres aber ist die Intention der systematischen Theologie. Dieser Intention wird niemand das Recht absprechen, der auf redliches Denken Wert legt. Die Frage ist zugleich, wieweit man dieser Intention folgen kann, ohne die Wirklichkeit zu verzeichnen. Auch in den systematisch-theologischen Entwürfen zeigt sich, wie schwierig es ist, RECHTFERTIGUNG und ERLÖSUNG einander zuzuordnen und dabei den Aspekten von MACHT und von GERECHTIGKEIT Raum zu geben.

Zweiter Erfahrungsbereich:

Freiheit und Versuchung – Destruktive Abhängigkeit und Erlösung

»Führe uns nicht in Versuchung,
sondern erlöse uns von dem Bösen«

1. Ein Gleichnis

Ein Mann saß in seinem Hause. Draußen regnete es. Er hatte noch nicht bemerkt, daß das Dach seines Hauses Feuer gefangen hatte. Ein Nachbar aber hatte es gesehen. Er ging hinüber und alarmierte den Mann, damit er sich in Sicherheit brächte. Der aber sagte: »Wie kann ich hinausgehen, es regnet doch!«

Ich weiß nicht, woher ich die kleine Geschichte kenne. Wenn ich mich recht erinnere, wird sie von einem indischen Weisen überliefert als Gleichnisrede an einen halbherzigen Schüler.

Das Verhalten des Mannes erscheint absurd. Wer würde denn in einem brennenden Hause bleiben? Aber wer steht gerne im Regen? Die Paradoxie ist: Der Mann wird sowieso bald im Regen stehen, wenn das Haus verbrannt ist – falls er das überlebt hat. Aber solange die Katastrophe nicht eingetreten ist, ist ihm der Regen offenbar unangenehmer.

Zweierlei ist mir daran wichtig:

1. Dieser Regen ist von der Art, daß man sich ihm aussetzen könnte. Es ist keine Rede davon, daß es sich um ein Unwetter mit überschwemmenden Fluten handelt. Man könnte an diesem Regen auch seine Freude haben, weil er dem Garten Wasser bringt. Aber der Mann mag den Regen nicht. Nehmen wir an, er sei wirklich unangenehm, und man könnte sich einen Schnupfen holen. Manchmal erleben wir ambivalente Dinge von der unangenehmen Seite. Der Regen ist ambivalent.

Grundsätzlich gilt das auch vom Feuer. Es kann lebensdienlich und zerstörerisch sein. Aber hier ist das Feuer nicht ambivalent. Es wird das Haus verbrennen. Das ist eindeutig. Es wäre zynisch zu sagen: Solange es noch Nahrung findet, wärmt es immerhin, während es draußen kalt ist. Aber was den Mann wirklich gefährdet, ist gar nicht das Feuer. Es ist das Dach, das ihm Schutz vor dem Regen gewährt, dem Feuer Nahrung gibt und dem Mann dann auf den Kopf stürzen kann.

Der Mann hat Angst, sich dem Ambivalenten auszusetzen. Er hält sich ans Eindeutige. Eben dies ist ein Merkmal der Sucht – nach was auch immer. Das ist dem Mann natürlich nicht bewußt. Auch das Eindeutige zeigt sich ja von zwei Seiten, aber das Angenehme steht im Dienst des Zerstörerischen. Das ist das Diabolische (das griechische Verb ›diaballein‹ heißt zu deutsch ›durcheinanderwerfen‹).

2. Wann wird der Mann schließlich sein Haus verlassen? Vermutlich erst, wenn der erste Balken heruntergestürzt ist und ihn knapp verfehlt hat. Wenn ihn nur noch ein Sprung aus dem Fenster retten kann, fragt er auch nicht mehr danach, ob es draußen inzwischen etwa blitzt und donnert. Er wird sich womöglich retten, nachdem es auch hätte zu spät sein können: Es gibt Situationen, in denen eine Lösung erst ›5 Minuten nach 12‹ gesucht – und vielleicht gefunden wird.

Falls der Sprung aus dem Fenster gelingt, wird der Mann dies vielleicht als wunderbare Rettung ansehen. Er hat dafür einen hohen Preis bezahlt: Nicht nur, daß sein Haus verbrannt ist. Sein Leben ist in akuter Gefahr gewesen. Erlösung aus destruktiver Abhängigkeit ist selten billiger zu haben.

2. Merkmale destruktiver Abhängigkeit

Eine peinliche Frage

Es ist nicht schwer, Entsprechungen zu diesem Gleichnis in unserem Leben zu finden. Sei es, daß der Nachbar oder man selbst sich individuell in dieser oder jener Hinsicht so verhält wie der Mann, der nicht im Regen stehen will. Sei es, daß den LeserInnen dieses oder jenes Phänomen aus dem politischen Leben dazu einfällt. Sei es, daß sich die bange Frage einstellt, ob es sich vielleicht generell und grundsätzlich so verhält mit der menschlichen Lebensgestaltung.

Falls jemandem dazu etwas eingefallen ist, mag sie oder er sich die Frage gefallen lassen: Und nun? Was folgt daraus? Wird sich etwas ändern? Diese Frage ist suggestiv und peinlich, ich weiß es. Sie ist entlarvend. Sie geht davon aus, daß die Antwort negativ ausfallen wird – oder nicht ehrlich wäre. Dies eben ist die Teufelei: Den Phänomenen, mit denen wir es hier zu tun haben, ist durch Einsicht, gar durch Moral selten beizukommen.

Einsicht hilft wenig. Oft genug ist sie ja nicht neu: Wir überblicken längst, was wir tun, und ahnen mindestens, worauf es hinauslaufen wird. Wir haben wiederholt nach Auswegen gesucht oder uns ein anderes Verhalten vorgenommen. Nicht selten freilich sind uns unser Verhalten und seine Motive auch unbewußt. Falls uns ein Freund oder eine Seelsorgerin, ein Gleichnis oder ein Symbol die Augen öffnet, wirkt dies ambivalent: Wir fühlen uns beschämt und zugleich etwas gestärkt – und sind noch längst nicht frei.

Auch Moral hilft wenig. Verhaltenweisen, um die es in diesem Zusammenhang geht, sind zwar aussichtslos, aber keineswegs immer unmoralisch. Wenn wir z.B. ehrgeizig oder überbesorgt ›des Guten‹ zuviel tun, verhalten wir uns oft hochmoralisch. Hauptsächlich aber: Moralische Überlegungen und Appelle erreichen nicht die Ebene, um die es hier geht. Abhängigkeit ist Abhängigkeit, gleichgültig, ob sie mit moralischem oder unmoralischem Verhalten einhergeht. Ihr Motiv ist Angst. Und die wird nicht entspannt, sondern verkrampft sich eher, wenn man sie mit einem schlechten Gewissen belegt.

Die drei wichtigsten Merkmale destruktiver Abhängigkeit

1. Die heillosen Folgen des Verhaltens sind absehbar, jedenfalls Außenstehenden. Die Betroffenen selbst sehen meistens lange Zeit nicht so klar und finden viele Wege, sich die Wahrheit zu verschleiern. Und auch wenn ihnen selbst die Destruktivität deutlich wird, ist der Wille nicht stark genug, der Versuchung zu widerstehen. Der Wille ist geknechtet durch psychische oder politische Mächte.

Dies einzusehen, ist beschämend – und die Scham führt wiederum dazu, die Wahrheit zu verbergen, anstatt Hilfe zu suchen. Es handelt sich um ein Scheitern an der Spannung von AUTONOMIE und SCHAM.

2. Natürlich suchen die Betroffenen nicht bewußt die unangenehmen Folgen, sie suchen Angenehmes. Sie suchen nicht den Tod, sondern das Leben. Der falsche Weg ist attraktiv, weil er ein Weg des Lebens zu sein verspricht: Der destruktive Weg bietet sich als Ausweg aus den geschöpflichen Ambivalenzen an. In destruktive Abhängigkeit führen der Unwille und die Unfähigkeit, Ambivalenzen auszuhalten. Man will eindeutig gut sein, eindeutig stark, eindeutig glücklich.

Solche Eindeutigkeit zu erreichen, bedürfte es der Allmacht. Natürlich glaubt ein Abhängiger normalerweise nicht, wirklich allmächtig zu sein. Aber die Mittel, mit denen man Eindeutiges zu erreichen hofft – es sei Alkohol oder Arbeit, Geld oder Moralität – funktionieren ja zunächst. So nähren sie die Größenphantasie, das Leben meistern zu können. Daß das nicht gelingt, stellt sich eines Tages dennoch heraus, so korrespondieren der Größenphantasie Ohnmachtserfahrungen. Die Spannung von Autonomie und Scham hat sich hier in die Spannung von Allmacht und Ohnmacht verwandelt.

3. Einmal der destruktiven Dynamik verfallen, in der man der ambivalenten Normalität entkommen und zu eindeutigem Glück gelangen wollte, bedarf es schließlich eines großen Aufwandes, um wenigstens den Normalzustand aufrecht zu erhalten. Das will ich im Zusammenhang der folgenden Beispiele zeigen.

Besonders deutlich läßt sich die Struktur der destruktiven Abhängigkeit bei Alkohol- und Drogensüchtigen erkennen. Aber dieselben Strukturen der psychischen und zwischenmenschlichen Manöver zeigen sich in anderweitigen Abhängigkeiten. Niemand ist gänzlich frei davon. So versteht man einen Alkoholiker auch am ehesten, wenn man nach Vergleichbarem bei sich selbst sucht. Und man versteht sich selbst besser, wenn man sich von ihm auf gleiche Strukturen bei sich aufmerksam machen läßt.

Ein Alkoholiker ist nicht ein Mensch, der verantwortungslos viel trinkt zu unpassender Zeit. Ein Alkoholiker ist ein Mensch, der dem Verlangen nach dem Rauschmittel nicht widerstehen kann.

Sucht resultiert aus der erlernten und nicht mehr verlernbaren Fähigkeit, die Gefühle durch eine Chemikalie zu beeinflussen. Diese Fähigkeit haben die allermeisten von uns erlernt, und wir beherrschen sie. Der Alkoholiker beherrscht sie auch – und wird zugleich von ihr beherrscht: Irgendwann hat man den ersten Wein oder Schnaps getrunken. Geschah dies aus fröhlichem oder festlichem Anlaß, war also die Stimmung ohnehin gut, so ließ der Alkohol sie noch beschwingter werden. Als seine Wirkung abklang, kehrte die Stimmung auf den vorherigen, normalen Stand zurück: Man war heimgekehrt in die Welt der Ambivalenzen. Den meisten hat diese Lernerfahrung nicht geschadet. Sie hat eine neue Möglichkeit eröffnet, die auch gefährliche Seiten hat, für Autofahrer zum Beispiel. Aber man muß ihr nicht verfallen.

Wer sich aber in der Welt der Ambivalenzen nicht heimisch fühlt, hat nun eine Möglichkeit entdeckt, in eine Welt zu fliehen, in der er endlich leben kann. Dort kann er so sein, wie er möchte – ein Stück weit tatsächlich, und noch ein Stück weiter in seiner Phantasie: Redselig, tüchtig, liebevoll und liebenswürdig. Oder auch eckig und kantig.

Etwas von dem kennen auch die, die nicht süchtig geworden sind: Wenn es uns mies geht in Streß oder Ärger, mag ein Schnaps uns trösten. Sollte beim ersten Erlebnis die Freude ›begossen‹ werden, so soll nun gezielt etwas erreicht werden: Der Jammer soll sich wandeln. Auch das funktioniert, und es ist den sich vielleicht anschließenden Kater wert. Gegen den gibt es ja Kaffee. Auch dies muß nicht gefährlich werden, falls man auch mit Kummer leben kann. Aber es ist eine gefährliche Möglichkeit für die, die Kummer schwer ertragen.

Der Süchtige nutzt diese Möglichkeit ausgiebiger. Sein Bedürfnis ist größer, und er braucht zunehmend stärkere Mittel. So kehrt danach seine Stimmung bald nicht mehr auf den Ausgangspunkt zurück. Der Kater ist stärker, später die Selbstverachtung. Beim Abklingen des Rausches ist die Stimmung schlechter als vorher. Endlich bedarf es des Alkohols, um sich halbwegs normal zu fühlen. Wie oben gesagt: Man hat etwas begonnen, um den Normalzustand zu verbessern. Nun aber bedarf es eines unverhältnismäßig großen Aufwandes, den Normalzustand aufrecht zu erhalten.

Dieses Merkmal findet sich nicht nur bei Alkoholikern. Man denke an immer anspruchsvollere Ausbildungsprogramme, an immer aufwendigere Haushaltsgegenstände und anderes. Politische Beispiele zu nennen, ist gefährlich, weil es leicht zu vorschnellen Urteilen kommt. Aber man darf wenigstens fragen, ob wir es da mit ähnlichen Mechanismen zu tun haben, z.B. bei den Kosten der medizinischen ›Versorgung‹. Man kann sie kaum noch bezahlen, aber man will oder kann oder darf nicht mehr hinter den erreichten Standard zurück. Oder man denke an den Straßenbau, dessen wir bedürfen, um überhaupt noch fahren zu können.

3. Voraussetzungen und Perspektiven der Seelsorge

Notwendig ist Sensibilität, nicht psychologische Fachkunde

Bei der Darstellung der Sucht nach Alkohol habe ich Vereinfachungen in Kauf genommen. Die Beschreibung soll lediglich den Sinn für die Dynamik der destruktiven Abhängigkeit wecken. Suchtkranken wirksam zu helfen, bedarf es therapeutischer Fachkenntnisse, die ich hier nicht vermitteln will. Sinn für die Suchtstruktur kann aber helfen, Phänomenen von destruktiver Abhängigkeit auf die Spur zu kommen und seelsorgerlich zu begegnen, die sich in anderer Gestalt überall finden. Glücklicherweise zeigen sie sich meistens nicht so dramatisch und bestimmen das Leben nicht ganz und gar. Im übrigen brauchen Suchtkranke auch das Verständnis ihrer nicht fachkundigen Mitmenschen, die sonst leicht moralisch urteilen oder ihnen mitleidig auf den Leim gehen.

Als SeelsorgerInnen haben wir weder die Möglichkeit noch die Aufgabe, destruktive Abhängigkeit fachkundig zu diagnostizieren. Wir haben aber die Möglichkeit, als sensibles und einigermaßen unbestechliches Gegenüber den Betroffenen zu helfen, selbst ihre Verstrickungen zu erkennen.

Es bedarf keiner besonderen psychologischen Kenntnisse, sondern der Lebenserfahrung und der Sensibilität, um zu sehen, worauf es hinauslaufen wird, wenn zum Beispiel

– jemand trotz deutlicher Krankheitssymptome weder zum Arzt geht, noch sein Leben ändert – und kaum widerlegbar auf wirklich wichtige Dinge verweisen kann, die vorher noch erledigt werden müssen;

– jemand sich von Gütern oder Projekten nicht trennen mag, obwohl sie ihn finanziell überfordern – weil er doch nun schon so viel investiert hat;

– jemand einen geselligen Abend mit Freunden langfristig verabredet, um gegen die Flut dringender Arbeiten einen Damm aufzurichten – und sich so viele Pflichten auferlegt, daß er schließlich das Treffen mit den Freunden als zusätzliche lästige Pflicht empfindet.

Ich bin immer wieder erstaunt, wie sehr es zur Klarheit beiträgt, wenn ich frage: Würden Sie dies oder jenes eher dem Gebet zuordnen »Vergib uns unsere Schuld«? Oder gehört es eher zur Bitte »Führe uns nicht in Versuchung, sondern erlöse uns von dem Bösen«? Ich selbst kann es ja nicht wissen, schon gar nicht von vornherein. Aber diese Bitten des Vater-Unsers bringen der Wahrheit regelmäßig näher.

Wenn man solchen Abhängigkeiten auf die Spur kommt, läßt sich einschätzen, ob es sich eher um Versuchungen handelt, oder um akute Verfallenheit an die Macht des Bösen. Dann läßt sich auch prüfen, welchen Raum sie einnehmen. Einige beanspruchen einen so begrenzten Raum, daß man sie mit Humor betrachten kann und ihnen ansonsten möglichst wenig Aufmerksamkeit widmen sollte. Andere korrumpieren uns.

Notwendig sind Unbestechlichkeit und Gelassenheit

Natürlich muß das, was absehbar ist, nicht mit unfehlbarer Sicherheit eintreten. Mancherlei kann morgen oder übermorgen geschehen, was eine nicht vorauszusehende Änderung bewirkt. Es wäre vermessen, nicht darauf zu hoffen. Aber es wäre verantwortungslos, damit zu rechnen. Denn das rettende Ereignis ist unvorhersehbar. Voraussehbar ist das bittere Ende des normalerweise mit Zwangsläufigkeit ablaufenden Prozesses.

Es ist redlich und nicht aussichtslos, die Betroffenen auf ihre Verstrickung und deren Folgen hinzuweisen. Manchmal reicht die Einsicht wider Erwarten. Wir sind schließlich lernfähig, zuweilen sogar, wenn es um mehr geht als um kognitives Verstehen. Manchmal führen Hören und Lernen uns durch eine Krise zu einer neuen Identität, einer Bekehrung vergleichbar. Oft ist es leider realistisch, damit zu rechnen, daß erst eine Krise eintreten muß, bevor es zur Umkehr kommt. Und diese Krise darf man nicht wünschen, weil nicht abzusehen ist, ob sie dem Betroffenen zur Reifung dienen oder ob er daran zerbrechen wird. Wenn es gut gegangen ist, nennt man das volkstümlich nicht ohne Recht ein ›Wunder‹.

Der Geschäftsmann, der den Gang zum Arzt mit ›guten‹ Gründen vermeidet, wird ihn wohl erst aus ›schlechten‹ Gründen antreten, etwa wenn sich ein Krebsgeschwür bemerkbar macht und nicht klar ist, ob zu einer aussichtsreichen Operation noch Zeit ist. Darf man ihm so massive Symptome wünschen?

Während des Zweiten Weltkrieges wußten manche, daß Deutschland nur durch eine Niederlage von der Herrschaft der Nationalsozialisten und ihrer verführerischen Ideologie frei werden könnte. Konnten sie eine Niederlage wünschen, von der absehbar war, daß sie katastrophal ausfallen würde?

Hoffen, womit man nicht rechnen darf – warten auf etwas, daß man nicht wünschen kann: In normalen Situationen müßte eine solche paradoxe Einstellung zu einem zwiespältigen Verhalten führen, mit dem man seine Mitmenschen verwirrt. Aber die paradoxen Mechanismen destruktiver Abhängigkeit verlangen von Angehörigen, Freunden und Seelsorgern, daß sie die Spannung einer paradoxen Einstellung aushalten. Sonst würden sie in die Manöver verwickelt und der Realität nicht standhalten.

Hoffen, womit man nicht rechnen darf – warten auf etwas, was man nicht wünschen kann: Das ist eine Gratwanderung zwischen Resignation und Lust an Katastrophen. Die Paradoxie dieser Spannung läßt sehen, wie nahe wir hier den apokalyptischen Symbolen sind.

Ich erinnere mich an einen Satz meines Vaters. Er gab mir für die erste unbegleitete Autofahrt mit meinem frischen Führerschein den Zündschlüssel mit den Worten: »Ich wollte, du hättest den ersten Unfall schon hinter dir.« – Ein paradoxer Wunsch. Offenbar hat er gespürt – und akzeptiert! – daß er weder durch moralische Appelle noch sonst irgendwie mich und sein Auto sicher bewahren konnte. So hat er in seiner Phantasie den absehbaren Unfall vorweggenommen, wohl in der Hoffnung, daß irgend ein Gott oder Schutzengel aufpassen würde, daß er glimpflich ablaufen und zur Lehre gereichen – oder vielleicht doch gar nicht eintreten würde. Ich weiß nicht, ob dieses paradoxe Wort als Geleit dazu beigetragen hat, daß es den ersten schweren Unfall bisher nicht gegeben hat. Jedenfalls ist es mir im Gedächtnis geblieben.

Es geht nicht um Schuld und Vergebung, sondern um Knechtschaft und Erlösung

Phänomene destruktiver Abhängigkeit machen uns als SeelsorgerInnen oft ohnmächtig: Wir sehen den Prozeß in seiner unheilvollen Dynamik und können ihn nicht unterbrechen. Aus dem Eingeständnis dieser Ohnmacht kann am ehesten segensreicher Einfluß erwachsen. Der kann eben nicht geschickt und planvoll herbeigeführt werden, er kann sich erlösend einstellen, wenn wir aufhören, ihn herbeimanipulieren zu wollen. Darin haben wir Anteil am Konflikt und an der Perspektive derer, denen wir helfen wollen: Sie bedürfen einer erlösenden Erfahrung, und für die sind sie erst zugänglich, wenn sie sehen, daß sie unfrei sind, und daß auch die Anstrengungen ihres korrumpierten Willens fruchtlos sind.

So wie die Sucht z.B. von Alkoholikern exemplarisch ist, und uns die Struktur und Dynamik der destruktiven Abhängigkeit generell erkennen läßt, so können uns auch Erfahrungen aus suchttherapeutischen Heilungsprozessen exemplarisch Lebensperspektiven zeigen, die aus destruktiver Abhängigkeit verheißungsvoll hinausweisen.

In Hazelden, dem erwähnten amerikanischen Therapiezentrum, habe ich das Programm der ›Anonymen Alkoholiker‹ kennengelernt: Die ›12 Schritte‹. Sie gleichen einem Katechismus. Man nennt sie dort auch ›spiritual program‹ und drückt damit aus, daß physische und psychische Gesundung nicht ohne spirituelle Erneuerung zu haben ist.

Diese ›12 Schritte‹ haben mich zunächst befremdet. Sie klangen mir allzu sehr nach evangelikaler Bekehrungsfrömmigkeit in liberalem Gewand. In deutscher Sprache wirken sie noch künstlicher als im Englischen. Ich überwand meine Skepsis aber schnell, als ich die heilsame Wirkung beobachten konnte. Ihre Wahrheit leuchtete mir dann umso mehr ein, als ich eine paulinische Theologie in methodistischer Prägung in ihnen erkannte.

Ich zitiere hier nur die für unseren Zusammenhang bedeutsamen ersten drei der ‹12 Schritte‹:

1. »Wir haben zugegeben, daß wir dem Alkohol gegenüber machtlos sind, und daß wir unser Leben nicht mehr meistern konnten.«
2. »Wir kamen zu dem Glauben, daß nur eine Kraft, die größer ist als wir selbst, uns unsere geistige Gesundheit wiedergeben kann.«
3. »Wir faßten den Entschluß, unseren Willen und unser Leben der Sorge Gottes, was immer wir darunter verstanden, anzuvertrauen.«

Die heilsame Dynamik dieser ›Schritte‹ ahnt man vielleicht, wenn man im ›1.Schritt‹ den Alkohol durch etwas ersetzt, was auf einen selbst bedrohliche Verführungskraft ausübt. Z.B. Geld oder Terminkalender, Ehre, Angst um die Treue eines Geliebten, Elternliebe oder Fremdenhaß.

Der ›1. Schritt‹ bringt die Einsicht zum Ausdruck, daß man ohnehin zu der Illusion neigte, das Leben ›meistern‹ zu können, und darum umso anfälliger war für die Versuchung, mit Hilfe der Droge Unverfügbares verfügbar zu machen. So wurde man nicht nur machtlos gegenüber der Droge. Das ganze Leben geriet nun erst recht außer Kontrolle.

Paulus hatte kein Problem mit dem Wein. Aber er wollte mit Hilfe gesetzlicher Frömmigkeit fromm und gottgefällig werden. Aber siehe: »Das Gute, das ich will, das tue ich nicht; sondern das Böse, das ich nicht will, das tue ich.« Die destruktive Dynamik wahrnehmend, fragt er schließlich: »Wer wird mich erlösen von diesem todverfallenen Leibe? Dank sei Gott durch Jesus Christus, unseren Herrn« (Röm 7,19.24f).

Von solcher Erlösung redet auch der ›2.Schritt‹. Er spricht vorsichtiger von einer »Kraft«, die er nicht beim Namen nennt. Es handelt sich um ein ursprünglich von Laien entworfenes, nicht kirchlich gebundenes Programm. In den therapeutischen Sitzungen wurde niemand auf einen bestimmten Glauben festgelegt, aber jeder wurde sehr genau gefragt, wen oder was er sich unter dieser »Kraft« vorstellte. Er durfte sie in der Kirche oder in der Natur finden. Aber sie durfte nicht handlich und manipulierbar erscheinen! Denn entscheidend ist: Diese »Kraft« – die im ›3.Schritt‹ dann »Gott« heißt – ist »größer als wir selbst«. Sie muß stärker sein als die Kraft, die uns destruktiv beherrscht. Sie muß aber auch größer sein als wir selbst, damit sie uns von unseren Allmachtsphantasien erlösen kann. Nur in der Bindung an eine heilsame »Kraft« ist Freiheit von dem uns destruktiv beherrschenden Bösen zu finden: Autonomie in der Theonomie.

»Ich lebe, doch nun nicht ich, sondern Christus lebt in mir«, heißt das bei Paulus (Gal 2,20).

Destruktive Abhängigkeit ist eine Knechtschaft auch unseres Willens, eine

Korruption unserer Verantwortungs- und Schuldfähigkeit. So unsinnig es deshalb ist, Sucht und andere Formen solcher Abhängigkeit moralisch zu bewerten, so wichtig ist es auch, Vergebung und Erlösung zu unterscheiden:

Schuld ist der Vergebung zugänglich, bei Abhängigkeit bedarf es der Erlösung. Dabei ist unsere Gottesbeziehung jeweils unterschiedlich, und die Bilder, mit deren Hilfe wir uns diese Beziehung anschaulich machen, sind geradezu gegensätzlich: Um Erlösung bittend, sehe ich mich von einer widergöttlichen Macht beherrscht. Innerlich oder äußerlich gefesselt, bitte ich Gott um Hilfe gegen meinen und seinen Feind. Dies wird anschaulich in der dualistischen Vorstellung von Gott und Teufel. Um Vergebung bittend, setze ich mich als jemand zu Gott in Beziehung, der bereit und fähig ist, sich in der Hoffnung auf Gerechtigkeit und Gnade zu verantworten. Dualistische Vorstellungen liegen hier fern und wären eher geeignet, die Beziehung zu korrumpieren.

Zu destruktiver Abhängigkeit kommt es, wenn die Spannung von Autonomie und Scham nicht ausgehalten wird. Von Autonomie und Scham handelt die Geschichte vom Verlust des Paradieses am Anfang der Bibel. Sie stellt dar, wie gefährlich diese Spannung ist, und wie sie doch noch zukunftsträchtig in der Waage gehalten wird. Die Johannes-Offenbarung am Ende der Bibel beschreibt Ohnmachtserfahrungen, aus denen heraus nur Erlösung Zukunft eröffnen kann.

4. Der Verlust des Paradieses (1.Mose 3)

Geschichten wie diese offenbaren ihre Wahrheit am ehesten, wenn man sie langsam liest und sich dabei an eigene Erfahrungen aus der Kindheit, aus der Jugendzeit oder von vorgestern erinnern läßt, an innere oder äußere Konflikte.

Dabei empfiehlt es sich zu fragen, mit wem man sich beim Lesen und Erinnern unwillkürlich identifiziert, auf welcher Seite man Partei ergreift. Danach liest man die Geschichte am besten noch fünfmal, sich – in beliebiger Reihenfolge – identifizierend mit der Frau, mit dem Mann, mit der Schlange, mit Gott, mit der gefährlichen und begehrten Frucht.

Sein wie Gott

Die Schlange war listiger als alle Tiere auf dem Felde, die Gott der Herr gemacht hatte, und sprach zu der Frau: Ja, sollte Gott gesagt haben: ihr sollt nicht essen von allen Bäumen im Garten? Da sprach die Frau zu der Schlange: Wir essen von den Früchten der Bäume im Garten; aber von den Früchten des Baumes mitten im Garten hat Gott gesagt: Esset nicht davon, rühret sie auch nicht an, daß ihr nicht sterbet. Da sprach die Schlange zu der Frau: Ihr werdet keineswegs des Todes sterben, sondern Gott weiß: An dem Tage, da ihr davon esset, werden eure Augen aufgetan, und ihr werdet sein wie Gott und wissen, was gut und böse ist. Und die Frau sah, daß von dem Baum gut zu essen wäre und daß er eine Lust für die Augen wäre und verlockend, weil er klug machte. Und sie nahm von der Frucht und aß und gab ihrem Mann, der bei ihr war, auch davon, und er aß. Da wurden ihnen beiden die Augen aufgetan, und sie wurden gewahr, daß sie nackt waren ...

Und Gott der Herr sprach: Siehe, der Mensch ist geworden wie unsereiner und weiß, was gut und böse ist. Nun aber, daß er nur nicht ausstrecke seine Hand und breche auch von dem Baum des Lebens und lebe ewiglich! Da wies ihn Gott der Herr aus dem Garten Eden, daß er die Erde bebaute, von der er genommen war.

»Ihr werdet sein wie Gott«, sagt die Schlange. Und Gott bestreitet es nicht: »Der Mensch ist geworden wie unsereiner.«

Diese Geschichte wird landläufig angeführt, wenn es um die Frage geht, wie denn das Böse in die Welt kommt. Daran ist zweierlei merkwürdig:

1. Es liegt näher, an diese Geschichte mit der Frage zu denken, wie denn menschliche Eigenständigkeit in die Welt kommt und mit ihr die Scham.

2. Wie das Böse in die Welt kommt, fragt man ja häufig. Nach dem Ursprung menschlicher Freiheit fragt man viel seltener.Ist die einem denn so selbstverständlich? Oder so unsicher, daß man lieber schamhaft schweigt?

Aus der Perspektive der beiden Menschenkinder sehe ich hier die Geschichte eines irritierenden Angebotes mit offensichtlich zwiespältigen Konsequenzen. Aus der Perspektive Gottes oder der Schlange sehe ich die Geschichte vom ersten Streit, dessen Resultat Gott irgendwie unheimlich ist und für die Schlange jedenfalls von Nachteil. Aber ich sehe nichts, was mit dem Wort ›Bosheit‹ zu bezeichnen wäre.

Ist die Schlange die Feindin der Menschen oder ihre Freundin? Sie ist jedenfalls Gottes Konkurrentin. Die Frage, ob die Schlange Freundin oder Feindin der Menschen ist, bleibt in dieser Geschichte offen. Sie wird auch erst am Ende zu beantworten sein, wenn entschieden ist, worauf es mit der Autonomie hinausgelaufen ist im Leben des einzelnen Menschen und in der Geschichte der Menschheit. Solange es menschliches Leben gibt, wird diese Frage offen sein. Und nur solange die Frage offen ist, ist menschliches Leben möglich.

Anders als diese Geschichte, beantworten die apokalyptischen Bilder diese Frage eindeutig. Da repräsentieren Schlange und Drache eindeutig die die Menschen und die ganze Schöpfung bedrohende Macht. Da kommt es zum Kampf auf Leben und Tod. Hier aber, noch in Eden, geht Gott das Risiko ein. Er akzeptiert den neuen Sachverhalt, daß er nun ebenbürtige Mitspieler hat: »Der Mensch ist geworden wie unsereiner und weiß, was gut und böse ist.«

Im Hebräischen meint die Formel »das Gute und Böse« soviel wie »Alles«. Es ist nicht nur gemeint, daß der Mensch nun einen ethischen Maßstab hat,

Gutes und Böses zu unterscheiden. Der Satz meint: Dem Menschen ist nun alle Erkenntnis zugänglich. Gott weiß es und sieht die Gefahr: »Daß er nur nicht ausstrecke seine Hand und breche auch vom Baum des Lebens und esse und lebe ewiglich!« Darum muß Gott eine Grenze setzen und den Garten verschließen. In dieser Begrenzung hält er das Risiko für kalkulierbar. Wird er Recht behalten? Werden wir am Ende in dieser Geschichte oder in den apokalyptischen Bildern mehr Wahrheit über unser Leben finden?

Auch sonst gilt es nicht als eindeutig frevelhaft, »wie Gott« sein zu wollen: Nach dem vorangehenden – jüngeren – Schöpfungsbericht 1.Mose 1 schafft Gott selbst den Menschen »zu seinem Bilde«. Im Neuen Testament wird auch empfohlen, zu sein wie er: »Ihr sollt vollkommen sein, wie euer himmlischer Vater vollkommen ist« (Mt 5,48).

Nun läßt historische Forschung erkennen, wie diese unterschiedlichen Aussagen auf dem Hintergrund der geschichtlichen und kulturellen Umstände ihrer Entstehung zu erklären sind. Aber historisches Wissen relativiert die unterschiedliche Weltsicht ja nicht. Es läßt sie klarer sehen. Darum sollte man keine Harmonisierung versuchen, sondern den Symbolen ihre Widersprüchlichkeit lassen. So vermögen sie, die Widersprüche unseres Lebens zu deuten.

Die aus Mt 5 zitierte Empfehlung, »vollkommen (zu) sein, wie euer Vater im Himmel«, ist übrigens auch nicht ungefährlich. Sie intendiert nicht moralische Vollkommenheit. Sie will nicht den Übermenschen, sondern den, der ›gerade‹ ist, oder ›heil‹, ›ganz‹, statt zwiespältig und korrupt. Aber nicht wenige, die nicht nach der Verheißung der Schlange, sondern nach der Bergpredigt Gott gleich sein wollten, sind an zu hohen Ansprüchen gescheitert, mindestens ihren Mitmenschen auf die Nerven gegangen.

In Eden bewegt nicht Gott, sondern die Schlange die Menschen, Autonomie in Anspruch zu nehmen. Autonomie ist nicht zu haben ohne Übertretung einer zum Schutz gesetzten Grenze. Autonomie in Anspruch nehmen heißt immer auch, das Paradies risiko- und mühelosen Versorgtseins verlassen zu müssen.

Zwei Beispiele:

1. Als Kinder haben wir das erste Streichholz vielleicht gegen das Verbot der Eltern angezündet. Und falls wir es unter ihrer Aufsicht und Anleitung taten, haben wir vermutlich weniger dabei gelernt – und uns womöglich trotzdem die Finger verbrannt. Wir haben dann gelernt, wie man Feuer macht, nicht aber, was Freiheit ist.

Auch wer als Erwachsener Autonomie in Anspruch nimmt, eine Entscheidung zu fällen, seinen Lebensstil zu wählen, irgendwohin aufzubrechen, geht über eine Grenze. Er mag seiner Sache sicher sein, trotzdem muß sich erst erweisen, ob es gut gehen wird. Oft genug meldet sich auch die Frage: Was werden die Leute sagen? Man muß sich durch diese Frage nicht hemmen zu lassen. Stellen lassen kann man sie sich.

2. Autonomie in Anspruch nehmen heißt, Gott ebenbürtig werden. Unsere Geschichte sagt, daß Gott dies weiß und zögerlich akzeptiert. Auch darin sind wir

schließlich ihm gleich und teilen sein Schicksal: Als Eltern oder anderweitig mit Autorität versehene Leute müssen wir Grenzen setzen – und zusehen, wie sie übertreten werden: Vielleicht setzen wir unseren Kindern sehr weite Grenzen, in pädagogischer Absicht oder in unbewußter Angst vor Konflikten – und müssen sehen, wie sie ihre Möglichkeiten überschätzen, oder wie sie lernen, sich schamlos verwöhnen zu lassen. Oder wir räumen ihnen wenig Freiheit ein – und müssen sehen, wie wir die Kinder lähmen oder die Revolte provozieren. Oder wir finden ein einigermaßen rechtes Maß an Freiheit – und müssen doch erleben, daß die Kinder genau das wollen, was wir für noch zu früh oder für ein bißchen zu gefährlich halten.

Autonomie wäre nicht Autonomie ohne ein mit ihr verbundenes Risiko. Und sie muß immer erstritten und verteidigt werden, nicht nur gegen Tyrannen, auch gegen wohlmeinende Autoritäten. Gott weiß es und stellt sich darauf ein. Dies als Eltern mit den Kindern in der Spannung von Angst und Zutrauen, von Zorn und Liebe, von Freude und Trauer zu erleben, bedeutet auch zu »sein wie Gott«.

Nur in einer Hinsicht will es uns kaum gelingen, zu »sein wie Gott«: Wir können uns selbst schlecht Grenzen setzen. Die Mahnung, nicht alles Machbare zu machen, klingt wie eine Empfehlung zur Bescheidenheit: An dieser oder jener Stelle sollten wir bitte nicht mehr der Stimme der Schlange folgen, um »wie Gott« zu sein. In Wahrheit aber ist es die Empfehlung, in einer Weise zu »sein wie Gott«, die uns offenbar wirklich überfordert: Es mag in seiner Macht liegen, in unserer liegt es nicht, dem menschlichen Forschungsdrang weise Grenzen zu setzen. Es ist uns auch nicht möglich, einmal erlernte destruktive Fähigkeiten wieder zu verlernen.

Die Scham

> Und sie nahm von der Frucht und aß und gab ihrem Mann, der bei ihr war, auch davon, und er aß. Da wurden ihnen beiden die Augen aufgetan, und sie wurden gewahr, daß sie nackt waren, und flochten Feigenblätter zusammen und machten sich Schurze. Und sie hörten Gott den Herrn, wie er im Garten ging, als der Tag kühl geworden war: Und Adam versteckte sich mit seiner Frau vor dem Angesicht Gottes des Herrn unter den Bäumen im Garten. Und Gott der Herr rief Adam und sprach zu ihm: Wo bist du? Und er sprach: Ich hörte dich im Garten und fürchtete mich; denn ich bin nackt. ...
>
> Und Gott der Herr machte Adam und seiner Frau Röcke von Fellen und zog sie ihnen an.

Es ist peinlich, wenn man sich zu viel zugetraut hatte und alle sehen können, wie man gescheitert ist. Man fühlt sich ›bloßgestellt‹, und das ist kaum abhängig davon, ob das Unternehmen, mit dem man sich übernommen hatte, als moralisch oder unmoralisch zu bewerten ist. Und auch ohne ein peinliches Scheitern meldet sich in uns zuweilen eine skeptische Stimme, wenn wir Autonomie in Anspruch nehmen: »Wenn das jemand sieht...!«

Mitunter mischt sich noch eine andere Stimme ein: »Möchten es doch alle sehen!«

Es gibt die Diskussion, ob Scham ein wesentliches Merkmal unserer Menschlichkeit ist oder das Ergebnis einer Erziehung mit dem Interesse, ›Natürliches‹ zu diskriminieren und den Freiheitswillen zu lähmen. Wichtiger ist mir die Frage, was die wünschenswerte Alternative wäre! Das Gegenteil von Scham sind ja nicht unverdorbene Freiheit und ungetrübte Lebensfreude, sondern Schamlosigkeit und Unverschämtheit.

Ich will hier nicht die verschiedenen sozialpsychologischen Theorien zur Beschreibung der Scham und ihrer Entstehung erörtern. Meine Leitfrage ist hier, auf welche Erfahrungen mit Scham und Beschämung uns diese biblische Erzählung aufmerksam werden läßt, und was sie zu deren Deutung beiträgt.

Die Erzählung würde mißverstanden, wenn man das »sein (wollen) wie Gott« als Gigantomanie interpretieren würde. Die von der Schlange verheißene Fähigkeit, alles zu erkennen »wie Gott«, ist unsere, von Gott zögerlich anerkannte, Eigenständigkeit. Deren Schattenseite ist die Scham, denn die gewonnene Fähigkeit zur Erkenntnis läßt nun eben auch unsere Begrenztheit und Unvollkommenheit unübersehbar werden.

Solche Begrenztheit zu entdecken, ist peinlich. Sie zeigt, daß wir eben nicht vollkommen sind. Entstehen Allmachtsphantasien, weil wir diesen beschämenden Mangel auszugleichen hoffen? Wird so die Scham zum Motor der Gigantomanie? Oder ist mit der Fähigkeit, zu »sein wie Gott«, die Versuchung zur selbstzerstörerischen Allmachtsphantasie ohne weiteres gegeben, und wir müssen uns deshalb beschämt verstecken?

Jedenfalls versucht Gott, solchen Allmachtswünschen Grenzen zu setzen, indem er den Weg zum Baum des Lebens verschließt und die Menschen auf den Acker weist, der nicht nur Frucht tragen wird, sondern auch Dornen und Disteln. Es ist zu hoffen, daß dieser Versuch Gottes gelingt. Sonst wäre Wahrheit nur noch in den Symbolen der Apokalypse zu finden. Soweit ist es hier noch lange nicht. So ist hier auch die Scham nicht das Pendant zu Größenphantasien. Sie ist das Pendant der Eigenständigkeit.

Diese biblische Geschichte erinnert mich an ein Erlebnis: Im Alter von zwei Jahren fand unser Enkel großes Vergnügen daran, wenn meine Frau oder ich mit einem Streichholz Feuer anzündeten. Natürlich waren wir bemüht, Streichhölzer seinem Zugriff fernzuhalten. Wir haben ihn auch ermahnt, sich nicht etwa selbst in dieser Sache zu versuchen. Ebenso natürlicherweise tat er es dennoch. In unserer Anwesenheit, aber für einen Moment unbeobachtet, ahmte er uns nach – und verbrannte sich die Finger. Glücklicherweise ließ er das brennende Streichholz fallen, bevor die Flamme ihm ernstlich wehtun konnte. Aber er hatte den Schmerz gespürt. Dennoch tat er nicht, was wir erwarteten: Er schrie nicht. Er unterdrückte Schmerz und Schrecken, blickte uns kurz verschämt an und wandte dann den Blick von uns ab. Er versteckte sich: Wenn ich euch nicht sehe, seht ihr mich auch nicht.

Man sollte das, was sich hier bei dem Kind zeigte, nicht ›schlechtes Gewissen‹ nennen, wenn damit ein Schuldbewußtsein gemeint ist, was ja – mindestens alltagssprachlich – nicht ganz klar ist. Jedenfalls lag hier kein Schuldbewußtsein wegen der Übertretung eines Verbotes vor, sondern die beschämende Einsicht, eben doch nicht so zu sein wie Großvater und Großmutter. Schuldbewußtsein hätte er ja auch zeigen müssen, wenn sein Versuch erfolgreich verlaufen wäre. Denn die Übertretung eines Verbotes wäre es ja allemal gewesen. Aber davon konnte hier keine Rede sein, und dafür hätte er wohl in diesem Alter auch noch keinen Sinn gehabt.

Wir reagierten darauf mit einer Mischung aus – schnell beruhigtem – Schrecken und heimlicher Freude. – Ein bißchen wie Gott und ein bißchen wie die Schlange zugleich.

Man würde dem kleinen Vorfall mit dem Streichholz wohl kaum gerecht, wenn man ihn als ›Sündenfall‹ bezeichnete. Auch nicht, falls daraus ein Feuer entstanden wäre. Sollten wir dann fortfahren, diese biblische Erzählung als Geschichte vom ›Sündenfall‹ zu bezeichnen? Ich weiß: die Gebildeten unter den Theologen meinen mit ›Sünde‹ etwas, was den Riß bezeichnet, der nun durch die Schöpfung geht. Aber wenn Sprache etwas erklären und nicht Verwirrung stiften soll, wäre es gut, einen besseren Namen zu suchen. Jedenfalls handelt es sich um eine Geschichte von Scham, nicht von Schuld.

In diesem Sinne spricht auch Erikson von der Spannung AUTONOMIE versus SCHAM. Sie ist das Merkmal der zweiten Krise im menschlichen Leben, in der ein Reifungsschritt gelingen oder mißlingen kann. Erikson meint damit eine unvermeidliche und notwendige Spannung, nicht eine vermeidliche und unerwünschte: Der Schritt zur Reifung gelingt nicht dadurch, daß die Scham zugunsten der Autonomie abgetan – am besten gar nicht erlebt – würde. Er mißlingt, wenn Beschämung die Ansätze der Autonomie erstickt. Er gelingt, wenn sich Autonomie auf dem Hintergrund der Scham entwickeln kann, ohne zu schamlosen Größenphantasien pervertiert zu werden.

Im Alltag werden Schuld und Scham leicht verwechselt. Sie vermischen sich auch, im eigenen Erleben wie im Urteil der Leute. Umso wichtiger ist es, sie in der Seelsorge auseinanderzuhalten, denn in der Struktur des Erlebens sind sie geradezu gegensätzlich.

Vergleichen wir das Verbot »du sollst kein Feuer machen« mit dem Verbot »du sollst nicht zu spät zum Essen kommen«:

– Das erste Verbot sagt man einem Zweijährigen, mit dem zweiten könnte man frühestens einem Vierjährigen kommen.

– Das erste Verbot meint: Du sollst dich – und uns – nicht in Gefahr bringen. Das zweite: Du sollst unsere Regeln – und uns – nicht verletzen.

-Das erste Verbot bedeutet: Du sollst – noch? – nicht sein wollen wie wir Erwachsenen (oder anderweitig ›Großen‹). Das zweite bedeutet: Du sollst dich verantwortlich verhalten – wie wir!

– Das erste Verbot muß irgendwann übertreten werden. Sonst siegt die

Scham über den Willen zur Autonomie. Und wenn es schief geht, ist auch dies mit Scham verbunden. Das zweite Verbot muß allenfalls im tragischen Konflikt übertreten werden. Und seine Übertretung ist Schuld.

– Wer das erste Verbot übertritt, kann »sein Gesicht verlieren«. Er fürchtet den triumphierenden Blick der anderen. Er möchte sich unsichtbar machen – und wünscht sich vielleicht doch einen verständnisvollen Blick. Der müßte die Person ansehen, aber nicht deren Blöße. Wer das zweite Verbot übertritt, ist ungehorsam. Der Aussprache will er vielleicht auch aus dem Wege gehen. Oder er sucht sie, falls er sich nicht gleichzeitig schämt. Jedenfalls muß die Auseinandersetzung mit richtenden und vergebenden Worten geführt werden, Blicke genügen nicht.

Die Erzählung 1.Mose 3 beschreibt die Scham als Kehrseite der menschlichen Eigenständigkeit. Diese nennt sie »Sein wie Gott«, und sie beschreibt, wie der Mensch damit nicht nur zum Partner, sondern auch zum Rivalen Gottes wird. Gott hat daran nicht eitel Freude. Der mit der Eigenständigkeit gegebenen Versuchung zum Allmachtswahn setzt er Grenzen entgegen. Die Frage ist, ob diese Grenzen ausreichen. Sonst würde sich Autonomie zum Allmachtswahn steigern – und sich damit ins Gegenteil verkehren. Denn der Allmachtswahn ist zugleich ohnmächtige Abhängigkeit vom Bösen.

Daß es tatsächlich soweit kommen kann, ist in 1.Mose 3 noch nicht beschrieben. Davon reden später die apokalyptischen Bilder. Aber eine Ahnung davon klingt schon hier an: Es ist ja nicht nur so, daß der Mensch nur in geschöpfliche Grenzen gewiesen wird, die mitunter auch schmerzlich sind. Diese Grenzen sind darüber hinaus beschämend. Kann der Mensch seine Grenzen akzeptieren, ohne sich in seiner Würde verletzt zu fühlen oder sich unwürdig zu verhalten? Es liegt eben auch ein Fluch über dem Ganzen. Kann die Sache gutgehen?

Die Vertreibung

Gott sprach: Wer hat dir gesagt, daß du nackt bist? Hast du nicht gegessen von dem Baum, von dem ich dir gebot, du solltest nicht davon essen? Da sprach Adam: Die Frau, die du mir zugesellt hast, gab mir von dem Baum, und ich aß. Da sprach Gott der Herr zu der Frau: Warum hast du das getan? Die Frau sprach: Die Schlange betrog mich, so daß ich aß.

Da sprach Gott der Herr zu der Schlange: Weil du das getan hast, seist du verflucht, verstoßen von allem Vieh und allen Tieren auf dem Felde. Auf deinem Bauche sollst du kriechen und Erde fressen dein Leben lang. Und ich will Feindschaft setzen zwischen dir und der Frau und zwischen deinem Nachkommen und ihrem Nachkommen; der soll dir den Kopf zertreten, und du wirst ihn in die Ferse stechen.

Zu der Frau sprach er: Ich will dir viel Mühsal schaffen, wenn du schwanger wirst; unter Mühen sollst du Kinder gebären. Und dein Verlangen soll nach deinem Manne sein, aber er soll dein Herr sein.

Zum Manne sprach er: ... Verflucht sei der Acker um deinetwillen! Mit Mühsal sollst du dich von ihm nähren dein Leben lang. Dornen und Disteln soll er dir tragen, und du sollst das Kraut auf dem Felde essen.

Im Schweiße deines Angesichts sollst du dein Brot essen, bis du wieder zu Erde werdest, davon du genommen bist. Denn du bist Erde und sollst zu Erde werden.

Vier Beobachtungen zu diesem Teil der Geschichte:

1. Die Scham wird nicht ausgehalten. So kommt es zu Schuldzuweisungen: vom Mann an die Frau, von ihr über die Schlange an Gott als deren Schöpfer. Dies sind uns vertraute Manöver. Sie zeigen die paradoxe Struktur, die bei destruktiver Abhängigkeit die Kommunikation kennzeichnet: Um selbst untadelig dazustehen und das Selbstbild, zu ›sein wie Gott‹, aufrecht zu erhalten, fühlt und gibt man sich verführt und also unfrei. Mit der Eigenständigkeit ist die Herausforderung verbunden, die Verantwortung für das eigene Verhalten zu übernehmen und sich damit auch der Spannung Initiative versus Schuld zu stellen. Aber die Scham verhindert diesen nächsten Schritt und stellt auch die Autonomie in Frage.

2. Die Frau wird nicht mit Unfruchtbarkeit gestraft. Auch dies wäre denkbar als Folge eines Fluches, wie Mythen und Märchen anderweitig erzählen. Hier ist nur von der Mühsal bei Schwangerschaft und Geburt die Rede, ein Ausdruck der ambivalenten Erfahrung, daß mit dem Glück auch Schmerzen verbunden sind.

Aber die unwürdige Abhängigkeit der Frau von dem geliebten Mann ist nicht eine Seite der ambivalenten Liebe, sondern deren Perversion. Liebe ist immer auch ambivalent. Sie ist befreiend und bindend, beglückend und enttäuschend usw. Und genau da, wo eine(r) diese Ambivalenz nicht ertragen kann und in unstillbarem Verlangen meint, »ich kann nicht ohne dich leben«, wird die Liebe zur Abhängigkeit mit der Struktur der Sucht pervertiert.

3. Auch der Acker wird durch den Fluch nicht unfruchtbar. Er wird die Menschen ernähren. Zugleich wird er Dornen und Disteln tragen. Hier drückt sich die Erfahrung der Ambivalenz menschlichen Arbeitens mit seinen Erfolgen und Fehlschlägen, seiner Freude und seiner Last aus. Darüber hinaus aber wird der Acker den Menschen an seine Sterblichkeit erinnern: »Du bist Erde und sollst zu Erde werden.« Und dies ist nicht nur schmerzlich, sondern es verletzt seine Würde. Derjenige, dem die Würde zugestanden worden war, zu »sein wie Gott«, ist doch sterblich wie jede andere Kreatur. So zeigt sich besonders an der Sterblichkeit des Menschen, wie das Leben außerhalb Edens nicht nur durch Ambivalenzen gekennzeich-

net ist, die eben auch schmerzliche Seiten haben. Diese Ambivalenzen können auch kränkend wirken.

Entsprechend widersprüchlich sind die Gesichter der Scham: Als gesunde Fähigkeit zur Scham hält sie das Bewußtsein wach für das mit der Autonomie verbundene Risiko. Ohne sie würden wir unverschämt oder schamlos. Als Gefühl verletzter Würde aber bringt sie die Versuchung mit sich, die beschämenden Grenzen abzuschütteln und von der Schlange mehr zu verlangen, als sie in Eden gegeben hatte: Macht auch über Gott. Die Schlange, die in den apokalyptischen Bildern später das Böse symbolisiert, ist bereit, auch soweit zu gehen. Dann genügt es nicht mehr, dem Menschen heilsame und beschämende Grenzen zu setzen. Er kann nur durch Erlösung von dem Bösen frei werden. Und der Tod erscheint dann nicht mehr als notwendige Grenze, sondern als »der letzte Feind, der vernichtet wird« (1.Kor 15,26).

4. Die Frau und der Mann werden den Ambivalenzen der geschöpflichen Abhängigkeit ausgesetzt. Sie werden nun mit den erfeulichen auch die schmerzlichen Seiten des Lebens erfahren. Aber das ist nicht alles. Auch ihre Würde ist damit infrage gestellt. Darin liegt wohl der Fluch, von dem unsere Geschichte erzählt. Auffällig ist: Sonst bedeutet ein Fluch eindeutig Verdammnis, ohne Raum für Ambivalenzen. So wäre hier zu erwarten, daß die Frau und der Acker zur Unfruchtbarkeit verurteilt würden. Aber davon ist keine Rede. Der Fluch trifft sie sozusagen auf einer tieferen Ebene: Wenn sie in den gesetzten Grenzen eine Verletzung ihrer Würde sehen, sind sie anfällig für die Versuchung, ihre Autonomie zu verspielen und in eindeutig destruktive Abhängigkeit zu geraten. Dann wird aus eifersüchtiger Liebe Eifersucht, ein Mittel der Herrschaft. Aus Arbeit wird ein Mittel des Strebens nach maßloser Verfügungsgewalt.

Anders die Schlange: Sie trifft der Fluch direkt und eindeutig: Sie wird verstoßen und beschämt. Ihr wird nur die destruktive Macht gelassen, die Nachkommen der Frau in die Ferse zu stechen. Die Frage sei erlaubt: Ist dies Gottes entscheidender Fehler? Den Menschen setzt er Grenzen, die das Risiko der Freiheit möglich machen. Die Schlange aber trifft ausschließlich Gottes Zorn. Und wer nicht getötet, aber verteufelt wird, gerät leicht wirklich in die Rolle des Teufels. Ist hier die Rolle vorprogrammiert, die die Schlange später in der Apokalypse spielen wird?

5. Scham als Thema der Seelsorge

Schwierigkeiten

Über Schuld ist nicht immer leicht zu reden. Aber realistisches Schuldbewußtsein läßt immerhin in der Spannung von Angst und Hoffnung an eine Begegnung denken. Scham mag zwar durch einen verständnisvollen Blick erträglich werden, sie läßt uns diesen Blick aber nicht suchen. – Als Schuldige fühlen wir uns auch durch ein richtendes Wort ernst genommen, falls es gerecht ist. Ehrlos aber würden wir einen unbestechlichen Blick als die Entlarvung und Bloßstellung empfinden, die wir gerade fürchten. Wollen wir dennoch irgendwie angesprochen werden? – Schuld verletzt eine Beziehung, aber nicht notwendig unsere Würde. Scham ist das Gefühl beschädigter Würde. – Schuld läßt uns um die Tragfähigkeit einer Beziehung fürchten. Scham läßt uns die Gemeinschaft fliehen, in der wir fürchten, nicht mehr ansehnlich zu sein.

Die Bibel spricht nirgends davon, daß Gott Schuld übersieht oder verbirgt. Sie erzählt davon, wie Menschen fürchten oder hoffen, daß für Gott offenbar ist, was den Mitmenschen oder sogar einem selbst verborgen bleiben kann. Anderes berichtet die Bibel von der Scham: Nachdem die Menschen sich ihrer Nacktheit bewußt geworden waren und ihre Blöße bedeckt hatten, stellt Gott sie zwar zur Rede, aber er deckt nicht ihre Blöße auf. Als er ihnen außerhalb Edens Grenzen setzt, die nicht nur Mühsal und Schmerzen bereiten werden, sondern als Verletzung der Würde empfunden werden können, gibt er selbst ihnen Felle zum Schutz ihrer verletzlichen Würde. Und Gott selbst entzieht sich nach dem 1.Mose 3 erzählten Vorfall dem Blick. Er redet und bleibt ansprechbar. Aber nicht einmal ein sichtbares Bild soll man sich von ihm machen. Selbst das nach der Gottesbegegnung glänzende Gesicht muß Mose vor dem Volk bedecken (2.Mose 34). Erst am Ende soll wieder gelten: »Seine Knechte werden ... sein Angesicht sehen« (Offb 22,4): Nachdem die Beziehung zwischen Gott und den Menschen brüchig geworden war, muß man sich auf das flüchtige Wort verlassen, mit Blicken würde man sich zu nahe kommen.

Es kann wohl nicht eine seelsorgerliche Aufgabe sein, Beschämendes zuzudecken. Es kann aber erst recht nicht darum gehen, alles ans Licht zu bringen. Dabei gilt das Paradox, daß ein Blick wohl eher aus Scham erlösen kann als ein Wort, und daß andererseits ein Blick viel zudringlicher sein kann als ein Wort, dem man sich leichter zu entziehen vermag.

Ein Beispiel

Ein etwa 60 jähriger Mann pflegte mit Freunden lange Wanderungen zu unternehmen. Er hatte einen verläßlichen Ortssinn und wußte Karten zu lesen. So pflegten die anderen sich ihm wie selbstverständlich als Führer anvertrauten. Er hatte die Rolle angenommen und wurde ihr gerecht. Umso peinlicher war es ihm, als sie sich eines Tages doch verirrten.

Wie hätten die Freunde sich verhalten können, um ihren Anführer aus der Peinlichkeit zu erlösen? Sie wußten nichts Besseres zu tun, als zuhause genüßlich von seinem – für sie eher abenteuerlichen als ärgerlichen – Mißgeschick zu erzählen. Das war dem Mann fast unerträglich. Hätte er mitlachen können, wäre es gut gewesen. Aber das konnte er nicht. Humor steht nicht immer zur Verfügung!

Es wäre verfehlt, hier von verletzter Eitelkeit zu reden. Hätte der Mann sich zum Leiter stilisiert, um sich als bewundernswert zu präsentieren, könnte man so urteilen. Aber von einem solchen ›Um – zu‹ sind hier ja allenfalls Spuren vorhanden. So würde der Begriff ›Eitelkeit‹ suggerieren, es sei moralisch verwerflich, sich bestimmter Leistungen und Fähigkeiten zu freuen und sich damit auch sehen zu lassen. So war wohl auch das genüßliche Lachen seiner Freunde nicht der verständliche Spott über einen Menschen, über dessen Eitelkeit oder Leichtfertigkeit man sich schon früher geärgert hatte. Es diente eher der Verdrängung des Schmerzes und der Scham darüber, daß sich unser aller Fehlbarkeit an Stellen zeigen kann, wo uns das besonders peinlich ist.

Es kam freilich etwas hinzu: Der Mann deutete sein Versagen – nehmen wir an mit Recht! – als Folge zunehmenden Alters. Älter werden bedeutete also nicht nur Zunahme an Weisheit und Erfahrung, sondern auch ein Nachlassen des Ortssinnes. Dies empfand er als Verletzung seiner Würde. Genau an dieser Stelle wird spürbar, was es bedeutet, daß in der Erzählung 1.Mose 3 ein Fluch verbunden ist mit dem doch ganz ›natürlichen‹ Schicksal: »Du bist Erde und sollst zu Erde werden.« Man mag dem Manne sagen, er müsse lernen, loszulassen und neue, seinem Alter gemäße, Entfaltungsmöglichkeiten zu entdecken. Da er nicht besonders eitel ist, weiß er das selbst. Voraussichtlich wird er seinen Weg auch finden. Es ist auch denkbar, daß er die beschämende Krise nicht ertragen mag. Dann müßte er den Freunden durch besonders beachtliche Leistungen beweisen, daß er immer noch ›der Alte‹ ist. So würde er sich wirklich in Selbstüberschätzung verwikkeln. Denkbar ist auch, daß er resigniert und sich zurückzieht. Dann erst würde der Mann beherrscht von Größenphantasien oder von Scham. Geschöpfliche Abhängigkeit würde zur destruktiven Abhängigkeit pervertiert. Nachdem er sich auf einem Ausflug verirrt hatte, hätte der Mann nun auf seinem Lebensweg eine gefährliche Richtung eingeschlagen.

Es handelt sich hier um eine kleine Begebenheit, an der sich die verschiedenen Arten der Scham beobachten lassen. Ihr Gewicht ist vorher nicht abzuschätzen. Es mag eine kleine Verlegenheit sein, über die man nach ein paar Stunden lächeln kann. Vielleicht vergißt man sie nach einigen Tagen. Trotzdem kann sie sich nach Jahren wieder peinlich in Erinnerung bringen. Diese Verlegenheit kann auch Symptom einer tiefen Krise sein. Und sie kann eine Wegscheide sein, von der aus man eine falsche Richtung wählt.

Die Erzählung 1.Mose 3 lädt uns ein, Autonomie und Scham als Gestalt unserer Gottesbeziehung zu sehen und so die Spannung zwischen beiden auszuhalten. Gott diskriminiert nicht die Eigenständigkeit, sondern erkennt sie an. Er setzt Grenzen, aber er achtet die Scham. Er belegt das Leben in den geschöpflichen Ambivalenzen außerhalb Edens mit einem Fluch, der in der peinlichen Verletzlichkeit der Würde besteht. Zugleich gibt er den Menschen Felle, die Blöße zu bedecken.

Unterschiedliche Symbole von Erlösung

Das Neue Testament spricht von Erlösung in zweierlei Weise. Es spricht von der Erniedrigung Gottes in der Gestalt des Christus. Und es spricht von der Vernichtung des Bösen durch die Macht Gottes oder des erhöhten Christus. Beide Symbole betreffen unsere Erfahrungen in der Spannung von Autonomie und Scham. Sie lassen uns auf unterschiedliche Verstrickungen aufmerksam werden und weisen auf Erlösung hin, die auf unterschiedlichen Wegen befreit.

Es gibt die Scham, auch ›nur‹ ein Mensch zu sein. Wer einmal ›etwas Besonderes‹ war, oder sich dies eingebildet hatte, mag nicht auf ›Normalmaß‹ zurückgestutzt werden. Wer einmal die ›Nr.1‹ war, findet es kränkend, nur noch ›Nr.2‹ zu sein. Und es gibt die Scham, anders zu sein als die anderen: Niedriger, unansehnlicher und weniger ehrenwert. Dies ist die Scham der Häßlichen, der Kranken, der Alten, der Arbeitslosen, der Gehemmten.

Der Scham, minderwertiger zu sein als die ›Normalen‹, entsprechen Symbole, die Erlösung darin sehen, daß Gott die Gestalt verletzlichen und beschädigten menschlichen Lebens annimmt. »Er war Gott gleich, hielt aber nicht daran fest, wie Gott zu sein, sondern entäußerte sich und wurde wie ein Sklave und den Menschen gleich«, heißt es von Christus (Phil 2). Schon im Alten Testament erscheint der Gottesknecht als »der Allerverachtetste und Unwerteste, voller Schmerzen und Krankheit. Er war so verachtet, daß man sein Angesicht vor ihm verbarg; darum haben wir ihn für nichts geachtet (Jes 53). Auf dem Hintergrund von 1.Mose 3 betrachtet, bedeutet das: Dort bedeckt Gott väterlich die Scham. Hier macht er sich den Beschämten brüderlich gleich.

Anders die Scham, eben doch ›nichts Besonderes‹ zu sein. Sie ist die Kehrseite der Größenphantasien. Dem entsprechen die Symbole, die apokalyptisch vom Kampf zur Vernichtung des Bösen erzählen. Und solange wir nicht Erlösung als Teilhabe an Christi Sterben und Auferstehen erfahren haben, ist offen, ob dieser Kampf etwa für uns tödlich enden wird. Auf dem Hintergrund von 1.Mose 3 betrachtet, bedeutet das: Dort setzt Gott dem Allmachtswahn Grenzen. Hier muß sterben, was sich zur zerstörerischen Herrschaft ausgewachsen hatte.

»Ich auch!« – Selbsthilfegruppen als Beispiel

Denken wir noch einmal an den Anführer, der den Weg verlor: Was wäre möglicherweise geschehen, wenn in der peinlichen Situation einer der Freunde erzählt hätte: »Neulich ging es mir – in dieser oder jener Situation – so, wie dir jetzt!«?

In Selbsthilfegruppen ist dies Methode. In dem oben erwähnten Therapiezentrum für Alkoholiker hat es mich in den ersten Tagen verwundert zu sehen, wie die Therapie zu einem wesentlichen Teil darin besteht, daß die Gruppenmitglieder einander die Geschichten ihres Leidens, ihrer Konflikte und – gegebenenfalls – ihrer Befreiung erzählten. Und immer wieder fiel der Satz: »We are all human beings«. Vorher hatte ich gerade gelernt, daß in Beratung und Seelsorge Verallgemeinerungen selten weiterführen. Das entsprach auch der Erfahrung, daß ich mich selbst meistens nicht ernst genommen gefühlt hatte, wenn auf meine Erzählung eines schmerzlichen oder erfreulichen Erlebnisses jemand mit dem Hinweis auf ähnliche eigene Erlebnisse reagiert hatte. Hier aber bewährt es sich offensichtlich.

Mir scheint: Angemessen sind solche Verallgemeinerungen, wenn wir es mit Erfahrungen von Scham zu tun haben.

Anders, wenn es z.B. um einen Konflikt im Zusammenhang von Initiative und Schuld geht. Da wird nach einem individuell verantwortbaren Weg gesucht. Auch in Gesprächen um Krankheit oder um andere Leiden geht es um das indivuelle Erleben, um die unverwechselbare Beziehung eines Individuums zu seinem Körper oder seiner Umgebung. Verallgemeinerungen müssen hier nivellierend wirken und können sogar verletzen. Ein scheinsolidarisches »Ich auch« schafft eher Distanz als Nähe.

Scham aber ist eben die Angst, in der Gemeinschaft nicht (mehr) ansehnlich zu sein. Als individuell wird gerade der diskriminierende Makel empfunden, und dieses individuelle Merkmal will man verstecken oder loswerden. Der Makel wird erträglich, wenn durch eine Gruppe oder durch den – authentischen, nicht künstlich konstruierten – Beitrag eines Gesprächspartners Solidarität konstituiert wird. Selbst der Satz »we are all human beings« ist dann nicht so trivial, wie er zunächst anmutet. Es schwingt ja Dreierlei mit: »Wir sind alle *nur* menschlich«, nämlich verletzlich und beschädigt. Und wir verlangen weder von uns noch von anderen Makellosigkeit. – »Wir alle sind *Menschen*«, deren Würde verletzlich, aber nicht verlierbar ist. – »Menschen sind wir *alle*«, niemand soll ausgeschlossen werden oder sich als ausgestoßen betrachten.

In den meisten Selbsthilfegruppen werden Ohnmachtserfahrungen zum Thema. Solidarität ist hier die erste Hilfe, die verspielte oder geraubte Autonomie zurückzugewinnen.

6. Die Bedeutung apokalyptischer Bilder

Eine Vorbemerkung für LeserInnen, die nicht theologisch ausgebildet und des Griechischen unkundig sind: ›Apokalypse‹ heißt ›Offenbarung‹, ›Aufdeckung (des Verborgenen)‹, also nicht ›Katastrophe‹. Apokalyptische Texte beschreiben nicht ausschließlich katastrophale Ereignisse. Die nehmen einen breiten Raum ein und gehören zu dem, was am meisten bekannt ist. So kommt es, daß volkstümlich und journalistisch die Begriffe ›Apokalypse‹ und ›apokalyptisch‹ einfach im Sinne von ›Katastrophe‹ verwandt werden. Man spricht dann von Bedrohungen oder Zerstörungen »apokalyptischen Ausmasses«. Damit umgeht man die Frage, ob solche Katastrophen uns die Augen öffnen. Dem biblischen Sprachgebrauch würde die Frage entsprechen, wieweit Offenbarung uns hilft, solchen Katastrophen nüchtern ins Auge zu sehen.

Die apokalyptischen Bilder und unsere Realität

Luther hat die Johannes-Apokalypse nicht geschätzt. »Es haben wohl Viele sich daran versucht, aber bis auf den heutigen Tag nichts Gewisses aufgebracht, etliche viele ungeschicktes Dinges aus ihrem Kopf hineingebraut«, schrieb er 1545. Noch härter hatte er 1522 geurteilt: »Mein Geist kann sich in das Buch nicht schicken, und mir ist die Ursache genug, daß ich sein nicht hochachte, daß Christus darin weder gelehrt noch erkannt wird« (WA 7, 404 u.408).

Merkwürdig! Denn gegen Erasmus von Rotterdam hat er ›De servo arbitrio‹, ›Vom geknechteten Willen‹, geschrieben und darauf bestanden, daß die entscheidende Frage nicht sei, wie frei oder unfrei unser Wille ist, sondern ob wir von Gott oder vom Teufel geritten werden: »So ist der menschliche Wille in die Mitte gestellt (zwischen Gott und Satan) wie ein Zugtier. Wenn Gott sich darauf gesetzt hat, will er und geht, wohin Gott will, wie der Psalm (Ps 73,22f) sagt: ›Ich bin wie ein Tier geworden, und bin immer bei dir.‹ Wenn Satan sich darauf gesetzt hat, will und geht er, wohin der Satan will. Und es steht nicht in seiner freien Entscheidung, zu einem von beiden Reitern zu laufen oder ihn sich zu verschaffen zu suchen, sondern die Reiter selbst kämpfen miteinander, ihn zu erlangen und zu besitzen« (WA 18,S.635).Die Apokalypse beschreibt nichts anderes.

Meine folgenden Darstellungen und Überlegungen wurden durch ein überraschendes Erlebnis ausgelöst: Um in einer Gruppe die Begegnung mit Texten aus der Johannes-Offenbarung zu erleichtern, hatte ich szenische Darstellungen und Identifikationsübungen entwickelt. Dabei brachten die Texte regelmäßig solche psychischen und sozialen Konflikte zu Bewußtsein, die durch Abhängigkeiten geprägt waren und suchtartige Strukturen erkennen ließen. Ich hatte das nicht vorausgesehen, schon gar nicht vorausgeplant. Diese Erfahrungen riefen dann meine Erlebnisse mit der Therapie von Alkoholikern in Erinnerung. Ich werde diese Übungen später genauer beschreiben.

Aufgrund dieser Eindrücke formuliere ich die These:

Die Apokalypse beschreibt in mythischen Bildern, was erfahrungsgemäß und unvermeidlich passiert, wenn wir in psychischer oder sozialer, individueller oder kollektiver Abhängigkeit vom Teufel geritten werden. – Und sie beschreibt, über die Erfahrung hinausgehend, was geschehen müßte und hoffentlich geschieht, damit der Teufel uns und die Schöpfung nicht wirklich zu Tode reitet.

Ersteres beschreiben die apokalyptischen Bilder nachprüfbarer Erfahrung entsprechend. Aber sie tun es nicht so, daß sie einfach abbilden, was ohnehin jedem vor Augen liegt. Sie beschreiben symbolisch die Realität, wie wir sie oft nicht wahrnehmen und nicht wahrhaben wollen, wenn wir uns hinwegtäuschen z.B. über die tödliche Dynamik einer Sucht oder die Bedrohlichkeit einer verhängnisvollen politischen Situation. So fordert die Apokalypse heraus, der Realität standzuhalten. Den Leidenden, denen die Brutalität des Bedrohlichen alle Möglichkeiten der Verharmlosung und Verdrängung genommen hat, ist sie zum Trost geschrieben.

Auch die Erlösung beschreibt die Apokalypse in plastischen, vorstellbaren Bildern. Sie sind unserer Phantasie zugänglich und unserem Gefühl. Aber solange noch die Möglichkeit zu billigerer Hoffnung besteht – und die besteht, solange wir leben – können wir skeptisch fragen, ob und wie denn Erlösung Realität werden könne. So wie der Mann in dem oben zitierten Gleichnis: Er sieht nur, daß es draußen regnet. Und da er sich nicht vorstellen kann, wie mit dem Regen auch noch etwas Erlösendes verbunden sein könnte, bleibt er im Haus und nimmt nicht wahr, wie das Dach brennt.

So ähnlich geht es uns, wenn uns die Rede von Gott allerlei Schwierigkeiten zum Trotz noch einleuchtet, während uns die Rede vom Teufel ganz fremd und abwegig klingt. Dabei ist die Macht des Destruktiven, die der Teufel symbolisiert, oft genug viel eindeutiger wahrnehmbar, als die Macht dessen, der ihm verläßlich Widerstand leisten könnte. Genauso beschreibt es die Apokalypse und rückt damit das Bild realistisch zurecht: Zwar läßt sie von Anfang an keinen Zweifel daran, daß Gott am Ende den Bösen vernichten wird. Aber während des Geschehens bleibt Gott lange Zeit im Hintergrund. Das Feld, auf dem die Menschen den Kampf erleiden, gehört zunächst dem Teufel. Nur gelegentlich greifen Gottes Engel ein. Und zuweilen ist deren Wirken dem Wirken der Heere des Satans zum Verwechseln ähnlich. Den Lebenden mögen Gottes Macht und Verläßlichkeit gewiß oder fraglich sein. Die Macht des Teufels ist unübersehbare Realität, man mag sich allenfalls darüber hinwegtäuschen, daß sie satanisch ist.

Die Wahrheit der mythischen Bilder erschließt sich nicht, wenn wir philosophisch, theologisch, psychologisch oder anderweitig allgemein und grundsätzlich nach der Freiheit oder Unfreiheit des Menschen fragen, oder nach Sinn und Unsinn des dualistischen Weltbildes. Sie erschließt sich, wenn wir uns auf Erfahrungen von Unfreiheit, Zerrissenheit und Erlösungsbedürftigkeit aufmerksam machen lassen, die nur in dualistischen Bildern zu beschreiben sind.

Dabei gehe ich von der Voraussetzung aus, daß die Apokalypse nicht die ganze Wahrheit sagt. Die Bilder vom Kampf zweier Mächte um uns haben keinen Raum für Erfahrungen von geschöpflicher Abhängigkeit und von Verantwortlichkeit und Schuld. Diese gehören auch zu unserer Realität.

Aber es gibt verhängnisvolle Verstrickungen, in denen es um einen Kampf auf Leben und Tod geht, und aus denen uns nur Erlösung als Sterben und Auferstehen heraushelfen kann. Die Frage ist, wie umfassend solche Verstrikkungen unser Leben bestimmen. Es kann immerhin sein, daß sie so mächtig und umfassend sind, daß die apokalyptischen Bilder eher als andere Symbole die Wahrheit umfassend beschreiben. Davon gehe ich nicht aus, aber ich rechne mit der Möglichkeit. Einer Antwort auf diese Frage kommen wir am ehesten näher, wenn wir nicht die Bilder der Apokalypse an unserer Realität messen, sondern unsere Realität an diesen Bildern.

Dunkelheit und Deutlichkeit der apokalyptischen Bilder

Die apokalyptischen Bilder sollen – wie der Name sagt – aufdecken, was im Dunkeln liegt. Gleichzeitig erscheinen sie uns an vielen Stellen selber dunkel und rätselhaft. Zuweilen geben sie sich selbst als verschlüsselte Botschaft, die nur Eingeweihten zugänglich sein soll. So ist zu fragen, in welchem Maße auch für die apokalyptischen Bilder gelten kann, was ich für die anderen Symbole zum hermeneutischen Prinzip gemacht habe: Nicht die Symbole sind zu entschlüsselnde Rätselrede, sondern unser Leben ist voller Rätsel, und die Symbole bieten uns Schlüssel an.

Für die apokalyptischen Bilder gilt beides:

Wer es unternimmt, die Apokalypse zusammenhängend zu lesen, wird inkonsequente Gedankengänge finden, manche Bilder werden dunkel bleiben, manche Details – z.B. die Zahlensymbolik – kann ratlos machen. Und auch wissenschaftliche Forschung kommt zu unterschiedlichen Erklärungen.

Andererseits haben gerade die mythischen Bilder der Apokalypse im Laufe der Geschichte nicht nur Wissenschaftler und Grübler interessiert. Sie haben auch die Volksfrömmigkeit geprägt. Besonders in Krisenzeiten haben diese Bilder sich als Ausdruck der Ängste und Hoffnungen der Leute angeboten. Als um 1985 die Nachrüstungsdebatte im Gange war und gleichzeitig AIDS als alle bedrohende Gefährdung erschien, ist auch in unseren Zeitungen von den »apokalyptischen Reitern« die Rede gewesen.

Auch zum Mißbrauch waren die Bilder wohlfeil. Sie haben nicht nur geholfen, den Teufel zu entlarven. Sie haben auch dazu gedient, Menschen und Dinge zu verteufeln. Sie haben nicht nur in Kriegszeiten dem Schrecken Ausdruck verliehen und Hoffnung gestärkt. Sie mußten auch dazu herhalten, Auseinandersetzungen als Kreuzzüge zur Ausrottung des Bösen zu rechtfertigen. Sie haben nicht nur den Sinn für die Realität geschärft, sie haben auch zum Fanatismus beigetragen. Diese Symbole haben seelsorgerlich gewirkt, und sie haben Seelen verletzt. Aber das gehört zur Natur der Sache: Am Mißbrauch der Bilder hat wohl der Teufel besonderes Vergnügen.

Das bedeutet für die Seelsorge: Wir müssen mit diesen Symbolen besonders behutsam umgehen. Die Bilder haben ihre Macht immer wieder bewiesen. Es hat keinen Sinn, sie zu verstecken, weil sie vermeintlich heute keinen mehr interessieren, oder weil sie zu gefährlich sind. Zugleich dürfen wir nicht vergessen, wie groß die Versuchung ist, die Bilder demagogisch zu mißbrauchen.

7. Zum seelsorgerlichen Gebrauch der Johannes-Offenbarung

Praktische Erfahrungen im Gebrauch dieser Texte

Die Bilder erschließen sich leichter, wenn man auch das mythische Weltbild in der Phantasie entstehen läßt, das symbolische Aussagekraft hat. Dies mag ein Erfahrungsbericht von der oben schon angedeuteten Gruppenarbeit erläutern:

Ich hatte die Aufgabe übernommen, im Rahmen einer Tagung mit Methoden des Bibliodrama Texte der Apokalypse in spielbare Szenen umzusetzen. Ich hatte mich dazu bereit gefunden, weil ich mit solchen Methoden viel Erfahrung habe, und weil mich diese Texte reizten. Vorher hatten sie mir eher fern gelegen. Je näher die Tagung kam, umso unsicherer wurde ich: Wie kann man diese gewaltigen Bilder in ein Spiel umsetzen, ohne daß daraus Klamauk entsteht?

Um mich zu orientieren und meine Phantasie anregen zu lassen, habe ich mir zunächst durch eine Graphik anschaulich gemacht, von welcher Stelle dieser mythischen Welt aus wer agiert, von woher sich wessen Angriff gegen wen richtet usw. Das hat mir noch nicht den Sinn des Dramas erschlossen, aber seine Dynamik. Es hatte Gestalt gewonnen. Es war dann leicht, daraus sehr einfache Bewegungsübungen abzuleiten:

Ich baute das Weltbild auf mit den einfachen Mitteln, die in einem Tagungsraum zur Verfügung stehen: Tische und Stühle. Ich stellte einige Tische zusammen. Ihre Oberfläche sollte die himmlische Welt darstellen. Dann stellte ich leere Stühle auf, die die Positionen markierten, von denen aus in den Geschichten gehandelt wird: Im Himmel der Thron Gottes, die Position seiner Engel, die des Drachen. Auf der Erde zwei Arten von Stühlen: Positionen der Erwählten und der anderen Geschöpfe, noch einmal ein Platz für den Drachen usw.

Die Teilnehmer und Teilnehmerinnen saßen zunächst im Kreis.Ich las ihnen die Vision der sieben Posaunen vor, die ich als Text für die erste Sitzung gewählt hatte. Danach bat ich sie, sich einen der Stühle auszuwählen, um den Text dann in dieser Position – als Engel oder Mensch, Gott oder Tier usw. – noch einmal auf sich wirken zu lassen. Ich las den Text mehrere Male, dazwischen konnte man die Position wechseln. Gleichzeitig hatte ich die Leute angeregt, während des Hörens pantomimische Bewegungen zu machen, falls sie sich durch den Text dazu angeregt fänden. Diese Bewegungen sollten zurückhaltend sein, auf keinen Fall sollten daraus Interaktionen und dramatische Handlungen entstehen.

Die Wirkung war verblüffend: Die Leute waren in hohem Maße bewegt und nachdenklich. Die Zeit reichte kaum, die Fülle der ausgelösten Gedanken, Gefühle und Phantasien und ihre Korrespondenz zu Erfahrungen aus dem psychischen und sozialen Leben zu besprechen. Dabei hatte ich im Grunde nichts weiter getan, als einen – vermeintlich so unzugänglichen – Text wiederholt zu lesen. Das Arrangement und die Bewegungen haben diese Wirkung sicher unterstützt. Aber während sonst bei solchen Übungen das Rollenspiel mit seinen Bewegungen und Begegnungen wesentlich dazu beiträgt, neue Aspekte und Dimensionen eines

Textes wahrzunehmen, hatte hier der unkommentierte Text selbst seine Wirkung getan, nachdem seine mythische Bildwelt anschaulich geworden war.

Am Ende lasen wir den Text noch einmal, um nachzusehen, was wir beim ersten Hören oder dann bei der Besprechung übergangen oder umgebogen hatten. Es lohnt sich, den Gründen für solchen unbewußten Widerstand nachzuspüren.

Ich habe von dieser Meditationsübung nicht so ausführlich berichtet, um zu ihrer Imitation anzuregen. Ich will vielmehr zum Lesen der Texte animieren. Und ich hoffe, daß diese Darstellung die Phantasie anregt und Sensibilität dafür vermittelt, wie man solche Texte lesen kann. Man muß nicht solche Übungen machen. Man kann aber in einer den Übungen entsprechenden Haltung die Texte wahrnehmen. Es geht darum, nicht nur nach der Bedeutung zu fragen, sondern die Bildwelt auf sich wirken zu lassen.

Es empfiehlt sich, die Texte mehrmals zu lesen. Man identifiziert sich beim Lesen ja automatisch mit einer der darin beschriebenen Personen oder Instanzen. Dem Mißbrauch des Textes wirkt es entgegen, wenn man sich danach versuchsweise mit den anderen identifiziert. Sonst glaubt man womöglich, dem Teufel auf die Spur gekommen zu sein, und geht ihm dabei auf den Leim: Man meint vielleicht, ihn in sich selbst entdeckt zu haben – und dabei ist er außen viel kräftiger am Werk – oder umgekehrt. Oder man findet möglicherweise, eine Aggression sei satanisch – dabei geht sie von Gottes Thron aus – oder umgekehrt.

Beispielhafte Texte

Drei Texte erscheinen mir für unseren Zusammenhang besonders aufschlußreich: Das Bild von der Frau und dem Drachen und dem anschließenden Kampf zwischen Michael und dem Drachen, vier der sieben Posaunen, die Vision des Neuen Jerusalem. Die folgenden Gedanken gehen auf Erfahrungen aus der beschriebenen Gruppenarbeit zurück.

Ich benutze die Übersetzung von Walter Jens: »Das A und das O – Die Offenbarung des Johannes«. In seiner Sprache werden mir die Bilder besonders anschaulich. Der Text ist in Versform gedruckt. Hier markieren Gedankenstriche, wo bei Jens eine neue Zeile beginnt.

> Die Frau und der Drache
> Michael und der Drache (Offb 12)
>
> Da! Das Zeichen! – Die Himmelserscheinung! – Ein riesiges Mal tat sich auf, – und sichtbar wurde: – die FRAU, – umstrahlt von der Sonne, – der Mond: zu ihren Füßen, – auf ihrem Haupt – ein Kranz aus zwölf Sternen. – Ihr Leib war gewölbt: – sie ist schwanger, – die Frau, – sie schreit in Kindsnot, – gequält von den Wehen – und der Not des Gebärens.

Und da! Das andere Zeichen! – Ich sage Euch, und das ist wahr: – Ein riesiger Drache erschien – in roten Flammen, – ein Tier, das sieben Schädel hatte, – zehn Hörner und sieben Diademe auf seinen Köpfen. – Sein Schweif peitscht – ein Drittel der Sterne vom Himmel – und schleudert sie auf die Erde. – Doch schon tritt der Drache – ihr gegenüber, – auf die Frau zu, die gebären soll, – und wartet auf ihre Not, – um das Kind zu verschlingen.

Die Frau aber gebar ein Kind, – einen Sohn, der einmal – mit eisernem Stab in der Hand – die Erdenvölker weiden soll. – Und das Kind ist bewahrt! – Entrückt zu Gott und seinem Thron! – Und seine Mutter: In die Wüste geflohen, – an einen Ort, – den Gott ihr zubereitet hat. – Behütet sollte sie sein – und, für zwölfhundertundsechzig Tage, – mit Nahrung versorgt.

Fünf Gedanken dazu:

1. Meistens stellen sich beim Bild der Frau zuerst Erinnerungen oder Erwartungen im Zusammenhang von Schwangerschaft und Geburt ein: Freude, Schmerzen, Angst, auch Trauer darüber, daß das Kind nur leben kann, wenn es von der Mutter getrennt wird. Zugleich läßt das Bild der ›Himmelskönigin‹ ahnen oder spüren, welche wunderbare Schönheit und Würde mit der Mutterschaft verbunden sind.

Leider ist da auch der Drache. Für manche Frauen ist es eine erschreckende Erfahrung, daß sie sich auch mit ihm ganz gut identifizieren können. Sie entdecken ihn in sich selbst.

Auch normalerweise ist Liebe mit Aggression verbunden. Das macht die Ambivalenz einer nahen Beziehung aus. Aber von so Normalem redet die Apokalypse nicht. Die Frau und der Drache stehen sich unversöhnlich gegenüber. Dieses dualistische Symbol beschreibt nicht die Ambivalenz einer von Zuneigung und Aggression geprägten Beziehung. Es beschreibt die polare Spannung von Liebe und Haß. Solcher Haß ist in eine Beziehung nicht mehr zu integrieren. Ein haßerfüllter Feind kann von außen kommen. Wo wir aber entdecken, daß wir uns mit der Frau und mit dem Drachen identifizieren können, wird uns bewußt, daß wir diese Spaltung in uns selber tragen, zumindest die Möglichkeit zu ihr. So kann es zum Kampf auf Leben und Tod kommen. Sei es, daß Mütter und Väter direkt dem Haß verfallen und ihr Kind mißhandeln oder umbringen. Sei es, daß sie dem Haß durch Liebe entfliehen zu können meinen. Dann erdrücken sie ihr Kind vielleicht durch Liebe.

Angesichts dieser Ahnung oder Erfahrung erscheint dann die im Symbol beschriebene Bewahrung des Kindes nicht nur als Trennung, die wir in der Ambivalenz von Freude und Schmerz erleben. Sie erscheint als seine Erlösung von uns.

2. Das Bild läßt kaum bei Assoziationen an private Konflikte stehenblei-

ben. Die Anklänge an die Weihnachtsgeschichte sind kaum überhörbar – und sie lassen an den Kindermord von Bethlehem denken. Der lenkt die Aufmerksamkeit eher auf politische Konflikte. Natürlich läßt sich Herodes auch in uns aufspüren, aber die politische Dimension bringt sich schneller zur Geltung. Auch ohne den Umweg über die Weihnachtsgeschichte kann das apokalyptische Bild an Kinder denken lassen, deren Leben durch politische Gegebenheiten bedroht ist.

Und wiederum: Daß Gesellschaften Kinder nicht nur pflegen und nähren, sondern auch einengen und ihnen vieles schuldig bleiben, ist normal. Es gehört zu den Ambivalenzen des geschöpflichen Lebens, daß ein Kind an einer Krankheit stirbt oder infolge eines Verkehrsunfalles. Aber gehört es auch noch in den Bereich der Ambivalenzen, wenn die Verkehrsplanung kaum an Kinder denkt? Oder wenn Kinder anderswo in riesiger Zahl verhungern, während wir eher am Überfluß leiden? Dagegen weiß niemand ein wirksames Rezept, und wir sollten uns nicht zu schneller Verteufelung dieses oder jenes Schuldigen verführen lassen. Aber dadurch wird der Sachverhalt nicht erträglich. Die Ratlosigkeit kann vielmehr den Verdacht nähren, daß wir es mit einem Verhängnis zu tun haben.

3. Das Symbol berührt auch innerseelische Konflikte: Manches will in uns geboren werden. Oft sind mit dem, was wir in uns ›ausbrüten‹, Hoffnungen auf Selbstentfaltung und Angst vor ihr verbunden: Die Spannung von Autonomie und Scham. Wir nähren unsere Träume und sie beleben uns. Zuweilen ärgern wir uns auch über manche Regungen, die in uns zur Entwicklung drängen, und die, wie ein unbändiges Kind, keine Ruhe geben. Auch hier kommt es vor, daß die Ambivalenz nicht ausgehalten wird. Dann kann daraus die polare Spannung von Selbstverliebtheit und Selbsthaß entstehen: Der Drache will auch diese ›Kinder‹ verschlingen. Manchmal schafft er es.

4. Die Apokalypse beschreibt, wie das Kind bewahrt wird. Damit stiftet sie Hoffnung. Aber sie sagt das von dem Kind der himmlischen Frau, das einmal zum Erlöser werden soll. Realistischerweise beschreibt die Apokalypse damit, daß nicht alle irdischen Kinder an der Bewahrung und Erlösung dieses Kindes teilhaben werden.

5. Die mythische Erzählung läßt uns an konkrete Erfahrungen denken. Zugleich weist sie uns über diese hinaus. Schon indem sie uns gleichzeitig mit Erfahrungen in allen Lebensbereichen in Berührung bringt, macht sie spürbar, wie alles miteinander verwoben ist in einer Vielfalt, die mit nüchternen Worten nicht mehr zu beschreiben ist. Sie läßt uns erkennen oder wenigstens ahnen, daß Mächte miteinander streiten, denen es um die ganze Schöpfung geht. Sie streiten sich auch um uns. Und umgekehrt: Indem sich in uns etwas streitet – nicht im Sinne des normalen Streites von Liebe und Zorn, sondern im Sinne des unversöhnlichen Gegensatzes von Liebe und Haß – sind wir in den Streit dieser Mächte verwickelt.

Und schon brach der Kampf aus, – der Krieg in den Himmeln. – Michael und seine Engel – kämpften gegen den Drachen, – und der Drache, mit seinen Engeln, – kämpfte gegen Michael. – Aber zu siegen war er zu schwach: – Keine Stätte war mehr für den Drachen und seine Engel, – kein Ort in den Himmeln. – Hinab auf die Erde – wurde der mächtige Drache geworfen, – die uralte Schlange, – die Teufel heißt und Satanas, – Mordengel der Welt, – Verderber der Menschen, – und seine Boten – wurden hinabgeschleudert mit ihm.

Ich aber hörte die große Stimme am Himmel, – die rief: – Angebrochen sind nun die Tage des Heils. – O Stunde der Rettung! – .... – Glücklich! Glücklich die Himmel! – Glücklich alle, die in ihm wohnen . – Und wehe! Wehe Euch, Erde und Meere! – Der Teufel kam zu Euch hinab, – und seine Wut ist groß. – Er weiß: Die Frist ist kurz, – die ihm gegeben ist.

Drei Bemerkungen zu diesem Bild:

1. Im Himmel ist also Ruhe, und die Himmlischen preisen sich glücklich. Die Irdischen sind dem Drachen ausgesetzt.

In dieser Erzählung geht es um Ohnmacht. Die wird nicht durch Gott bewirkt. Gott bleibt ganz im Hintergrund, er tut nichts. Michael und der Drache führen den Kampf. Hätte Gott nicht selbst eingreifen und den Drachen ganz vernichten können? Die Frage ist müßig: Es gibt Situationen, in denen man destruktiven Kräften wehrlos ausgeliefert ist. Es tut weh, wenn man es erleidet. Es tut weh, wenn man ohnmächtig zusehen muß. Die Himmlischen wissen immerhin um diesen Schmerz.

Solche Erfahrungen sind vielleicht mit der Angst verbunden, von Gott verlassen oder vergessen zu sein. Sie sind kaum verbunden mit dem Gefühl, von seiner Macht erdrückt zu werden. Es sind Situationen, in denen nichts anderes sinnvoll ist als das Gebet: »Erlöse uns von dem Bösen. Dein Wille geschehe, wie im Himmel, so (nun auch) auf Erden.«

2. War es beim ersten Bild für manche Frauen überraschend, daß ihnen auch der Drache zugänglich war, so entdecken nun bei diesem Bild die Männer, daß sie auf beiden Seiten stehen, sich mit Michael wie mit dem Drachen leicht identifizieren können. Oder mit deren Soldaten.

Aber da ist ein Unterschied: Durch das erste Bild angesprochen, fanden die Frauen in sich die Wut des Drachen und die Liebe der Mutter. Hier empfanden die Männer auf beiden Seiten das Gleiche: Lust am Kämpfen. Auch manchen Frauen war dies nicht fremd. Nun ja: Wo Krieg ist, kann man sich wohl kaum entziehen. Und vieles deutet darauf hin, daß er nicht nur Leid bereitet, sondern auch Lust, und daß dies auch relativ unabhängig davon ist, ob man für eine gute oder eine böse Sache kämpft.

3. Michael und der Drache kämpfen, die Menschen werden nicht um Beteiligung am Kampf gegen den Bösen gebeten. Wer meint, mit physischen oder geistigen Waffen kämpfen zu können, um das Böse aus der Welt zu

schaffen, reiht sich damit automatisch in die Heerscharen des Drachen ein, dessen Herzöge zuweilen in der Maske des Lammes erscheinen (Offb 13): Man kann gegen Unrecht kämpfen, nicht gegen den Bösen oder das Böse.

Zum Beispiel:

Es gibt Krankheiten, die schneller heilen, wenn man ihnen den Willen zur Genesung entgegensetzt. Andere Krankheiten verlieren an Aggressivität, wenn man ihnen möglichst wenig Aufmerksamkeit widmet und aufhört, gegen sie anzukämpfen.

Die Voraussetzung für eine Wende in der Suchttherapie ist das Eingeständnis der Ohnmacht und die Aufgabe des Kampfes, der doch nur in aussichtslosen Vorsätzen bestünde.

Was bedeutet das für das Verhalten in verhängnisvollen politischen Situationen? Ich zögere, hier einen entsprechenden Schluß zu ziehen. Aber es gibt Situationen, in denen es keine dritte Rolle gibt neben denen von Täter und Opfer, und in denen nur Kapitulation sinnvoll ist.

Die sieben Posaunen (Offb 8)

Ich beschränke mich auf vier dieser sieben Visionen. Vorangeht die Öffnung der sieben Siegel. Die Öffnung des siebenten Siegels löst das Blasen der Posaunen aus.

Dann aber, – als das Lamm das letzte: das siebente Siegel zerbrach, – wurde es still unter den Himmeln, – und die Zeit rührte sich nicht. – Da sah ich, – wie sieben Engel vor Gottes Thron standen: – die hatten Posaunen in ihren Händen, – und ein achter Engel stellte sich – mit einer goldenen Pfanne vor den Altar – und erhielt Weihrauch, – reiches Räucherwerk, – damit er es, – als Zeichen des Großen Gebetes, – auf den Goldaltar stelle, – nahe dem Thron. – Und der Rauch aus der Opferpfanne, – ein Gebet der Frommen, – stieg aus der Hand der Engel zu Gott empor. – Dann aber nahm der Engel die Pfanne, – füllte sie mit feuriger Glut vom Altar, – warf sie zu Boden: – Welch ein Getöse! Grollen und Donnern, – Blitze und Beben! – Das Zeichen für die Engel, Posaune zu blasen.

Die erste Posaune! – Hagel und Feuer, – vermischt mit Blut, – stürzte zu Boden. – Ein Drittel der Erde, – ein Drittel der Bäume verbrannte, – und das Gras, das einmal grün gewesen war, – wurde Asche.

Die zweite Posaune! – Ein gewaltiger Brocken, – wie ein Fels sah er aus, – der in Feuerstürmen zerbricht, – wurde ins Meer gestürzt. – Ein Drittel des Meeres war Blut. – Ein Drittel der Fische kam um: – Kein Leben mehr unterm Wasser. – Ein Drittel der Schiffe wurde vernichtet.

Die dritte Posaune! – Ein gewaltiger Stern, – brennend wie eine Fackel, – fiel, vom Himmel herab, – auf ein Drittel der Flüsse und Quellen. – Der

Stern heißt: Absinth. – Da wurde ein Drittel des Wassers zu bitterem Trank, – und die Menschen gingen, als sie ihn kosteten, – erbärmlich zugrunde: – Das Wasser war giftig geworden.

Die vierte Posaune! – Ein Drittel der Sonne, ein Drittel des Mondes, – ein Drittel der Sterne wurde zerstört: – Himmelshelle, Tag und Nacht – waren, zu einem Drittel, finster geworden. – Da schaute ich auf – und hörte, wie ein Adler, – hoch im Zenit den Himmel durchfliegend, aufschrie: – Weh! Wehe! Wehe Euch allen, die Ihr die Erde bewohnt. – Weh! Noch stehen drei Engel bereit: – Dreimal noch, – wehe Euch, – wird die Posaune ertönen.

Auch innerseelische Konflikte werden durch diese Bilder berührt. Aber sie treten selten in den Vordergrund des Bewußtsein. Diese Bilder lenken unseren Blick eher nach außen. Zu deutlich drängen sich Gedanken an die Zerstörung der Erde auf. Zwar finden sich auch in unserem Inneren Hagel, Feuer und Gift. Aber uns ist nur allzu leicht vorstellbar geworden, daß der Erde wirklich geschieht, was hier beschrieben ist. Vorboten und Anfänge davon haben wir auch schon auf dem Fernsehschirm gesehen oder im Krieg erlebt. Auch frühere Generationen kannten Erdbeben und Fluten, Feuersbrünste und Seuchen. Aber eine Katastrophe der hier beschriebenen Art konnten sie sich nur vorstellen als Wirken göttlicher oder teuflischer Mächte. Wir wissen um unsere Beteiligung.

Aufgrund dieses Wissen wecken die Bilder auch Schuldgefühle. Aber die sind nicht sehr stark. Das Symbol spricht nicht von Schuld. Sehr plastisch beschreibt es, wie die Zerstörung von oben kommt. Hört man den Text aus der Position der Menschen oder der Natur, findet man sich die Katastrophe erleidend. Nur in der Position der Engel kann man etwas von aktiver Beteiligung spüren. Dabei kommt es gelegentlich vor, daß sich Mitleid oder Schuldgefühle zaghaft melden. Und es stellt sich bald heraus, daß man sie aus anderweitigen Erfahrungen ins Erleben dieses Textes hineingetragen hatte. Ins Bewußtsein tritt der Eindruck, daß man hier etwas vollzieht, was unserer Willensentscheidung entzogen ist. Was man dabei erlebt, übersteigt den Rahmen der uns vertrauten Gefühle.

Vom Throne Gottes aus und von seinen Engeln werden die Posaunen geblasen. Nicht von denen des Drachen. Und vorher wurde ein Gottesdienst gefeiert! Das wirft die Frage auf, ob wir uns vorzustellen bereit sind, daß ein katastrophales Geschehen die unvermeidliche Voraussetzung erlösenden Heils sein kann. Ob es uns gefällt oder nicht: Es gibt solche Erfahrungen. Dieses Bild läßt an Situationen denken, in denen absehbar war, daß eine Wende zum Besseren realistisch nur nach einer Katastrophe erwartet werden kann, falls es nach der Katastrophe noch eine Zukunft gibt. Das Symbol weist darauf hin, daß es Verwicklungen gibt, angesichts derer allein die Haltung angemessen ist, die ich als schwer erträgliches Paradox beschrieben habe: Erwarten, was man nicht wünschen kann. Hoffen, womit man nicht rechnen darf.

Die Stimmung, die dieses Symbol auslöst, ist anders als die Stimmung, die angesichts der Bedrohung durch den Drachen aufkommt. Es ist die Stimmung, die wir erleben, wenn wir angesichts einer Katastrophe soweit gekommen sind, das wir sagen können: Es ist, wie es ist.

Die vom Drachen ausgehende Bedrohung drängt uns die Frage auf: »Wie kann Gott das zulassen?« Mit dem Satz »Es ist, wie es ist« haben wir solches Fragen und Hadern hinter uns. Dann können sich Klarheit und Gelassenheit einstellen, vielleicht unerwartete neue Kreativität. Diesen Unterschied beschreiben die Symbole, die einmal die Zerstörung vom Drachen ausgehen lassen, ein andermal von Gottes Thron. Beide Erfahrungen sind unserem Bewußtsein zugänglich.

Das neue Jerusalem (Offb 21)

Und ich sah einen Neuen Himmel – und sah die Erde, die neu war; – denn vergangen ist der erste Himmel, – vergangen die erste Erde, – und auch das Meer ist nicht mehr. – Gesehen habe ich die Neue Stadt, – das Heilige Jerusalem, – herniedergekommen, – von Gott gesandt – aus den Himmeln – und geschmückt wie eine Braut, – ein schönes Kind, – das seinen Bräutigam erwartet: – Komm, Du! Laß mich nicht allein!

Und ich hörte, vom Thron her, – eine gewaltige Stimme, – die sprach: – Ich sage Dir, und das ist wahr: – Gott hat sein Zelt aufgeschlagen – unter den Menschen. – Und er wird mit ihnen wohnen, – und sie werden sein Volk sein, – und Gott selbst ist bei ihnen – und wird abtrocknen die Tränen in ihren Augen, – und Tod wird nicht mehr sein – und auch kein Weinen, keine Trauer, keine Mühsal mehr: – denn die alte Zeit ist vergangen.

Und dann sprach er zu mir – Er! Zu Johannes! – und rief: Ich sage Dir, und das ist wahr: Neu mache ich alles.

Hier endlich wird Gott aktiv werden: Er wird die Tränen abtrocknen.

Dieser Text ist immer noch vielen Menschen vertraut. Er vermag auch ohne seinen apokalyptischen Kontext zu wirken. Sicherlich wirkt er in seinem Zusammenhang anders, weil man weiß, was es mit den Tränen auf sich hatte. Hier beschreibt das Symbol Erlösung, nachdem mit dem Drachen auch der Tod als »der letzte Feind« vernichtet worden war.

Aber die Bilder dieses Textes sind auch Menschen zugänglich, die in geschöpflicher Angst an ihren Tod denken. Oder die damit die Sehnsucht verbinden, aus den geschöpflichen Ambivalenzen frei zu werden. Der Tod hat viele Gesichter. Er ist uns auch mit unterschiedlichen Gesichtern im Bewußtsein. Dementsprechend unterschiedlich sind die Gestalten der Hoffnung. Dieses Symbol gibt vielen von ihnen Raum.

8. Die Struktur der apokalyptischen Symbole

Determinismus

In den apokalyptischen Bildern ist der Lauf der Dinge festgelegt. Die Katastrophe ist unabwendbar. Es bleibt kein Raum für veränderndes und gestaltendes Handeln der Menschen.

Im Unterschied dazu rechnen die alttestamentlichen Propheten mit einem Spielraum. Auch die Propheten betrachten die Geschichte als eine Veranstaltung Gottes. Er hat seinen Heilsplan, den er in einen Unheilsplan verwandeln kann. Die Propheten sagen künftiges Unheil an als Gottes Gericht. Sie tun es aber mit dem Ziel, das Unheil abzuwenden. Sie hoffen, daß die Menschen und Gott sich bewegen lassen.

Bei den Propheten geht es um Gerechtigkeit und Schuld, um Gericht und Gnade. In der Apokalyptik geht es um Macht und Ohnmacht. Dies ist der entscheidende Unterschied. Diesen Unterschied will man überspielen, wenn man die apokalyptischen Mythen und Symbole gebraucht, ohne ihren Determinismus zu übernehmen. Das geschieht häufig: Man bedient sich apokalyptischer Bilder, um Angst oder Zorn zu mobilisieren. Dies ist verwerflich. Wenn man diese Bilder aufgreift, weil sie sich zur Expression von Angst und Hoffnung anbieten, so ist das weniger verwerflich. Man entzieht sich aber ihrer Wahrheit, wenn man nur ihren expressiven Bildgehalt schätzt, ihre deterministischen Züge aber scheut, etwa aus Angst vor vermeintlichem Fatalismus.

In Situationen, in denen verantwortliches Handeln geboten und möglich ist, soll man apokalyptische Symbole gar nicht gebrauchen. Sie könnten dann nur lähmen oder zu Fanatismus verführen. In Situationen aber, in denen nichts Aussichtsreiches zu tun ist, weil alles, was man unternimmt, die Sache verschlimmert, können uns apokalyptische Texte Deutung bieten. Gerade durch ihren Determinismus helfen sie, nüchtern und realistisch zu sehen, wie unser Wille korrumpiert oder unser Handlungsspielraum von außen unter ein erträgliches Minimum reduziert ist.

Dualismus

Die apokalyptischen Symbole beschreiben einen Kampf zwischen Gott und seinem Widersacher. Im Hintergrund steht ein dualistisches Wirklichkeitsverständnis.

Es handelt sich insofern um einen eingeschränkten Dualismus, als nicht mit einer unentschiedenen oder immerwährenden Antagonie zweier gleich starker Mächte gerechnet wird. Die apokalyptischen Mythen und Symbole lassen keinen Zweifel daran, daß Gott am Ende siegen wird. Sie beschreiben den Kampf eindeutig als Teil der Heilsgeschichte. Aber es ist kein Scheingefecht: Verführungskraft und Bedrohlichkeit des Bösen sind real. Sie können tödlich sein. Sofern wir als Geschöpfe diesen Kampf erleiden oder in ihn verwickelt sind, ist die Frage, wer am Ende der Stärkere sein wird, sehr wohl offen.

Darin unterscheiden sich die apokalyptischen Bilder am deutlichsten von den Symbolen, die unsere Gottesbeziehung als geschöpfliche Abhängigkeit beschreiben. Letztere sind niemals eindeutig, sondern geben den Ambivalenzen des geschöpflichen Lebens Raum. Sie sprechen von Gottes Liebe und Zorn, von seiner Nähe und Ferne, seiner Berechenbarkeit und Rätselhaftigkeit. So geben sie den beglückenden und beschwerenden Seiten unseres geschöpflichen Lebens Raum.

Im Gegensatz dazu sind apokalyptische Symbole eindeutig. Sie beschreiben nicht Ambivalenzen, sondern die Antagonie unversöhnlicher Polaritäten und kündigen Erlösung an. So lassen sie Erfahrungen zu Bewußtsein kommen, in denen es keinen Sinn hat, von Ambivalenzen zu sprechen, weil wir uns in einer tödlichen Dynamik von einer eindeutig destruktiven Macht beherrscht finden. Hier sind auch Tod und Leben nicht mehr zwei Seiten des geschöpflichen Lebens. Hier bedeutet der Tod vielmehr Unheil, und Leben erscheint eindeutig als Heil.

Die Evidenz der apokalyptischen Erlösungssymbole

Erlösung ist etwas, was über unsere Erfahrung hinausgeht. Die Symbole beschreiben Erlösung in vorstellbaren Bildern. Aber ihre Realität ist den Unerlösten höchst zweifelhaft. Darüber hinaus erscheint fraglich, ob das Vorstellbare wünschenswert ist: Will die überbesorgte Mutter wirklich ihre und ihrer Kinder Unabhängigkeit, wenn sie endlich sagt, sie müsse nun an sich selbst denken? Will der Alkoholiker Freiheit ohne Rausch?

Wir wehren uns gegen Erlösung und suchen sie. Auch auf dem heillosen Weg destruktiver Abhängigkeit suchen wir schließlich Leben, und zwar Leben über die normalen Gegebenheiten hinaus, in deren Ambivalenzen uns befriedigendes Leben nicht möglich erscheint. Und wir ahnen auch, daß dieser Weg uns dem Ziel nicht näher bringt.

So haben wir es mit einer Paradoxie zu tun: Einerseits ist die Einsicht in die Ohnmacht ein Schritt, der ohne Hoffnung auf Besseres kaum getan wird. Andererseits kann Hoffnung auf Neues nur Platz greifen, nachdem mit der Einsicht in die Ohnmacht der erste Schritt bedingungslos getan worden war. Denn wer noch Bedingungen stellt, hält sich damit in Abhängigkeit von dem, was ihn bis hierher beherrscht.

Wir können nur durch den Tod zum Leben erlöst werden. Dies gilt wörtlich und uneingeschränkt, wo die tödliche Entwicklung zur Zerstörung unseres Leibes – oder der Lebensmöglichkeiten auf unserer Erde – führt.

Aber schon weit vor dieser letzten Grenze gilt partiell dasselbe: Wir müssen sterben, soweit wir von dem beherrscht werden, was uns zerstört. Leben können wir nur als Neues und als Auferstehung empfangen.

Wie können Symbole überzeugen, die über Erfahrung hinausgehende Erlösung beschreiben?

Es gibt Erfahrungen von erlöstem Leben. Davon können die erzählen, die Erlösung erlebt haben und wissen, was da vorher sterben mußte. Die neutestamentlichen Zeugen von Jesu Tod und Auferstehung hatten sich darauf eingelassen, oder waren in den Prozeß hineingeraten, sich selbst aufzugeben, mit ihm zu sterben, um mit ihm zu leben. Wir haben zumindest kleine analoge Erfahrungen: Immer wenn es ›5 Minuten nach 12‹ war und es trotzdem weiterging, war es eine Erlösung zu Neuem, das vorher kaum zu sehen war, zu dem man jedenfalls keine Lust und kein Zutrauen hatte.

Solche Erinnerungen und die Erzählungen von solchen Erfahrungen können Überzeugungskraft entfalten. Sie können sich mit der Sehnsucht nach einem über die Gegebenheiten hinausgehenden Leben verbinden und sie vielleicht stärker machen. Aber soweit wir in destruktiver Abhängigkeit befangen sind, können die Widerstände auch groß genug sein, den Schritt zu hemmen. Wir sehen aus dem brennenden Haus dann doch kaum mehr, als daß es draußen regnet.

Aber die Symbole beschreiben ja auch Nachweisliches: Sie beschreiben die unentrinnbare Macht des Bösen. Und die ist in der Abhängigkeit spürbar, auch wenn die Lage noch nicht unerträglich geworden ist. Die Evidenz dieser Symbole liegt darin, daß sie zeigen: Es ist gleichgültig, wie das Neue aussieht, weil das Alte den Spielraum immer mehr einengen wird. Es muß nicht einmal verbürgt sein, daß das Neue wirklich eintritt, weil das Alte schlimm und seine Entwicklung zur Unerträglichkeit absehbar ist. Und angesichts einer aussichtslosen Situation wird schon etwas von der Leben spendenden Kraft des Neuen spürbar, wenn man sich wenigstens versuchsweise sagt: »Es ist, wie es ist.«

Anhang

Zu den ›anonymen Alkoholikern‹

Die weltweit verbreitete Gemeinschaft der A.A. entstand 1935 in Ohio, USA, als einige Trinker entdeckten, daß sie gemeinsam der Sucht widerstehen konnten, der sie allein wehrlos ausgeliefert waren. Anfänglich ohne therapeutische Fachkenntnisse, haben sie mit dem Stil ihrer Sitzungen und besonders mit ihren ‹12 steps‹ kaum überbotene Prinzipien zur Behandlung der Sucht entwickelt. Sie haben darüber hinaus eine gruppentherapeutische Bewegung eingeleitet. Anderweitig Abhängige haben die ‹12 steps‹ sinngemäß übernommen. Die offizielle Übersetzung, hrg. vom A.A. World Service, NY 1953:

1. Wir haben zugegeben, daß wir dem Alkohol gegenüber machtlos sind, und daß wir unser Leben nicht mehr meistern konnten.

2. Wir kamen zu dem Glauben, daß nur eine Kraft, die größer ist als wir selbst, uns unsere geistige Gesundheit wiedergeben kann.

3. Wir faßten den Entschluß, unseren Willen und unser Leben der Sorge Gottes, was immer wir darunter verstanden, anzuvertrauen.

4. Wir machten ohne Furcht eine gründliche Inventur unseres Inneren.

5. Wir gaben Gott, uns selbst und einem anderen Menschen gegenüber unverhüllt unsere Fehler zu.

6. Wir waren völlig bereit, diese Fehler unseres Charakters von Gott beseitigen zu lassen.

7. Demütig baten wir Ihn, unsere Mängel von uns zu nehmen.

8. Wir machten eine Liste von allen Personen, die wir gekränkt hatten, und wurden willig, sie um Verzeihung zu bitten.

9. Wenn immer möglich, entschuldigten wir uns bei ihnen, es sei denn, wir hätten sie oder andere dadurch verletzt.

10. Wir machten laufend Gewissensinventur, und wenn wir Unrecht getan hatten, gaben wir es sofort zu.

11. Durch Gebet und Betrachtung suchten wir den Kontakt mit Gott – wie wir ihn verstanden – zu vertiefen; wir baten Ihn, uns Seinen Willen kundzutun und uns die Kraft zu geben, ihn auszuführen.

12. Als Folge dieser Schritte seelisch erwacht, versuchten wir, anderen Alkoholikern diese Kunde zu überbringen und diese Prinzipien in allen unseren täglichen Angelegenheiten anzuwenden.

Eine für Betroffene, Angehörige und Fachleute aufschlußreiche Beschreibung der Therapie in diesem Sinne: H.Harsch, Hilfe für Alkoholiker und andere Drogenabhängige, München 1976.

*

Zur Suchtstruktur politischer Phänomene

Ich spreche gelegentlich von »Suchtstruktur« auch im Blick auf politische Phänomene, z.B. den Straßenverkehr (im Kapitel über unsere Beziehung zu Dingen) und den deutschen Nationalsozialismus (im Kapitel über zwischenmenschliche Beziehungen). Damit gebrauche ich ein individualpsychologisches Muster zur Deutung kollektiver Phänomene.

Dies ist nicht unbedenklich, und um Fehldeutungen zu vermeiden, ist dabei mindestens zweierlei zu berücksichtigen:

1. Der ohnmächtig machende, die Verantwortungsfähigkeit korrumpierende Druck wirkt nicht nur in unserer Seele, sondern auch in den sozialen Gegebenheiten, diese infizierend und von ihnen ausgehend in einer wechselseitig wirksamen destruktiven Dynamik.

2. Wenn ich im Blick auf eine politische Dynamik von »Suchtstruktur« spreche, meine ich damit nicht, daß sich individuelle Sucht im Kollektiv summiert, als würden wir z.B. der destruktiven Tendenzen im Straßenverkehr deshalb nicht Herr, weil die überwiegende Zahl der AutofahrerInnen individuell einem Freiheits- oder Geschwindigkeitsrausch verfallen wären, oder als wären in der NS-Zeit die meisten Deutschen von einem antisemitischen Haß besessen gewesen. Ich meine damit vielmehr eine ein Kollektiv und seine einzelnen Mitglieder beherrschende Dynamik, die mit der Einstellung der Einzelnen nicht hinreichend zu erklären ist: Es gibt schon in Familien und Arbeitsgruppen den Fall, daß die einzelnen Mitglieder durchaus ›gesund‹ sind (also in

der Lage, das Leben im Spannungsfeld von Autonomie und Scham zu gestalten, offen für Ambivalenzen und verantwortungsfähig), und daß sie sich dennoch in einer Konstellation zusammenfinden, in der sie sich so beeinträchtigen, daß ein gedeihliches Zusammenleben und -arbeiten nicht gelingen kann. Das Gleiche kann für politische Verhältnisse oder für bestimmte Ausschnitte des öffentlichen Lebens gelten. Es kann z.B. bezüglich des Straßenverkehrs so sein, daß eine Lage entstanden ist, in der – relativ unabhängig von der Einstellung der einzelnen – der nötige Verzicht auf die Benutzung von Automobilen einen so hohen Preis erfordert, daß er voraussichtlich erst nach einer Katastrophe geleistet wird, also erst ›5 Minuten nach (nicht: vor) 12‹.

Dies sind Situationen, in denen man sagen kann, daß *wir* »vom Teufel geritten« sind. Das setzt voraus, daß das Gesellschaftlich-Geschichtliche ein gewisses Eigenleben führt, als hätte es ein Quasi-Ich mit bewußten und unbewußten Anteilen. Ähnlich klingt es bei dem französischen Sozialphilosophen Cornelius Castorialis (Gesellschaft als imaginäre Institution, 1984), der mit psychoanalytischen, also auch individualpsychologischen, Kategorien das gesellschaftliche Leben beschreibt. Leider bin ich erst nach Fertigstellung meines Manuskriptes auf ihn aufmerksam geworden in der Beschreibung von Hermann Steinkamp, ›Das Andere‹ der Institution, WZM 44, 1992, S. 179ff).

*

Zur Scham

Leon Wurmser, Die Maske der Scham, Berlin/Heidelberg 1991. Eine theoretisch anspruchvolle, dabei durch viele Beispiele anschauliche tiefenpsychologische Darstellung. Auch ohne Fachkenntnisse weithin gut lesbar und interessant.

*

Zur Johannes-Offenbarung

Reichhaltiges Material zum Verständnis der Apokalypse und zu ihrer Auslegungs- und Wirkungsgeschichte bietet U.H.J. Körtner, Weltangst und Weltende, Göttingen 1988.

Zur Einordnung einzelner Bilder in das ganze Drama half mir J. Ellul, Apokalypse, Neukirchen-Vluyn 1981.

1987 hat sich W.Janzen mit apokalyptischen Motiven auseinandergesetzt, die in diesen Jahren verstärkt Zuspruch fanden. Rüstung und Atomindustrie wurden »Im Zeichen der Apokalypse« – so sein Titel in WZM 39, 1987, S. 466ff – betrachtet. Ich empfehle den kenntnisreichen Aufsatz, obwohl ich ihm an entscheidender Stelle widerspreche.

Janzen möchte die apokalyptischen Bilder ernst genommen wissen, weil sie darauf hinweisen, daß wir bedroht sind, und daß unsere Frist begrenzt ist. Er findet sie auch geeignet, den Ängsten der Menschen Ausdruck zu verleihen. Dem Determinismus dieser Bilder will Janzen aber entgegentreten und es in dieser Hinsicht lieber mit den alttestamentlichen Propheten halten. Sonst befürchtet er Fatalismus oder ›Katastrophendidaktik‹, die die Menschen durch Drohungen zur Umkehr bewegen will. Ich halte das Gegenteil für richtig.

Schon die Einschätzung der Symbole als Mittel zum Ausdruck von Gefühlen kann zum Mißbrauch verleiten. Es ist gut, wenn Symbole Gefühlen Sprache geben. Aber wenn man sie dazu benutzen will, droht ein manipulatives ›Um – zu‹: Es ist, wie wenn

Politiker angesichts einer Katastrophe versichern, man müsse für die Ängste der Menschen Verständnis haben. Ich erwarte von ihnen nicht Verständnis für meine Angst, sondern Sinn für die Bedrohlichkeit der Situation! Bei Janzen finden sich von solcher Psychologisierung freilich nur Spuren.

Fatal aber ist sein Widerspruch gegen den Determinismus: Es gibt eben – privat und politisch – Situationen, deren destruktive Dynamik sich verselbständigt hat. Wo Denken, Fühlen und Handeln die Struktur von Sucht aufweisen, stehen alle Aktivitäten im Dienste dieser Dynamik. Auf solche Situationen machen apokalyptische Bilder aufmerksam. Daß sie Ängsten Ausdruck verleihen und Hoffnung stiften, ist das Zweite. Das Erste ist, daß sie unsere Ohnmacht sehen lassen, unseren »geknechteten Willen« (Luther). Hier kann der Widerstand gegen den Determinismus erst recht zum Moralismus verleiten, der leicht in Fatalismus oder Fanatismus umschlägt.

Dritter Erfahrungsbereich:

Geschöpfliche Abhängigkeit

»Unser tägliches Brot gib uns heute«

1. Kapitel

Seelsorge als Hilfe zur Genußfähigkeit und Lebensfreude

1. Zwiespältige Dinge oder zwiespältige Einstellungen?

Eine verdächtige Stammtischrunde

Im Wirtshaus einer Kleinstadt fand ich den Spruch an der Wand hängen:

> »Iß dein Brot mit Freuden, trink deinen Wein mit gutem Mut; denn dies dein Tun hat Gott schon längst gefallen.«

Man kann sich kaum einen trefflicheren Wahlspruch für eine Stammtischrunde denken. In meiner Phantasie taucht ein Kreis 50 bis 70jähriger Bürger auf, die sich am Feierabend mit diesem Spruch der schönen Seiten ihres Lebens versichern: Gesellige und achtbare Leute, die sich nicht nur der Fröhlichkeit verschrieben haben, sondern auch Gemeinsinn zeigen und ein einigermaßen tugendsames Leben führen. Sie wissen kaum, wer etwas gegen sie haben sollte. Aber natürlich finden sich Leute, die über solche ›Spießigkeit‹ lächeln, bitter spotten oder moralisch urteilen:

Falls zum Stammtisch ein *pensionierter Lehrer* gehörte, mag er zwar an Wein und Käsebrot seine Freude haben. Aber der Wahlspruch würde seinen durch humanistische Bildung geprägten Ansprüchen doch nicht recht genügen. Auf ein Leitwort bedacht, das der ›höheren‹ Bestimmung des Menschen Rechnung trägt, käme er vielleicht auf Goethe: »Edel sei der Mensch, hilfreich und gut.« Nicht, daß er damit ganz zufrieden wäre. Ihm persönlich, denke ich mir, liegen Hölderlin und Rilke näher. Aber in dem Goethe-Wort findet er, was volkstümlich sagbar ist von dem, was ihn beschäftigt.

Wer sich an humanistischen Idealen orientiert, dem mögen Wein und Käse zu den ›wichtigen Kleinigkeiten‹ des Lebens gehören. Sie werden aber nicht zum Gegenstand seines Nachdenkens über Wert und Würde des menschlichen Lebens. Da denkt er eher an Literatur und Dichtung und an ethische Bewährung. Das würden die Stammtischfreunde ihm kaum verargen. Auch sie wissen, daß der Mensch »nicht vom Brot allein« lebt. – Daß er allein von Idealen erst recht nicht lebt, könnten sie ihm freilich unschwer entgegenhalten.

Auf andere Weise unsicher denke ich mir einen *Unternehmer,* der sich regelmäßig zu diesem Kreis gehalten hatte, solange er noch ein ›kleiner‹ Handwerker war. Inzwischen taucht er nur noch selten auf. Geschäftliche Verpflichtungen lassen ihm kaum Zeit, sagt er. Hat er noch andere Gründe? Ihm geht es um das, was man hierzulande zwar schätzt, aber kaum mit dem Gütesiegel eines ›höheren Wertes‹ versieht: Ihm geht es ums Geld und vielleicht um Selbständigkeit. Ohne ihn gäbe es in der kleinen Stadt weniger Arbeitsplätze, und zum Bau der Stadthalle haben seine Steuern beigetragen. Seine Freunde wissen das und sind es zufrieden. Sie mögen sich mitunter etwas neidisch fragen, warum sie es nicht auch ›so weit gebracht‹ haben. Aber ihren Feierabend stört das kaum, und sie freuen sich, wenn er sich wieder einmal sehen läßt. Er selbst aber ist sich unsicher: Daß er sich häufiger als seine Freunde Speisen und Getränke von erlesener Qualität leisten kann, weiß er zu schätzen. Aber manchmal denkt er etwas wehmütig an die Freunde und an die Zeit, als er ihnen noch gleich war.

Der Wahlspruch läßt an einen Stammtisch von Männern denken. So fragt sich, ob die *Frauen* ihnen ihre Geselligkeit und ihren Spruch gönnen oder eher mißmutig zusehen. Dabei muß man gar nicht annehmen, sie wünschten sich, die Männer kämen früher nach Hause und würden im Wirtshaus weniger Geld ausgeben. Der Zwiespalt könnte auch daher kommen, daß die Frauen durchaus Gelegenheiten hätten, unter sich ihren geselligen und emanzipatorischen Interessen nachzugehen. Aber das würde man leicht als ›Kaffeekränzchen‹ bezeichnen, was immer noch verächtlicher klingt als ›Stammtisch‹. Und was sich so ernsthaft gibt, daß es keiner mehr ›Kaffeekränzchen‹ nennte, heißt bald ›Feminismus‹. Ob das diesen Frauen recht wäre, ist zweifelhaft.

Den *erwachsenen Kindern* dürfte der Kreis und der Wahlspruch ihrer Väter jedenfalls verstaubt und verdächtig vorkommen. Dabei hat ihre Kritik unterschiedliche Motive, je nachdem, ob sie um 1968, um 1975 oder um 1985 groß geworden sind.

Den *68ern* ist der Spruch zu unpolitisch. Und falls von diesem Stammtisch immerhin lokalpolitischer Einfluß ausginge, läge der Verdacht nahe, er liefe in die falsche Richtung. Der selbstgenügsame Spruch muß ja der Blindheit Vorschub leisten, in der man die übersieht, die kein Brot haben, es »mit Freuden« zu essen. Und Gott »gefällt« so etwas schon lange nicht mehr. Er hat, wenn nicht an revolutionärem Engagement, so doch an ›Brot für die Welt‹ Gefallen. Dem könnten die Väter kaum Überzeugendes entgegensetzen. Sie könnten aber die Kritiker ihrerseits in Verlegenheit bringen: Was aus gutem Willen im Interesse der Gerechtigkeit geschieht, ist oft unbedeutend, gemessen an den eigenen Ansprüchen, bleibt unwirksam oder schafft neue Abhängigkeiten.

Der Generation der *75er* war klar geworden, daß ›Emanzipation‹ und ›Selbstverwirklichung‹ nicht an Stammtischen zu erringen wären, sondern in Selbsterfahrungsgruppen, nicht in Familien, sondern in Wohngemeinschaften. Da ging es weniger um ›höhere‹ Werte, eher um ›tiefere‹ und um Alternativen. Die Kinder könnten darauf hinweisen, wie die Bereitschaft, seelische und soziale Konflikte offen zu betrachten, vielfach zur Reifung beigetragen hat. Die ideologiekritische Erkenntnis, daß die Familie nicht nur bergend und nährend, sondern auch beengend und erstickend sein kann, würde ihnen gute Argumente liefern. Die Stammtischbrüder könnten freilich zurückfragen: Seid ihr wirklich konflikt- und genußfähiger geworden? Folgen nicht oft aus erhöhter Sensibilität nur größere Empfindlichkeit und Kränkbarkeit? Und wenn man alles ›problematisieren‹, und ›aufarbeiten‹ muß, bleiben am Ende wenig Zeit und Energie für die tägliche Arbeit und die Geselligkeit am Feierabend.

Die *85er* würden ganz gerne das Brot »mit Freuden« essen und den Wein »mit gutem Mut« trinken, vielleicht sogar mit ihren Vätern. Aber dieses Brot und dieser Wein wollen ihnen kaum munden, jedenfalls wollen sie sie nicht mit einem frommen Spruch eingesegnet sehen, wo sie doch wissen, wieviel Gift auf den Weinberg gespritzt und wieviel Dünger auf das Feld gestreut worden waren, um eine reiche Ernte zu garantieren. Wenn unsere Freunde sich damit beruhigten, daß wir mit all dem Gift heute dennoch weit länger leben als die Leute früher ohne dieses Gift, so wäre das realistisch und zynisch zugleich. Selbstverständlich ist zu hoffen, daß sie sich als Produzenten und Konsumenten bemühen, den Gebrauch von Chemikalien einzuschränken. Ob dadurch das, was sie abends verzehren, teurer würde? Es würde jedenfalls kostbarer.

Stellen wir uns schließlich vor, auch der *Pfarrer* würde zum Stammtisch gehören. Nehmen wir an, er sei ein geselliger Mensch und wohlgelitten in diesem Kreis – obwohl man ja nie ganz sicher weiß, wie man sich einem Pfarrer gegenüber verhalten soll, wo es doch fast ›nur‹ um Geselligkeit geht und nicht um die Ewigkeit und andere ernste Dinge. Vielleicht wüßte es der

Pfarrer selbst nicht so genau. Er würde sich hier ganz wohlfühlen. Aber der Spruch könnte ihm Unbehagen bereiten. Nicht nur, weil da von Gott vielleicht doch etwas zu harmlos die Rede ist, so ganz ohne Moral und ohne Hinweis darauf, daß der Mensch »nicht vom Brot allein« lebt und vom Wein schon gar nicht. Vor allem: Der Pfarrer wüßte ja, woher der Spruch stammt. Vielleicht würde er eines Tages seinen Freunden doch sagen, daß sie sich naiv an der Weisheit eines Menschen erbauen, der keineswegs ein Zeuge der Lebensfreude ist, sondern die Eitelkeit aller menschlichen Bemühungen beklagt. Vielleicht würde er ihnen erzählen, was vor und nach diesem Spruch im Buch des ›Prediger‹ steht, z.B.: »Es gibt Gerechte, denen geht es, als hätten sie Werke der Gottlosen getan, und es gibt Gottlose, denen geht es, als hätten sie Werke der Gerechten getan.«...«Je mehr der Mensch sich müht, zu suchen, desto weniger findet er. Und auch wenn der Weise meint: ›Ich weiß es‹, so kann er's doch nicht finden.« ... Darum bleibt eben nichts Besseres übrig als: »So geh hin und iß dein Brot mit Freuden, trink deinen Wein mit gutem Mut, denn dies dein Tun hat Gott schon längst gefallen« (Pred 8 und 9).

Der Pfarrer könnte mit dem Hinweis, daß es sich bei ihrem Wahlspruch um eine eher resignative Bilanz handelt, die Stammtischfreunde empfindlich treffen. Vielleicht hätten sie nun auch keine rechte Freude mehr an Wein und Käse. Vielleicht würden sie auch zornig. Denn natürlich kennen auch sie mühselige und erfolglose Arbeit und würden nun trotzig sagen: »Jetzt bestellen wir erst recht noch ein paar Flaschen. Was hat man sonst vom Leben? Und fromme Sprüche ändern auch nichts!« Da könnte der Pfarrer erwidern, jetzt redeten sie wie die Leute, von denen Jesaja sagt: »Zu der Zeit rief Gott, der Herr Zebaoth, daß man weine und klage und sich das Haar abschere und den Sack anlege. Aber siehe da, lauter Freude und Wonne, Rinder töten und Schafe schlachten, Fleisch essen, Wein trinken: ›Laßt uns essen und trinken; wir sterben doch morgen‹!«(Jes 22,12f).

Schließlich könnte geschehen, was unwahrscheinlich, aber denkbar ist: Einer der Freunde würde zuhause selbst in der Bibel nachsehen, was es mit den so ähnlich klingenden Worten des Predigers und des Jesaja auf sich hat. Wenn er ein paar Seiten weiter blätterte, fände er, wie derselbe Prophet verheißt, daß Gott selbst zum Weingärtner werden wird: »Und der Herr Zebaoth wird auf diesem Berge allen Völkern ein fettes Mahl machen, ein Mahl von reinem Wein, von Fett, von Mark, von Wein, in dem keine Hefe ist« (Jes 25,6). Nun müßte er sich fragen: Wieso verargt jemand uns die Freude, wenn wir jetzt schon genießen, was uns am Ende nach aller Zwiespältigkeit und Mühsal umso reichlicher zuteil werden soll?

Wie immer sie sich nun streiten oder verständigen würden:Es ist immerhin merkwürdig, daß die Bibel das gleiche Motiv des Essens und Trinkens auf dreierlei Weise verwenden kann, eine vierte Weise aber selten vorkommt:

Jesaja kann ein festliches Essen und Trinken verheißen als Gottes zukünftige Gabe und als Ende aller Not derer, die jetzt Mangel leiden.

Jesaja kann auch das Essen und Trinken als gottloses Prassen derer geißeln, für die es an der Zeit wäre, Buße zu tun.

Der ›Prediger‹ gönnt seinen Lesern zwar die Freude an Brot und Wein, er gibt dabei aber zu verstehen, daß dies doch etwas wenig ist, gemessen an dem, was er einmal vom Leben und von Gott erwartet hatte.

Alle drei Aussagen sind auf ihre Weise wahr. Wo aber ist die vierte Variante: Daß nämlich diejenigen, die ein gutes Auskommen haben, glücklich gepriesen werden, und daß ihrer Freude an dem, was verfügbar und genießbar ist, der Segen erteilt wird? Auch davon erzählt die Bibel. Aber diese Stellen sind rar, gegenüber den kritischen Aussagen treten sie in den Hintergrund.

Es ist vereinfachend, aber es entspricht doch der Tendenz, wenn der Eindruck entsteht, daß die Bibel für das Genießen wenig Sinn hat und uns in dieser Hinsicht eher skeptisch sieht: Entweder wir leiden Mangel. Dann will sich Gott unserer Hoffnung oder unseres Rechtes auf Sättigung annehmen. Oder wir haben genug. Dann aber verfallen wir der Unersättlichkeit oder lassen es an Gerechtigkeit fehlen.

Mag sein, daß dies letztlich die bittere Wahrheit ist. Aber wenn alles andere Verschleierung wäre, hätte es wenig Sinn, um das tägliche Brot zu beten. Denn mit der Erfüllung der Bitte wäre eine kaum auszuhaltende Verführung mitgegeben. Auch die Bitte um Vergebung der Schuld wäre noch zu naiv, jedenfalls solange noch nicht die Bitte erfüllt wäre: »Führe uns nicht in Versuchung, sondern erlöse uns von dem Bösen.«

Und die Stammtischrunde? Sollen die Leute sich nun zur Askese entschließen? Danach wäre ihnen kaum zumute. Sollte einer das ernstlich erwägen, würde der Pfarrer dazu nicht raten. So ernst hatte er es nun auch wieder nicht gemeint. So würden sie wohl weiter ihren Schoppen trinken und ihr Käsebrot dazu essen. Gottes Segen aber könnten sie darin nicht mehr wahrnehmen. Ihr Spruch hätte die Kraft verloren, ihre Lebensfreude zu deuten. Alles wäre etwas trivialer geworden. Und falls ihnen Bitte und Dank für das tägliche Brot noch Gewohnheit gewesen sein sollten, hätten sie auch dazu etwas an Unbefangenheit verloren. – Es sei denn, der Lehrer hätte wieder einmal in seinem geliebten Hölderlin geblättert, und seinen Freunden mitgeteilt, worauf er zufällig stieß:

Wer das Tiefste gedacht, liebt das Lebendigste,
Hohe Tugend versteht, wer in die Welt geblickt,
Und es neigen die Weisen oft am Ende zu Schönem sich.

*

Ich habe ein kleinstädtisches Drama dargestellt, in dem sich der Streit um Werte und Normen spiegelt, der sich in den letzten 25 Jahren in Westeuropa und Nordamerika abgespielt hat. Umso überraschender erscheint es auf den ersten Blick, umso bedauerlicher ist es jedenfalls, daß Themen, wie ich sie im Hin und Her der Argumente um den

Stammtisch dargestellt habe, in seelsorgerlichen Gesprächen kaum vorkommen. Sie werden nicht von den Leuten vermieden, sondern von SeelsorgerInnen umgangen. Ich vermute, daß dies auch daran liegt, daß wir selbst eine unklare Beziehung zu den Gütern, Werten und Normen haben, um die es hier geht.

Haben wir es mit zwiespältigen Dingen zu tun oder mit zwiespältigen Einstellungen? Sind die Dinge so kompliziert oder machen wir sie uns kompliziert? Einen Beitrag zur Kultivierung des Alltagslebens werden wir als TheologInnen und SeelsorgerInnen nur leisten können, wenn wir selbst zu mehr Klarheit finden bezüglich solcher Werte. Hintergründig geht es um die Frage, ob Freude und Engagement Recht behalten werden oder Müdigkeit und Überdruß. Auf dem Spiel stehen Lebensfreude und Genußfähigkeit! Denn es darf doch nicht darauf hinauslaufen, was sich im Streit um den Stammtisch am Ende abzeichnete: Das Verhalten ändert sich nicht, aber die Freude am Genuß ist verdorben.

Alltägliche Wertschätzungen und Diskriminierungen

Die Güter und Werte, die wir erstreben, oder mit denen wir alltäglich umgehen, die wir gebrauchen oder entbehren wie das »tägliche Brot«, werden nicht in gleicher Weise gewürdigt. Die einen gelten als edel, andere als mindestens zwiespältig, über einige redet man lieber gar nicht.

Würden wir uns auf die diskriminierten oder tabuierten Dinge nur verschämt oder heimlich einlassen, wäre dies leicht verständlich. Aber unser Umgang mit manchen Gütern und Werten ist durchaus unbefangen. Befangen werden wir aber, wenn wir versuchen, darüber zu reden und uns selbst über unsere Beziehung zu ihnen klar zu werden. Dadurch werden die Dinge dubioser, als sie möglicherweise sind. Aus Ambivalenzen werden Zwiespältigkeiten. Das dient weder der Verantwortungsfähigkeit noch der Genußfähigkeit: Was man nicht liebt – oder zu lieben sich nicht getraut, kann man schwerlich kultivieren. Dafür fünf Beispiele:

Technik versus Natur und manches andere.

Wenn jemand sagt, er liebe die Natur, würde ihm jeder gönnen, daß er sonntags die Großartigkeit der Berge oder des Meeres bewundert und dabei vielleicht sogar zum Dichter wird. Er dürfte natürlich auch in Musik oder Malerei finden, was seinem Geist und seiner Seele wohltut. Sollte aber einer eingestehen, daß nichts sein Auge mehr erfreut als eine technische Konstruktion, und daß ihn nichts mehr fasziniert, als eine kraftvolle Maschine, so wären viele befremdet. Sie würden ihm vorhalten, daß lärmende Motoren und rauchende Schornsteine unsere Kultur mehr gefährden als bereichern. Man würde sich dieses Zeitgenossen erinnern, wenn das eigene Auto einer Reparatur bedarf. Man würde aber kaum an ihn denken, wenn man überlegt, wen man zu einem gemeinsamen Konzertbesuch einladen könnte.

Die mit der Technik verbundenen Schäden und Gefahren sind unübersehbar. Aber die, die der Natur verbunden leben und arbeiten, wissen auch von ihrer zerstörerischen Gewalt. Es muß also mit der verbreiteten Liebe zur Natur und der Skepsis gegenüber der Technik noch etwas anderes auf sich haben.

Kochkunst versus Musik und manches andere

Die Kochkunst wird zwar als solche bezeichnet. Sie gilt aber eher als liebenswertes Hobby oder als Hausfrauenpflicht. Man würde beim Stichwort ›Kunst‹ ans Kochen kaum denken. Und wo es mit allzu viel Liebe und Aufwand betrieben wird, legt sich der Gedanke an Luxus und Völlerei bald nahe. Der Unterschied zwischen Kochkunst und Musik ist aber nicht, daß letztere mehr Phantasie und Fertigkeit erforderte. Er liegt darin, daß die Kochkunst zuerst Zunge und Magen erfreut – und möglicherweise allzu begierig macht, während Musik sich gleich an Geist und Seele als ›edlere‹ Teile unserer selbst wendet. Verfallen kann man ihr übrigens auch.

Fernsehen versus Geselligkeit und anderes

Neulich hörte ich im Autoradio eine Sendung, in der ein Soziologe über die ›Kneipenkultur‹ im Ruhrgebiet sprach. Die Moderatorin begann mit der Frage an den Experten: »Sehen Sie überhaupt noch eine Chance für die Kneipenkultur, wo doch die meisten Leute unentwegt vor dem Fernseher hocken?« Wie sich die Zeiten ändern! Jahrhundertelang pflegten Moralisten und Witzblätter das Klischee, daß die Männer in der Kneipe das Geld vertrinken, anstatt sich zuhause einzufinden. Jetzt handelt es sich bei den Kneipen um ›Kultur‹, und zuhause vor dem Bildschirm ›hockt‹ man. Selbstverständlich gönne ich den Besuchern und Wirten der Arbeiterkneipen diese Würdigung. Wieso aber kann der späte Segen nur erteilt werden, wo diese Kultur gefährdet scheint, und um den Preis der Diskriminierung eines neuen Feindes?

Dinge versus Menschen und manches andere

Es gibt Berufe und Freizeitbeschäftigungen, in denen man es mit Materialien zu tun hat und Dinge herstellt. In anderen Berufen und Freizeittätigkeiten dient man den Menschen. Man spricht von ›sozialen‹ oder ›helfenden‹ Berufen – und übergeht damit, daß uns Handwerker oder Architekten normalerweise häufiger und oft zuverlässiger ›helfen‹ als Sozialarbeiter, Lehrerinnen und Seelsorger. Daß solche ›soziale‹ Tätigkeit wichtig ist und die Bezeichnung ›Arbeit‹ verdient, bezweifle ich nicht. Ich bezweifle aber das Recht, den Dingen und denen, die mit ihnen umgehen, die Bewertung als ›dienlich‹ und ›hilfreich‹ vorzuenthalten.

Geld versus fast alles

Wenn Kinder heranwachsen und mit ihren Eltern über denkbare Berufe reden, wird meistens zunächst gefragt, wozu sie Lust und Neigung haben. Natürlich denkt man auch darüber nach, welche Chancen mit verschiedenen Berufen verbunden sind, eine ›brotlose Kunst‹ soll es ja möglichst nicht werden. Gelegentlich finden die Kinder es ärgerlich, daß die Eltern ›immer nur‹ ans Geld denken. Wie aber, wenn eine Abiturientin sagte, es wäre egal, welcher Beruf es würde, wenn er nur viel Geld einbrächte, denn sie liebe nun einmal das Geld und die faszinierende Kunst, es zu vermehren? Es wäre peinlich, zumal wenn Nachbarn zuhörten. Man darf Musik und Dichtung lieben, als Arbeitsmaterial Holz und Stein, auch diese oder jene Wissenschaft und natürlich die Menschen. Aber Geld? Man kann im Freundeskreis von Urlaubserlebnissen berichten, von beruflichen Erfahrungen, von Haus- und Gartenbau. Aber wenn jemand unbefangen erzählte, wieviel Geld er gerade erwirtschaften konnte, und wie er es angestellt hat, wäre das fast noch peinlicher, als finge er unvermittelt an, von Gott zu reden.

Hier haben wir es mit einem ebenso wichtigen wie komplizierten Thema zu tun. Da ich es hier nur im Rahmen von Beispielen nenne, will ich es nicht ausführlich behandeln, ihm aber doch etwas mehr Aufmerksamkeit widmen.

Daß Geld uns korrumpieren kann, weiß jeder. Dabei ist nicht nur an individuelle Geldgier zu denken. Es droht auch die Versuchung, zur käuflichen Ware zu machen und zu ›vermarkten‹, was unverfügbar bleiben muß, wenn es Wert und Würde behalten soll. Es gibt viele sozialphilosophische Entwürfe, die zeigen sollen, wie sich mit der Einführung des Geldes – also einer an sich wertlosen, aber nun alles bewertenden Größe – unser Leben qualitativ verändert hat: Das Geld ist mehr als ein handliches Zahlungsmittel. Es verselbständigt sich. Es bietet sich als Herrschaftsmittel an und verlangt, daß wir uns seinen Gesetzen unterordnen. So bestätigt es alltäglich den uralten Verdacht, daß wir es mit dem ›schnöden Mammon‹, einem Götzen also, zu tun haben.

Andererseits ist ebenso offenkundig, daß es Gier und Manipulationen – auch politischen Ausmaßes – nicht nur im Zusammenhang mit Geld gibt, und daß andererseits Geld auch zu Gerechtigkeit und Unabhängigkeit beitragen kann.

Wie überall, geht es mir auch hier um die Alltagspraxis und das Alltagsbewußtsein. Und das Geld betreffend streiten und vermischen sich in uns unterschiedliche Erfahrungen und widersprüchliche Traditionen. Diffuser als in manch anderer Hinsicht stellt sich die Frage: Gehört Geld zu den ambivalenten Dingen, um die zu beten erlaubt ist: »Unser tägliches Brot gib uns heute. Und vergib uns unsere Schuld«? Oder wäre ehrlicherweise nur zu sagen: »Führe uns nicht in Versuchung, sondern erlöse uns von dem Bösen«?

In einer Gruppe von Pfarrerinnen und Pfarrern waren wir auf manche diesbezüglichen Diffusitäten gestoßen: Einer hatte erzählt, wie er mit dem Haushaltsgeld nicht auskommt. Es war nicht deutlich, ob er sich wegen der Wohnungseinrichtung zeitweilig etwas riskant verschuldet hatte, oder ob allzu große Ansprüche einerseits und asketische Normen andererseits den Blick vernebelten. Ein anderer hatte sich inzwischen eine Kreditkarte angeschafft, und die anderen versäumten nicht, den ehemals ›linken‹ Bruder auf einen Mangel an Scham aufmerksam zu machen. Wieder andere erzählten, wie zahlreiche Spendenaufrufe ein permanent schlechtes Gewissen bereiteten. Es war also vieles unklar. Klar war nur, daß die Angelegenheit schlechte Gefühle erzeugte, aber nicht zu verantwortlichem Verhalten führte. Ich hatte den Eindruck, daß eine Spannung von INITIATIVE und SCHULD gesehen wurde, wo es in Wahrheit um die Spannung von AUTONOMIE und SCHAM ging.

Die Gruppe bat mich, mir eine Übung auszudenken, die geeignet wäre, etwas Licht ins Dunkle zu bringen. Einem spontanen Einfall folgend, schlug ich eine solche Übung vor: Ich bildete einen Kreis aus drei Stuhlgruppen. Jede Stuhlgruppe stand für eine Position, die man vertreten kann, und von der ich vermute, daß sie auch in unserem Verstand und Gefühl ihre Argumente zur Geltung bringt.

Die eine Position: Geld gehört, wie andere Dinge auch, zur Ausstattung unseres Lebens. Es ist ambivalent, man kann es zum Nutzen und zum Schaden gebrauchen, verantwortlich und verantwortungslos.

Die zweite Position: Geld ist die Hauptursache aller Ungerechtigkeit und vielen Leidens. Das läßt sich an den Folgen des Kapitalismus sehen, der sich den Handlungsgesetzen des Geldes programmatisch verschrieben hat.

Die dritte Position: Vieles droht uns zu korrumpieren und unfrei zu machen. Macht, Kunstgenuß, Erotik zum Beispiel. Unter anderem auch das Geld. So ist Freiheit nur in einem asketischen Leben zu finden.

Wir verabredeten, daß jede Teilnehmerin und jeder Teilnehmer zunächst den Stuhl einer dieser Gruppen einnehmen und von der dadurch bezeichneten Position aus argumentieren sollte, im Verlauf des Gespräches aber die Stuhlgruppe und damit die Position beliebig oft wechseln dürfte. Dabei sollten ernsthafte Argumente ebenso erlaubt sein wie scherzhafte. Denn wir erhofften von der Übung noch keine Klärung der Probleme, sondern Material für eine sich anschließende redliche Aussprache. Das hat sie geliefert.

Es stellte sich heraus, daß alle drei Positionen und die sie nährenden Traditionen in uns allen präsent und wirksam sind. Jeder konnte von jedem Stuhl aus argumentieren und dabei Verdrängtes entdecken. Über Recht und Unrecht dieser Anteile ließ sich eher reden, nachdem man sie auseinandergenommen hatte und ohne Scham betrachten konnte.

Interessant war, daß sich die erste – eher bürgerliche – Position mit der dritten – asketischen – Einstellung am ehesten arrangieren konnten. Die Frage ist, ob oder wieweit es die Asketen schon korrumpiert hätte, wenn sie sich bereitfanden, sich von den kapitalkräftigen ›Bürgerlichen‹ eine Retraite finanzieren zu lassen unter der Bedingung, dort zeitweilig einkehrenden ›Weltkindern‹ Gastrecht zu gewähren. Die Vertreter der zweiten – eher sozialistischen – Position hatten es am schwersten, weil der Traum von einer wohlständigen Alternative zur kapitalistischen Gesellschaft in unerreichbare Ferne gerückt war, aber seine Moral immer noch verpflichtende Kraft hatte.

Die Beobachtungen bei dieser Übung haben meine Überzeugung bestätigt, daß letztlich Genuß und Askese die Alternative darstellen. Moral kann zur Kultivierung dessen dienen, was des Genusses wert ist. Sie kann nicht kultivieren, was grundsätzlich unser Mißtrauen erregt.

Soweit die Beispiele. In allen fünf Fällen bestimmt das jeweils geringer bewertete Gut unser Leben stärker als das höher bewertete. Wir schämen uns dessen nicht – und geben es doch auch nicht gerne zu: Mit Technik hantieren wir häufiger als wir die Natur betrachten, und wir verlassen uns lieber auf sie. – Wir essen und trinken regelmäßiger und genießen es häufiger, als wir Musik hören, die nicht nur nebenbei im Radio erklingt. – Das Fernsehen liefert uns mehr Information und Unterhaltung als der Stammtisch. – Dinge prägen die alltäglichen Abläufe mindestens so stark wie Menschen. – Zu einem wesentlichen Teil wird unser Zusammenleben mit Hilfe des Geldes geregelt. Das bedeutet: Entweder haben wir uns dem verschrieben, was wir im Grunde verachten, und was auch verachtenswert ist. Dann liegt der Verdacht nahe, daß wir uns insgeheim selbst verachten, und daß darin ein Grund liegt für unsere Schwierigkeiten mit dem Genießen, vermutlich auch mit dem Leiden. – Oder wir lassen uns durch eine Lebensphilosophie verwirren, die irrational ist, unrealistisch und keineswegs geeignet, unser Leben zu deuten. Auch damit würden wir uns selbst nicht ernst nehmen. Wir hätten uns einer Philosophie verschrieben, die verächtlich macht, was so verächtlich gar nicht ist, und die deshalb kaum mehr bewirkt als Unbehagen.

Bewertungen und Diskriminierungen in der Bibel
Zweimal zwei Beispiele

Die Bibel betrachtet die Welt als Gottes Schöpfung und als Lebensraum seiner Geschöpfe. Das ist nicht selbstverständlich. Andere Religionen weisen den Menschen eindeutig aus der vorfindlichen Lebenswelt hinaus. Sie erwarten Heil nur von der radikalen Lösung aus allen Beziehungen zu dieser Welt, die der Beziehung zu Gott nur im Wege stehen. Der Bibel sind solche Vorstellungen fremd. Auch wo sie einen Gegensatz zwischen leid- oder unheilvoller Gegenwart und zukünftigem Heil beschreibt, hält sie daran fest, daß auch das gegenwärtige Leben mit seinen täglichen Widerfahrnissen und Verrichtungen ein Feld der Gottesbegegnung ist. Dennoch ist die Bibel da, wo es nicht um zukünftiges oder jenseitiges Heil geht, sondern um gegenwärtiges und diesseitiges Leben, mitunter zwiespältig: Sie preist die Welt als Schöpfung und lädt ein, in das Lob einzustimmen und vertrauensvoll zu leben. Gleichzeitig ist sie skeptisch gegenüber der Möglichkeit, daß die Kultivierung des Lebens und der Welt gelingen kann. So finden sich auch in der Bibel Zwiespältigkeiten, die denen ähnlich sind, die ich eben als Merkmale unseres kulturellen Lebens beschrieben habe. Dazu zwei Beispiele:

Psalm 104 versus Matthäus 6,28f.

Ps 104 erfaßt die Majestät des Schöpfers und die Schönheit der Schöpfung in anbetender Freude mit einem Blick:

> Herr, mein Gott, du bist sehr herrlich; du bist schön und prächtig geschmückt.
> Licht ist dein Kleid, das du anhast, du breitest den Himmel aus wie einen Teppich;
> du baust deine Gemächer über den Wassern. Du fährst auf den Wolken wie auf einem Wagen ...
> ...
> Du lässest Wasser in den Tälern quellen, daß sie zwischen den Bergen dahinfließen,
> daß alle Tiere des Feldes trinken und das Wild seinen Durst lösche.
> ...
> Du lässest Gras wachsen für das Vieh und Saat zu Nutzen des Menschen,
> daß du Brot aus der Erde hervorbringst,
> daß der Wein erfreue des Menschen Herz.
> ...
> So geht dann der Mensch aus an seine Arbeit und an sein Werk bis an den Abend.
> Herr, wie sind deine Werke so groß und so viel!
> Du hast sie alle weise geordnet, und die Erde ist voll deiner Güter.

Um die Schönheit und Verläßlichkeit der Schöpfung geht es auch, wenn Jesus sagt (Mt 6,28f):

> Warum sorgt ihr euch um die Kleidung? Schaut die Lilien auf dem Felde an, wie sie wachsen; sie arbeiten nicht, auch spinnen sie nicht. Ich sage euch, daß auch Salomo in all seiner Herrlichkeit nicht gekleidet gewesen ist wie eine von ihnen.

Jesus kann sich an der wunderbaren Schönheit der Lilien erfreuen. Er vergleicht sie mit den Kleidern, die sich Könige bereiten. Aber an denen hat er offenbar weniger Freude.

Nun predigt Jesus weder hier noch sonst Askese. Nicht Abkehr von der Welt ist das Thema, sondern Sorge und Sorglosigkeit. Und Sorglosigkeit lehren soll uns nicht der Himmel, vor dessen Glanz alles Irdische ohnehin verblassen muß, sondern die Schönheit und Verläßlichkeit der Schöpfung, in der auch wir Nahrung und Kleidung finden werden wie die Blumen.

Aber dieses Wort hat nur Sinn, wenn Jesus voraussetzt, daß die kunstfertige Herstellung schöner Kleider einen unangemessenen Aufwand erfordert, unser Herz mit Sorge oder Eitelkeit erfüllen und damit unfrei machen muß. Selbstverständlich hat Jesus damit nicht Unrecht: Man weiß, wie Konsum- oder Luxusgüter verführen und binden können. Was Kleidung und Mode betrifft, so kennen wir die Anfälligkeit, mit schönen und kostbaren Gewändern und Accessoires allzu großen Aufwand zu treiben.

Mich stört also nicht, daß Jesus hier unsere Aufmerksamkeit auf diese Gefahr richtet und unser ängstliches Sorgen ad absurdum führt, während Ps 104 der Freude an der Schöpfung sorglosen Ausdruck verleiht. In ihrer Widersprüchlichkeit entsprechen die biblischen Aussagen eben der Widersprüchlichkeit unserer Lebenserfahrungen. Mich irritiert aber, wie Jesus sich daran freuen kann, daß Gott in der Natur nicht nur Nützliches, sondern auch Schönes schafft, während er das, was wir uns an Luxus schaffen, ohne weiteres im Zusammenhang von Sorge und Unfreiheit sieht: Ist ihm denn niemand begegnet, der an seinen Kleidern eine ebenso ›unschuldige‹ Freude hatte, wie er an den Lilien?

Markus 4,26-29 versus Lukas 12,16-21

> Mit dem Reich Gottes ist es so, wie wenn ein Mensch Samen aufs Land wirft und schläft und aufsteht, Nachtund Tag; und der Same geht auf und wächst – er weiß nicht wie. Denn von selbst bringt die Erde Frucht, zuerst den Halm, danach die Ähre, danach den vollen Weizen in der Ähre. Wenn sie aber die Frucht gebracht hat, so schickt er alsbald die Sichel hin; denn die Ernte ist da (Mk 4).

Dagegen:

> Es war ein reicher Mensch, dessen Feld hatte gut getragen. Und er dachte bei sich selbst und sprach: Was soll ich tun? Ich habe nichts, wohin ich meine Früchte sammle. Und sprach: Das will ich tun: ich will meine Scheunen abbrechen und größere bauen, und will darin sammeln all mein Korn und meine Vorräte und will sagen zu meiner Seele: Liebe Seele, du hast einen guten Vorrat für viele Jahre; habe nun Ruhe, iß, trink und habe guten Mut! Aber Gott sprach zu ihm: Du Narr! Diese Nacht wird man deine Seele von dir fordern; und wem wird dann gehören, was du angehäuft hast? So geht es dem, der sich Schätze sammelt und ist nicht reich bei Gott (Lk 12).

Der Bauer in der ersten Geschichte macht es richtig: Er sät, und wir dürfen annehmen, daß er es ordentlich tat. Dann wartet er ab und bringt schließlich die Ernte ein. Der Bauer in der zweiten Geschichte macht alles falsch: Er ist schon reich, und sein ganzer Sinn richtet sich darauf, noch mehr zu horten in der Illusion, damit seiner Seele Ruhe zu verschaffen. Deshalb stellt sich bei der guten Ernte auch nicht Freude ein, sondern die besorgte Frage, wie der Überfluß zu bewältigen ist. So hat er dafür gesorgt, daß er niemals Ruhe finden wird, bevor es zu spät ist und ihm die Arbeit und ihre Früchte aus der Hand genommen werden.

Beide Geschichten sind auf ihre Weise wahr. Beide können offenkundige wie verdrängte Wahrheiten zu Bewußtsein bringen: Die erste Geschichte weist uns darauf hin, daß bei unserem Schaffen und Arbeiten nicht nur Kompetenz wichtig ist, sondern auch Geduld und Gelassenheit. Der Erfolg läßt sich selten garantieren. Was wirklich wichtig ist, fällt uns am ehesten zu, wenn wir es nicht herbeizwingen wollen. Dies ist ein Merkmal unserer geschöpflichen Abhängigkeit. Die zweite Geschichte kann uns die Augen dafür öffnen oder offen halten, daß wir sterblich sind, und daß wir dem durch Sammeln und Horten am allerwenigsten standhalten können. Die Erfahrung, daß uns Überfluß ebensoviel Sorgen bereitet wie Mangel, ist ein deutliches Symptom für die Fatalität unseres Versuches, auf solche Weise das Leben zu meistern.

Dennoch frage ich: Warum endet die zweite Geschichte nicht etwa so: »... das Feld hatte gut getragen. Da lud er seine Arbeiter und Nachbarn ein. Sie dankten Gott und feierten ein Erntefest«? Nicht, daß sie so enden müßte, um wahr zu sein. Wahr ist sie in jedem Falle. Ich habe aber den Verdacht, daß die zweite Geschichte nicht so erfreulich enden darf wie die erste, weil sie vom wirklichen Leben erzählt, die erste aber ein Gleichnis ist.

In der ersten Geschichte geht es nicht wirklich um den Bauern, nicht um die rechte Einstellung zu unserem Arbeiten und zu seinen Früchten. Saat, Wachstum und Ernte sind hier vielmehr ein Gleichnis für das Reich Gottes, das kommen wird, ohne daß wir viel dazu beitragen müßten. Und wo es sich um ein Gleichnis für das Reich Gottes handelt, darf der Bauer sich beispielhaft richtig verhalten.

Die zweite Geschichte wird zwar bei Lukas auch ›Gleichnis‹ genannt. Aber es werden ja nicht zwei verschiedene Dinge miteinander verglichen. Hier geht es um den Bauern selbst. Man soll sich sein Verhalten und sein Schicksal als Beispiel vor Augen halten. Und wo das ›weltliche‹ Leben selbst zum Thema gemacht wird, läuft es auf ein böses Ende hinaus! Muß es dann schief gehen? Soll es schiefgehen, weil die Bibel es so sieht? Sieht sie es so, weil es wirklich so ist? Leider ist beides denkbar:

Es kann wirklich sein, daß wir letztlich nicht fähig sind, mit der Schöpfung und ihren Gütern gedeihlich umzugehen. Aber wenn es so wäre, wäre unsere Situation nur in der Apokalypse zutreffend beschrieben. Dann wäre nur zu beten: »Erlöse uns von dem Bösen.« Selbst die Bitte »Führe uns nicht in Versuchung« käme zu spät. Und um das »tägliche Brot« zu beten, hieße Gott um eine Droge zu bitten – wie der Tippelbruder, der an unserer Haustür nach einer Mark fragt, dabei von Brot redet und an Schnaps denkt.

Selbstverständlich gibt es beide Bauern. Wir finden beide unter uns und in uns. Auch Jesus kennt beide. Wie kommt es, und was hat es zu bedeuten, daß er den gelingenden Fall zum Gleichnis nimmt und den abschreckenden zum Beispiel? Es ist wohl kein Zufall. Denn es entspricht einer Tendenz, die sich in den Evangelien zwar nicht durchgängig, aber doch deutlich beobachten läßt.

Selbst Schatzsuche und Kaufmannschaft sind *im Gleichnis* unverdächtig: »Das Himmelreich gleicht einem Schatz, verborgen im Acker, den ein Mensch fand und verbarg; und in seiner Freude ging er hin und verkaufte alles, was er hatte, und kaufte den Acker. Wiederum gleicht das Himmelreich einem Kaufmann, der gute Perlen suchte, und als er eine kostbare Perle fand, ging er hin und verkaufte alles, was er hatte, und kaufte sie« (Mt 13,44ff). Hier hat Jesus keine Angst, daß die beiden ihr Herz an den Schatz oder die Perle verlieren könnten. – Die Hausfrau sucht und findet die abhanden gekommene Silbermünze und lädt vor Freude die Nachbarinnen ein (Lk 15,8ff), und niemand argwöhnt, nun würde ein Fest zu Ehren des Mammon gefeiert. – Der ›reiche Jüngling‹ aber, dem Jesus wirklich begegnet, kann sich zur Nachfolge nicht frei machen. Zu sehr ist er an seine Schätze gebunden (Lk 18,18ff).

Dabei betrachtet Jesus die gleichnishaft erzählten Fälle gelingenden Lebens keineswegs als wundersame Ausnahmen. Im Gegenteil! Er erzählt Begebenheiten, von denen er annehmen kann, daß sie auch seinen Hörern als alltäglich erscheinen: »Welcher Mensch würde nicht...?« Eben als etwas Normales und Selbstverständliches kann er diese Begebenheiten zum Gleichnis nehmen, um verständlich zu machen, daß er in entsprechender Weise sich der Zukunft Gottes anheim gibt oder ›verlorene‹ Menschen aufsucht und sich zu ihnen gesellt.

Angesichts des Reiches Gottes redet Jesus ja nicht nur in Gleichnissen. Er heilt Kranke. Er stiftet neue Beziehungen. So nimmt er die geschöpfliche Realität direkt in den Blick und wirkt verändernd auf sie ein. Was aus dieser Wirksamkeit entsteht, weist nicht nur als Gleichnis auf das Reich Gottes hin. Es ist in seiner Realität schon ein Stück der neuen Wirklichkeit, und es weist als Symbol über sich hinaus: Der Kreis der 12 Jünger läßt an die 12 Stämme Israels denken, die Tischgemeinschaft mit ›Zöllnern und Sündern‹ gilt als Vorwegnahme des endzeitlichen Freudenmahles, die Heilungen Kranker werden als handgreifliches Signal für die Nähe des Gottesreiches gesehen.

Hier läßt sich eine Paradoxie beobachten, die die Widersprüchlichkeit verständlich macht, in der Jesus die geschöpflichen Güter und Werte betrachtet:

Einerseits: Das heilende und Gemeinschaft stiftende Wirken Jesu ist keineswegs ›normal‹, nicht selbstverständlich, sondern anstößig. Es trägt zum Konflikt bei, der auf die Kreuzigung Jesu durch die Repräsentanten der Normalität hinauslaufen wird. So betrachtet, erscheint das geschöpfliche Leben gekennzeichnet durch Ungerechtigkeit und beherrscht durch destruktive Mächte.

Andererseits und genau umgekehrt kann Jesus mit den Gleichnissen zeigen, daß alles, was er angesichts des Reiches Gottes sagt und tut, eben nicht ungewöhnlich, geheimnisvoll und problematisch ist, sondern dem entspricht, was seit alters her und überall als normal und selbstverständlich gilt: Er tut nichts anderes, als was jeder vernünftige Mensch tut, dem eine Münze verlorenging, oder der im Bazar eine kostbare Perle entdeckt. Bildmaterial für die ›Normalität‹ des Gelingenden findet sich eben auch in Fülle: Wo Jesus im Alltagsleben nach Gleichnissen für das Reich Gottes sucht, fallen ihm Beispiele gelingenden Lebens in die Augen. Wo also geschöpfliches Leben sub specie aeternitatis betrachtet wird, gerät in den Blick, wie Menschen in der Landwirtschaft oder im Handel, in ihrer Beziehung zu Dingen oder Mitmenschen die Ambivalenzen der geschöpflichen Abhängigkeit aushalten.

Das bedeutet: In der Nähe des Reiches Gottes darf Selbstverständliches selbstverständlich sein. Und umgekehrt: Wo Selbstverständliches selbstverständlich sein darf, ist das Reich Gottes nahe, da ist geschöpfliches Leben auch schon durch Erlösendes geprägt.

2. Struktur und Eigenart geschöpflicher Abhängigkeit

Geschöpfliche und destruktive Abhängigkeit und die Schwierigkeit, beide voneinander zu unterscheiden

Zwiespältige Dinge oder zwiespältige Einstellungen? So lautete meine Ausgangsfrage angesichts der widersprüchlichen Bewertungen, die sich in unserer Gesellschaft wie in der Bibel beobachten lassen.

Noch einmal auf die Geschichte der Stammtischrunde zurückgreifend, ist also zu fragen: Ist es zu trivial, in der Feierabendfreude bei Wein und Käsebrot das Signum eines gesegneten Lebens zu sehen? Dann müßte man problematisierend warnen, daß man das Wesentliche verpaßt, wenn man nicht ›höheren‹ Werten höhere Aufmerksamkeit widmet, und wenn man nicht verantwortungsbewußt gleichzeitig an die denkt, die Mangel leiden. – Oder handelt es sich bei solcher Dreinrede um die Problematisierung von Selbstverständlichem, die aus dem Unbehagen daran kommt, daß man nicht alles zugleich genießen oder bewerkstelligen kann? Dann müßte man zur Unbefangenheit ermutigen.

Unangemessene Vereinfachung oder verderbliche Problematisierung? In der kirchlichen Praxis hat die Unklarheit in dieser Frage fatale Folgen: In Predigten finden sich eher Problematisierungen. In seelsorgerlichen Gesprächen scheut man sie – und mag der Unbefangenheit ebenso wenig das Wort reden: Auf der Kanzel redet es sich leichter vom Mammon als angesichts des Kaufmannes, der einem als Konfirmandenvater gegenübersitzt. Deshalb kommen Themen, wie sie in der Geschichte von der Stammtischrunde die Leute bewegen, in den Gesprächen selten vor.

Die Frage, ob wir es mit unangemessener Vereinfachung oder verderblicher Problematisierung zu tun haben, ist nur situativ zu entscheiden, nie generell. Das Kriterium aber ist eindeutig: Die Frage ist, ob es sich beim Genießen und Entbehren um Erfahrungen geschöpflicher Abhängigkeit handelt, oder um Verfallenheit im Sinne destruktiver Abhängigkeit.

Oft klärt sich manches tatsächlich schon mit der Frage, ob bezüglich bestimmter Dinge eher zu beten wäre »Unser tägliches Brot gib uns heute«, oder ob die Bitte lauten müßte: »Führe uns nicht in Versuchung, sondern erlöse uns von dem Bösen«. Aber leider stellen sich mit dieser Frage eben auch Unsicherheiten ein: Wir sind unsicher, ob wir Dinge, die wir wie das »tägliche Brot« genießen oder entbehren, wirklich unbefangen und ohne Schuldbewußtsein der Bitte um das tägliche Brot zuordnen dürfen. Wir haben es offenbar verlernt, mit Freude zu genießen, was wir haben, und mit Klage zu entbehren, was uns fehlt.

Das Unbehagen an den mit den geschöpflichen Möglichkeiten zugleich gesetzten Grenzen kann ebenso groß sein, wie die Bereitschaft, sich in destruktive Abhängigkeit zu begeben. Deshalb mag es zuweilen angezeigt sein, dem Gebet um das tägliche Brot die Bitte beizufügen: Erlöse uns von der Angst, mit diesem Brot zu billig abgespeist zu werden, oder uns daran zu überfressen. Dieses Unbehagen zeigt sich auf zweierlei Weise: *Einerseits* regt sich der Verdacht, die Dinge seien zu unvollkommen, als daß sie wirklich beglücken könnten. Dieses uralte Motiv findet sich in der vielfältigen Klage um die Vergänglichkeit aller irdischen Güter – die selten davor bewahrt, das Herz dann doch an diese Güter zu hängen. *Andererseits* regen sich Schuldgefühle. Die Not anderer belastet das Gewissen und verdirbt die Freude an dem, was man selbst hat und genießen könnte. Würde dies zu Freigebigkeit und sozial verantwortlichem Verhalten führen, wäre dagegen nichts zu sagen. In der Regel führt es aber zu moralischen Überforderungen an sich und andere und zur Scham wegen des eigenen Wohlstandes.

Beide Motive verbinden sich, wenn etwa bei der Übung mit den Bitten des Vater-Unsers manchen Leuten z.B. Haus und Wohnung als ihr »tägliches Brot« gar nicht einfällt, sie aber meinen, wie das »tägliche Brot« die Fähigkeit erbeten zu müssen, anderen Wohnungen zu verschaffen. Ebenso, wenn jemand in einer Unterhaltung über den eigenen Lebensstil die Abhängigkeit von regelmäßig steigendem Gehalt beklagt und zehn Minuten später darüber Klage führt, daß ihm diesmal noch kein Anspruch auf ein 13. Monatsgehalt eingeräumt wird. Was eben noch als Blendwerk des Mammon, des Kapitalismus oder welches Teufels auch immer erschien, wird einen Augenblick später zum Gegenstand moralisch verpflichtender Forderungen an andere oder an sich selbst. Die Folge ist ein Moralismus, der das Verhalten nicht ändert, aber die Stimmung verdirbt. Denn Verantwortung wahrnehmen kann man nur für Dinge und mit Dingen, die man schätzt, und die das auch auch wert sind. Vor verächtlichen Dingen müßte man sich und andere hüten.

Die Geschöpflichkeit wahrzunehmen und auszuhalten, gelingt nur, solange die Angst vor ihren Ambivalenzen oder der Zorn auf sie nicht übermächtig sind, oder wenn wir von der Macht dieser Angst oder dieses Zornes erlöst werden. Es bedarf der Spiritualität, mit den Möglichkeiten auch die Grenzen geschöpflichen Lebens zu akzeptieren. Zuweilen bedarf es der Spiritualität, mit den Grenzen auch seine Möglichkeiten überhaupt zu sehen: Aus der Perspektive des Reiches Gottes konnte Jesus nicht nur das Problematische in der nötigen Schärfe unbestechlich erkennen. Er konnte auch das Gelingende unverstellt wahrnehmen.

Spricht Jesus über das Reich Gottes und betrachtet er die Gegenwart im Vertrauen auf diese Zukunft, sieht er, wie der Same zur Ernte reift und der Bauer sich daran freut, ohne daß die Angst vor künftigem Mangel oder Überproduktion das Erntefest verdirbt. Er sieht in der Münze nicht schnöden Mammon und in der Perle keinen verführerischen Besitz, sondern schöne Dinge, die sich eben finden und wie selbstverständlich zum Leben gehören. – Betrachtet Jesus den Bauern unmittelbar, fällt ihm dessen suchtartige Gefährdung auf.

Unter diesen beiden Perspektiven läßt sich auch die Konkurrenz der Werte und Lebensphilosophien betrachten, die ich am Beispiel der Stammtischrunde dargestellt habe:

Nimmt man die Einstellung und das Verhalten der Stammtischfreunde unmittelbar und kritisch in den Blick als engagierten Versuch der Lebensgestaltung, müssen seine Begrenztheit und Zwiespältigkeit ins Auge fallen. Würde sich der Freundeskreis selbst auf seinen Feierabendgenuß fixieren, müßte man natürlich problematisierend sagen: Das kann doch nicht alles sein; es kann sogar gefährliche Tendenz bekommen.

Betrachtet man aber das ganze aus der Perspektive des Reiches Gottes, oder würden die Beteiligten selbst ihre Lebensphilosophie und ihr Verhalten so sehen, erschiene alles weniger gewichtig und gleichzeitig weniger trivial. Es bekäme spielerische Leichtigkeit und zugleich spirituelle Würde.

Als die asketischen Jünger des Täufers Johannes das unbefangene Genießen der Jünger Jesu beargwöhnen, sagt Jesus: »Wie können die Hochzeitsgäste Leid tragen, solange der Bräutigam bei ihnen ist? Es wird aber die Zeit kommen, daß der Bräutigam von ihnen genommen wird; dann werden sie fasten« (Matth 9,15). Die Erfahrung der Abwesenheit des Bräutigams ist uns vertraut. Aber nehmen wir doch auch an, daß er – wenigstens manchmal – anwesend ist, und betrachten unser Genießen und Entbehren unter der Perspektive dieses Symbols:

Natürlich sind weder der Feierabendgenuß von Wein und Käsebrot noch ein reicheres Festessen schon die Leib und Seele sättigende Speise, die uns im Symbol des himmlischen Hochzeitsmahles verheißen ist. Dazu ist dieser Genuß zu begrenzt und von Entbehrungen begleitet. Aber er ist andererseits nicht zu trivial, als daß er im Licht des Verheißenen doch als Merkmal eines gesegnetes Lebens gesehen werden könnte.

Natürlich ist die Bewußtseinserweiterung durch eine Selbsterfahrungsgruppe noch nicht identisch mit der Klarheit und der Einigkeit mit Gott und sich selbst, wie sie Paulus für die Zukunft erhofft: »Wir sehen jetzt durch einen Spiegel ein dunkles Bild; dann aber von Angesicht zu Angesicht. Jetzt erkenne ich stückweise; dann aber werde ich erkennen, wie ich erkannt bin« (1. Kor 13,12). Unser Zuwachs an Reifung ist immer bruchstückhaft und zwiespältig. Und er ist doch nicht zu trivial, als daß man ihn ›Selbstverwirklichung‹ nennen dürfte im Sinne eines Schrittes zur Gestaltung dessen, was uns als Potential und Bestimmung gegeben ist.

Natürlich bringt das Engagement für mehr Gerechtigkeit im nachbarlichen und politischen Leben noch nicht die Erfüllung dessen, was symbolisch in dem Bild beschrieben ist, daß jeder umsonst empfängt, was er braucht (Jes 55,1). Dazu sind unsere Hilfeleistungen zu begrenzt und zu sehr mit neuen Abhängigkeiten verbunden. Aber sie sind auch nicht zu trivial, als daß man sie als gelungenen Beitrag dazu betrachten dürfte, die Welt nach Gottes Geboten in Ordnung zu halten.

Die Paradoxie der geschöpflichen Abhängigkeit

Theologie und Seelsorge verfehlen das Leben, wenn sie sich nur des Problematischen annehmen. Sie verzerren die Realität, wenn sie sich daran beteiligen, Selbstverständliches zu problematisieren. Die Paradoxie geschöpflicher Abhängigkeit besteht darin, daß das Selbstverständliche unverfügbar ist. In allem, was wir als »tägliches Brot« genießen oder entbehren, Selbstverständliches und zugleich Unverfügbares zu sehen, dient der Genuß- und Leidensfähigkeit. Offenbar will uns nicht mit Selbstverständlichkeit gelingen, das Allerselbstverständlichste zu sehen und auszuhalten: Die Tatsache, daß wir Menschen abhängig sind.

Unsere Abhängigkeit besteht generell darin, daß wir uns das Leben nicht selbst gegeben haben, und daß das Leben einmal zu Ende gehen wird. Unsere Abhängigkeit besteht speziell darin, daß wir einen Körper haben, der auf Nahrung und viele andere ›Gaben‹ der uns umgebenden Welt unbedingt angewiesen ist. Und auch das, was wir ›Geist‹ und ›Seele‹ nennen, setzt das Funktionieren des Körpers voraus. Außerdem brauchen wir geistige Nahrung, die uns anregt, und seelische Nahrung, die uns Vertrauen einflößt. Die empfangen wir vermittelt durch Menschen, über die wir nicht verfügen.

Die Paradoxie der geschöpflichen Abhängigkeit zeigt sich darin, daß Freiheit nicht gegen sie verteidigt oder erstritten werden müßte, wie dies gegenüber der destruktiven Abhängigkeit der Fall ist. Geschöpfliche Abhängigkeit ist vielmehr die Voraussetzung der Freiheit. Diese Paradoxie erleben wir am deutlichsten angesichts unserer Sterblichkeit: Der Tod setzt dem Leben eine unausweichliche Grenze. Er scheint damit auch aller Freiheit ein Ende zu setzen. Gleichzeitig wissen wir aus Erfahrung oder haben mindestens davon gehört, daß das Gegenteil der Fall ist: Wer dem Tod tatsächlich nahe ist und dies sieht und akzeptiert, kann in einer Weise frei sein, wie er es bis dahin kaum erlebt hatte. Nicht nur frei von Sorge: Er findet nicht selten auch die Freiheit zu Gedanken, Worten und Handlungen, die ihm vorher unzugänglich waren.

Auch längst vor dieser Grenze erleben wir diese Paradoxie: Erst die Bindung an bestimmte Menschen, Dinge und Ziele erschließt die Möglichkeit, zu genießen, zu leiden und das Leben in gegebenen Grenzen zu gestalten.

Merkwürdigerweise ist dieses Wissen uns nicht immer präsent: Wir können unsere Abhängigkeit zwar nicht loswerden, aber wir können sie aus dem Bewußtsein verdrängen. Unsere Freiheit dagegen können wir verspielen. Wir verlieren sie aber nicht so leicht aus dem Bewußtsein, sondern betrachten und beanspruchen sie als etwas Selbstverständliches. Und da wir ihre Unverfügbarkeit nicht wahrhaben wollen, versuchen wir, uns der Dinge, von denen wir abhängig sind, zu versichern – und verlieren damit unsere Genuß- und Leidensfähigkeit.

Es gibt nämlich korrespondierende Erfahrungen, die umkehrbar zu sein scheinen, es aber nur teilweise sind:

Wir können genießen, wenn wir unsere Grenzen zu akzeptieren gelernt haben, und solange der Gedanke an das Entbehren erträglich ist. So kann sich am Urlaub in Italien nur freuen, wen nicht der Gedanke beherrscht, er würde jetzt in Paris wahrscheinlich Besseres erleben. – Und umgekehrt: Wir können Grenzen und Verluste ertragen, wenn wir genießen können oder konnten. So können z.B. Kinder unbekümmert verreisen, die ihres Zuhause sicher sind. Kinder aus unglücklichen Familien leiden in der Fremde an Heimweh.

Diese Sätze sind also umkehrbar, freilich nicht ganz: Es gibt keinen Genuß ohne Grenze. Aber nicht jede Grenze gibt dem Genießen Raum.

Wir können genießen, wenn wir die Unvollkommenheit der jeweiligen ›Nahrung‹ zu ertragen vermögen: Auch der schönste Urlaub versetzt uns nicht ins Paradies. Auch in einer guten Partnerschaft gefällt man einander nicht immer. – Und umgekehrt: Wir können Unvollkommenheit ertragen, wenn wir partiell genießen oder auf Genuß hoffen können. Andernfalls müßten wir den Urlaub zum Härtetest stilisieren und den Sinn einer Ehe darin sehen, Konflikte zu bestehen.

Wieder gilt die Umkehrbarkeit nur zum Teil: Jeder Genuß ist unvollkommen, aber nicht jedes Unvollkommene ist genießbar.

Wir erleben die Freiheit zur Lebensgestaltung, wenn wir uns binden: Die Möglichkeiten eines Berufes oder Hobbies sind nur zu erleben, wenn man sich darauf einläßt. – Und umgekehrt: Wir können uns binden, solange die Freiheit währt, die Beziehung zu bestimmten Menschen und Dingen mitzugestalten und sie notfalls zu lösen.

Auch dies ist nicht ganz umkehrbar: Es gibt keine Freiheit ohne Bindung, aber nicht jede Bindung läßt auch Freiheit entstehen.

Wir können moralisch verantwortlich handeln, wenn wir mit dem Bewußtsein leben können, an anderer Stelle etwas schuldig zu bleiben, und möglicherweise auch mit unserer guten Tat nicht nur Gutes zu bewirken.

Dieser Satz ist überhaupt nicht umkehrbar: Schuld wird nicht aufgewogen durch moralische Bewährung an anderer Stelle. Sie kann ertragen werden in der Erfahrung von Gericht und Gnade.

Die Sätze, mit denen ich versucht habe, geschöpfliche Abhängigkeit beispielhaft zu beschreiben, sind also alle nicht ganz umkehrbar. Symbolisch gesprochen: Der Acker, auf dem wir unser Korn säen und ernten, trägt immer auch Dornen und Disteln. Aber nicht überall wächst mit den Dornen und Disteln auch der Weizen. Deshalb kann es geschehen, daß die Spannung von Vertrauen und Angst oder Zorn zuweilen auseinanderreißt und letztere übermächtig werden. Dann sehen wir nur noch einen Fluch darin, daß Freiheit nur außerhalb Edens zu haben ist.

Die Geschichte 1.Mose 3 erzählt, daß Gott die Menschen aus dem Paradies weist, um sich und sie vor ihrem Allmachtswahn zu schützen: Sie sollten nicht auch noch den Baum des Lebens plündern. Wie wäre es gewesen, wenn Gott es umgekehrt gemacht und gesagt hätte: »Da ihr vom Baum der Erkenntnis gekostet habt, müßt ihr nun erst recht hier bleiben, wo ich euch besser beaufsichtigen kann!« Damit hätte er seine Erkenntnis zurückgenommen, »der Mensch ist geworden wie unsereiner.« So verordnen mitunter Eltern ihren Kindern Hausarrest und demonstrieren damit, wie gut sich ein Refugium als Gefängnis eignet.

In uns aber erregen die Ambivalenzen außerhalb Edens Angst und Zorn. Die werden zum Motor des Bewertens und Diskriminierens, des Problematisierens und Moralisierens. Sie lassen uns der Freude gleich die Warnung und dem Genießen gleich die Ethik beifügen, aggressiv und wirkungslos: Denn dabei will man nicht wahrhaben, daß die Angst vor Verlust und der Zorn über Grenzen uns am allerwenigsten eindeutig Gutes gewinnen lassen. Wenn uns die mit den Dingen gegebene unverfügbare und begrenzte Freiheit geschöpflicher Abhängigkeit nicht ausreicht, wollen wir uns mit Gier, Askese oder Moralismus verfügbaren Genuß verschaffen. Dessen Preis ist destruktive Abhängigkeit.

Diese Gefahr muß uns kaum beunruhigen, wenn wir die Dinge als Gottes Gaben nehmen. Solange sie als solche gelten können, ist es auch erlaubt, seinen Segen dazu in Anspruch zu nehmen. Dieses Zutrauen läßt auf unsinnige Bewertungen verzichten. Das »tägliche Brot« ist Gottes Gabe, in welcher Gestalt auch immer ich es empfange oder erwerbe. Die eine mag mir besser schmecken oder leichter bekömmlich sein als die andere. Aber es gibt kein höheres Gütesiegel als den Adelstitel göttlichen Ursprungs. Und man entzieht Gottes Gaben dem Zugriff des Teufels eher durch Genuß als durch Askese.

Anhang

Ethik und Ästhetik

Zu dem Gedankenspiel um die Stammtischrunde, das zu zeigen versucht, wie sich zeitgeschichtliche Entwicklungen im Alltag niederschlagen, hat mich angeregt: M. Horx, Die wilden Achtziger, Goldmann 1989.

Daß ich dabei den humanistischen Lehrer zunächst mit Goethe darauf achten lasse, daß der Mensch »edel« und »gut« sei, und er dann das »Schöne« entdeckt (mit dem 2.Vers aus Hölderlins Gedicht Sokrates und Alkibiades), geschah nicht ohne zeitgeschichtliche Hintergedanken: Zwar bin ich mir nicht sicher, mit wieviel Recht H.Timm die 80er Jahre »das ästhetische Jahrzehnt« nennt, aber die 70er und 60er Jahre hätte man so gewiß nicht charakterisieren können. Jedenfalls finde ich vieles, was meinen Überlegungen ähnlich ist, bei H.Timm, Das ästhetische Jahrzehnt, Zur Postmodernisierung der Religion, Gütersloh 1990.

Der Gegensatz von Ethik und Ästhetik hat eine lange Geschichte. Eine seiner Ursachen ist sicherlich unsere theologiegeschichtlich geprägte Gewohnheit, eher zu erwarten, daß Gott sich im Wort unseren Ohren vernehmbar macht, als daß er unseren Augen sichtbar wird. So ist es schon alttestamentlich überliefert, es gilt erst recht in der Tradition protestantischer Wort-Theologie. Dies ist aber eine zwiespältige Angelegenheit. Denn damit sind zwei Motive verbunden, die sich zunächst kaum zu widersprechen scheinen, und die doch leicht in Gegensatz zueinander geraten können:

1. Ton und Wort er- und verklingen, man kann sie kaum festhalten. Das Sichtbare aber kann man ›in den Blick nehmen‹ und viel leichter fixieren. Hören hat mit Empfangen zu tun, Sehen hat leicht etwas Besitzergreifendes. Vgl. dazu die einleitenden Worte von J.-E. Berendt auf der CD: Vom Hören der Welt, Network Medien-Cooperative, Vertrieb Zweitausendeins, Frankfurt/Main.

2. Dem biblischen Gott ist an Gerechtigkeit gelegen. Er will, daß wir dem Wort gehorchen, nicht daß er uns im Bild zur Augenweide wird. Mit diesem zweiten Motiv kommt es aber leicht zur Umkehrung, was die Verbindlichkeit, damit besitzergreifende Züge beim Hören und Sehen betrifft: Sicherlich kann auch das Hören zum ästhetischen Genuß werden. Aber das Wort beansprucht uns stärker, ruft zur Verantwortung, während man das Bild eher distanziert oder gelassen betrachten – und staunend bewundern kann. Deswegen spricht man in ethischem Engagement gelegentlich diskriminierend von »bloßer« Ästhetik. Demgegenüber habe ich den Eindruck, daß wir weder zur Wahrnehmung der Schöpfung noch zur Beschreibung der Geschöpflichkeit finden, wenn wir die Phänomene gleich unter der ethischen Frage nach der Verantwortlichkeit im Umgang mit ihnen betrachten, ehe wir sie in ihrer Würde und Schönheit (auch Heiligkeit?) auf uns wirken lassen. Besonders im Blick auf unsere Beziehung zu Dingen und bezüglich der Sexualität wird dies weiter zu bedenken sein.

Anregende Gedanken zu der mit der Konzentration auf die Wort-Theologie gebenen Verarmung und zu ihrer Überwindung finde ich bei Timm (a.a.O.) bes. im Kap. »Vernunft und alle Sinne gegeben –. Was von der beklagten Anästhesie im Protestantismus zu halten sei«. Timm verweist auf den in Pietismus und Romantik bedeutsamen Sensualismus, ebenso auf die von Böhme und Oetinger konzipierte theologie vitae: »Demnach soll das Heilige in den Realgestalten des Natürlichen nicht minder gegenwärtig sein als in den Strukturen des Erkennenden Bewußtseins« (S.79). Timm zitiert Schiller, Maria Stuart 1,6: »Es haßt die Kirche, die mich auferzog,/ Der Sinnen Reiz, kein Abbild duldet sie,/ Allein das körperlose Wort verehrend./ Wie wurde mir, als ich ins Innre nun/ der Kirche trat und die Musik der Himmel/ Herunterstieg und der Gestalten

Fülle / Verschwenderisch aus Wand und Decke quoll,/ Das Herrlichste und Höchste, gegenwärtig,/ Vor entzückten Sinnen sich bewegte« (S.77). Vgl.auch sein Kap. Ein Gesicht machen.

An dem Konflikt zwischen Ethik und Ästhetik haben wir alltäglich Anteil: Es ist nicht dasselbe, ob einem am Schönen gelegen ist oder am Guten. Und obwohl uns der schöne Schein wie das Gefühl von Rechtschaffenheit betrügen können, ist Gerechtigkeit in unserer Tradition viel mehr legitimiert als Schönheit. Das zeigen schon die Märchen, die die gerechtere Schwester eher im Gewand des ›Aschenputtel‹ erscheinen lassen, oder von ›Goldmarie und Pechmarie‹ erzählen. Ich will hier der Frage nicht nachgehen, wieviel Wahrheit darin liegt, daß so viele symbolische Darstellungen Schönheit und Gerechtigkeit als Gegensatz beschreiben, und daß Schönheit dann das Nachsehen hat. Man frage sich selber, was einem – der bewußten Überzeugung gemäß oder ihr zum Trotz – diese Werte bedeuten: Bereitet es größere Genugtuung, als ›gerecht‹ oder als ›schön‹ angesehen zu sein? Bedeutet es tiefere Kränkung, ›ungerecht‹ oder ›häßlich‹ genannt zu werden?

*

Von *»geschöpflicher Abhängigkeit«* spreche ich in Anlehnung an F. Schleiermacher, bei dem der Begriff »schlechthinnige Abhängigkeit« die ursprüngliche Erfahrung und den Ausgangspunkt des theologischen Denkens markiert. P. Tillich entfaltet verwandte Gedanken. Zur Beschreibung der menschlichen Existenz spielt bei ihm aber der Begriff »endliche Freiheit« eine größere Rolle – oder hat sich stärker eingeprägt. Das mag damit zusammenhängen, daß Tillich zu der Zeit geschrieben hat und engagiert gelesen wurde, als der Existentialismus die Diskussionen stark bestimmte. Auch dem Existentialismus war Freiheit nicht selbstverständlich. Aber die Einsamkeit als Schattenseite der Freiheit beschäftigte ihn stärker als die Ohnmacht als Schattenseite der Abhängigkeit.

Wir leben in einer Zeit, in der uns unsere Abhängigkeit schmerzlich zu Bewußtsein kommt, nachdem uns der Glaube an die Machbarkeit vieler Dinge betört hatte. Wir haben es immer noch schwer, die Abhängigkeit als das Selbstverständliche zu sehen und die Freiheit als etwas zwar fraglos Gegebenes, aber nicht Selbstverständliches. (So lesen wir die Erzählung vom Verlust des Paradieses auch gewöhnlich mit der Frage nach dem Ursprung des Bösen, nicht mit der Frage nach dem Ursprung der – ambivalenten – Freiheit.)

Schleiermacher beschreibt, wie es sich bei dem Bewußtsein der Abhängigkeit um Wissen – anstelle von Täuschung – und zugleich um Glauben – anstelle von Flucht – handelt. Dazu einige Zitate aus: Der christliche Glaube I, Berlin 1960.

»Das schlechthinnige Abhängigkeitsgefühl ist in jeder christlich frommen Erregung mit enthalten, in dem Maß als darin vermittelst dessen, wodurch sie mit bestimmt wird, zum Bewußtsein kommt, daß wir in einen allgemeinen Naturzusammenhang gestellt sind, das heißt, in dem Maß, als wir uns darin unsrer selbst als Teil der Welt bewußt sind« (§ 34).Es kommt also zu Bewußtsein, was offenkundig und unübersehbar ist. Das »schlechthinnige Abhängigkeitsgefühl« ist nicht etwas Unwesentliches, »daß es in einem menschlichen Dasein vorkommen könne oder auch nicht, je nachdem der Mensch im Verlauf seines Lebens mit diesem oder mit jenem zusammentrifft« (§ 33,1).

Indem Schleiermacher das Gefühl der Abhängigkeit aber als »frommes Selbstbewußtsein« bezeichnet, gibt er zu verstehen, daß es eben doch nichts Selbstverständliches ist. Er kennt auch »unfromme« Formen des Bewußtseins der Abhängigkeit. Eine dieser Formen ist das Bewußtsein, in dem wir lediglich unser »Einssein mit der Welt« wahrnehmen. Damit übersehen wir, daß die Welt in sich gespalten ist, sonst wäre es unmöglich, daß wir

– als eines ihrer Teile – sie bewußt wahrnehmen und gezielt auf sie einwirken. Statt ein Gefühl für die Einheit der Welt zu pflegen, was kein Bewußtsein von Freiheit gestattet, bedarf es der Wahrnehmung »Gottes als der absoluten ungeteilten Einheit. Denn weder gibt es in Beziehung zu Gott unmittelbar ein Freiheitsgefühl noch auch kann das Abhängigkeitsgefühl in Beziehung auf ihn ein solches sein, dem ein Freiheitsgefühl als Gegenstück zukommen kann«. Vielmehr gestattet das »fromme« Bewußtsein, die Abhängigkeit wahrzunehmen, ohne ihr entweder Freiheit entgegenzusetzen, oder um ihretwillen dem Freiheitsgefühl die Realität abzusprechen (§ 32,2).

Dieses Wirklichkeitsverständnis steht im Hintergrund, wenn ich im Zusammenhang der Symboltheorie betone, daß nicht Gott als das Rätsel zu gelten hat, sondern unser Leben mit seiner paradoxen Autonomie. Es ist auch die Grundlage der Beschreibung der spirituellen Dimension unserer Beziehung zu Dingen und Menschen in den folgenden Kapiteln.

Schleiermacher nennt drei »gottlose« Arten des Abhängigkeitsgefühls: Die *kindische* Art eines noch naiven, Freiheit nicht beanspruchenden, Bewußtseins. Die *atheistische*, Gott gedankenlos oder raisonnierend leugnende Art. Am meisten interessiert mich die (bei ihm an 2. Stelle genannte) *sinnliche* Art: Sie widmet sich im Gefühl schlechthinniger Abhängigkeit bestimmten Objekten mit aufgeregter Leidenschaft – als könne es schlechthinnige Abhängigkeit von etwas geben, worauf wir mit Leidenschaftlichkeit einwirken könnten (§ 33,2). Dies ist für die Seelsorge besonders wichtig:

Unsere Abhängigkeit werden wir nicht los, wir können sie aber vergessen. Unsere Freiheit verlieren wir nicht so leicht aus dem Bewußtsein, wir können sie aber tatsächlich verspielen. Daher die »Leidenschaft«, sich der Dinge, von denen wir – bedingt – abhängig sind, zu versichern. Daher unsere Schwierigkeit, in Genuß- und Leidensfähigkeit das Selbstverständliche selbstverständlich sein zu lassen.

*

Zum Stichwort ›Geld‹ empfehle ich zur Lektüre: W. Herrmann, Mammon, Schmutz und Sünde, Stuttgart 1991.

Auch ihm geht es um rationale und irrationale Bewertungen, um die Frage, was als Schmutz und dem Teufel gehörig zu gelten hat – und wie wir uns dazu verhalten, da wir die Welt ja nicht reinigen können wie Herkules den Stall des Augias.

Das Geld betreffend beschreibt Herrmann (S. 114ff) tiefsinnig und geistreich – mit psychoanalytischen Deutungsmustern – anale Tugenden/ Laster wie Sparsamkeit und Ordentlichkeit, daneben orale Tugenden /Laster, wie das Konsumieren. Da ohne Geld »nichts läuft«, man also von einem »Gefühl schlechthinniger Abhängigkeit« reden muß, läuft es bei Herrmann auf die Alternative hinaus: »Geld oder Gott«. Das Kapitel endet mit der Frage, ob der Gottesglaube auch ein anderes Verhältnis zur Welt begründen könne. Ich bin mir nicht sicher: Einschließlich oder ausschließlich des Geldes?

Andererseits: »Das Konstruktionsprinzip der offenen Gesellschaft – Verzicht auf Herstellung innerer Homogenität durch ein religiös-weltanschauliches Wahrheitsmonopol und stattdessen Rückzug auf die Koordination des äußeren Verhaltens durch die Regeln des Rechts und der ökonomischen Vernunft – hat sich bisher als überlegener Weg zu Wohlstand, Freiheit und Frieden im Inneren einer Gesellschaft erwiesen.« So E. Herms, Auf dem Weg in die offene Gesellschaft, in: Erfahrbare Kirche, Tübingen 1990, S.241. Daß man zunächst einmal davon ausgehen kann, daß auch Ökonomie etwas mit Rationalität zu tun hat, ist ein in der gegenwärtigen Theologie selten zu findender Gedanke.

2. Kapitel

Unsere Beziehungen zu Dingen

1. Vielschichtigkeit und Vielfalt der Beziehung zu Dingen

Daß es zum Leben des Essens und Trinkens bedarf und daß man ohne Liebe kaum leben kann, wird oft beredet.

Über unsere Beziehung zu Dingen wird theologisch viel seltener nachgedacht, und man gerät leicht in eine zwiespältige Haltung: Als Pastor hätte ich mich ethisch gerne dafür eingesetzt, daß meine Gemeindeglieder ihre Möbel ins Altenheim mitnehmen dürfen. – Sonntags habe ich in der Predigt geraten, sich nicht von Dingen wie Möbeln abhängig zu machen. – Und wenn mich Zweifel am Sinn meines Berufes überfielen, habe ich gedacht, ich wäre besser Schreiner geworden.

Wenn ich die Dinge, mit denen wir zu tun haben, zu ordnen versuche, legt es sich mir nahe, drei Arten zu unterscheiden. Die Beziehung zu ihnen ist von unterschiedlicher Art: Gebrauchsgegenstände – Dinge, die wir in unserer natürlichen und kulturellen Umwelt vorfinden – schließlich Dinge, die wir ver-brauchen.

Unsere Beziehung zu ›Gebrauchsgegenständen‹

Es ist schön und erlaubt, einen Freund oder eine Freundin zu lieben. Wenn jemand sagt, er liebe sein Haus, sein Auto oder ein Schmuckstück, gönnt man ihm vielleicht auch dies. – Oder regt sich schon der Verdacht, er sei habsüchtig oder eitel? Was Freund und Freundin betrifft, so ist es am schönsten, wenn man ver-liebt ist. Falls sich aber jemand dazu bekennte, verliebt zu sein in sein Haus, in sein Auto oder ein Schmuckstück, dann legte sich uns der Einspruch nahe: Das geht zu weit! Hier würde die Vorsilbe ›ver‹ den Verdacht auf Abhängigkeit nähren. Ich bin nicht frei von solchen Gedanken und Gefühlen – und halte sie doch für irrational.

In der Beziehung zu Menschen würde man bei ›Verliebtheit‹ eher an partnerschaftliche Beziehungen denken als an Ausbeutung oder symbiotische Abhängigkeit. Bezüglich von Dingen – wie Haus, Auto, Schmuck –

aber gilt ›Verliebtheit‹ weithin als gefährlich und verwerflich. Mag diese Einstellung sich aus christlichen oder anderen Traditionen speisen, auch die Bibel warnt jedenfalls davor, das Herz an solche Dinge zu hängen. In Predigten habe ich zwar oft gehört, daß ich – nach Gottes Willen – mit Haus und Auto verantwortlich umgehen soll. Ich habe aber noch nie gehört, das mir jemand erlaubt hätte: »Liebe dein Haus, dein Auto, deinen Schmuck wie dich selbst«. Wir tun es natürlich trotzdem!

Um den Dingen nicht zu verfallen, sollen wir sie – so die verbreitete Meinung – möglichst nüchtern als ›Gebrauchsgegenstände‹ benutzen, soweit es nötig und dienlich ist. Auf diese Weise gerät der Schmuck von vorn herein außer Betracht: Er ist nicht nützlich!

Praktischere Dinge – wie Haus und Auto – betreffend, scheint eine pragmatische Beziehung zunächst wirklich förderlicher zu sein. Denn, so scheint es, je nüchterner meine Beziehung zu solchen Dingen ist, umso freier kann ich sie handhaben. Ich kann sie gebrauchen, wo und wie es für mich und andere nützlich ist. Und ich kann teilen oder verzichten um der Gerechtigkeit willen oder zur Schonung der Umwelt. Ich halte das für eine Fehleinschätzung! Gerade die offenkundige Möglichkeit, sich in Haus, Auto oder Schmuck allzu sehr zu verlieben und in ihre Abhängigkeit zu geraten, zeigt, daß es sich tatsächlich um Liebe handelt. Im Falle solcher Verfallenheit wäre es kranke Liebe. Deren Alternative ist eine gesunde Liebe. Man kann nicht Pragmatismus an die Stelle der Liebe zaubern.

Zwischen Menschen gilt: Die Alternative zur Benutzung wie zur Symbiose ist die Freundschaft. Wo die nicht (mehr) gelingen kann, hilft nur Askese, denn dann bietet die Beziehung keinen Spielraum mehr zu verantwortlicher Gestaltung. Mit der Beziehung zu Dingen ist es ähnlich. Auch hier gibt es eine Alternative sowohl zu verschleissendem Mißbrauch als auch zu symbiotischer Verfallenheit. Die läßt sich am ehesten in Analogie zur Freundschaft beschreiben, die auch Verliebtheit gestattet.

Ich nenne die Beziehung zu Dingen wie Haus, Auto und Schmuck ›Liebe‹, weil sie vielfältig und vielschichtig ist. Die Beziehung zu den Dingen gestaltet sich auf allen Ebenen der Kommunikation.

Sie betrifft unser VERHALTEN und die Möglichkeiten unseres HANDELNS. – Sie hat mit unseren GEFÜHLEN zu tun. – Sie berührt unsere IDENTITÄT. – Sie hat eine SPIRITUELLE DIMENSION. Auf allen Ebenen ist die Beziehung wechselseitig: Wir prägen die Dinge und sie prägen uns.

Daß Dinge wie Haus, Auto und Schmuck in hohem Maß unsere Gefühle beeinflussen, versteht sich von selbst. Sie bereiten uns Wohlbehagen und Kummer, Zorn und Freude. Oft empfinden wir solche Widerfahrnisse auch wie Wohltaten oder Schikanen, als hätte ein Freund oder eine Freundin sie uns persönlich bereitet: Das Haus »empfängt« uns nach einer anstrengenden Reise. Im Falle einer Panne »läßt das Auto uns im Stich«.

Darüber hinaus sind solche Dinge ein Merkmal unserer Identität. Auch wenn es sich um ein Reihenhaus handelte, würde sich meines von dem des

Nachbarn unterscheiden, weil es das Haus ist, in dem ich meine Zeit verbringe, und das meine Erinnerungen prägt. – Mit meinem Auto zeige ich nicht nur, ob ich fahren kann, sondern welche Art von Fahrer ich bin. – Mit einem Ring schmücke ich mich, nicht meinen Finger.

Als Ausdrucksform eines bestimmten Lebensstils machen solche Dinge mich für andere erkennbar und versichern mich wiederum meiner Identität. Es macht mir z.B. Freude, anderen meine Wohnung zu zeigen oder meinen Schmuck – und damit mich selbst. Noch stärker ist unsere Identität durch Dinge berührt, mit denen uns eine Geschichte verbindet. Falls die schon vor uns begann, versichern die Dinge uns der Zugehörigkeit zu einer Familie oder einer Kultur. Dinge können auch eine Identitätskrise anzeigen, wenn sie uns nicht mehr gemäß sind oder wir uns ihrer gar schämen.

Schon auf diese Weise geraten die Dinge in die Nähe von Symbolen. Sie sind in ihrer Gegenständlichkeit brauchbar und bereiten dadurch Freude und Ärger. Zugleich haben sie eine Bedeutung und weisen so über das hinaus, wozu sie praktisch nutzbar sind. Die Bedeutung der Dinge reicht aber viel weiter: Über punktuelle und individuelle Erlebnisse hinaus ist spürbar, wie wir in der Beziehung zu Dingen wie Haus, Auto und Schmuck Anteil an Menschheitserfahrungen haben: Das Haus steht für das Zuhause – Das Auto steht für das Unterwegssein – Der Schmuck steht für den Ausbruch aus der Welt der Zweckgebundenheit und Nützlichkeit.

Einige Gedanken jeweils zu diesen drei Dingen:

Das Haus

Wann immer ich mich niederlasse, Wohnung nehme oder gar ein Haus baue, habe ich mit der Frage zu tun, ob der Gewinn den Preis wert ist. Das ist nicht nur die Frage, wieviel Geld ich bezahlen will und kann, und welcher Genuß herauskommt. Es ist die grundsätzliche Frage, welchen Gewinn häusliches Wohnen bringt, und welchen Preis es fordert: »Omnia mea mecum porto«, sagte der Philosoph Bias auf der Flucht aus der Heimat, und Diogenes zog seine Tonne einem Palast vor. Zugleich fragt eine andere Tradition: Muß man nicht ein Haus bauen, um eine Familie gründen zu können? Ebensowenig ist die Frage rein praktischer Natur, ob das Haus die Sicherheit geben kann, die ich mir erhoffe. Natürlich: Das Dach muß solide konstruiert sein, und eine Alarmanlage kann man kaufen. Aber »my home is my castle« meint mehr. Oder wird sich am Ende erweisen, daß alles »auf Sand gebaut« war? – Wie lange werde ich hier sicher wohnen können? Irgendwann werde ich ausziehen wollen oder müssen. Oder man wird mich »hinaustragen«. Gut, wenn es dann vorher gelungen ist, »das Haus zu bestellen«.

Das Haus steht für Erfahrungen und Hoffnungen, die es erträglich machen, der Heimatlosigkeit als anderer menschlicher Grunderfahrung standzuhalten.

In der Bibel findet sich das Motiv der Heimkehr auf vielfältige Weise. Dabei ist freilich das Ziel der Sehnsucht oder der Wanderung fast niemals das Haus als feste Wohnstatt. Das Haus wird häufig erwähnt als Ort der Gastlichkeit. ›Haus‹ steht auch für Familie oder Dynastie. Aber als Heimat gilt Kanaan, als Land der Väter oder als das neue Land, in dem »Milch und Honig fließt«. Später dann, in der Babylonischen Gefangenschaft, gehen die Gedanken nach Jerusalem als der fernen Heimat und als Ort, an dem Gott im Tempel wohnt.

Jesus besaß kein Haus. Und er wußte, daß die Wanderschaft eine mitunter beschwerliche Alternative ist: »Die Füchse haben Gruben, und die Vögel unter dem Himmel haben Nester; aber der Menschensohn hat nichts, wo er sein Haupt hinlege« (Mt 8,20). Beständigkeit wird es erst später geben: »In meines Vaters Hause sind viele Wohnungen« (Joh 14,2).

Natürlich sind diese Sprichworte und Gedichte, Märchen und Geschichten den Leuten nicht alle bekannt. Aber sie drücken aus, was uns bewußt und unbewußt bewegt in unserer Beziehung zu Haus und Wohnung. Sie können helfen, die Intensität und die Ambivalenzen der Liebe zu diesen ›Dingen‹ zu Bewußtsein und zur Sprache zu bringen. Damit wäre dem jungen Ehepaar, das sein Haus zu bauen beginnt, und dem alten Menschen, der ins Heim umzieht, eher eine Lebensdeutung zu geben, als mit dem Postulat einer möglichst nüchternen Beziehung zu Haus und Wohnung. Nüchternheit führt weder zur Freiheit noch zur Kultivierung des Bauens und Wohnens. Sie führt zu Betonburgen, die weder den Menschen noch der Umwelt wohltun. Jedes Haus ist freilich auch irgendwie eng, und Raum gibt es nur für begrenzte Zeit. Unter anderem deshalb lieben wir:

Das Auto

Das Auto ist in Mißkredit geraten, und es besteht Grund zur Annahme, daß es von Anfang an ein verführerisches Ding gewesen ist. Denn die Freiheit und Beweglichkeit, die es uns bei – immer schon – erheblichen Kosten und Gefahren ein Jahrhundert lang gegeben hat, macht es nun selbst zunichte: Man muß mit dem Stau als Regelfall rechnen – und wir fahren dennoch.

»Tägliches Brot« oder Droge? Geschöpfliche oder destruktive Abhängigkeit? Das ist hier zur akuten Frage geworden. Aber darum muß man erst recht die Liebe zu diesem ›Ding‹ und die Lust am Fahren zu verstehen suchen. Denn wenn eine nüchterne und vorwiegend pragmatische Beziehung zu diesem Ding möglich gewesen wäre, wären wir schon vor 10 Jahren auf die Bahn umgestiegen oder zuhause geblieben. Und vielleicht ist ja doch noch ein Spielraum, durch Liebe auch diese Beziehung zu kultivieren. Zornige Anklage jedenfalls macht weder frei, noch trägt sie zur Kultivierung bei.

»Reisen statt rasen« stand vor Jahren an den Autobahnen und steht jetzt wieder dort. Diesen Slogan finde ich besser als alle anderen, mit denen man

versucht, uns zur Vernunft zu bringen. Er appelliert kaum an unser moralisches Bewußtsein und nicht nur an unsere Vernunft. Auch die Vernunft ist gemeint, denn Reisen ist sicherer und sparsamer als Rasen. Stärker aber ist das Gefühl angesprochen: Der Lust am Rasen als Erfahrung von Dynamik, Macht und wagemutigem Bestehen von Gefahr wird die Lust am Reisen entgegengesetzt: Auch die Reise ist ein Abenteuer. Zwischen Aufbruch und Ankommen gibt es freudige und beschwerliche Erlebnisse, schöne und schlimme Entdeckungen unterwegs. Vor allem: Dieser Slogan spricht symbolträchtig auch die Phantasie an.

Das Stichwort ›Rasen‹ läßt an wilde Pferde denken, an Sturm und Donner. Der ›Schimmelreiter‹ und die ›wilde Jagd‹ sind Themen uralter Mythen. Das Stichwort ›Reisen‹ läßt an Karawanen und Seefahrer denken – von denen sich der LKW-Fahrer den Titel ›Kapitän‹ leiht. Es erinnert an Cowboys und Pilger, an Entdeckungsreisen und Heerzüge – von denen wohl der ›king of the roads‹ abgeleitet ist. Die Reise ist Thema unzähliger Volkslieder und Schlager, und manche fallen einem unterwegs ein. »Wohlan, die Zeit ist kommen, mein Pferd es muß gesattelt sein.« »Country roads take me home.« Das Reisemotiv findet sich in Märchen und Gedichten, Legenden und Mythen. Wie das Wohnen ist auch das Unterwegssein eine menschliche Grunderfahrung.

Man kann die ganze Bibel als ein Buch vom Exodus lesen. Der Aufbruch Abrahams und der Auszug aus Ägypten sind nur die bekanntesten Beispiele. Dabei gilt die Wüstenwanderung keineswegs nur als Zeit der Heimatlosigkeit. Die Freiheit wird den »Fleischtöpfen Ägyptens« entgegengesetzt, und Gott begleitet das Volk auf seiner Wanderschaft. Im Rückblick erscheinen die 40 Jahre im Sinai als Zeit der unmittelbaren Nähe Gottes. Und danach war Gott nur zögerlich damit einverstanden, daß man ihm mit dem Tempel ein festes Haus baute. Das mußte David seinem Sohn Salomo überlassen (2.Sam 7).

Das Wohnen im Zelt und Gottes Gegenwart bei der beweglichen Bundeslade: Auch davon hat das Auto etwas. Es ist ja sozusagen ein Haus auf Rädern, Fahrzeug und Wohnung zugleich: Man kann die Tür zuschlagen, endlich geschützt vor lästigen Kollegen und vor dem Telefon – und sich auf den Weg machen. Umschlossen fast wie im Mutterleib – und doch Herr über 100 Pferdestärken: Ist es diese paradoxe Erfahrung, die uns möglicherweise süchtig macht?

Der Schmuck

Schmuck ist überflüssig. Er macht nicht satt. Er schützt nicht vor Wetter und Feinden. Er macht uns auch nicht beweglich. Dennoch gehört er zum Leben der Menschen. Ich wüßte nicht, wo Reste einer alten Kultur ausgegraben worden wären, ohne daß man Schmuck gefunden hätte. Ist das Schmuckstück als praktisch nutzloses Ding ein eindeutiges Zeichen für Eitelkeit, die unfrei macht und unerfreulich im Umgang? Dieser Verdacht ist uralt. Die Märchen sind voll davon. Im Zweifelsfalle stehen sie auf der Seite des Aschenputtel. – Oder markiert Schmuck genau die Stelle, an der Freiheit erst wirklich beginnt, nämlich die Freiheit von der Notwendigkeit? Ohne Lust am Spiel, ohne Freude am Überflüssigen, ohne Augenweide am Schönen wäre kaum Kultur entstanden. Warum, übrigens, klingt das Wort ›überflüssig‹ so negativ? Eine Qelle sprudelt, wenn das Wasser überfließt!

Merkwürdig: Schmuck gehört zur menschlichen Kultur. Dennoch finden sich kaum Sprichworte, Volkslieder oder Legenden um ein Schmuckstück. Sicherlich: Ein Schmuckstück wird besungen und bedichtet, wenn es sich eindeutig um ein Symbol mit bestimmter Bedeutung handelt. »Ein Ringlein gab sie mir. Ich sollt treu bleiben ihr.« Auch der Schmuck am Schwert des König Artus mit seiner magischen Bedeutung wird in der Sage beschrieben. Aber reiner Zierrat wird kaum zum Thema. Das kann zwei Gründe haben: Es kann eine Tabuierung sein von der Art, wie ich sie oben beschrieben habe: Man erfreut sich bestimmter Dinge und Werte, aber man spricht lieber nicht darüber. – Oder sollte es daran liegen, daß Schmuck selbst eine nonverbale Sprache hat und etwas sagt, das keiner Worte bedarf? Die gar mehr sagt, als Worte auszudrücken vermögen? Zum Symbol wird Schmuck ja leicht. Es bedarf dann keiner Symbole oder anderweitiger Rede, ihn zu deuten. Er bietet sich vielmehr seinerseits an zur Deutung anderer Phänomene: Ehre zum Beispiel ›schmückt‹. »Bescheidenheit ist eine ›Zier‹«. »Mein schönste Zier und Kleinod bist auf Erden du, Herr Jesu Christ« (EKG 358).

Unsere Beziehung zu Dingen der natürlichen und kulturellen Umwelt

Auch die Beziehung zu Dingen in unserer Umwelt ist vielschichtig. Natürliche Phänomene wie das Meer oder ein Baum, Bauwerke wie ein Turm oder eine Brücke sprechen unser technisches oder naturwissenschaftliches Interesse ebenso an wie unsere Phantasie. Wir denken über ihre Nutzbarkeit nach, und sie faszinieren uns in ihrer Schönheit oder Häßlichkeit, in ihrer Freundlichkeit und Bedrohlichkeit. Dabei sind Dinge wie Meer, Baum oder Turm in ihrer Bedeutung unterschiedlich und unverwechselbar. Unterschiedlich sind nicht so sehr die Gefühle, die sie auslösen, Wohlbehagen etwa oder Furcht. Unverwechselbar aber bringen uns solche Dinge mit verschiedenen Seiten unserer Identität in Berührung. Wir erleben uns jeweils anders, wenn wir uns dem Eindruck des Meeres, eines Baumes oder eines Turmes aussetzen:

Das *Meer* in seiner endlosen Weite läßt uns lockend und unheimlich etwas von Grenzenlosigkeit spüren. Sein Wasser erscheint als Ursprung des Lebens und als ertränkende Urgewalt. Es erinnert an die Geborgenheit im Mutterleib wie an die Gefahr des Ertrinkens. In der Taufe wird es zum Symbol neuen, durch Tod und Auferstehung erlösten Lebens.

Der *Baum* wird zum Symbol des Wachstums, er läßt an Blühen, Fruchtbringen und Absterben denken, an Verwurzelung, Standfestigkeit und an die Gefährdung durch Stürme. Als ›Stammbaum‹ wird er zum Symbol unserer Geschichte. Als ›Baum des Lebens‹ kann er uns die geschöpfliche Abhängigkeit ebenso bewußt machen wie die Ahnung von Ewigkeit.

Der *Turm* steht auf der Erde und rührt an den Himmel. Oben hat man einen Überblick, früher suchte man dort auch Schutz vor Angreifern. In der Höhe kann man freilich auch schwindlig werden. Der nomadischen biblischen Kultur waren Türme eher verdächtig, wie die Geschichte vom ›Turmbau zu Babel‹ (1.Mose 11) klassisch zeigt.

In ihrer vielschichtigen Bedeutungsträchtigkeit gleichen diese Dinge durchaus den ›Gebrauchsgegenständen‹. Aber die Struktur der Beziehung zu ihnen ist anders. Die Unterschiedlichkeit der Beziehungen zeigt sich paradox: Die Gebrauchsgegenstände gehören uns. Die Dinge der natürlichen und kulturellen Umwelt gehören uns nicht. Unter ihnen erleben wir uns eher wie Gäste. Auch die Beziehungen eines Försters zu ›seinem‹ Wald und eines Fischers zu ›seinem‹ Gewässer sind anders als die zu ihren Häusern und Autos. Die Distanz ist größer. Umso größer ist die Versuchung, diesen Dingen zu nahe zu treten. Denn aus der größeren Distanz ergibt sich leider, daß wir diese Dinge als Gebrauchsgegenstände benutzen können ohne das unmittelbare Bewußtsein ihrer dann auch gegebenen Pflegebedürftigkeit. Natürlich kommt es auch vor, daß jemand sein Haus oder sein Auto benutzt und dabei verkommen läßt. Aber jeder weiß, daß das närrisch ist. Bezüglich der Dinge der natürlichen und kulturellen Umwelt aber muß dieses Bewußtsein offenbar künstlich entwickelt und gepflegt werden.

Deshalb gelingt es so schwer, die Dinge der Umwelt auf gedeihliche Weise als Gebrauchsgegenstände zu nutzen: Entweder wir wahren die Distanz wie Gäste. Oder wir treten ihnen zu nahe und merken zu spät, daß wir sie verbraucht haben.

Das Paradox gilt auch auf der symbolischen Ebene der Beziehungen: Gebrauchsgegenstände wie Haus, Auto, Schmuck werden bedeutsam, wenn wir sie uns zu eigen machen. Je näher wir ihnen treten, je intensiver wir Haus oder Auto benutzen, umso stärker werden sie auch zu Symbolen von Heimat oder Beweglichkeit. Umgekehrt bei Dingen der Umwelt: Wir erfahren ihre Bedeutung, wenn wir Distanz halten und sie in ihrer Eigenständigkeit achten: Der Baum wird zum Symbol, wenn wir ihm gegenüberstehen und ihn als Gegenüber stehen lassen.

Die Beziehung zu Verbrauchsgegenständen und Genußmitteln

Brot

Auch die Beziehung zur Nahrung ist vielschichtig: Brot und Wasser sind unerläßliche Nahrungsmittel. Wenn von Brot und Wein die Rede ist, denkt man schon an einen Genuß, der nicht nur sättigt, sondern auch wohlschmeckt. Wenn man sagt: »Essen und Trinken hält Leib und Seele zusammen«, schwingt der Gedanke mit, daß Essen und Trinken noch mehr bedeuten. Man mag an Lebenslust oder Geselligkeit denken. Wo solche Erfahrungen durch Speisen vermittelt werden, ist – mehr oder weniger bewußt – das Empfinden dafür dabei, daß die Erde nährend und gastlich ist. Vielleicht bilden Erinnerungen an Mangel oder Hungersnot den Hintergrund. Auch in einer Wohlstandsgesellschaft meldet sich gelegentlich das alte Tabu: Brot darf man nicht wegwerfen! Biblisch wird das Hochzeitsmahl – nicht die Trauliturgie! – zum Bild der künftigen Gemeinschaft mit Gott. Im Abendmahl sind Brot und Wein Symbol der Gemeinschaft mit Christus.

Geistige Nahrung

Wiederum gilt: Worte und Musik liefern zweckdienliche Informationen, aber darin erschöpft sich ihre Bedeutung nicht. Niemand wird auf einem nur zweckrationalen Gebrauch bestehen. Im Gegenteil: Bei zuviel Zweckrationalität müßte aus Worten und Musik Propaganda werden. Nur wo sie zweckfrei gebraucht werden dürfen, kann Freiheit gedeihen.

Worte und Musik drücken Gefühle aus und rufen sie hervor. Aber sie bedeuten mehr: Durch Worte und Musik angesprochen, werden wir uns unserer Menschlichkeit und unseres Platzes in der Schöpfung bewußt. Musik und Sprache können uns der Schönheit und Harmonie versichern. Sie können zum Ausdruck von Zerrissenheit und Konflikten werden. Als vertraute Klänge vergegenwärtigen sie, was wir als heimatlich erlebt hatten. Sie können darstellen, was einmal Heimat werden soll. Ob Gott sich womöglich nicht nur im Wort, sondern auch in der Musik offenbart, darüber streiten Prediger und Musiker schon lange.

Auch die Beziehung zu den ›Verbrauchsmitteln‹ hat eine ihr eigentümliche Struktur: Solange wir sie haben und erhalten wollen, können wir sie nicht genießen. Sie genießend, verbrauchen wir sie.

Eine Spur von Trauer empfinden wir in der Ambivalenz, mit der wir z.B. eine Geburtstagstorte betrachten: Wir freuen uns auf ihren Genuß – und finden es schmerzlich, das Kunstwerk anzuschneiden. Eine Hausfrau fragt sich nicht selten, ob der kurze Genuß den Aufwand der Zubereitung einer köstlichen Speise lohnt. Auch beim Hören gibt es die Trauer, daß das Lied oder das Konzert so schnell verklingt.

Diese Erfahrungen konfrontieren uns nicht nur mit der Vergänglichkeit des Genießens. Sie sind auch geeignet, uns unsere Vergänglichkeit bewußt zu machen. Hörend und – deutlicher noch – essend partizipieren wir an der Regel, die die Formel bitter ausdrückt: »Fressen und gefressen werden«. Derselbe Sachverhalt erscheint freilich in gegenteiligem Licht in der mystischen Erfahrung des nunc aeternum, die mit dem Moment Ewigkeit wahrnimmt. Faust möchte zum Augenblick sagen können, »verweile doch, du bist so schön.« »Lust ist tiefer noch als Herzeleid«, läßt Nietzsche Zarathustra sagen, und »alle Lust will Ewigkeit«.

Der Augenblick läßt sich nicht festhalten. Und nicht allein das Genießen geschöpflicher Speisen ist nur möglich um den Preis ihres Verbrauchs. Auch der Ewigkeit können wir nur teilhaftig werden, wenn wir die Augenblickserfahrung nicht festhalten wollen: Der biblisch bezeugte Gott läßt sich hören. Er läßt sich auch genießen. Aber er läßt sich nicht festhalten.

Rauschmittel

Oben war von Brot und Wein als Nahrungsmittel die Rede. Aber Wein enthält Alkohol, und der ist ein Rauschmittel. Wenn Dinge bedacht werden, die wir uns einverleiben, müssen neben den Mitteln leiblicher und geistiger Nahrung auch Rauschmittel erwähnt werden. Wir bedürfen ihrer nicht. Über das Nötige hinausgehend, sind sie dem Schmuck vergleichbar.

Darüber ist in Kürze schwer zu reden. Denn bei Rausch und Trunkenheit denken wir fast automatisch an Sucht, wenigstens an unordentliches Verhalten. Das war nicht immer und ist nicht überall so. In anderen Kulturen war und ist es offenbar möglich, Drogen kultisch kontrolliert zu verwenden, und sich so religiöse Erfahrungen mit Hilfe ›irdischer‹ Substanzen zu eröffnen. Dies ist eine Erfahrung geschöpflicher Abhängigkeit, die an deren Grenze führt, vergleichbar der Sexualität, über die später zu reden ist. Es ist aber nicht die Grenze, hinter der destruktive Abhängigkeit mit Suchtstruktur beginnt. Es ist vielmehr die Grenze zu Erfahrungen von Vereinigung, für die unsere Kultur eher in der Mystik Modelle hat.

Ich habe den Eindruck, daß uns solche Erfahrungen mithilfe von Rauschmitteln kaum noch anders zugänglich sind als um den Preis der Sucht. Ich denke nicht, daß dies seinen Grund vornehmlich in der Kriminalisierung der Drogen hat. Eher mag es daran liegen, daß uns Rationalität, Nüchternheit und Eindimensionalität mit geradezu suchtartiger Verbindlichkeit normativ geworden sind, so daß wir ekstatische Ausnahmeerlebnisse kaum noch ertragen können, ohne ihnen zu verfallen. Wie dem auch sei: Ich will lediglich darauf hinweisen, daß es neben körperlicher und geistiger Nahrung auch Rauschmittel gibt, neben körperlichem und geistigem Genuß auch Rausch und Ekstase. Auch diese Dinge finden sich in der Schöpfung. Die Empfänglichkeit für sie ist Teil der Geschöpflichkeit.

2. Gott in den Dingen – die Dinge als Gottes Gaben

Verlegenheiten bei der theologischen Beschreibung unserer Beziehung zu den Dingen

Unsere geschöpfliche Abhängigkeit gewinnt Gestalt in der Beziehungen zur Wirklichkeit. Dazu gehören Menschen. Dazu gehören auch Dinge.

Wenn die Beziehung zu den Dingen als Gestalt der geschöpflichen Abhängigkeit gesehen werden soll, muß die spirituelle Dimension unserer Erfahrungen mit Dingen genauer beschrieben werden. Dazu muß geklärt werden, in welchem Sinne hier von Gott geredet wird. Es bedeutet ja jedenfalls, daß von Dingen wie Haus, Auto und Schmuck, wie Meer, Baum und Turm, wie Brot, Musik und Alkohol theologisch nicht nur in dem Sinne zu sprechen ist, daß sie uns als ›Gaben‹ Gottes zu verantwortlichem Gebrauch anvertraut sind. Denn wer oder was wäre da ›Gott‹? Die Dinge wachsen und entstehen schließlich auf der Erde. So würde ›Gott‹ zur Chiffre für bestimmte Gefühle oder für das Gewissen. ›Extra nos‹ wäre er nicht zu finden. In der Beziehung zur Wirklichkeit – und zu Dingen als ihrem Ausschnitt – geschöpfliche Abhängigkeit zu sehen, bedeutet, Gott wahrzunehmen, wo wir etwas genießen oder entbehren.

Es ist aber nicht leicht, hier von Gott zu reden, denn dazu fehlen anschauliche Bilder und gebräuchliche Denkmodelle. Diese Verlegenheit resultiert nicht erst daraus, daß uns seit der Aufklärung eine positivistische Weltsicht zur Alltagsgewohnheit geworden ist. Schon im biblischen Schöpfungsbericht (1.Mose 1) wird die Welt ›weltlich‹ beschrieben: Sonne und Mond erscheinen nicht mehr als Göttinnen und Götter, nicht mehr als Repräsentanten göttlicher Geheimnisse, sondern als nützliche Lichter, die »den Tag und die Nacht regieren«. Damit wird die Welt entgöttert. Gott erscheint dann aber nur noch solange als wirkungsmächtige Instanz, als fraglos feststeht, daß er über dem Firmament seinen Sitz hat und von dort aus die Geschichte der Menschen lenkt. Sobald dies fraglich wird, müssen die Pfarrer mahnen, man möge doch bitte über den Gaben nicht den Geber vergessen. Aber wen man vergessen kann, den kann man eben vergessen!

Falls aber jemand dem Geheimnis der Schöpfung näher tritt, mehr Unmittelbarkeit in Anspruch nimmt, und etwa sagt, er fände Gott im(!) Wald oder in(!) der Musik, so klingt uns das verdächtig. Es erregt bei vielen PfarrerInnen den Argwohn, damit würde jemand sagen, er bedürfe kaum der kirchlichen Predigt und Liturgie. Außerdem klingt es nach Animismus oder Pantheismus, denen wir allenfalls als romantischen Ausnahmegefühlen Raum geben mögen.

Neben den im vorigen Kapitel besprochenen Bewertungen sind wohl auch diese Verlegenheiten ein Grund dafür, daß in seelsorgerlichen Gesprächen den Alltagserfahrungen so wenig Beachtung geschenkt wird. Unsere Alltagserfahrungen sind eben wesentlich bestimmt durch die Beziehung zu Dingen wie Haus, Auto und Werkzeug, wie Essen und Trinken und Musik. Wo aber die Sprache fehlt, solche Beziehungen theologisch zu deuten, besteht wenig Lust, sie zu bedenken. In Predigt und Unterricht läßt sich darüber ethisch von ›verantwortlichem Umgang‹ reden. Im direkten Gegenüber mag man das den Leuten nicht zumuten. Das heißt: Wir haben Gott aus der Welt der Dinge hinausgetrieben und wollen ihn über die Moral wieder hereinholen. Natürlich kann das nicht gelingen. Und im seelsorgerlichen Kontakt spüren wir deutlicher als auf der Kanzel, daß wir nackt sind, und schämen uns (vgl. 1.Mose 3).

Was stört uns wirklich und mit welchem Recht, wenn jemand sagt, er fände Gott im Wald, oder Musik würde ihr oder ihm ein Gefühl für die Nähe oder Erhabenheit Gottes geben?

Unterschiedliche Wahrnehmungen der Wirklichkeit

Wer sagt, er findet Gott im Wald, sagt etwas über die Qualität des Erlebens. Wer sagt, die Bäume und ihre Früchte seien Gaben des Schöpfers, sagt etwas über ihre Herkunft. Die erste Aussage ist eine Beschreibung, die zweite ist eine Erklärung, vielleicht ein Bekenntnis.

Die erste Aussage beschreibt, daß der Wald als geheimnisvoll erlebt wird: Er ist mehr als eine Ansammlung von Bäumen und ein Rohstofflieferant. Man erlebt sich selbst in einer persönlichen Beziehung zu ihm. Die zweite Aussage kann in einem Gebet eine ähnliche Erlebnisqualität beschreiben. Im Rahmen einer Predigt fordert sie auf, die Dinge so zu sehen. Die erste Aussage ist also expressiv, die zweite instrumentell. Auch die erste Aussage kann missionarisch sein. Sie forderte dann auf: »Sieh doch hin, wie wunderbar der Wald ist!« Die zweite aber gibt zu verstehen: »Sieh nicht nur das Sichtbare an, sonst vergißt du über der Gabe den Geber!« Mit der ersten Aussage sieht und genießt einer die Schöpfung und den Schöpfer zugleich. Bei der zweiten Aussage schwingt eher die Angst mit, ein zu intensives Genießen könnte den Schöpfer vergessen lassen.

Die erste Aussage ist ein Lobpreis. Die zweite ist Ausdruck von oder Aufforderung zum Dank. Dank und Lob sind nicht dasselbe: Lobpreis ist spontaner. Dank, auch wenn er gerne und herzlich gegeben wird, ist immer das Abstatten einer Schuld: Wenn ein Kind von seiner Tante eine Puppe bekommt und Freude daran hat, wird es irgendwie ausdrücken, daß es die Puppe oder die Tante ›toll‹ findet. Ein Lobpreis. Falls aber die Mutter das Kind fragte, ob es sich denn auch bedankt habe, wären die Freude an der Puppe wie an der Tante verflogen.

Claus Westermann hat festgestellt, daß sich im alttestamentlichen Hebräisch kein Wort für ›danken‹ findet: Die Worte, die in deutschen Bibeln mit ›danken‹ übersetzt sind, bedeuten im Hebräischen alle ›loben‹!

Soviel zu den unmittelbar spürbaren Unterschieden.

Daß die Dinge ihr Geheimnis haben, ist nicht immer leicht auszudrücken. Oft fehlt uns die Sprache. »Gott im Wald« oder »Gott in der Musik«: Das leuchtet trotz aller Bedenken noch irgendwie ein. Aber »Gott im Essen«? »Gott in meinem Auto«? Das klingt befremdlich. Es wirkt auch fremd und stimmt dennoch nachdenklich, wenn Robert M. Pirsig über »Zen und die Kunst, ein Motorrad zu warten« schreibt und dabei bemerkt: »Der Buddha, die Gottheit, wohnt in den Schaltungen eines Digitalrechners oder den Zahnrädern eines Motorradgetriebes genauso bequem wie auf einem Berggipfel oder im Kelch einer Blüte. Wer das nicht wahrhaben will, erniedrigt den Buddha – und damit sich selbst.« – Daß Gott uns »in« einem bestimmten Menschen begegnet, läßt sich leichter sagen. Warum? Ich habe den Eindruck, daß die Formulierung »Gott in ... (diesem oder jenem Ding)« einer Beschreibung der geschöpflichen Abhängigkeit näher kommt, als die Rede vom Schöpfer der Geschöpfe oder vom Geber der Gaben.

Die Rede vom Schöpfer oder Geber hat nur Evidenz und Aussagekraft, solange ein theistisch gedachter Gott als selbstverständliche Wirklichkeit gilt, und die Dinge dann als seine – eben nicht selbstverständlichen – Gaben erscheinen. Solches Bewußtsein läßt uns dann angesichts der Großartigkeit der Dinge dem Schöpfer die Ehre geben: »Wie wunderbar sind deine Werke« (Ps 66,3)

Unser Alltagsbewußtsein aber verführt uns dazu, die Dinge als Ge- und Verbrauchsgegenstände eindimensional zu betrachten und sie als selbstverständliche Gegebenheiten hinzunehmen. Es läßt uns gelegentlich fragen, ob es vielleicht hinter dem vermeintlich Selbstverständlichen nicht doch einen geheimnisvollen Schöpfer geben mag. Einem solchen Bewußtsein kann die sich dem Pantheismus nähernde Rede von Gott in den Dingen eher deren Unverfügbarkeit und Bedeutung erschließen. Diese Formulierung beschreibt Gott als Dimension der Wirklichkeit. Sie bringt zum Ausdruck, daß Gott uns zuerst als Dimension der Wirklichkeit extra nos begegnet. Eben damit qualifiziert sie die Beziehung zu bestimmten Dingen als konkrete Gestalt der geschöpflichen Abhängigkeit. Deren Merkmal ist eine paradoxe Erfahrung: In der Beziehung zu den Dingen erleben wir die – selbstverständliche – Angewiesenheit allen kreatürlichen Lebens auf das von außen kommende »tägliche Brot« in seiner vielfältigen Gestalt. Zugleich erleben wir unsere – nicht selbstverständliche – Personalität als unverwechselbare Identität und als Freiheit zu genießen, zu entbehren und das Leben zu gestalten.

Die Formulierung »Gott in ...« entspricht nicht biblischer und kirchlicher Tradition. Die Bibel redet vom Schöpfer, und die Unterscheidung von Schöpfer und Geschöpf ist ihr wichtig. Nach dem Schöpfungsbericht 1.Mose 1 schafft Gott die Welt durch sein Wort. In der Schöpfungsgeschichte 1.Mose 2 ist eher daran gedacht, daß er wie ein Bildhauer Hand anlegt. Er bringt die Welt nicht aus sich hervor, etwa durch Zeugung oder Geburt, wie andere Schöpfungsmythen erzählen. Die biblischen Geschichten wissen von

Begegnungen Gottes im prophetischen und priesterlichen Wort, Phänomene der Natur werden nur gelegentlich zu Manifestationen seiner Anwesenheit, noch seltener von Menschenhand geschaffene Dinge. Dabei sind der Bibel zwei Motive wichtig: Die Unverfügbarkeit Gottes soll betont werden. Und er soll nicht verwechselt werden mit ›heidnischen‹ Göttern, deren Domäne eben in der Umgebung Israels und der frühen Kirche die Phänomene der Natur und Kultur gewesen sind.

Was die Unverfügbarkeit Gottes betrifft, so habe ich den Eindruck, daß die Problematik sich umgekehrt hat: Bestand früher eher die Versuchung, sich in naturreligiösem Kult Gott oder die Göttinnen und Götter verfügbar zu machen, so liegt heute die Gefahr viel näher, mit der Entgötterung der Welt die Dinge nur noch auf ihre Verwertbarkeit hin zu betrachten, sie so zu mißbrauchen – und dem dann erschrocken die Ethik nachträglich entgegenzusetzen. In dieser Situation mag die Rede von Gott in den Dingen weniger die Gefahr heraufbeschwören, sich Gottes mit den Dingen zu bemächtigen. Sie mag eher der Gefahr begegnen, in einer eindimensionalen und vorwiegend zweckrationalen Beziehung die Unverfügbarkeit der Dinge zu übersehen und unsere geschöpfliche Abhängigkeit zu überspielen.

Auch bezüglich der Abwehr ›heidnischer‹ Götter könnte sich die Problematik umgedreht haben. Sollte diese Abwehr – eher unbewußt – immer noch eine Ursache sein für die mangelnde Integration der ehemals fremden Göttern zugehörigen Dinge in unsere Theologie, unsere Gebete und unsere Kultur? Wenn das stimmt, würde diese Abwehr paradoxerweise verhindern, worum es in der Rede von dem einen und eifersüchtigen Gott und im monotheistischen Schöpfungsglauben letztlich geht: das Verständnis der Wirklichkeit als einer Einheit.

Der alttestamentliche Gott war ursprünglich ein Gott der Geschichte, nicht der Natur, auch kaum der Kultur. Nicht das zyklische Werden und Vergehen der Natur wurden als seine Offenbarung wahrgenommen, nicht Fruchtbarkeit und sexuelle Lust, nicht städtische Kunst. Als Offenbarung galt die Erlösung eines Nomadenstammes aus ägyptischer Gefangenschaft, sein Überleben in der Wüste, seine Regeln des Zusammenlebens, seine Beheimatung in Kanaan. Erst später, aber immerhin noch früh genug, kam der Schöpfungsglaube hinzu, daß die ganze Welt auf Gott zurückgeht und ihm gehört. Damit wurde die Einheitlichkeit der Wirklichkeit reklamiert. Damit mußte es aber seine Schwierigkeiten haben, wenn gerade die Dinge, die im geschöpflichen Leben die größte Lust und den tiefsten Schmerz bereiten, wie Sexualität und Fruchtbarkeit, wie Wein und Geld, wie Türme und Tempel, anderen Göttern gehörten. Daß all diese Dinge als Gottes Gaben und Zeichen seines Segens anzusehen seien, hat das Alte Testament oft genug gesagt. Sie aus vollem Herzen zu genießen, scheint aber verdächtig geblieben zu sein. Jedenfalls wird es selten beschrieben. Am Sinai läuft es auf eine sündhafte Orgie hinaus, in Babylon beim Turmbau auf Gigantomanie. Das neue Testament ist noch zögerlicher gewesen.

Inzwischen hat niemand mehr Angst oder Ehrfurcht vor Baal und Astarte, vor Diana und Dionysos. Und selbst der Pfarrer singt im Trinklied bedenkenlos von Bacchus. Fremde Götter sind wirklich nicht unsere Anfechtung. Geblieben aber ist die Skepsis gegenüber den Dingen, für die sie einmal standen! Das zeigt sich in den moralischen Appellen, die eilfertig erfolgen, sobald die Rede auf solche Dinge kommt.

Wenn ich hier von Gott in diesen Dingen rede, so meine ich den einen und eifersüchtigen Gott. Mir geht es im Sinne des biblischen Schöpfungsglaubens um die Einheitlichkeit der Wirklichkeit und um unsere Liebe zu ihr. In unserer Beziehung zur Wirklichkeit geht es um die Frage, ob sie den gesegneten Charakter geschöpflicher Abhängigkeit trägt oder den heillosen Charakter destruktiver Abhängigkeit, zu der jedes Ding uns verführen kann. Symbolisch gesprochen: Die Frage ist nicht, ob wir uns auf Jahwe oder auf Zeus einlassen. Die Frage ist, ob wir es mit Gott oder mit dem Teufel zu tun haben. Solange wir die Wirklichkeit in ihren Ambivalenzen wahrnehmen und ihre Gaben im Sinne der geschöpflichen Abhängigkeiten genießen und entbehren, bereitet es mir deshalb wenig Sorgen, wenn Symbole, die die Bedeutung und Kostbarkeit der Dinge bewußt und benennbar machen, nicht aus Jerusalem kommen, sondern etwa aus Ephesus oder Memphis. Anders wenn es sich um destruktive Abhängigkeit handelt. Da muß es um Erlösung gehen. Und die ist durch Jesus Christus anders verheißen als durch Dionysos.

Religiöse Motive in der Verkaufswerbung

Die kommerzielle Werbung hat keinerlei Schwierigkeiten, Gott und Religion als eine Dimension der Beziehung zu Dingen zu sehen und in Anspruch zu nehmen: Unbefangen stellt die Reklame eine an die Statue der Athena Nike erinnernde Frauengestalt auf den Kühler des FIAT UNO. Sie trägt damit dem Bewußtsein dessen Rechnung, daß ein Auto eben mehr ist als ein Fahrzeug. Leider wird uns hier ein weniger wünschenswertes Symbol angeboten: Die Siegesgöttin erinnert eher ans Rasen als ans Reisen, und wenn der UNO den BMW ›besiegen‹ will, wird es brenzlig. Deshalb hätte ich die Nike lieber am Bug eines Schiffes von Greenpeace und auf dem Auto lieber Merkur oder Christophorus.

Weitere Beispiele gibt es in Fülle. »Der Mensch lebt nicht vom Brot allein«, heißt es, um uns Schokolade von FERRERO schmackhaft zu machen. »Liebe deine Gäste wie dich selbst« empfiehlt der Hersteller den Whisky CHIVAS REGAL. »Made in Paradise« meint RENAULT von seinem CLIO, und läßt Adam und Eva durch eine Walt-Disney-Schlange locken, in ihm aus dem Paradies zur Fahrt durch Stadt und Land aufzubrechen. Häufig finden sich religiöse Motive ohne verbale Zitate im Bildmaterial der Werbung. Manche sind eindeutig erkennbar, wie z.B. Engel und Nymphen. Weniger direkt erinnern z.B. Pferde an die apokalyptischen Reiter. Oder geht es da eher um den Schimmelreiter und die germanische ›Wilde Jagd‹?

Wir haben es mit einer zweifelhaften Angelegenheit zu tun. Zweierlei aber sollte vor aller Kritik nachdenklich machen:

1. Die Werbefachleute trauen den Symbolen offenbar etwas zu, und es funktioniert.

2. Die Symbole dienen hier dazu, die Kostbarkeit der Dinge darzustellen. Sie sollen zeigen, daß es mit den Dingen mehr auf sich hat, als daß sie nur an ihrem Ge- oder Verbrauchswert zu messen wären. Sie weisen darauf hin, daß mit den Dingen etwas von echtem oder wahrem Leben vermittelt wird. Und darin hat die Werbung zunächst einmal Recht!

Selbstverständlich hat die Werbung nicht die Intention, den Dingen um ihrer selbst willen Würde zu verleihen. Sie will zum Kaufen animieren. Das macht die Sache bedenklich. Dabei richtet meine Kritik sich nicht dagegen, daß man Dinge herstellt und sie auch verkaufen will. Ich halte den Handel nicht grundsätzlich für eine Teufelei. Zu den mir durchaus akzeptablen Spielregeln gehört es auch, für die Produkte mit ansprechenden Bildern und Worten Reklame zu machen. Gefährlich ist, daß hier Symbole mißbraucht werden: Sie sagen die Wahrheit, denn die Dinge haben tatsächlich eine Bedeutung, die in ihrem Gebrauchswert nicht aufgeht. Eben diese Wahrheit wird auf zweifache Weise pervertiert:

Im Zusammenhang der Verkaufswerbung wird suggeriert, daß auch dieser – unverfügbare – Wert eben käuflich ist. Damit werden die Symbole zu Klischees. Die Folge ist, daß mehr versprochen wird, als die Dinge halten können: Es wird sich bald herausstellen, daß der FIAT UNO seinen Besitzer eben doch nicht mit Athene siegreich triumphieren läßt. Dies will ich freilich nicht allzu verbissen sehen. Denn daß im Auto himmlische Freiheit nicht wirklich zu finden ist, weiß ja jeder. Das Spiel könnte man sich noch gefallen lassen – wenn man es durchschauen könnte. Eben dies kann man aber nicht immer und soll es nicht können! Die Werbung verwendet Symbole oft so, daß sie unbewußt wirken. Damit aber dienen sie nicht mehr ihrem eigentümlichen Zweck: Sie offenbaren die Wahrheit nicht mehr, sie dienen zu ihrer Verschleierung. Das ist verwerflich.

Um bei solcher Kritik der Überheblichkeit zu wehren, erlaube ich mir zwei kritische Fragen an die eigene Firma:

1. Wer hat damit angefangen? Auch die Kirche hat Symbole zu Klischees gemacht und mit ihnen suggestiv für zweifelhafte Interessen geworben. 2. Ärgern wir uns vielleicht doch eher deshalb, weil die Werbung mit Hilfe der Symbole Dinge heilig spricht, die uns nach wie vor eher verdächtig sind: Schmuck, Erotik, Alkohol?

Der Möglichkeit allseitigen Mißbrauchs eingedenk, können wir immerhin von der Werbung lernen, wie Symbole geeignet sind, die Kostbarkeit und die geheimnisvolle Bedeutung der Dinge ahnen oder erkennen zu lassen. Gegen ein leider verbreitetes Mißverständnis will ich mich dabei verwahren: In kirchlichen Kreisen wird oft diskutiert, was für und gegen eine Übernahme von Methoden der kommerziellen Werbung spricht. Gemeint ist dann meistens die Frage, ob man für kirchliche Veranstaltungen oder für die von uns tradierten Inhalte mit solchen Methoden werben solle. Natürlich soll man für Veranstaltungen ansprechend werben. Aber wenn die Frage so diskutiert wird, handelt es sich um eine absurde Verdrehung: Die Werbeleute verwenden unsere Symbole, um ihre Produkte attraktiv zu machen. Und wir fragen uns, ob wir ihre Methoden verwenden dürfen, um unsere Symbole wieder attraktiv und glaubhaft zu machen. Offenbar trauen die Werbeleute den Symbolen mehr zu als wir!

Es ist nicht unsere Sache, Gott attraktiv zu machen. Unsere Sache ist es, in seinem Namen und mit Hilfe der Symbole die Kostbarkeit und Würde der Dinge zu Bewußtsein zu bringen!

Konfirmanden auf den Spuren Gottes

Ich erinnere mich an einen Gottesdienst, in dem sich ein Jahrgang von Konfirmanden der Gemeinde vorstellte. Mit ihrem Pfarrer hatten sie sich gründlich vorbereitet. Es war eine Freude, dabei zu sein – und es hinterließ einen bitteren Nachgeschmack. ›Spuren Gottes‹ hieß das Thema.

Die Mädchen und Jungen hatten kurz vorher mit dem Pfarrer ein Wochenende in einem Jugendheim zugebracht. Dabei hatten sie die Aufgabe bekommen, bei einem Spaziergang nach ›Spuren Gottes‹ zu suchen. Sie sollten Fundsachen mitbringen, die ihnen unterwegs symbolträchtig in den Blick geraten würden. Sie hatten vielerlei aufgelesen, Blumen und Pflanzen, einen abgebrochenen Ast. Auch Gegenstände unserer Zivilisation waren dabei: Ein Geldstück, der Deckel einer Kaffeekanne, der abgebrochene Henkel einer Tasse. Die Konfirmanden nahmen Gottes Spuren nicht nur in der Natur wahr, sondern – besonders phantasievoll – auch darin, daß die Gegenstände eine Geschichte haben. Darin wurde ihnen etwas durchsichtig von Gottes Geschichte mit seiner Schöpfung und in ihr mit uns. Die Assoziationen führten dann – fast stereotyp – zu Folgerungen wie: Die Dinge haben eine Geschichte – wir werfen sie weg – wir sind zur Wegwerfgesellschaft verkommen – auch alte Leute werden »weggeworfen«, obwohl man doch »in den Falten eines alten Menschen Gottes Spuren sehen kann«. Das Geldstück ließ fragen: »Haben wir das Geld – oder hat es uns?«

Vier Beobachtungen sind mir aufschlußreich:

1. Die Konfirmanden suchten Gott und fanden Dinge! Normalerweise machen wir es umgekehrt: Wir beobachten die Natur oder denken über unsere Güter nach, machen erfreuliche oder unerfreuliche Entdeckungen und fragen uns zuweilen, ob darin irgendwie Gott am Werk ist. Das wirkt oft aufgesetzt. Was bedeutet es denn, das Brot nachträglich eine Gabe Gottes zu nennen? Es schmeckt und nährt uns auch so. Hier war es anders. Die Dinge wurden den Konfirmanden zum Symbol. Aber das war erst der zweite Schritt. Die Dinge hätten ihnen wenig gesagt, sie wären ihnen noch nicht einmal aufgefallen, wenn ihnen nicht das vorgegebene symbolische Suchwort von den Spuren Gottes den Sinn geöffnet hätte! Hätten die Konfirmanden im Wald Räuber und Gendarm gespielt oder Material für ein Lagerfeuer gesucht, wären sie an der Blume und dem abgerissenen Zweig vorbeigerannt. Der Deckel der Kaffeekanne wäre ihnen keines Blickes wert gewesen. Nur das Geldstück hätten sie wohl mitgenommen. Nun aber waren ihre Augen nicht mehr »gehalten, daß sie ihn nicht erkannten« (Lk 24,16). Als sie, durch das symbolische Suchwort angeregt, die Welt sozusagen aus der Perspektive Gottes betrachteten, waren ihre Sinne offen für diese durchaus unbrauchbaren Dinge. Sie konnten sie wahrnehmen in ihrer Gegenständlichkeit, ihrer Einmaligkeit und Hintergründigkeit.

Das erinnert mich an die Beobachtung, auf die ich im Zusammenhang der Gleichnisse Jesu hingewiesen habe: Wo er die Realität aus der Perspektive des

Reiches Gottes betrachtet, geraten andere Dinge in den Blick oder andere Seiten derselben Dinge, als wenn er als kritischer Prophet hinsieht.

2. Um etwas über Gott herauszufinden, sollten die Konfirmanden nach seinen ›Spuren‹ suchen. Und sie fanden nicht neue Einsichten über Gott, sondern neue Seiten der Dinge! Gott war ihnen zum Selbstverständlichen geworden, die Schöpfung hingegen zum Geheimnisvollen und Rätselhaften. Zunächst fanden sie in der Einmaligkeit und Unverwechselbarkeit die Würde der Dinge. Nachdenklich geworden, entdeckten sie ihre Hintergründigkeit. Spuren Gottes fanden sie darin, daß Dinge sie mit dem Werden und Vergehen alles Geschaffenen konfrontierten, und daß sie eine Geschichte ahnen ließen. Sie wurden sich ihres eigenen Werdens und Vergehens bewußt, ihrer eigenen Geschichtlichkeit und verletzlichen Identität.

Die Konfirmanden wurden ihrer eigenen geschöpflichen Abhängigkeit in der Begegnung mit den Dingen gewahr. Diese wurden zum Symbol, indem sie in ihrer Eigenständigkeit und Gegenständlichkeit geachtet wurden. Weder Gott noch die Dinge waren über dem Nachsinnen zu psychischen Instanzen geworden ohne eigene Gestalt. Indem sie die Dinge als Gegenüber wahrnahmen, konnten die Konfirmanden zu sich selbst finden. Vermittelt durch das Symbol der ›Spuren Gottes‹ wurde in den Dingen Gott extra nos und pro nobis erkennbar.

3. Die Konfirmanden nahmen die Schöpfung mit ihren Ambivalenzen wahr. Dabei waren sie besonders aufgeschlossen für die eher traurigen Seiten. Sie freuten sich an den Blumen. Aber das Mitleiden an der Vergänglichkeit trat in den Vordergrund. Die geahnte Geschichte der Dinge und der mit ihnen verbundenen Menschen faszinierte die Phantasie. Aber sie hatten ja vornehmlich Bruchstücke aufgelesen. So erinnerte die Gestalt der Dinge nicht nur an die Kostbarkeit der Individualität, sondern besonders an die Brüche, die auch Kennzeichen menschlicher Geschichte sind.

Das symbolische Suchwort hatte die Konfirmanden wahrnehmungsfähig gemacht. An der Schöpfung sich freuend und leidend, ahnten sie etwas von Gottes Freude und Leiden an seiner Schöpfung. Eine depressive Tendenz war dabei spürbar.

4. Dann kam es leider zu einem nächsten Schritt. Bei dieser Haltung des Wahrnehmens, der Freude und des Leidens wollten die Konfirmanden nicht bleiben. Assoziative Einfälle führten alsbald zu stereotypen moralischen Schlußfolgerungen: Die Dinge sind kostbar, und wir werfen sie weg! Wir sind zur Wegwerfgesellschaft verkommen! Wo wir doch in den Falten eines alten Gesichtes Gottes Spuren lesen könnten, schieben wir die Alten in Heime ab! Damit wurden die Dinge nicht mehr in ihrer Eigenständigkeit geachtet. Sie wurden zu Argumenten der Anklage instrumentalisiert und als Waffe gegen sich selbst, gegen die Generation der Eltern oder gegen ›die Gesellschaft‹ gerichtet.

Selbstverständlich hatten die Jungen und Mädchen nicht Unrecht mit ihrer Anklage. Die Wegwerfmentalität bedeutet eine Verarmung unseres

Lebens und eine Gefährdung der Umwelt. Sicherlich ist es nicht recht, für alte Leute Gettos zu schaffen. Wenn die Konfirmanden durch ihre Wahrnehmungen zu einem pfleglicheren Umgang mit den Gütern der Schöpfung und zu mehr Aufmerksamkeit gegenüber alten Menschen gefunden hätten, wäre das gut. Und natürlich dürfen sie auch ihre erwachsenen Mitmenschen kritisieren. Aber der Verlauf dieses Gottesdienstes läßt befürchten, daß sich gar nichts ergeben wird. Denn am Ende standen nicht Hoffnung und kreative Ideen. Es wurden moralische Bekenntnisse abgelegt: Man hat es gesagt und damit seine Pflicht getan. Man hat es begriffen und ist damit besser als die anderen. Statt der Freude und dem Leiden an der Schöpfung standzuhalten, wendeten sie sie zum aggressiven, aus Angst und Zorn genährter Moralismus. Und Moralismus führt eben nicht zur Moralität.

Die Paradoxie ist: Wären die Konfirmanden wahrnehmungsbereit bei ihrer Freude und ihrem Leiden geblieben, hätte es sich wie von selbst ergeben können, den Eigenwert und die Spuren Gottes auch in den Dingen zu sehen, die zuhause auf ihrem Tisch liegen. Sie selbst und die Dinge wären damit aus der Wegwerfmentalität erlöst. Wären sie bei ihrer Ahnung geblieben, in den Falten eines alten Gesichtes die Spuren Gottes finden zu können, würden sie vielleicht wie von selbst ihre Großeltern oder den alten Nachbarn aufmerksam ansehen und ihren Erzählungen zuhören. Sie hätten sich dann vielleicht bei konkretem Anlaß auch zur Verantwortlichkeit herausgefordert finden können. Aus Liebe kann Moral entstehen. So aber siegten Angst und Zorn. Die Dinge waren kein Gegenüber mehr, sie waren zur Waffe geworden. Die Spuren Gottes fanden sich nicht mehr in der Schöpfung, er war auch kein Gericht und Gnade zusprechendes Gegenüber. Er war am Ende zur Chiffre für das schlechte Gewissen gemacht worden.

Anhang

Fundorte von Zitaten

»Alle Lust will Ewigkeit« : F. Nietzsche, Also sprach Zarathustra, Schlechta II, S.557. Der Satz findet sich wiederholt und variiert im 4. Teil, 8 – 12.

Zu Loben und Danken: C. Westermann, Das Loben Gottes in den Psalmen, Göttingen 1954, S.16.

»Der Buddha ...wohnt in den Zahnrädern ...«: R.M. Pirsig, Zen und die Kunst, ein Motorrad zu warten, Frankfurt 1984, S.24.

*

Zum Stichwort ›Auto‹

Meine hier geäußerten Gedanken sind eine Kurzfassung ausführlicherer Überlegungen in: G. Hartmann, Freude am Fahren, München 1988, bes. im Kap. Reisen und Rasen.

Schon dort habe ich versucht, unsere Beziehung zum Automobil in ihren Ambivalenzen im Sinne dessen zu beschreiben, was ich heute »geschöpfliche Abhängigkeit« nenne. Von Suchtstruktur spreche ich dort nur im Blick auf den innerstädtischen Verkehr, in den wir uns hineinbegeben, obwohl voraussehbar ist, daß der Preis höher sein wird als der Gewinn. Inzwischen fahre ich immer noch gerne Auto, frage aber unsicher geworden, ob hier nicht generell eine destruktive Abhängigkeit mit Suchtstruktur gesehen werden muß.

Vgl.: K.-P. Jörns, Der Krieg auf unseren Straßen, Gütersloh 1992. Zu Anfang zeigt Jörns eindrücklich, wie in Statistiken, Werbung, Stellungnahmen der Industrie u.a. die irrationalen Faktoren des Straßenverkehrs verschleiert werden. Am Ende stellt er sehr bedenkenswerte Möglichkeiten zu politischen Lösungen dar. In unserem Zusammenhang ist bes. der mittlere Teil interessant, in dem Jörns, vorschnelle Postulate vermeidend, tiefenpsychologisch und religionswissenschaftlich die bewußten und unbewußten Anteile unseres Verhaltens zu deuten sucht. So fruchtbar ich diesen Zugang finde: Jörns will auf eine möglichst sachliche Beziehung zu Dingen wie Automobilen hinaus und findet in jeder darüber hinausgehenden persönlichen Regung gefährliche Züge, z.B. symbiotische Tendenzen mit unbewußt suizidalen Anteilen. Damit gerät er m.E. in eine Zwickmühle: Eine rein sachliche Beziehung zu Dingen halte ich weder für erstrebenswert noch für möglich. Falls aber die, Anteile unserer Persönlichkeit einschließende, Beziehung zu diesem Ding von überwiegend destruktiver Art sein sollte (und zwar kollektiv, nicht unbedingt individuell, was Jörns nicht genügend unterscheidet), dürfte sie sich kaum kultivieren lassen, und die guten ethischen Gedanken im letzten Teil müßten ins Leere laufen. Dann wäre Askese angezeigt, worauf Jörns nicht hinaus will.

*

Bezüglich der religiösen Motive in der Werbung verdanke ich viele Anregungen H. Albrecht, der sein Buch leider nicht mehr vollenden konnte. Es wird nun posthum erscheinen: Die Religion der Massenmedien, Stuttgart.

3. KAPITEL

Zwischenmenschliche Beziehungen

1. Die spirituelle Dimension zwischenmenschlicher Beziehungen

Im Straßenverkehr ärgern und gefährden uns leichtsinnige Gesellen. So werden das Rasen und andere Untugenden zum Thema vieler Darstellungen. Es entsteht der Eindruck, Autofahrer seien eine besonders verantwortungslose Spezies, und das Auto bringe vornehmlich unsere unsozialen Seiten zur Entfaltung. Jeder redet darüber. – Selten der Rede wert finden wir, was wir doch auch täglich erleben: Bei einer Autofahrt bin ich abhängig von unzähligen Weggenossen. Ich bin abhängig von ihrer Kompetenz, die sie normalerweise erweisen, von ihrem Verantwortungsbewußtsein, das sich in der Regel bewährt, von manchen Freundlichkeiten, auf die ich nicht umsonst hoffe.

Generell gilt: Soziales Leben, das der Pflege wert und der Kultivierung zugänglich ist, ist durch eine Paradoxie gekennzeichnet: Seine überwiegend gedeihliche Gestaltung ist von vielen Faktoren abhängig, über die wir nicht verfügen – und doch gelingt sie normalerweise. Das Unverfügbare ist zugleich das normalerweise Gegebene: Eben diese Paradoxie ist Merkmal der geschöpflichen Abhängigkeit.

Eine Beziehung lebt vom Unverfügbaren: Zu einer Freundschaft gehört es, daß ich Erweise der Verläßlichkeit und Sympathie des Freundes als nahezu selbstverständlich annehme. Überschwenglicher Dank und allzu bescheidene Bitten wären peinlich. Sie zeigten, daß ich dem Freund mißtraue. Andererseits würde daraus eine ausbeuterische Beziehung, wenn ich Wohltaten als Freundespflicht in Anspruch nähme, ohne daß ein »Bitte« und »Danke« der Freiheit des anderen die Ehre gäbe. – Und falls er mir Wohltaten als Freundschaftsbeweis aufdrängte, nähme er dem »Bitte« und »Danke« den Raum.

Eine Beziehung lebt mit und von Fehlern: Jeder weiß, wie wichtig ein angemessenes Verhalten der Eltern für die Entwicklung ihrer Kinder ist. Jeder weiß auch, daß Eltern niemals alles richtig machen. Dennoch wachsen die Kinder in den meisten Fällen zu genuß- und verantwortungsfähigen Menschen heran. Ihre Entwicklung hängt sogar davon ab, daß die Eltern sich vom Anspruch frei halten, alles richtig zu machen. Würden sie diesem Anspruch verfallen, müßten sie angesichts mancher verzwickter Situationen skrupulös werden. Zwiespältiges Verhalten mit häufigem »Ja, aber« ist gewöhnlich die Folge. Oder sie müßten sich allwissend dünken und würden womöglich wirklich übermächtig, mit Anpassung oder Revolte als Folge. Und sollten sie tatsächlich kaum Fehler machen, böten sie keinen Stoff für Auseinandersetzungen. Die Kinder könnten an ihnen nicht ihre Kräfte messen oder müßten Autonomie im Streit um Belanglosigkeiten erringen. Es hängt von der Verläßlichkeit und Fehlbarkeit der Eltern zugleich ab, daß Kinder zu geschöpflicher Freiheit finden.

Eine Beziehung lebt von ihrer Begrenztheit: Auch in einer guten Ehe können Frau und Mann einander nicht alles sein: Ich erinnere mich, wie Freunde von einem Ehepaar erzählten, in dem beide Partner offenbar recht glücklich miteinander leben. Als die Frau zu einer Kur verreist war, entfaltete der Mann überraschend Aktivitäten, die man vorher bei ihm nicht kannte. Er suchte Geselligkeit, tanzte, war unternehmungslustig. Nichts, was in die Nähe von Ehebruch kam, aber »er lebte förmlich auf«. Die Freunde machten sich Sorgen. Sie vermuteten eine unterdrückte Ehekrise und meinten, mit den beiden reden zu müssen. Wir waren unsicher. Zuerst fragten wir uns, ob eine freundschaftliche Konfrontation nicht nur unnötig Staub aufwirbeln würde. Schließlich fanden wir zum gegenteiligen Eindruck: Das ›Aufleben‹ des Mannes könnte ein Hinweis auf die Verläßlichkeit seiner Ehe sein. Läge ihm nichts an seiner Frau, würde er vielleicht die Gelegenheit zum Ausbruch zu nutzen suchen, wovon nichts zu sehen war. Wäre es eine symbiotisch enge Beziehung, würde er sich wohl eher verlassen fühlen und ratlos und inaktiv zeigen.

Zweierlei will ich mit diesen Beispielen zeigen:

1. Abhängigkeiten von gedeihlicher Art sind ambivalent: Sie geben Geborgenheit und Nahrung, zugleich setzen sie Grenzen und verursachen Entbehrungen. Die zuletzt beschriebene freundschaftliche Sorge um die womöglich doch nicht vollkommene Ehe war vermutlich darin begründet, daß wir dies nicht wahrhaben wollten. So wurde es geradezu zum moralischen Postulat, daß der Mann um seine verreiste Frau trauern müsse, und daß Freunde sich andernfalls der Ehe annehmen sollten.

2. Die Abhängigkeit ist von paradoxer Art. Was wir von den Mitmenschen brauchen wie das »tägliche Brot«, ist das, was wir in gelingenden Beziehungen als normal und fast selbstverständlich empfangen. Es bleibt dabei doch unverfügbar. Es ist der Bitte und des Dankes an die Adresse der Menschen wert, ebenso an die Adresse Gottes. Denn die gleichzeitige Verläßlichkeit und Unverfügbarkeit des Alltäglichen zeigt, wie die Abhängigkeit voneinan-

der eine Gestalt geschöpflicher Abhängigkeit ist, in der wir einander geben und voneinander empfangen, was über Menschenmögliches hinausgeht und alles andere als selbstverständlich ist: Freiheit.

Das Gelingen einer zwischenmenschlichen Beziehung hängt davon ab, daß die paradoxe Spannung von Selbstverständlichkeit und Unverfügbarkeit ausgehalten wird. Würden wir das »tägliche Brot« nicht mit einer gewissen Selbstverständlichkeit voneinander erwarten und annehmen, wäre die Beziehung von Distanz geprägt und durch Mißtrauen gefährdet. Wollten wir uns dagegen zu unbedingter Verläßlichkeit verpflichten, würden wir einander zu manipulieren beginnen. Wir wollten mehr empfangen, als genießbar und verdaulich ist. Wir wollten mehr geben, als der Freiheit zuträglich ist. Dem steht die gesunde Spannung von Zutrauen und Zurückhaltung, von Unbefangenheit und Ehrfurcht gegenüber. Sie ist normalerweise gegeben.

Natürlich bedarf es im Alltag nicht immer der symbolischen Deutung. Das Selbstverständliche braucht kaum hohe oder tiefe Worte. Aber es wäre auch falsch zu meinen, es sei deshalb keiner Rede wert: So normal es – Gott sei Dank! – ist, daß wir die Spannung von Verläßlichkeit und Unverfügbarkeit miteinander aushalten, so leicht kann es bekanntlich auch mißlingen, weil wir zu wenig oder zu viel von einander erwarten. Indem Seelsorge der spirituellen Dimension unserer Beziehungen symbolische Sprache verleiht, kann sie dazu beitragen, daß Selbstverständliches selbstverständlich bleibt – oder wieder wird: Zutrauen, das weder die Fehlbarkeit des anderen übersieht, noch seine Freiheit erstickt.

2. Symbolische Ausdrucksformen

Gruß- und Segensformeln

Eine indische Grußformel lautet: »Namaskar«. Zu deutsch etwa: »Ich beuge mich vor dem göttlichen Funken in dir«. Diese mit einer Verbeugung gesprochene Formel drückt beides aus: Sie gibt dem Gegenüber die Ehre, indem sie sagt, daß man sich zu ihm persönlich in Beziehung setzt, und daß man zugleich seine Unverfügbarkeit achtet.

Ähnlich klingt es, wenn Jakob seinen Bruder Esau begrüßt: »Ich sah dein Angesicht, als sähe ich Gottes Angesicht, und du hast mich freundlich angesehen« (1.Mose 33,10). Auch das könnte eine alltägliche Grußformel sein. Im Falle des Jakob ist sie es nicht. Der Gruß des Jakob drückt eine außergewöhnliche, erlösende Erfahrung aus. Wäre daraus eine alltägliche Grußformel geworden, könnte sie vielleicht auch dazu dienen, der geheimnisvollen Tiefe der geschöpflichen Abhängigkeit in undramatisch gelingenden Beziehungen Rechnung zu tragen. Ist es so gemeint, wenn es süddeutsch immer noch heißt: »Grüß Gott!«?

Entsprechendes findet sich in der biblischen Tradition seltener bei der Begrüßung, häufig aber beim Abschied. Der Segen ist dafür klassischer Ausdruck: Er wird dem Scheidenden von einem Menschen mit auf den Weg gegeben, der ihn damit bleibender Verbundenheit versichert und ihn gleichzeitig dem Geleit Gottes anvertraut. Auch hier geht es zugleich um die Pflege und um die Lösung einer Bindung, um eine Versicherung der Verläßlichkeit und zugleich der Unverfügbarkeit. Im Alten Testament ist es oft der Segen des Vaters. Er ist Ausdruck bleibender Bindung. Er besagt zugleich, daß beide, der Segnende und der Gesegnete, im Rahmen ihrer Abhängigkeit ihre Freiheit in dem Vertrauen finden, daß Gott den Segen einlöst.

Jeder weiß, wie schwer uns Abschiede oft fallen. Mag sein, daß man sich nichts mehr zu sagen hat. Mag sein, daß man noch mehr sagen möchte, als die Zeit erlaubt. So geht man zuweilen einander aus dem Weg, um ein Abschiedswort zu vermeiden. Oder man kommt nicht voneinander los und überspielt die Trennung mit illusionären Verabredungen. Jeder Abschied macht spürbar, wie bruchstückhaft alle Beziehungen bleiben, und mit ihnen unser von Beziehungen abhängiges Leben. So wird es schwer, Worte zu finden, die ehrlich sind, nicht zu viel und nicht zu wenig sagen. Ein Segenswort könnte der Trauer wie der Erleichterung Raum geben, denn es stellt unser beider Zukunft Gott anheim. Leider hindert uns Befangenheit oft, den einfachen Satz zu sagen, der Verbundenheit und Distanz zugleich ausdrücken und vielleicht gewährleisten könnte: »Gott segne dich!« Oder:«Gott sei mit Dir!« Französisch geht es noch: »Adieu!«

Eine Meditation des 23. Psalms

Zu Beginn der 70er Jahre hat Dieter Seiler eine Meditation des 23. Psalms entwickelt, in der es um die gleichen Zusammenhänge geht. Ich habe sie in verschiedenartigen Gruppen angewandt.

Zunächst bitte ich die Beteiligten, an einen Menschen zu denken, der ihnen in irgendeiner Weise wichtig ist. Danach leite ich sie zu einer gelenkten Phantasie an: Die TeilnehmerInnen lassen die betreffende Person vor ihrem inneren Auge erscheinen. Sie stellen sich vor, mit ihr ungestört zusammen zu sein, sie anzusehen und versuchsweise in Gedanken die Worte des 23. Psalmes in veränderter Form an sie zu richten:

»Ich bin dein Hirte, dir wird nichts mangeln.
Ich weide dich auf einer grünen Aue
und führe dich zum frischen Wasser
....
Gutes und Barmherzigkeit werden dir folgen das Leben lang,
und mein Haus wird dir offen stehen immerdar.«

Ich lese auf diese Weise den ganzen Psalm und gebe dann Zeit, den Eindrükken nachzugehen, die sich dabei eingestellt haben: Zustimmende Empfindungen oder Widerspruch, angenehme oder unangenehme Bilder.

Anschließend biete ich eine andere Fassung. Wiederum richten sich in Gedanken die Worte an die betreffende Person:

»Du bist mein Hirte, mir wird nichts mangeln.
...
ich werde in deinem Hause bleiben immerdar.«

Wiederum nach einer Besinnungspause schließlich die dritte Fassung, in Gedanken an denselben Adressaten gerichtet:

»Der Herr ist unser Hirte, uns wird nichts mangeln.
Er weidet uns auf einer grünen Aue
und führt uns zum frischen Wasser.
Er erquickt unsere Seele.
Er führt uns auf rechter Straße um seines Namens willen.
Ob wir schon wandern im finstern Tal,
fürchten wir kein Unglück,
denn er ist bei uns, sein Stecken und Stab trösten uns.
Er bereitet vor uns einen Tisch angesichts unserer Feinde.
Er salbt uns das Haupt mit Öl und schenkt uns voll ein.
Gutes und Barmherzigkeit werden uns folgen das Leben lang,
und wir werden in seinem Hause bleiben immerdar.«

Drei Kommentare zu den Eindrücken, die diese Texte auslösen:

1. In den 70er Jahren lösten die ersten beiden Fassungen eher Zustimmung aus, die dritte stieß eher auf Skepsis. Auf dem Hintergrund der ersten beiden Fassungen erschien immerhin auch sie bedenkenswert. Dies hat wohl zeitgeschichtliche Gründe:

In diesen Jahren wurden in gruppendynamischen Veranstaltungen die vielen Facetten der Kommunikation bedacht. Oft wurde dabei bewußt, wie die eigene religiöse Prägung das kommunikative Verhalten hinderlich beeinflußt. So fand man in den ersten beiden Fassungen des Psalmes eine symbolische Beschreibung der Vielfalt und Tiefe menschlicher Beziehungen. Die dritte Fassung dagegen schien einzuladen, sich in die alte, einengende Abhängigkeit zurückzubegeben. Die Rede vom »Herrn« als unserem »Hirten« erschien nicht als Symbol, sondern als Klischee, gegen das man sich wehren mußte. Nachdem aber durch die ersten Fassungen spürbar geworden war, welcher Reichtum auch unverfügbarer Erfahrungen damit verbunden sein kann, sich als »Hirte« zur Verfügung zu stellen oder sich einem anderen als »Hirten« anzuvertrauen, gewann auch die dritte Fassung Aussagekraft.

Gegenwärtig beobachte ich häufiger die umgekehrte Reaktion. Bei den beiden ersten Textvarianten regt sich spontaner Widerstand: »Das ist zuviel!«. Die dritte Fassung wirkt angemessen und angenehm. Auf ihrem Hintergrund gewinnen nachträglich auch die ersten beiden an Plausibilität.

Der Widerstand ist nicht so selbstverständlich, wie er vielleicht zunächst erscheint. Natürlich wird bei nüchternem Nachdenken klar, daß wir nur in begrenztem Maße einander »Hirten« sein können. Andererseits finde ich häufig die Tendenz, sich in hohem, auch übertrieben hohem Maße für andere verantwortlich zu fühlen. Ich beobachte auch starke, oft überstarke Kränkungen, wenn Erwartungen an Fürsorge und Verläßlichkeit enttäuscht werden. Der Widerstand schießt also mitunter über das Ziel hinaus: Man will nicht wahrhaben, in wie vielfältiger Weise wir tatsächlich für einander »Hirten« sein können, und es oft auch sind.

Eben dies läßt dann die dritte Fassung oft rückwirkend zu Bewußtsein kommen: Wenn es denn plausibel ist zu sagen »Der Herr ist unser Hirte«, ist damit auch der Raum gegeben, in dem wir auch von uns als »Hirten« sprechen können. Ich kann mich dann als »Hirt« zur Verfügung stellen, ohne es verschämt verstecken zu müssen und ohne meinen Allmachtswünschen zu erliegen. Ich kann mich anderen Menschen anvertrauen, ohne destruktive Abhängigkeit befürchten zu müssen.

2. Zustimmung und Widerstand gegenüber den Fassungen des Textes sind in ihrer individuellen Unterschiedlichkeit bedeutsam. So wird zuweilen bewußt, daß es jemandem leichter fällt, Verantwortung zu übernehmen, als sich anderen anzuvertrauen. Oder umgekehrt: Es erscheint weniger beängstigend, sich selber leiten zu lassen, als selbst »Hirte« zu sein.

In jedem Falle bietet hier die dritte Fassung die symbolische Deutung unserer unbedingten Abhängigkeit, die es gestattet, auch die relative Abhängigkeit von einander zu sehen und zu akzeptieren: An Gottes Funktion als »Hirte« partizipierend, können wir es uns zutrauen und leisten, einander »Hirten« zu sein, ohne dadurch uns und die anderen zu gefährden.

3. In dieser Meditation setzt man sich gedanklich zu einem bestimmten Menschen in Beziehung. So kommt es zu Entdeckungen, die diese spezielle Beziehung betreffen. Dabei kann sich Vertrautes bestätigen. Möglicherweise entdeckt man aber auch, daß man einem bestimmten Menschen mehr zutraut, als man sich bisher eingestanden hatte. Erschütternd kann die Entdeckung sein, daß man einer Beziehung viel weniger zutraut, als man bisher meinte. Umso wichtiger ist es dann, darüber zu reden, was das zu bedeuten hat, und was es hier heißen kann zu sagen: »Der Herr ist unser Hirte«.

Was ich am Hirtensymbol exemplarisch zu zeigen versucht habe, gilt auch, wenn andere Begriffe des menschlichen Zusammenlebens zu Symbolen werden. Wenn Gott als ›Herr‹, ›König‹ oder ›Vater‹ symbolisiert wird, so wird zugleich etwas über Gott und über Herren, Könige und Väter gesagt.

Wenn soziale Begriffe zu Symbolen werden, so werden – bewußt oder unbewußt – gleichzeitig die Gottesbeziehung und die spirituelle Dimension sozialer Beziehungen beschrieben.

Damit sind unvermeidlicherweise zwei Gefahren gegeben:– Es droht die

Gefahr der Idealisierung sozialer Rollen.– Es droht die Gefahr der Unterschätzung sozialer Rollen, die in der traditionellen Symbolsprache ausgespart sind.

3. Symbolisierung und Idealisierung

Die Geschichte zeigt, daß die Symbolisierung Gottes als Vater oder als König durchaus dazu mißbraucht werden kann, die irdischen Väter und Könige zu idealisieren und ihre Autorität nahezu unantastbar zu machen. Die Folge kann dann sein, daß man über kurz oder lang die Väter und Könige vom Thron stürzt – und mit ihnen den väterlichen oder königlichen Gott.

Die beschriebene Meditation des 23. Psalms zeigt, daß man dieser Gefahr nicht unbedingt erliegen muß. Im Gegenteil: Die Betrachtung der eigenen ›Hirtenrolle‹ mithilfe der Symbolik dieses Psalms kann helfen, die Würde und die Begrenztheit dieser Rolle zugleich wahrzunehmen.

Das gleiche gilt z.B. für die Rolle des Vaters. Leider ist es aber vom segensreichen Gebrauch zum destruktiven Mißbrauch nur ein kleiner Schritt: Das Bewußtsein, an Gottes väterlicher Macht und Sorge zu partizipieren, kann einem Vater das nötige Selbstbewußtsein geben, ohne das es nicht möglich ist, Verantwortung zu übernehmen und den Gedanken auszuhalten, daß andere von ihm abhängig sind. Es kann ihm zugleich seine Grenzen bewußt und erträglich machen, wodurch er erst fähig wird, Freiheit zu stiften. – Und er sollte beten: »Führe uns nicht in Versuchung.« Denn Beispiele in überreichlicher Zahl zeigen, wie Väter ihre Bedeutung unter- oder überschätzt haben.

Töchtern und Söhnen kann das Bewußtsein, es beim Vater zugleich mit Gottes Väterlichkeit zu tun zu haben, helfen, sich die Abhängigkeit gefallen zu lassen, dem Vater wegen seiner Wichtigkeit und trotz seiner Fehler die Ehre zu geben und die nötigen Auseinandersetzungen zu riskieren. – Auch hier droht die Versuchung zweifach: Man kann den Vater vergotten und sich in ein destruktives Abhängigkeitsverhältnis begeben, oder in einer ausbeuterischen Anspruchshaltung als selbstverständlich nehmen, was nicht selbstverständlich ist. Bei einer symbiotischen Elternbindung sind dies Kehrseiten einer Medaille.

Das Gleiche kann geschehen, wenn in katholischer Theologie und Frömmigkeit Maria zum Symbol der Mütterlichkeit wird: Es kann das Bewußtsein für die Würde der Mütter bewahren oder wecken. Ich kenne vornehmlich evangelische Frauen, die deshalb versuchen, Zugang zu Maria als einer Symbolgestalt zu finden. Andererseits kann diese Symbolik zur Idealisierung der Mütterlichkeit mißbraucht werden. Damit werden Frauen auf die Mutterrolle festgelegt. Damit werden auch die Ambivalenzen dieser Rolle überspielt zum Leidwesen derer, die dem Ideal – natürlich – nicht gerecht werden. So sind insbesondere katholische Frauen mitunter diesem Symbol gegenüber eher skeptisch.

Die Gefahren solcher symbolischer Deutung und der damit verbundenen Würdigung sozialer Rollen sind unübersehbar. Es ist aber keine Alternative, deshalb darauf zu verzichten, das soziale Leben in dieser Weise zu symbolisieren. Faktisch besteht diese Alternative gar nicht. Denn auch wenn wir in wissenschaftlicher Theologie und kirchlicher Praxis nur noch in säkularer und nüchterner Sprache von den Möglichkeiten und Aufgaben des menschlichen Zusammenlebens redeten: Die populäre Sprache verzichtet nicht auf Symbole – und sie erliegt der Gefahr idealisierender Klischeebildung umso eher, je weniger wir zur Pflege der Symbole öffentlich beitragen. Volkslieder und Schlager bieten dafür Beispiele in Fülle: Früher wurde »Ännchen von Tharau« verehrt als »mein Reichtum, mein Gut, du meine Seele, mein Fleisch und mein Blut«, Heute heißt es: »You are the apple of my eye« oder: »Come on down like an angel«.

Was für unsere Beziehung zu den Dingen gilt, trifft hier erst recht zu. Eine rein sachliche Beschreibung und pragmatische Bewertung der Dinge genügt nicht, weil unsere Beziehung zu ihnen nicht rein sachlicher und pragmatischer Natur ist. Noch weniger kann es gelingen, in rein sachlicher Sprache realitätsgerecht zu beschreiben, was wir als Freundin und Freund, als Eltern und Kinder oder als Nachbarn für einander sind.

Würden wir darauf verzichten, unsere sozialen Rollen in religiöser Sprache symbolisch zu beschreiben, wäre nicht Nüchternheit die Folge, sondern Moralismus – auf den man gleichgültig oder skrupulös reagieren kann: Wenn nicht mehr davon die Rede ist, daß wir z.B. als Väter an Gottes Väterlichkeit partizipieren, so wird uns dennoch gesagt werden, was wir nach Gottes Gebot tun sollen: Für die Kinder verläßlich sorgen und uns dabei nicht zu gewichtig geben. Damit ist eine Zwickmühle gegeben. Denn was wir tun, ist niemals genug, und es kann immer zuviel sein. Eine Theologie oder Predigt, die mir nicht sagt, wer ich als Gottes Geschöpf bin, sondern nur, was ich nach Gottes Willen tun soll, läßt mich in dieser Zwickmühle allein. Die Versuchung zur Idealisierung wird damit nur größer.

Das Geheimnis gelingender Beziehungen, eben die paradoxe Spannung von Verläßlichkeit und Unverfügbarkeit, läßt sich nur symbolisch beschreiben. Die Existenztheologie der 50er Jahre hat mit Recht betont, daß von Gott nur angemessen reden kann, wer zugleich vom Menschen redet. Ergänzt werden muß, daß man nicht angemessen vom Menschen reden kann, ohne zugleich von Gott zu reden. Der damit verbundenen Gefahr der Idealisierung von Menschen oder bestimmten sozialen Rollen kann man nur die Hoffnung entgegensetzen, daß sich die Symbole selbst als stark genug erweisen, Klischeebildungen aufzulösen. Dazu können wir beitragen, indem wir in lebendigen Bildern von uns und von Gott reden, die den Ambivalenzen Raum geben. Sie können das Bewußtsein dafür wachhalten, daß wir einander ebenso wenig immer nur in freundlich wohltuender Weise begegnen wie Gott uns. Er begegnet uns gewährend und versagend, zugewandt und abgewandt, vertraut und rätselhaft, richtend und vergebend. Daran partizipieren wir in unserer Abhängigkeit von einander. Eindeutig ist nur der Teufel, auch Engel haben immer zwei Gesichter.

4. Die Exklusivität der maskulinen Symbolsprache

Bei der symbolischen Deutung unserer Abhängigkeitsverhältnisse als Gestalt der Gottesbeziehung stoßen wir auf eine Grenze: Die biblische und kirchliche Tradition beschreibt die Beziehung Gottes zu uns fast nur mit männlichen Bildern. Auf diese Exklusivität der Symbolsprache haben uns besonders feministische Theologinnen aufmerksam gemacht. Meines Erachtens sind zwei Herausforderungen zu unterscheiden:
Wenn Frauen darauf bestehen, daß in Texten, in denen von Menschen die Rede ist, nicht nur männlich gesprochen wird, so klagen sie ein Recht ein. Dem Anspruch muß stattgegeben werden, daß also z.B. neben den Brüdern auch die Schwestern, neben dem Kaufmann auch die Kauffrau erwähnt werden. Die ›exklusive‹ Sprache muß durch eine ›inklusive‹ ersetzt werden.

Etwas anderes ist es, wenn Frauen beklagen, daß Gott biblisch fast ausschließlich männlich beschrieben wird. Damit wird ein verzerrtes und defizitäres Wirklichkeitsverständnis beklagt. Hier haben wir es mit der Frage nach Wahrheit zu tun. Für dieses Defizit mögen Frauen besonders sensibel sein, aber es betrifft nicht nur sie. Wir müssen versuchen, dieses Defizit auszugleichen, aber es gibt darauf keinen Anspruch.

Es führt zu Verwirrungen, wenn beide Herausforderungen nicht auseinandergehalten werden. Mir geht es hier um letztere, und ihr werden wir mit einer inklusiven Sprache kaum gerecht. Um eine inklusive Symbolsprache bemüht, müßten wir eindeutig männliche Titel – wie ›Herr‹ oder ›Vater‹ – vermeiden und uns auf Begriffe wie ›Gott‹ oder ›Geist‹ beschränken, die deutsch zwar auch maskulin sind, aber neutraler klingen. Oder wir müßten männliche Symbole durch weibliche ergänzen und uns an den ›väterlichen und mütterlichen‹ Gott wenden. Beide Möglichkeiten scheinen mir nur in begrenztem Maße geeignet zu sein, eine lebendige Gottesbeziehung zu aktualisieren oder zu stiften. Sicherlich: Formulierungen, die auch von Gottes Mütterlichkeit sprechen, sind einerseits ungewohnt, andererseits unmittelbar einleuchtend. So sind sie geeignet, nachdenklich zu machen. Sie geben auch Assoziationen an Erfahrungen Raum, die die Rede vom väterlichen Gott nicht so unmittelbar weckt. Vom Vater erwartet man eben eher verläßliches Geleit und weniger eine liebevolle Umarmung; man denkt eher an Wegweisung und weniger an Ernährung, eher an Anrede und weniger an Berührung.

Inklusive Formulierungen sind also mehr als ein Versuch, den Frauen entgegenzukommen, die auf exklusiv maskuline Formulierungen verständlicherweise unwillig reagieren. Sie geben Erfahrungen Sprache, die einen Teil unserer Wirklichkeit ausmachen, und die Männer und Frauen betreffen.

Insofern haben solche Formulierungen deutende Kraft. Andererseits können sie eine neutralisierende Wirkung haben.Die Gottesbeziehung muß in lebendigen Bildern beschrieben werden. Bilder sind aber nur dann lebendig, wenn sie einerseits mancherlei Eindrücken und Assoziationen Raum geben und andererseits Grenzen setzen. Nur wenn ein begrenzter Bereich der Wirklichkeit in den Vordergrund tritt, kann er Aufmerksamkeit erregen. Wo alles verschwimmt, kommt es nicht zur Begegnung.

Auch im familiären Leben gibt es Erfahrungen, die ich angemessen beschreiben kann, wenn ich – inklusiv – von meinen Eltern erzähle, ohne dabei – exklusiv – die Mutter oder den Vater zu nennen. So läßt sich z.B. vom ›Elternhaus‹ sprechen, ohne die Anteile des Vaters und der Mutter differenziert zu bedenken. Die bedeutsameren und spannungsvollen Begegnungen habe ich aber kaum mit den Eltern, sondern eher mit der Mutter oder dem Vater jeweils getrennt. Es wäre möglicherweise sogar ein Phänomen psychischen Widerstandes, nämlich der Flucht vor Auseinandersetzungen, mit beiden gleichzeitig zu verhandeln.

Mit den Symbolen ist es ebenso. Klischeebildung vermeidet man am ehesten, wenn man sich einem Symbol wirklich aussetzt und seine vielfältigen Seiten wahrnimmt. Wird von Gott als ›Vater und Mutter‹ gleichzeitig gesprochen, und wird daraus eine Formel, so kann es leicht zu einer nur oberflächlichen Konfrontation kommen, bei der dann ›Vater‹ und ›Mutter‹ gleichermaßen als lieb erscheinen, oder der ›Vater‹ wird als zornig wahrgenommen und die ›Mutter‹ als lieb, oder umgekehrt. Nur wenn ich mich der im Vaterbild erscheinenden Väterlichkeit Gottes wirklich aussetze, wird wahrnehmbar, wie damit Schutz und Herausforderung, Anerkennung und Kritik, Beruhigendes und Beunruhigendes verbunden sind. Ebenso kann die – menschliche wie göttliche – Mutter mit ihrer Umarmung trösten wie erdrücken, sie kann Nahrung spenden und versagen. Die alten Symbole wissen von der nährenden wie von der fressenden Mutter.

Das bedeutet: Wollen wir Klischeebildung vermeiden und die Symbole in ihrer deutenden Kraft in Anspruch nehmen, müssen wir uns ihrem jeweils konkreten Bildgehalt aussetzen. Wir dürfen sie nicht vermischen. Wir dürfen dann nicht – etwas verschämt und um der Gerechtigkeit willen – von Gott als ›Mutter und Vater‹ reden. Wir müssen eben doch exklusiv einmal von ihm als ›Vater‹ und ein andermal von ihr als ›Mutter‹ sprechen. Das hätte Folgen, die weit über das hinausgehen, was mit der Forderung nach inklusiver Sprache intendiert ist.

Es gibt – von Ausnahmen mystischen Erlebens abgesehen – keinen lebendigen Glauben ohne Bilder. Deshalb ist es unsinnig zu sagen, der biblisch bezeugte Gott sei weder männlich noch weiblich. Wir stellen ihn uns zur Zeit vorwiegend männlich vor. Allenfalls beiläufig mögen wir dabei auch an eher mit Mütterlichkeit assoziierte Erfahrungen denken, wie auch irdische Väter mitunter mütterlich sind. Die Frage ist, wie sich die Bildwelt verändern würde, wenn wir ernstlich Gott als Mutter symbolisierten. Bliebe es bei einer monotheistischen Vorstellung, müßte Gott androgyn erscheinen. Ein ungewohnter Gedanke. Andernfalls liefe es auf zwei göttliche Gestalten und damit auf ein dualistisches Weltbild hinaus. Ebenfalls befremdlich. Aber es gibt offenbar Lebenserfahrungen, die sich symbolisch nur dualistisch beschreiben lassen.

Lebendig würde die ›Mutter‹ freilich erst, wenn wir in Symbolen, Mythen und Legenden von ihr erzählten. Und da die in der Bibel kaum, jedenfalls nicht ohne weiteres, zu finden sind, müßten wir sie anderen Traditionen entnehmen. Oder wir müßten ausgraben, was in biblischen Geschichten, durch die vorliegende Textgestalt verschüttet, noch erkennbar ist.

Sich darauf einzulassen, wäre weit mehr als nur ein rücksichtsvoller Sprachversuch. Es handelte sich um ein ernsthaftes Abenteuer, von dem niemand weiß, was dabei herauskommt. Insbesondere bin ich nicht sicher, ob Frauen oder Männer dabei mehr gewönnen. In irdischen Familien ist ja die Beziehung der Mutter zur Tochter zuweilen spannungsvoller als die zum Sohn.

Gebraucht man in einem seelsorgerlichen Gespräch außerbiblische Legenden, poetische Bilder oder mythische Geschichten, in denen Weiblichkeit symbolisiert ist, wird dies nur selten auf Abwehr stoßen. Spricht man von Weiblichkeit, wenn ausdrücklich vom biblischen Gott die Rede ist, kann das zunächst Widerstand erregen. Und es kann fruchtbar sein, darüber zu sprechen:

In einer Predigt über das Vater-Unser hatte ich zu bedenken gegeben, daß wir hier einseitig an den Vater verwiesen werden. Ich hatte angeregt, darüber nachzudenken, wie das Gebet sich ändern würde, wenn wir es an die Mutter richteten. Nach dem Gottesdienst rief mich ein Mann an und fragte aufgeregt: »Sollen wir denn nun katholisch werden?« Er hatte sich als Mitarbeiter eines Altenheims vorgestellt. Als ich deshalb sagte, er würde sich den alten Leuten gegenüber wohl oft väterlich verhalten, bejahte er es. Daraufhin fragte ich, ob er sich nicht gelegentlich auch mütterlich gäbe. Spontan erwiderte er: »Ach, so ist das gemeint!« Es war spürbar, wie er nicht nur beruhigt war, sondern froh über eine Erweiterung seines Bewußtseins.

Eines blieb bisher unberücksichtigt: Die Göttin erscheint nicht nur als Mutter. Erotik und Fruchtbarkeit symbolisierend, erscheint sie auch als Braut. Darauf werde ich im Zusammenhang der Sexualität zurückkommen.

5. Ambivalenzen und Tendenzen

Unsere Beziehungen sind unterschiedlich strukturiert und unterliegen Bewertungen. Dabei machen sich geschichtliche Einflüsse bemerkbar. Dazu einige Beispiele:

Allein und miteinander sein

In einem liturgischen Gebet fiel der Satz:

> »Wir sind in der vergangenen Woche unsere eigenen Wege gegangen. Haben wir auch aufeinander geachtet? Herr, erbarme dich!«

Ich konnte als Gottesdienstbesucher einstimmen. Natürlich gab es Menschen, auf die ich nicht geachtet hatte. Ich habe mir freilich auch die Umkehrung gewünscht, die nicht kam:

»Wir sind beieinander gewesen. Haben wir uns auch die Freiheit gegeben, eigene Wege zu gehen?«

Die einseitige Akzentsetzung ist typisch. Sie läßt sich in Predigten, Gebeten und Gesprächen beobachten:

Eigene Wege zu gehen, gilt offenbar als bedenklich. Beieinander zu sein und aufeinander zu achten, scheint weniger problematisch zu sein. Natürlich weiß jeder auch von Konflikten im Zusammenleben. Aber die werden eher darauf zurückgeführt, daß man sich zu wenig umeinander kümmert. Seltener wird der Grund darin gesehen, daß man einander zu nahe auf die Pelle rückt. Daß Gemeinschaft auch erdrückend sein kann, gerät kaum in den Blick. So läßt Alleinsein schnell an Einsamkeit denken, Gemeinsamkeit erscheint eindeutig als Glück, gar als Heil. Entspricht das der Realität? Ist es eher Ausdruck der Sehnsucht? Oder leitet gar eine Ideologie den Blick, die nicht einmal unseren tatsächlichen Wünschen entspricht?

Wenn VikarInnen Besuche bei alten Menschen machen, gehen sie gewöhnlich davon aus, auf Einsamkeit zu stoßen. Die zweite oder dritte Frage richtet sich auf nachbarliche Kontakte oder – hoffentlich – erreichbare Verwandte. Nun trifft es zweifellos oft zu, daß alte oder andere alleinlebende Menschen unter Einsamkeit leiden. Aber viele wissen die Angebote zur Geselligkeit durchaus zu nutzen, und andere wollen ihre Ruhe haben. Meistens ist es nicht schwer, den geheimen Motiven solcher Fixierung auf Einsamkeit auf die Spur zu kommen. Oft stellt sich heraus, wie hier eigene Verlusterfahrungen übertragen oder Schuldgefühle zu Helferphantasien umgewandelt werden. Aber so zutreffend solche Deutungen individuell sein mögen: Sie können die Häufigkeit der oft unrealistischen Einstellung zu Alleinsein und Zusammenleben nicht erklären. So müssen wir fragen, wie sich hier Menschheitserfahrungen, zeitgeschichtliche Einflüsse und individuelle Erlebnisse verflechten.

Allein wie in Gemeinschaft erleben wir die Ambivalenzen des geschöpflichen Lebens. Alleinsein hat mit Einsamkeit oder Hilflosigkeit zu tun wie mit Freiheit oder Ruhe. Gemeinschaft hat mit Zugehörigkeit und gegenseitiger Förderung zu tun wie mit Enge und Beeinträchtigung. Allein- und Miteinandersein sind darüber hinaus zwei Pole einer unauflöslichen Spannung: Lebensdienlich ist eine Gemeinschaft, die auch dem Alleinsein Raum gibt. Und allein sein kann, wer eine zugängliche Gemeinschaft im Hintergrund hat. Dennoch sind das Allein- und Miteinandersein nicht gleichgewichtige Pole. Die Reihenfolge, in der diese dynamische Spannung entsteht, ist nicht umkehrbar: Der Mensch wird von Menschen geboren und kann nur überleben, wenn er in den Kreis derer aufgenommen wird, die ihm Nahrung und Liebe zukommen lassen. Eine gelingende Gemeinschaft gibt Raum fürs Alleinsein. Aber Alleinsein läßt nicht ohne weiteres Beziehungsfähigkeit entstehen.

Erst auf der Basis einer Geborgenheit und Freiheit bereitenden Gemeinschaft kann eine Spannung entstehen, deren Pole dann annähernd gleiches Gewicht erhalten können und auch Möglichkeiten der Wahl eröffnen: Es gibt eben Menschen, die sich gerne zurückziehen, während andere lieber gesellig leben. Und es gibt Zeiten, in denen wir lieber allein sind; zu anderen Zeiten suchen wir Gemeinschaft. In dieser Unumkehrbarkeit der Reihenfolge hat die Tendenz, Alleinsein eher als Einsamkeit zu bewerten und Gemeinschaft eher mit Gedanken an Glück zu verbinden, allen Bedenken zum Trotz ihr relatives Recht.

Auch die Bibel ist an Gemeinschaft orientiert.

»Es ist nicht gut, daß der Mensch allein sei«, stellt Gott fest (1.Mose 2). Adam hatte auch schon gemerkt, daß Pflanzen, Tiere und Dinge nicht genügen. Nachdem Gott ihm die Frau zugesellt hatte, begrüßt er sie: »Das ist doch Bein von meinem Bein und Fleisch von meinem Fleisch.« Die zweite Entdeckung ist weniger erfreulich. Nach dem Vorfall mit der verbotenen Frucht entdecken Mann und Frau, daß sie sich voreinander schämen. Der Fortgang der Geschichte ist gezeichnet von Fluch und stärkerem Segen. Aber der Segen erweist sich nicht darin, daß der Mensch aus der zwiepältig gewordenen Beziehung zum Mitmenschen befreit wird. Er erweist sich in der Stiftung neuer Gemeinschaft: Aus Abrahams Nachkommen soll ein gesegnetes Volk entstehen. Später verheißen die Propheten ein Reich, in dem Menschen und Völker in Frieden miteinander leben.

Die biblische Tendenz zur Gemeinschaft kann aber dazu verführen, dem Alleinsein allzu mißtrauisch zu begegnen und von der Gemeinschaft zu viel zu erwarten. Wenn es in einem nicht untypischen neueren Kirchenlied heißt: »Einsam bist du klein, aber gemeinsam werden wir Anwalt des Lebendigen sein«, traut man der Gemeinsamkeit viel und dem »Lebendigen« wenig zu.

Daß diese Tendenz gegenwärtig besonders stark ist, dürfte zeitgeschichtliche Gründe haben:

Der Existenzialismus der 50er Jahre hätte kaum eine so auf Gemeinschaft bedachte Einstellung nahegelegt, wie ich sie heute beobachte. Spätestens gegen Ende der 60er Jahre wurde gegenüber dem Existentialismus der Vorwurf des Individualismus laut. Entgegengesetzt wurde ein stärkeres sozialpolitisches Engagement. Bald kamen Gruppenerfahrungen und experimentelle Lebensformen, z.B. Wohngemeinschaften oder ›Kommunen‹, hinzu oder traten an seine Stelle.

Gleichzeitig wurde in der Theologie der Gottesgedanke problematisiert. Als sich der englische Bischof John A.T. Robinson in seinem Buch »Honest to God« (»Gott ist anders«, München 1963) nicht scheute, seine Schwierigkeiten mit traditionellen Bildern und Begriffen darzustellen, fand er ein starkes Echo. Auch die Schriften von Herbert Braun widmeten sich diesem Problem. Als Extrakt seines Denkens kam damals der Satz in Umlauf, ›Gott‹ sei ein Chiffre zur Bezeichnung einer »bestimmten Art der Mitmenschlichkeit«. So sehr ich mich im Bewußtsein des Problems mit Braun einig wußte: Diese Lösung erschien mir als aussichtsloser Fluchtversuch. Ich dachte mir: Wenn nicht mehr zu sagen wäre, müßte ich immerfort die Menschen aufsuchen, damit sie nicht von Gott verlassen blieben – und selbst allein, könnte ich niemanden herbeizaubern, der Gott ins Haus brächte.

Gar nicht gerecht werden können wir mit einer solchen Bewertung von Gemeinschaft einem Phänomen der jüngsten Zeit: Immer mehr Menschen im mittleren Lebensalter leben allein. Diese sogenannten Singles machen in manchen Stadtteilen 40% der Bevölkerung aus. Nun mögen auch hier problematische Umstände eine Rolle spielen: Berufsanforderungen, Angst vor verbindlichen Beziehungen, Konsumstreben und anderes. Ich fürchte aber allzu große Eilfertigkeit, wenn wir hier Krisen oder menschenverächtliche Einstellungen feststellen, ehe wir die Möglichkeit einräumen, daß es sich auch um eine – vielleicht modische – Entscheidung handeln könnte.

Es kann weder darum gehen, in gelingender Gemeinschaft eine eindeutige Erfahrung der Nähe Gottes zu suchen, noch in Einsamkeit Gott als Ersatz für menschliche Kontakte zu beschwören. Es gilt vielmehr, Alleinsein und gemeinsames Leben als Gestalt geschöpflicher Abhängigkeit zu beschreiben.

Autorität versus Gleichberechtigung

»Das ist doch die schlimmste Anmache, wenn jemand oben sitzt und sagt, er sei gar nicht oben!« So machte eine Praktikantin ihrem Zorn auf den Pfarrer Luft, der auf einer Klausurtagung mit seinen MitarbeiterInnen über partnerschaftliche Kooperation nachdachte. Ich war als Berater dabei.

Nicht, daß der Pfarrer nur ein Lippenbekenntnis zur Partnerschaftlichkeit abgelegt hätte. Er war ernstlich bemüht, Verantwortung zu delegieren, andere an Entscheidungen zu beteiligen und auch seine Arbeit gemeinsamer Beratung auszusetzen. Er war nicht autoritär. Aber er wollte auch nicht Autorität sein. Er wollte nicht wahrhaben, was er doch nicht ändern konnte: Daß er Dienstvorgesetzter war, daß er durch Bildung und sozialen Status den anderen manches voraus hatte, daß er aufgrund seiner Ordination als etwas Besonderes galt. Dieser Pfarrer scheute, was mit Autorität verbunden ist: Den Einfluß und die Einsamkeit, die Möglichkeit zu verantwortlichem Handeln und das Risiko der Schuld, die Lust und Last der Macht und die mit ihr gegebene Versuchung zur Korruption.

Dafür gab es persönliche Ursachen. Beratende Gespräche ergaben, daß dieser Pfarrer es besonders schwer hatte, mit diesem Konflikt zurecht zu kommen. Dennoch muß man sehen, daß er auf seine Weise Anteil an einem Konflikt hatte, der nicht nur individuell zu erklären ist. Auch hier sind anthropologisch Konstantes und zeitgeschichtliche Strömungen zu beobachten.

Es gibt Beziehungen zwischen Gleichgestellten, mindestens prinzipiell Gleichberechtigten, z.B. Geschwistern, Eheleuten, Kolleginnen und Kollegen. Daneben gibt es im öffentlichen und familiären Leben Beziehungen zwischen Höhergestellten und Untergebenen. Beide Arten von Beziehungen sind durch Ambivalenzen gekennzeichnet. Beide sind Formen von Abhängigkeit und – günstigenfalls – von Freiheit. Dennoch kann man auch hier nicht von einem Gleichgewicht beider Formen reden. Es gibt, jedenfalls in unserer Kultur, eine deutliche Tendenz, Gleichberechtigung höher zu bewerten als Über- und Unterordnung. Diese Tendenz ist nicht so eindeutig wie die zur Gemeinschaft. Auch der Autorität wurde oft das Wort geredet. Aber es ist uralte Tradition und jedenfalls zur Zeit bei uns gültige Auffassung, daß Macht mindestens als zwiespältig und oft als verdächtig gilt. Gleichberechtigung dagegen erscheint eindeutig erstrebenswert, allenfalls unerreichbar, niemals verwerflich.

Auch die Bibel ist durch diese Tendenz gekennzeichnet. Zwar finden sich in ihr auch Traditionen, die mit auf Mandat oder Charisma gegründeter Autorität und Herrschaft unbefangen rechnen. Aber schon im Alten Testament werden die Könige für das Volk, nicht das Volk für die Könige in Pflicht genommen, und die Skepsis gegenüber Königtum und einzelnen Herrschern hat Gewicht. Im Neuen Testament ist die Orientierung noch eindeutiger. Im Jüngerkreis soll Gleichstellung gelten, oder die Umkehrung der Verhältnisse: »Wer unter euch groß sein will, der sei euer Diener; und wer unter euch der Erste sein will, der sei euer Knecht« (Mt 20,26). Alt- und neutestamentlich bezeugt ist die Parteilichkeit Gottes für Unterlegene.

Aus dieser biblischen Tradition genährt, oder neben ihr und aus anderer Überlieferung gespeist, wirken demokratische Impulse. Die französische Revolution hat – auch gegen die Kirche! – »Freiheit, Gleichheit, Brüderlichkeit« auf ihre Fahne geschrieben. Marxistisch geht es um die Abschaffung der kapitalistischen Herrschaft von Menschen über Menschen.

Theologie und Seelsorge müssen sich hier der Herausforderung stellen, einer widersprüchlichen Spannung gerecht zu werden: Einerseits muß ein Gefälle von Werten gewährleistet werden, wenn man der biblischen Tendenz nicht absagen will: Autorität ist nur legitim, solange sie sich im Dienste derer bewährt, über die sie ausgeübt wird. Und das Ziel ist Gleichberechtigung. Andererseits finden sich Ambivalenzen in der Beziehung zwischen Über- und Untergeordneten wie unter Gleichen. Wird das überspielt, kommt es zur Idealisierung der Gleichberechtigung und zur Diskriminierung derer, die Autorität ausüben. Das trägt wenig zur Begrenzung der Macht bei und viel zu ihrer Verschleierung.

Der oben erwähnte Pfarrer weiß sich der Tendenz zu Gleichberechtigung und Partnerschaft verpflichtet. Er will ihr gerecht werden, und die Tradition rechtfertigt ihn. Dennoch ist offenkundig, daß er es nicht recht macht und im Irrtum ist. Als Leiter einer Dienststelle hat er Macht, und es ist seine erste Pflicht, diese Macht verantwortlich zu gebrauchen. Mehr als andere Angestellte muß er öffentlich verantworten, daß gute Arbeit geleistet wird. Den MitarbeiterInnen gegenüber ist er dafür verantwortlich, daß ihre Kooperation gedeihlich geregelt wird, und daß sie als Einzelne gerecht behandelt werden.

Man wird dieser Verantwortung umso weniger gerecht werden, je mehr man Autorität und Macht scheut oder gar verleugnet. Die Macht wirkt sich dann umso subtiler aus, indem man scheindemokratisch zur Diskussion stellt, was längst entschieden ist. Oder aber derjenige wird als heimlicher Leiter an Einfluß gewinnen, der aufgrund seiner Persönlichkeit oder seiner Hausmacht die übrigen zu dominieren vermag.

Natürlich wird man als Autoritätsperson unvermeidlicherweise auch schuldig werden: Man wird bei Interessenkonflikten nicht immer allen gerecht werden können. Man wird auch der Gleichberechtigung intendierenden Tradition gegenüber ein Bewußtsein nicht eingelöster Schuld behalten. Die Frage ist, ob man sich getraut, solche Schuld zu riskieren und nötigenfalls im Vertrauen auf Gottes Gericht und Gnade auf sich zu nehmen. Wer fürchtet, durch Autorität und Macht korrumpiert zu werden oder an der Korruption des Zusammenlebens wesentlich mitzuwirken, darf eben keine leitende Position übernehmen. Es ist uns zwar aufgetragen, verantwortlich zu handeln und dabei Schuld zu riskieren. Es ist uns nicht aufgetragen, uns Versuchungen auszusetzen, denen standzuhalten wir uns nicht getrauen.

Manche PfarrerInnen scheuen sich, diejenigen, die Autorität haben, ihrer Würde zu vergewissern, weil sie Autorität und Macht grundsätzlich verdächtig oder verwerflich finden. Damit verweigern sie einen Beitrag zur Kultivierung unseres gesellschaftlichen Lebens. Und sie betrügen sich selbst, denn sie wollen nicht sehen, daß sie selbst Autorität haben und besser Autoritäten wären.

Wenn der Autorität die Gleichberechtigung als einzig legitime Gestalt des Zusammenlebens und der Zusammenarbeit entgegengesetzt wird, wird leicht übergangen, daß auch sie ihre Schwierigkeiten hat. Die Bibel bietet dazu klassische Geschichten: Von Kain und Abel, Abraham und Lot, Jakob und Esau. Zu euphorischer Rede von ›Geschwisterlichkeit‹ geben sie keinen Anlaß.

Spontaneität versus Pflicht oder Institutionalisierung

Es gibt Bindungen, die wesentlich auf Spontaneität beruhen, Freundschaften etwa, manche Liebesbeziehungen, auch viele Vereine. Ihnen stehen Beziehungen gegenüber, in denen es eher um Pflichterfüllung geht: Berufliche Bindungen z.B., auch manche Formen politischen Engagements. Ebenfalls ein Pendant zur Spontaneität ist die Institutionalisierung, aber sie ist nicht mit Pflichterfüllung gleichzusetzen: Auch in einer institutionell geregelten Ehe geht es nicht nur um Pflichten! Wiederum finden wir unterschiedliche Bewertungen, die sich im Laufe der Geschichte ändern. Heutzutage und hierzulande gilt Spontaneität mehr. Pflicht wird eher mit Leistungsdruck und Fremdbestimmung gleichgesetzt, Institution mit Erstarrung und Fessel. Es ist noch nicht lange her, daß es umgekehrt war.

Als man noch unbefangen von Eltern- und Bürgerpflichten redete, galt, was spontan geschah, eher als wenig ernsthafte Freizeitbeschäftigung. Wie das Pflichtbewußtsein manipulativ mißbraucht werden kann, ist bekannt. Wie auch Tyrannei zur »Freude der Pflicht« wurde, hat Siegfried Lenz in der *Deutschstunde* beschrieben. Und schon in den *Xenien* von Schiller und Goethe findet sich eine Parodie auf die von Kant betonte Wertschätzung der Pflicht gegenüber der Neigung: »Gewissensskrupel: Gerne dien ich den Freunden, doch tu ich es leider aus Neigung. Und so wurmt es mich oft, daß ich nicht tugendhaft bin«.

Wertschätzung von Spontaneität und Skepsis gegenüber der Institutionalisierung zeigt sich z.B. in der Ablehnung der Ehe als einzig legitimer Form familiären Zusammenlebens. Sind andere Formen partnerschaftlichen Zusammenlebens besser geeignet, das Leben in Freiheit miteinander zu gestalten? Die Zeit ist vorbei, in der man von ›wilden‹ Ehen sprach. Inzwischen haben sich manche Formen des Zusammenlebens entwickelt, die es wert sind, erprobt und kultiviert zu werden. Statt exklusiv traditionelle Institutionen, wie z.B. die Ehe, einzusegnen, können Theologie und Kirche eher für die Freiheit zu verschiedenen Lebensformen werben. Sie haben es oft auch getan.

Verdächtig sind mir allerdings Euphorie und Idealisierungen. Die Zeitschrift WEGE ZUM MENSCHEN widmete 1990 ein Heft neuen Formen von Partnerschaft. Alle AutorInnen warben für sie und wehrten sich gegen deren Diskriminierung. Niemand schien auch von gelingenden Ehen zu wissen, und niemand sagte etwas davon, daß es auch ohne institutionelle Bindung Konflikte gibt, und daß man auch aus solchen Beziehungen nicht ohne Schmerzen und oft ungerecht verteilte Lasten herauskommt.

Ererbte und gewählte Beziehungen

Eltern und Geschwister kann man sich nicht aussuchen. Gatten und Freunde kann man wählen.

Beide Arten von Beziehungen sind freilich nur idealtypisch zu unterscheiden. In ihren konkreten Erscheinungsformen finden sich viele Überschneidungen: Die Wahl eines Freundes oder der Gattin ist eine Entscheidung. Aber sie gleicht nicht der Auswahl aus dem Angebot eines Supermarktes. Sie setzt eine Begegnung voraus, die ein Ja oder Nein erst möglich macht. – Man kann unter Umständen die Staatsangehörigkeit wählen und in einem anderen Volk heimisch werden. Man verliert damit aber nicht das nationale Erbe und wird es auch nicht los.

Die Beispiele zeigen, daß es eine trügerische Vereinfachung wäre, ererbte Beziehungen eher mit dem Gedanken an Abhängigkeit zu verbinden, und bei Wahlmöglichkeiten eher von Freiheit zu sprechen. Eben dies geschieht aber in der öffentlichen Bewertung beider Arten von Beziehungen: Wir haben es wiederum mit zwei Arten zwischenmenschlicher Beziehungen zu tun, die nebeneinander bestehen, und die beide ihre Ambivalenzen haben, beglückende und lästige, förderliche und hinderliche Merkmale. Beiden wird aber nicht der gleiche Wert beigemessen: Die frei gewählten Beziehungen gelten als wertvoller, der Würde des Menschen angemessener. Das Recht auf eine freie Wahl erscheint uns heute gewichtiger und beschäftigt uns mehr als das Recht auf das angestammte Erbe. Das ist nicht immer so gewesen, und diese Bewertung ist nicht unbestritten. Dennoch meine ich, auch hier eine unsere Einstellung prägende Tendenz erkennen zu können, die sich auch im theologischen Denken und im kirchlichen Engagement widerspiegelt: Der

Spielraum zur Wahl bestimmter Beziehungen ist gewachsen. Seine Ausweitung gilt als Errungenschaft der Sozial- und Kulturgeschichte.

Die freie Wahl des Berufes, damit von Bezugspersonen, stand in früheren Jahrhunderten nicht zur Diskussion. Sie war meistens mit der Geburt in einen bestimmten Stand entschieden. Ebensowenig kam die Heirat aufgrund individueller Entscheidung zustande. Sie war eine Angelegenheit der Familien oder Sippen.

Zwar ist auch heute nicht jeder Berufswunsch erfüllbar, und nicht jeder findet die ersehnte Gattin. Es besteht aber Konsens darüber, daß dies wünschenswert wäre, und daß andere darüber nicht bestimmen sollten. Insbesondere soll die soziale Herkunft keine entscheidende Rolle spielen. Anders noch im 19. Jahrhundert: Der Sohn, der einen nicht standesgemäßen Beruf ergreift, die Tochter, die nicht standesgemäß heiratet, wurden zu Themen vieler Familiengeschichten. Ererbte und gewählte Beziehungen trafen konfliktträchtig aufeinander. Heute bestimmen solche Konflikte weder die Literatur noch die öffentliche Diskussion. Sie tauchen auch in Seelsorgegesprächen selten auf. Zeigt dies, daß sich wirklich unsere Einstellung geändert hat? Oder wird hier etwas überspielt?

Die Tendenz zu unterschiedlicher Bewertung zeigt sich auch in den Diskussionen um nationale Identität und um die Beziehung zu Angehörigen anderer Völker: Das Erstarken nationalen Bewußtseins besonders in den osteuropäischen Vielvölkerstaaten und die Angst vor Fremden bei uns zeigen zwar, daß wir die Frage nach der Bedeutung der nationalen Identität längst nicht hinter uns haben. Aber wer das Prädikat ›fortschrittlich‹ in Anspruch nehmen will, wird eher für Offenheit gegenüber Fremden werben als für Abgrenzung. Er wird eher über die Chancen einer multikulturellen Gesellschaft nachdenken als über die Pflege des nationalen Erbes.

Auch diese Tendenz, frei gewählte oder neu erschlossene Beziehungen höher zu bewerten als ererbte, entspricht der biblischen Tradition:

»Wer ist meine Mutter, und wer sind meine Brüder?« Mit dieser Frage distanziert sich Jesus von den Ansprüchen seiner Verwandten. »Und er streckte die Hand aus über seine Jünger und sprach: Siehe da, das ist meine Mutter, und das sind meine Brüder. Denn wer den Willen meines Vaters im Himmel tut, der ist mir Bruder und Schwester und Mutter« (Matth 12,48ff). Es wäre übertrieben, darin ein generelles Votum für die Auflösung familiärer Bindungen sehen zu wollen. Aber eine Familienideologie läßt sich damit erst recht nicht stützen.

Um nationale Identität geht es der Bibel noch weniger als um den Wert der Familie. Das Bild vom Leib Christi und der Gedanke an das neue Gottesvolk relativieren die Bedeutung nationaler und anderer ererbter Bindungen. Konsequent heißt es deshalb paulinisch: »Hier ist nicht Jude noch Grieche, hier ist nicht Sklave noch Freier, hier ist nicht Mann noch Frau, denn ihr seid allesamt einer in Christus Jesus« (Gal 3,28).

Theologie und Seelsorge stehen hier vor einer ähnlich spannungsvollen

Herausforderung wie angesichts der oben beschriebenen Konkurrenz von Autorität und Gleichberechtigung: Wiederum gibt es ein Gefälle, dessen Recht Achtung verdient: Tendenziell gebührt der Freiheit zur Wahl von Beziehungen eine höhere Wertschätzung als der Treue zu ererbten Bindungen. Dennoch darf nicht der Eindruck geweckt oder genährt werden, als seien nur frei gewählte Beziehungen der Pflege wert, und als sei die Wertschätzung ererbter Bindungen eher ein Zeichen für Unfreiheit und der Spießigkeit verdächtig.

Die Freiheit, sich in wachsendem Maße für oder gegen bestimmte Bindungen zu entscheiden, entspricht der Entwicklung vom Kind zum Erwachsenen. Sie entspricht auch der wohl unumkehrbaren Tendenz der Kultur- und Sozialgeschichte. Daß dieser Prozeß uns nicht geradewegs dem Paradies näher bringt, zeigen z.B. die Konflike in modernen Ehen. Dies sollte uns für die Ambivalenzen auch frei gewählter Beziehungen aufmerksam bleiben lassen, es spricht aber nicht gegen das Recht dieser Tendenz.

Eine theologische Beschreibung solcher auf Entscheidung und Wahl beruhender Beziehungen kann zeigen, wie wir es auch hier mit geschöpflicher Abhängigkeit zu tun haben. Denn auch hier ist nicht die Freiheit das selbstverständlich Vorgegebene, sondern die Abhängigkeit, die Möglichkeiten zur Freiheit in sich birgt: Die biblischen Symbole sprechen kaum davon, wie Menschen vor beliebige Wahlmöglichkeiten gestellt werden. Sie erzählen vielmehr, wie Gott Menschen aus alten Bindungen herausruft oder von ihnen erlöst. Ihnen widerfährt Freiheit, erst dann können sie wählen.

Gleichzeitig darf nicht übersehen, schon gar nicht diskriminiert werden, was an den ererbten Beziehungen Menschen in mancherlei Weise so etwas wie Heimat gibt:

Daß es kaum gelingt, ererbte familiäre Bindungen einfach hinter sich zu lassen, zeigt sich in vielen seelsorgerlichen und beratenden Gesprächen. In Trauerfällen oder in der Beziehung zu alt werdenden Eltern führen die nicht gepflegten, aber immer noch vorhandenen Bindungen dann vorwiegend zu Gewissensfragen und Schuldgefühlen.

Nationalbewußtsein und Nationalismus sind nicht dasselbe. Auch mancher überzeugte Europäer freut sich, wenn eigene Sportler über die der Nachbarn siegen. Mitunter weiß er nicht recht, vor welchen Freunden er solche Begeisterung zeigen darf, und vor welchen er sie lieber schamhaft versteckt. Aber wer beschämt wird, findet schwerlich Freiheit, und die Diskriminierung nationaler Gefühle trägt zur Vermeidung oder Überwindung nationalistischer Tendenzen keineswegs bei. Im Gegenteil: Es kann eher sein, daß man damit friedfertige Leute in die Arme Radikaler treibt, in deren Ecke man sie stellt. Durch Gewaltakte gegen Ausländer und die zunehmende Attraktivität rechtsradikaler Parolen hat dieses Thema neue Brisanz bekommen. Eine seelsorgerliche Herausforderung scheint mir insbesondere darin zu liegen, Menschen zu einem besseren Verständnis ihrer selbst zu helfen, die den Gewalttaten ratlos gegenüberstehen und zugleich die

Angst vor Fremden in sich spüren. Dabei gilt es zu sehen, daß die Angst vor Fremdem nicht die Schattenseite der Heimatliebe ist, sondern viel eher eine Projektion der eigenen Unsicherheit. Und Fremdenhaß ist nicht die konsequente Steigerung des Nationalstolzes (»Wir sind wieder wer.«). Er ist – im Gegenteil – eher eine Folge verletzter Würde. Mag es sich dabei um die Kränkung der nationalen Identität handeln oder um eine anderweitige Verletzung, für die man Sündenböcke sucht: Mit moralischen Appellen ist dem nicht beizukommen, denn zur Verantwortung – z.B. gegenüber Asylanten und Flüchtlingen – ist nur fähig, wer sich seiner Identität einigermaßen sicher ist. So erwarte ich eine heilsame Wirkung eher von einer Vergewisserung der eigenen Identität und Würde – paradoxerweise auch der eigenen nationalen Identität.

In Deutschland herrscht in dieser Hinsicht freilich stärkere Befangenheit als in anderen Ländern. Ein Franzose mag, sportliche Erfolge oder wirtschaftliche Blüte betreffend, rufen: »Vive la France!« Der Ruf »Es lebe Deutschland« würde dagegen beklemmende Erinnerungen und Befürchtungen wecken. Wir tragen immer noch die Last der nationalsozialistischen Vergangenheit.

Dieses Thema gehört in den Zusammenhang der ererbten Beziehungen, und es hat doch eigenes Gewicht. Deshalb will ich ihm einen eigenen Abschnitt widmen. Davon abgesehen, ergibt sich mir folgendes Bild:

Fazit

Bei allen Gegensatzpaaren hat sich gezeigt, wie die jeweils gegensätzlichen Beziehungsformen allesamt ihre Ambivalenzen haben und damit ein relatives Recht. Dennoch gelten sie nicht als gleichwertig. Im Laufe der Geschichte wechselnd, erfreut sich jeweils eine Form höherer Wertschätzung als die andere. Oft findet sich dabei eine geschichtliche Tendenz, deren Umkehrung unwahrscheinlich und nicht wünschenswert erscheint.

Es läßt sich auch beobachten, wie Theologie und Kirche oft ihre Aufgabe darin gesehen haben, solche Bewertungen zu sanktionieren unter Berufung auf Gottes Gebote oder heilsgeschichtliche Verheißungen. Damit wird eher der Idealisierung einerseits und der Diskriminierung andererseits das Wort geredet. Zur Beschreibung und Deutung der Realität trägt das wenig bei.

So berechtigt es ist, bestimmte Tendenzen parteilich zu bewerten: Es dient eher der Verschleierung der Vielfalt und Gebrochenheit des geschöpflichen Lebens, falls Ideale postuliert werden, die wir gar nicht so eindeutig als utopische Ziele und Motive der Sehnsucht in uns tragen. Wir müssen sie dann umso lauter proklamieren, um gegenläufige Strebungen zu übertönen. Werte wie Gleichberechtigung oder Selbstbestimmung verlieren nicht dadurch ihre Gültigkeit, daß wir sie ethisch nicht immer einlösen. Wenn sie aber Ideale beschreiben, die uns aus der Erfahrung von Ambivalenz und

Unvollkommenheit zu erlösen versprechen, locken sie uns eher in destruktive Abhängigkeit. Sie sind dann wie eine Droge, mit deren Hilfe wir über Unverfügbares verfügen wollen.

Solche Idealisierung kann nicht das Geschäft der Theologie sein. Aber die Alternative ist nicht das ›Sowohl-Als-Auch‹ als Kompromiß. Die Alternative ist die Vertiefung. Sie geschieht mit der symbolischen Deutung, die uns in den Ambivalenzen und Tendenzen die Verläßlichkeit und Unverfügbarkeit der Schöpfung wahrnehmen läßt.

6. Die Last der nationalsozialistischen Vergangenheit

Es gehört zu den geschöpflichen Gegebenheiten, daß Menschen eine Heimat brauchen und normalerweise auch haben. Heimatliches wird unter anderem repräsentiert durch den Kreis der Menschen, in den man hineingeboren wurde, und dem man wesentliche Merkmale der Identität verdankt. Dazu gehören die Familie, der Clan, der Stamm, das Volk. Dazu gehört in neuerer Zeit, für Deutsche erst seit dem 19. Jahrhundert, die Nation.

Es ist individuell unterschiedlich, worauf man den größten Wert legt, und wo man sich am ehesten zuhause findet. Die einen fühlen sich eher als Bayern oder Sachsen, andere eher als Deutsche: In jedem Falle können diese ererbten Beziehungen die Gestalt geschöpflicher Abhängigkeit tragen. Normalerweise haben sie diese Gestalt: Sie sind ambivalent. Sie bieten Vor- und Nachteile, sie lassen aus der Bindung heraus Freiheit und Verantwortlichkeit entstehen. Diese Beziehungen können auch die Gestalt destruktiver Abhängigkeit annehmen, in der – einer Droge vergleichbar – alle Vorzüge im Dienste des Bösen stehen, in der Freiheit und Verantwortlichkeit nur als Illusion zu erleben sind um den Preis der Partizipation an einer tödlichen Dynamik. Dies ist in der Zeit nationalsozialistischer Herrschaft sehr weitgehend der Fall gewesen, und es wirkt nach.

Es hat keinen Sinn, im Blick auf den NS-Faschismus von Ambivalenzen zu reden, als sei er eine Art Vaterlandsliebe mit aggressiven Elementen als zu integrierender Schattenseite. Denn damals waren die bedingungslose Verehrung des Eigenen und der Haß auf das Fremde zum Prinzip geworden. Auch im Blick auf das innenpolitische Leben des NS-Staates ist nicht von Ambivalenzen reden. Positive Seiten können ihm nur in Gesprächen auf Stammtischniveau abgewonnen werden. Daß Hitler immerhin die Autobahnen gebaut habe, ist nicht einmal wahr. Daß er zur Überwindung der Arbeitslosigkeit beigetragen und damit individueller Not abgeholfen hat, ist wahr. Aber dies war ein Bestandteil seiner Verführungskraft und unserer Verführbarkeit.

Entsprechendes gilt für gegenwärtige faschistische Tendenzen. Wie jede Staatsform, hat auch eine Demokratie ihre Ambivalenzen, und sie vermag viele gegensätzliche Auffassungen und Interessen zu integrieren. Aber sie kann den Faschismus nicht integrieren, der sie nur solange nicht ernsthaft gefährdet, als er keinen maßgeblichen Einfluß gewinnt. Und der Demokrat, der den Hitler in sich selbst entdeckt, bleibt ein Demokrat, solange faschistische Gefühle und Phantasien in ihm wie ein eingekapseltes Geschwür vorhanden sind. Aber er kann solche Regungen nicht in sein politisches Handeln integrieren. Er kann nur betroffen zur Kenntnis nehmen, daß es wohl im psychischen und politischen Leben einen nicht zu integrierenden und nicht auszurottenden faschistischen Bodensatz gibt. Dagegen ist zu beten: »Führe uns nicht in Versuchung.«

Das gilt für Menschen in allen Gesellschaften und Staaten. Wir aber haben eine Zeit hinter uns, in der zu beten war: »Erlöse uns von dem Bösen«, und diese Erlösung war nur um den Preis einer katastrophalen Niederlage zu haben. Ich habe es deshalb mit Zustimmung gelesen, als im Zusammenhang der Diskussion einer deutschen Beteiligung am Golfkrieg im Februar 1991 der Satz von Oskar Lafontaine umlief: »Weiß man denn im Ausland nicht, daß man einem ehemaligen Alkoholiker, der es endlich geschafft hat, ›trokken‹ zu sein, keine Kognakbohnen anbieten soll?«

Wenn ich die Suchtstruktur destruktiver Abhängigkeit zum Deutungsmuster geschichtlicher politischer Ereignisse nehme, so tue ich dies zögerlich. Es ist nicht unbedenklich, individualpsychologische Muster an kollektive Phänomene anzulegen. Man muß eben erproben, was sie erschließen, und man muß in Rechnung stellen, daß sie möglicherweise auch etwas verstellen. Ich bin mir hier also meiner Sache nicht ganz sicher. Aber ich stelle die These zur Diskussion:

Dieses Interpretationsmuster hilft zu einem realistischen Verständnis unserer Verlegenheiten bezüglich unserer Geschichte und der gegenwärtigen politischen Situation. Es hilft zu erkennen, wie wir in Einzelgesprächen und öffentlichen Äußerungen einen seelsorgerlichen Beitrag leisten können. Das heißt:

1. Was damals geschehen ist und bis heute verhängnisvoll fortwirkt, ist nicht nur ein Konflikt im Spannunsfeld von INITIATIVE und SCHULD, in dem wir ein Übermaß an Schuld auf uns geladen haben. Es ist ein Konflikt, der seine wesentlichen Anteile im Spannungsfeld von AUTONOMIE und SCHAM hat, in dem die Scham nicht mehr den Gegenpol von Macht und Freiheit bildete, in dem vielmehr die Autonomie in Größenphantasien aufging, mit Ohnmachtserfahrungen und Scham zur Folge.

Das bedeutet für die Seelsorge: Wir haben es nicht nur mit bewußter oder verdrängter Schuld zu tun, die zu bekennen und ›aufzuarbeiten‹ wäre, sondern mit Scham, über die viel schwerer zu reden ist. Und während Schuld eine Beziehung nicht auf Dauer stören muß und nach redlicher Aussprache sogar in einer tragfähigeren Beziehung münden kann, bleibt das Beschämende auf Dauer ein Makel. Deshalb ist es eher verführerisch, hier von ›Aufarbeitung‹ zu reden. Es suggeriert, man würde damit schließlich fertig und könne

Abgespaltenes und Verdrängtes integrieren. Mit dem Makel muß man zu leben lernen.

Es bedeutet für die Lebenspraxis, damit zu rechnen, daß der Schatten dieser Vergangenheit noch langezeit auf uns liegen wird. Es gibt kriegerische Ereignisse, die sich vorwiegend als Konflikte im Spannungsfeld von INITIATIVE und SCHULD deuten lassen. Über die kann man sich danach so verständigen, daß man einander unbefangen begegnen kann. Meinem Empfinden nach gilt das für die Konflikte zwischen Deutschland und Frankreich oder England. Ich lasse mir dort Gewissensfragen gefallen, aber keine Beschämung. Anders die Konflikte, die als Folge destruktiver Abhängigkeit Scham zur Folge haben, meiner Einschätzungen nach z.B. die Ereignisse zwischen Deutschen und Polen und, vor allem, den Juden. Danach kann man einander nur soweit unbefangen begegnen, als es beiden Seiten gelingt, diese Dinge in den Hintergrund treten zu lassen. Es sei denn, es kommt zu persönlichen Freundschaften. Die haben nahezu erlösende Qualität.

2. Theologisch ist dieser Teil unserer Geschichte nicht mit Symbolen von Gericht und Gnade zu deuten, sondern mit Symbolen von Verfallenheit und Erlösung. Am ehesten lassen uns die apokalyptischen Bilder die Wahrheit erkennen, die Leben als Auferstehung aus dem Tod verheißen, als Sieg Gottes über die Macht des Bösen.

Das bedeutet für die Seelsorge: Es reicht nicht aus und kann sogar verführerisch sein, Schuldbekenntnisse abzulegen oder zu verlangen, weil die Dinge mit moralischem Maßstab nicht mehr zu messen sind. Vollends irreführend ist es, hier von ›Bewältigung‹ der Vergangenheit zu reden. Man kann nicht bewältigen, was einen überwältigt hatte und zu überwältigen droht. Man kann allenfalls Abstand gewinnen. Was zu erbeten und zu verkündigen ist, ist nicht die Vergebung von Schuld, sondern die Erlösung von dem Bösen.

Was das für die Lebenspraxis bedeuten kann, will ich nur mit einem Beispiel andeuten: Das Konzentrationslager Buchenwald war das erste, das ich besucht habe. Ich war erschüttert – und nachher irritiert, daß ich einige Stunden später doch wieder essen und den Alltagsgeschäften nachgehen konnte. Wenig später besuchte ich dasselbe Lager mit amerikanischen Studenten – und wurde zum Fremdenführer, der den deutschen Vortrag unserer Begleiterin übersetzen mußte. Es war mir peinlich. Der spätere Besuch des viel größeren Lagers in Majdanek konfrontierte mich noch einmal mit dem unfaßbaren Ausmaß des Grauenhaften. Der Rundgang dauerte Stunden – und nahm schließlich doch ein Ende. Ein Besuch in Auschwitz, etwa ein Jahr danach, war weniger überwältigend als ich gefürchtet hatte. Das lag wohl nicht nur an der früheren Erfahrung, daß man das Unvorstellbare aushalten kann. Hinzu kam, daß dort Künstler versucht haben, dem Unvorstellbaren eine Gestalt zu geben. Ich habe daraufhin beschlossen, vorläufig kein KZ mehr zu besuchen, aus Angst, daß daraus ein Ritus mit touristischen Anteilen wird.

Es ist ein feiner Unterschied. »Das Leben geht weiter«: Der Satz kann ein – etwas hilfloser – Ausdruck der erlösenden Erfahrung sein, daß ›normales‹ Leben möglich ist trotz der Dinge, die Teil der Realität sind und doch nicht integriert werden können. Der Satz kann auch sagen, daß die Dinge gewohnt und erträglich werden. Letzeres darf nicht geschehen.

Einige Gedanken zur seelsorgerlichen Praxis

Von der Schwierigkeit, der Scham angemessen seelsorgerlich zu begegnen, war schon die Rede. Während Schuldbewußtsein die Aussprache nicht nur fürchten, sondern auch erhoffen läßt, scheut Scham den Blick und verlangt den Schutz der Intimität. Zudringlichkeit führt nicht weiter – aber Schweigen und Zudecken sind auch keine Lösung.

Dies gilt generell. Über Scham im Zusammenhang unserer Geschichte zu sprechen, ist noch schwieriger und zugleich leichter, weil hier die SeelsorgerInnen so betroffen sind wie die Leute, mit denen sie reden. Ihr Anteil und ihre Sicht der Dinge hängen davon ab, welcher Generationen sie angehören. Aber sie sind verwickelt. So haben sie nicht die Unbefangenheit, die generell in Gesprächen wünschenswert ist. Das macht die Sache schwieriger. Andererseits kann es so eher zu einem solidarischen Gespräch nach Art einer Selbsthilfegruppe kommen, was eine verheißungsvolle Art ist, Schamphänomene zu besprechen. Übrigens scheint es mit der Zeit leichter zu werden: Erinnerungen an die NS-Zeit kommen meinem Eindruck nach heute eher zur Sprache als in früheren Jahren.

Was zur Sprache kommt, ist weniger aufregend als bedrückend: Wie es wahr und auch nicht wahr ist, daß man nichts wußte. Daß man etwas ahnte und nichts machen konnte. Daß man etwas gesehen hat, z.B. den Abtransport jüdischer Nachbarn, und darüber allenfalls im Familienkreis sprach. Selten hat jemand bestimmte Taten zu berichten. Wir begegnen normalerweise nicht Leuten, die damals großen Einfluß hatten oder besonders eifrige Aktivisten waren. Aber jeder weiß, daß die ohne die Zustimmung oder das Schweigen der Mehrheit keine Macht gehabt hätten.

Deshalb muß die Scham ernst genommen werden, ehe man auch von Schuld reden kann: Es gilt, Verantwortung für etwas zu übernehmen, was man nicht in der Hand hatte, und was einen selbst beherrschte, nicht nur mit äußerer Gewalt, sondern durch die Knechtung des Willens und die Korruption der Verantwortungsfähigkeit. Es gilt zu sehen, daß man zugestimmt hatte, nicht nur wegen der Autobahnen oder des Arbeitsplatzes, sondern verführt von faschistischen Regungen, die wir in uns tragen.

In Gesprächen älterer Leute mit VikarInnen taucht das Thema häufiger auf. Mit der Generation der Enkel ist es wohl leichter zu bereden als mit der der Kinder oder mit Gleichaltrigen.

Die jungen Kolleginnen und Kollegen sind natürlich in anderer Weise betroffen als ich, der ich 1945 10 Jahre alt gewesen bin. Eine Seminarsitzung war mir dazu aufschlußreich: Am 3. Oktober 1991, dem ›Tag der deutschen Einheit‹ also, hatten wir Dozenten angeregt, sich mit den Fragen um Nation und Zusammengehörigkeit zu beschäftigen und, damit es konkret würde, einen fiktiven Beitrag für eine Lokalzeitung zu entwerfen. In Gruppen sollten erste Gedanken ausgetauscht werden. Ich traf auf eine Gruppe, die sich dem Thema sehr zögernd und mit spürbarem Widerwillen näherte. Einige äußerten sogar Ärger darüber, daß wir sie mit diesem Thema behelligten. Dabei handelte es sich keineswegs um Arbeitsunlust. Sie fanden auch den Arbeitauftrag sinnvoll. Das Thema aber war ihnen zuwider.

Die Aussprache brachte eine Vielfalt diffuser Motive zutage. Zum Beispiel: Um 1963 geboren, war man mit der Realität der DDR aufgewachsen. Die trennende Mauer stellte ein Ärgernis dar – und bot zugleich Schutz: Man brauchte sich mit der Frage der Nation nicht zu beschäftigen. – Man fühlt sich verpflichtet, den Ostdeutschen zu helfen und um Hilfsbereitschaft zu werben – und sieht doch nicht ein, daß eine Frau aus Dresden einem nun näher sein soll als eine Frau aus London. – Man spürt ein schlechtes Gewissen wegen der Fremdheitsgefühle gegenüber ostdeutschen Freunden und Bekannten – und fürchtet zugleich, sich mit deren Überwindung von Ausländern zu distanzieren oder gar rechtsradikalen Postionen zu nähern.

Diese Gedanken wurden zum Teil als Meinungen vertreten. Zum Teil waren es auch Gedanken und Gefühle, deren Diffusität den Betroffenen bewußt war, und die sie preisgaben, um im Gespräch zu mehr Klarheit und Rationalität zu kommen. Wir fanden heraus, daß die Mitglieder der Gruppe sich von zwei Seiten bedroht fühlten: Durch die nationalistische Geschichte gleichsam von hinten, durch den sich in Ost und West regenden Fremdenhaß gleichsam von vorne. Es schien, als sei mit dem Fall der Mauer auch der Schutzwall gegen diese Bedrohung gebrochen. Um so schmerzlicher war es, als einige in sich selbst Gefühle von Fremdheit und Angst gegenüber Ausländern in manchen Stadtteilen entdeckten. Damit wurde klar, wie der Zorn auf Rechtsradikale mit Projektionen vermischt war. Diese Einsicht tat weh, sie führte zu Schuldgefühlen und Scham.

Es ist schwer zu sagen, wieweit diese Gedanken und Empfindungen für westdeutsche Angehörige dieser Generation repräsentativ sind. Die Befürchtung einiger VikarInnen, die Mehrheit der Gemeindeglieder hätte gegenteilige Einstellungen, dürfte auch nur teilweise zutreffen. Und aus dem Blickwinkel ostdeutscher KollegInnen wird die Sache natürlich wiederum anders aussehen. Aber schon dieser Ausschnitt des Spektrums zeigt, wieviel hier zu Bewußtsein kommen und besprochen werden muß, damit wir als Bürger unseres Landes einigermaßen mit den Dingen zurecht kommen, und damit wir als PfarrerInnen dazu seelsorgerlich beitragen können.

Es ist nicht die Aufgabe der Kirche, Nationalbewußtsein zu wecken. Es ist ebensowenig ihre Aufgabe, Nationalbewußtsein zu diskriminieren. Es würde dann um so eruptiver hervorbrechen und um so leichter bedrohlich werden.

Bei uns kann es aber nicht nur um die Kultivierung des Nationalbewußtseins gehen, es bedarf der Heilung nach seiner fast tödlichen Verletzung.

Anhang

Zur Meditation des Psalm 23 : D. Seiler, Beziehungen – Phantasie – Meditation, WZM 27/1975, S. 213ff

*

Zu den weiblichen Symbolen:
E. Neumann, Die große Mutter, Olten 1974
H. Göttner-Abendroth, Die Göttin und ihr Heros, München 1980 (Siehe dazu im Anhang zum Thema Sexualität)
S. Heine, Wiederbelebung der Göttinnen? Göttingen 1987

*

Das Lied »Einsam bist du klein« (S.15) von P.Janssens in: Ich liebe das Leben, Telgte 1981

4. Kapitel

Arbeit als geschöpfliche Kreativität

1. Eine Vikarsgruppe zu Besuch in einem Betrieb

Eingeschränkte Wahrnehmungen

Im Spätherbst 1985 besuchte ich mit einer Gruppe von VikarInnen einen Industriebetrieb. Damals nahm die Arbeitslosigkeit ein bedrohliches Ausmaß an. In diesem Betrieb hatten aufgrund von Umstrukturierung etwa 2000 Leute, die Hälfte der Belegschaft, kurz zuvor ihren Arbeitsplatz verloren. Der Betrieb ist Teil eines multinationalen Konzerns. Der Besuch war durch ein Sozialpfarramt mit dem Betriebsrat verabredet worden.

Zunächst wurden wir durch die Werkhallen geführt. Wir sahen Fließbandarbeit, die mit der Produktion der Einzelteile beginnt und mit automatischer Verpackung endet. Anschließend kamen wir mit etwa 10 Arbeitern zu einem Gespräch zusammen. Das wurde eingeleitet durch den stellvertretenden Vorsitzendes des Betriebsrates. Er hielt einen Vortrag mit drei Teilen:

Ich habe noch den Satz im Ohr, mit dem er den ersten Teil begann: »Wir stellen die besten X-Geräte der Welt her!« Daraufhin entfaltete er ein Schaubild vom ›Innenleben‹ des Gerätes. Der Mann war nicht Ingenieur. Er war Facharbeiter oder Meister. An Hand des Bildes sprach er von Aggregaten und Leitungen, von den Vor- und Nachteilen bestimmter Materialien, von Einzelteilen und von Zusammenhängen. Er versuchte, verständlich zu machen, woran er täglich mitwirkt.

Dann kam er auf die jüngste Krise zu sprechen. Sie waren mit der Firmenleitung übereingekommen, daß der Betriebsrat mit beratender Stimme an der Entscheidung mitwirken sollte, wer zu entlassen war. Der Mann sprach von quälenden Wochen mit Druck von allen Seiten, von Verdächtigungen und Erpressungsversuchen, von Entscheidungen mit gutem und schlechtem Gewissen. Hier erwähnte er auch, warum er als Stellvertreter zu uns sprach: Der erste Vorsitzende habe den Druck nicht ausgehalten. Er sei um 10 Jahre gealtert, habe – buchstäblich – graue Haare bekommen und befände sich nun in einer Klinik.

Schließlich ging er auf die Gründe der Krise ein. Nun sprach er von Wirtschaftspolik, von der Macht der Konzerne und von der Rolle, die die Betriebsleitung bei der Umstrukturierung gespielt hatte. Er wußte von Kooperation zwischen Betriebsrat und -leitung gegen die fremden Herren ebenso zu berichten wie von Konflikten. Es sei zu teilweise fairen Auseinandersetzungen gekommen, häufig seien die Arbeiter auch an der Nase herumgeführt worden; sie hätten Niederlagen hinnehmen müssen, einen Teil ihrer Interessen aber zur Geltung bringen können.

Im anschließenden Gespräch fand ausschließlich der letzte Teil des Vortrages Interesse. Die VikarInnen konzentrierten sich auf das Verhalten der ›Multis‹ und die Rolle der Betriebsleitung. Niemand ging auf die berichteten seelischen Spannungen und Gewissenskonflikte ein. Ganz vergessen war, womit er den Vortrag begonnen hatte: die ausführliche Darstellung seiner Arbeit, seines Werksinnes und seines Werkes.

Am Ende kam es noch zu einem interessanten kurzen Gesprächsgang. Eine Vikarin fragte die Arbeiter, was sie von der Kirche erwarteten. Die Männer antworteten zögerlich. Es sei ein gutes Gefühl, die Leute vom Sozialpfarramt auf ihrer Seite zu wissen, bemerkte einer. Ein anderer sagte unter zustimmendem Gemurmel vieler: »Es wird ja wieder Weihnachten. Ich gehe sonst nicht zur Kirche. Aber am Heilgen Abend soll der Pfarrer einen schönen Gottesdienst machen. Das gehört dazu.«

Es ist augenfällig, wie hier zwei Gruppen von Menschen aneinander Interesse gezeigt haben und doch einander kaum nahegekommen sind. Die Distanz zeigt sich an der Vermeidung bestimmter Themen wie an der unterschiedlichen Akzentsetzung bei den aufgegriffenen Themen. Es gibt keinen Grund anzunehmen, daß auch dem Vortragenden und seinen Kollegen hauptsächlich am dritten Teil des Vortrages gelegen war, der allein bei uns auf ein Echo stieß.

Über die im dritten Teil dargestellten wirtschaftspolitischen Zusammenhänge wurde eine Stunde lang engagiert gesprochen. Es zeigten sich aber unterschiedliche Wahrnehmungen und Urteile, die einer Verständigung im Wege standen: Die VikarInnen sahen die Ursache für die sozialen Probleme eindeutig im Verhalten der ›Multis‹. Die örtliche Betriebsleitung konnten sie nur als deren Handlanger wahrnehmen und die Arbeiter als Opfer. Sie konnten wenig damit anfangen, daß die Arbeiter die Dinge differenzierter sahen und sich keineswegs nur als Opfer fühlten. Sie hatten Bitteres hinnehmen müssen. Und sie hatten gekämpft und manches durchgesetzt. Davon sprachen sie selbstbewußt.

Umgekehrt fühlten sich die TheologInnen natürlich nicht ernst genommen, als auf die Frage nach Erwartungen an die Kirche der Wunsch nach einem schönen Weihnachtsgottesdienst geäußert wurde. Erwartet – eher erhofft oder befürchtet? – hatten sie wohl die Forderung, die Kirche solle sich eindeutiger engagieren.

Diese Beobachtungen sind symptomatisch. Ähnliche Verschiebungen und

Vermeidungen fallen mir oft auf: Eine Vikarin hatte sich bei Konfirmandeneltern zu einem Besuch angemeldet. Sie traf zunächst die Mutter alleine an und unterhielt sich mit ihr darüber, seit wann die Familie an diesem Ort wohnt. Wenig später kam der Vater direkt aus seinem Büro hinzu. Er erzählte kurz von der Arbeit, die ihn aufgehalten hatte. Das interessierte aber niemanden. Intensiver wurde das Gespräch erst, als die beiden von Spannungen zu den im Hause wohnenden Eltern des Mannes zu reden begannen. – Ähnlich in dem Gespräch eines Vikars mit einer Sekretärin. Sie sprach von einer relativ selbständigen und verantwortungsvollen Arbeit, die ihr offenbar Freude machte. Der Vikar wurde aber erst zum engagierten Gesprächspartner, als die Frau – eher beiläufig – von einem kleinen Konflikt mit einer Kollegin erzählte.

Faktoren und Hintergründe einer mißlungenen Kommunikation

1. Daß der erste Teil des Vortrages, die Beschreibung des Produkts, nicht zum Gespräch anregte, mag auf den ersten Blick verständlich erscheinen. Durch viele technische Details waren wir überfordert. Und wir waren nicht gekommen, um zu lernen, wie man ein X-Gerät herstellt. Wir wollten erfahren, wie es den Arbeitern und Arbeiterinnen eines solchen Betriebes in dieser kritischen Situation ging.

Auf den zweiten Blick sieht dies freilich anders aus: Mit der Darstellung des Gerätes hatte der Mann natürlich etwas über sich selbst gesagt. Er sprach ja nicht als Meister zu Lehrlingen. Er versuchte, als Fachmann fachfremden Leuten Sinn für seine Arbeit zu vermitteln. Schon mit seinem ersten Satz hatte er sich mit einem Merkmal seiner Identität dargestellt, das ihm offenbar nicht weniger wichtig war als seine Rolle im Betriebsrat: Er stellte sich uns dar als einer von denen, die die »besten X-Geräte der Welt« herstellen. Uns beschäftigte das soziale Problem: Die Gefährdung dieser Arbeit und deren politische Hintergründe. Diese Gefährdung war real und akut. Aber sie fesselte unseren Blick so, daß wir kaum noch dem Aufmerksamkeit schenken konnten, was sie bedrohte: die Arbeit und den Stolz des Arbeiters.

2. Noch schwerer verständlich erscheint auf den ersten Blick das Desinteresse an der Erzählung von den zwischenmenschlichen und seelischen Spannungen im zweiten Teil des Vortrages. Solche Themen sind es ja gerade, für die wir uns sonst als SeelsorgerInnen zuständig fühlen. Nicht selten hört man sogar den Verdacht, Theologie und Kirche seien auf individuelle Aspekte fixiert und würden politische Zusammenhänge ausblenden. Das Gegenteil war hier der Fall.

Wenn die VikarInnen ihre Aufmerksamkeit auf die wirtschaftspolitischen Zusammenhänge richteten, zeigt das, daß sie die Lektion der frühen 70er Jahre gelernt hatten: Durch sozialethische Impulse in den 60er Jahren vorbereitet, dann befördert durch die Studentenrevolte und das mit ihr verbundene sozialkritische Engagement, ist es eine Selbstverständlichkeit geworden, soziale Fragen und politische Umstände als besonders wichtige Themen der Theologie und als Herausforderungen zu kirchlichem Handeln einzuschätzen. Aber wie es mit Selbstverständlichkeiten so geht: Sie sind wichtig, und sie verführen leicht zur Klischeebildung. Die individuellen Konflikte und Sorgen der Arbeiter waren tatsächlich bedingt durch die damalige wirtschaftspolitische Situation. Hätten sich die VikarInnen dafür nicht interessiert, wäre die Situation verzerrt wahrgenommen worden.

Die Tragik ist, daß es hier zu einer gegenteiligen Verzeichnung kam. Die Selbstverständlichkeit, mit der unsere Gruppe sich ausschließlich den politischen Aspekten widmete, führte nicht nur zu einer Ausblendung wichtiger Teile des Ganzen. Sie führte zur verzerrten Wahrnehmung auch des in den Blick genommenen Teils: Indem die Krise unter Ausblendung interner Details allein unter politischen Aspekten betrachtet wurde, erschienen die weltwirtschaftlichen Faktoren und die multinationalen Konzerne als bedrohliche, in ihrer Unerreichbarkeit geradezu teuflische Mächte, denen gegenüber die anwesenden Beteiligten nur als Opfer gesehen werden konnten. Dies ist ein Interpretationsmuster, das politisches Handeln zugleich erforderlich und unmöglich erscheinen läßt.

Indem die psychischen Spannungen und die Konflikte innerhalb der Belegschaft unberücksichtigt blieben, wurde nicht nur taktlos übergangen, wovon der Vortragende tief bewegt erzählt hatte. Zugleich wurde ausgeblendet, daß der Betriebsrat nicht nur an seiner Ohnmacht gelitten hatte, sondern auch an der Ambivalenz seiner Macht. Überspielt wurde auch die Tatsache, daß es nicht nur Druck von oben gab, sondern auch von der Seite und von unten. Lösungsversuche und sabotierende Taktik, Verdächtigungen und Erpressungsversuche, moralische Stärke und Verführbarkeit fanden sich überall: zwischen Betriebsrat und Belegschaft, zwischen Firmenleitung und Arbeitnehmern, zwischen den Vertretern des Konzerns und der Firmenleitung.

Solche verzerrten Wahrnehmungen beobachte ich regelmäßig, wenn es um Themen wie Arbeit und Arbeitslosigkeit geht: In Diskussionen um eine Theorie der Seelsorge denkt man häufig an bestimmte ›Zielgruppen‹. Man bedenkt Gespräche mit Trauernden und mit Brautpaaren, mit jungen und alten Menschen usw. An Gespräche mit beruflich Erfolgreichen wird fast nie gedacht. Und wenn im Zusammenhang solcher Überlegungen an Arbeitslose gedacht wird, heißt die Frage nicht: Wie wäre mit ihnen zu reden? Die Frage heißt sofort: Warum handelt die Kirche nicht politisch? Aber selbst wenn dies im Blick auf Arbeit und Arbeitslosigkeit die zuallererst wichtige Frage sein sollte: Man könnte sie mit den Betroffenen diskutieren, nicht über ihre Köpfe hinweg. Jeder Vikar oder Pfarrer kennt Arbeitslose und Überarbeitete in seiner Gemeinde, hat jedenfalls Zugang zu ihnen. So haben wir oft verabredet, in den Gemeinden Gespräche mit Betroffenen zu führen, um dann die Erfahrungen aus diesen Begegnungen auch theoretisch zu bedenken. Aber allen Verabredungen zum Trotz kommen solche Gespräche sehr selten zustande. Welche Gründe führen zu solcher Vermeidung? Natürlich stehen andere Verpflichtungen im Wege: Krankenbesuche, Beerdigungen, Unterricht, Sitzungen. Aber am Termindruck allein kann es ja nicht liegen. Wenn man den kritisch hinterfragt, finden sich regelmäßig Einwände in anklagend fragender Gestalt:

»Was sollen wir denen denn sagen?« »Soll ich mit einem Arbeitslosen etwa über seine Gefühle sprechen? Das wäre doch zynisch!« »Soll ich da etwa von Gott reden? Auch dies wäre zynisch!«

Diese Einwände sind auf ihre rationalen und irrationalen Anteile hin zu überprüfen.

»Was sollen wir denen sagen?« Manchmal drückt eine solche Frage nur die Angst aus, in einer bestimmten Situation nicht das rechte Wort zu finden. Häufiger drückt sie aus, daß man sich in einer Zwickmühle sieht: Man glaubt sich verpflichtet, das richtige, (er)lösende Wort zu sagen, und man nährt den ängstlich-zornigen Verdacht, daß es eine verbale Lösung nicht gibt. Nun lassen Erfahrung und Theorie schnell verstehen, daß es nicht unsere Aufgabe sein kann, für jedes Problem die Lösung zu wissen. Jeder merkt bald, daß zuerst Zuhören wichtig ist, und daß ein Gespräch normalerweise eher weiterführt, wenn es gelingt, dem Partner zu helfen, seine eigenen Antworten und Lösungen zu entdecken. Aber angesichts bestimmter Situationen drängt sich auch erfahrenen SeelsorgerInnen die ängstlich-zornige Anfängerfrage wieder auf und verstrickt sie in Allmachts- und Ohnmachtsphantasien.

Man möge sich selbst prüfen, welche Situationen diese Versuchung mit sich bringen. Vermutlich sind es Situationen, die einem persönlich besonders bedrohlich erscheinen. Individuell unterschiedlich mag das eine Krankheit sein, ein Partnerkonflikt oder anderes. Das Thema Arbeit hat diese Wirkung auf viele von uns. So erscheint dem Arbeitslosen – und auch dem Erfolgreichen – gegenüber abwegig, was einem Kranken gegenüber schwer sein mag, aber niemals problematisch ist: Zuhören. Es kann sich dann herausstellen, daß darüber hinaus etwas gesagt oder getan werden muß. Man könnte abwarten, ob einem dann etwas einfällt oder ob man die Ohnmacht ertragen muß. Hier fällt es offenbar besonders schwer, sich darauf einzulassen.

»Es wäre zynisch, mit einem Arbeitslosen über seine Gefühle zu sprechen.« Die nicht ausgesprochene Fortsetzung dieses Einwandes lautet wohl: »... anstatt ihm Arbeit zu verschaffen.« Sicherlich: Es gibt den Fall, daß Worte der billige Ersatz für nötige und mögliche Taten sind. Das mag man zynisch nennen. Nicht selten aber sind auch Taten der billigere Ersatz für Worte, und Aktionen entmündigen diejenigen, die noch gar keine Gelegenheit gefunden hatten, sich ihrer Gefühle, ihrer Interessen und ihres Spielraumes bewußt zu werden. Es gibt Situationen, die sich verändern lassen, mit anderen muß man zu leben lernen. Und selten kann man das eine vom anderen von vornherein unterscheiden. Jeder einigermaßen erfahrene Seelsorger weiß das. Aber bestimmte Situationen suggerieren uns: Hier muß

etwas getan werden – und wenn du nichts zu tun vermagst, mußt du dich schämen!

Die politische Bedingtheit von Krisen bewirkt noch etwas anderes: die Befangenheit der SeelsorgerInnen. Irgendwie sind sie als Mitglieder der Gesellschaft verwickelt: Haben schon Gesunde zuweilen Kranken gegenüber ein schlechtes Gewissen, so fühlen sich Arbeitsplatzbesitzer Arbeitslosen gegenüber um so mehr mitschuldig. Daß damit weder Arbeitslosen noch Arbeitenden geholfen ist, liegt auf der Hand. Die nötige Gelassenheit können wir hier als SeelsorgerInnen nur finden, wenn wir uns fragen, in welchem Maße es sich wirklich um schuldhafte Anteile an der Situation handelt, und wieweit wir an einer verhängnisvollen Situation partizipieren. Je nachdem wäre zu beten: »Vergib uns unsere Schuld« oder: »Erlöse uns von dem Bösen«.

»Es wäre zynisch. hier von Gott zu reden.« Wie lautet hier die unausgesprochene Fortsetzung? Denkbar wären: »... weil er als Herr der Geschichte sich hier selbst zynisch verhält.« Oder: »... weil er zu schwach ist, etwas zu bessern, und mich im Regen stehen läßt.« Oder: »... weil er mit solchen Sachen nichts zu tun hat.« In all diesen Varianten schwingt eine Einstellung mit, die sich in theoretischen Gesprächen scheinbar realistisch gibt und etwa lautet: »Man soll Gott nicht für Dinge verantwortlich machen, für die (wir) Menschen verantwortlich sind.« So richtig das ist: Wer so redet, muß sich fragen, ob er wirklich Grund hat, sich selbst gegen die Versuchung zu billiger Entschuldigung in Zucht zu nehmen. Denkbar ist auch, daß er Gott in Schutz nehmen will und nicht merkt, wie er ihn damit entmachtet.

Das Thema ›Arbeit‹ fordert in besonderer Weise heraus, uns über die Beziehung des Handelns Gottes zu menschlichem Handeln klar zu werden: Welchen Sinn hat es, von Gott zu reden, wenn es um unsere eigenen kreativen Leistungen und um unser politisches Handeln geht?

2. Theologische Implikationen und seelsorgerliche Möglichkeiten

Geschöpfliche und soziale Abhängigkeit

Beim Arbeiten erleben wir die Abhängigkeit von den Lebensumständen unmittelbarer als in anderen Lebensbereichen. Dementsprechend größer sind unsere Wünsche und Ansprüche, die Bedingungen zu verändern.

Alle individuellen Lebenserfahrungen sind mitbedingt durch natürliche, gesellschaftliche und kulturelle Umstände. Von ihnen hängt es ab, ob wir Nahrung haben oder Mangel leiden, und was wir gegebenenfalls essen. Durch sie mitbedingt sind Gesundheit und Krankheit und unsere Einstellung dazu. In vielen Lebensbereichen aber kommt die Interdependenz des

Individuellen und Politischen nicht immer zu Bewußtsein. Man kann über Gesundheit und Krankheit, gelingendes und mißlingendes Familienleben, Kunstgenuß und vieles andere nachdenken, ohne sofort auf soziale, ökonomische und kulturelle Bedingungen aufmerksam zu werden, auch wenn damit die Wirklichkeit verkürzt wahrgenommen wird. Vermutlich liegt das u.a. daran, daß in unserem Land zur Zeit die Grundbedürfnisse der meisten Menschen soweit befriedigt werden, daß dies als selbstverständlich erscheinen kann.

Anders bei der Arbeit. Man kann nicht an sie denken, ohne daß sofort ihre Bedingungen zu Bewußtsein kommen. Schon in primitiveren Gesellschaften merkt jeder Bauer, wie sehr die Effektivität seiner Arbeit von der Art seines Ackers abhängt. In differenzierteren Gesellschaften werden die Bedingungen schwerer durchschaubar, aber nicht weniger deutlich spürbar:

– Es hängt von der sozialen Stellung ab, wer zu welchem Beruf Zugang hat.

– Gesellschaftliche Verhältnisse und ökonomische Bedingungen entscheiden, wieviele Menschen Gelegenheit finden, durch Arbeit ihren Lebensunterhalt zu erwerben.

– Die Industrialisierung hat Bauern zur Minderheit werden lassen gegenüber Menschen in technischen und kaufmännischen Berufen. Was die Automatisierung für künftiges Arbeiten bedeutet, weiß noch niemand genau.

– Die Gegebenheiten des Marktes und kulturgeschichtlich geprägte Werte entscheiden, für welche Arbeit welcher Lohn gezahlt wird.

Traditionelle Werte und Ideologien prägen die Einschätzung unserer Arbeit in widersprüchlicher Weise. Zum Beispiel: Ein ›Beruf‹ erscheint immer noch wertvoller und irgendwie menschenwürdiger als ein ›Job‹. Dabei denkt man bei ›Beruf‹ nicht mehr unbedingt an ›Berufung‹, wohl aber an besondere Ausbildung und an eine anspruchsvollere und eher befriedigende Tätigkeit. Meistens bietet ein solcher ›Beruf‹ mehr Möglichkeiten zu persönlichem Engagement als ein ›Job‹. Dieser Bewertung entgegen steht die Tendenz nicht weniger junger Leute, nur halbtags zu ›arbeiten‹, um neben dem Beruf noch ›Zeit zum Leben‹ zu haben. Wer sich demgegenüber ungeteilt engagiert und dabei eine verantwortungsvolle Position erstrebt, macht sich verdächtig: Das Wort ›Karriere‹ klingt nicht gut.

Wiederum im Gegensatz dazu steht das Bestreben vieler Frauen, lieber eine eher mechanische Tätigkeit in einem Betrieb zu übernehmen, als ›nur‹ Hausfrau zu bleiben, auch wenn sie es finanziell nicht nötig haben. Die Tätigkeit des Kochens und der Kindererziehung würde mehr Kreativität ermöglichen als manche Fabrikarbeit, aber sie gilt nicht soviel. Ein Hobby böte die besten Möglichkeiten zu wenig fremdbestimmter Arbeit. Aber es reicht selten, die Zeit des ›Ruhestandes‹ befriedigend zu füllen. Die des Arbeitslosen schon gar nicht.

Ich halte solche Bewertungen für eher irreführend. Sie haben Diskriminierungen zur Folge und oft genug materielle Ungerechtigkeiten. Bezüglich unseres Arbeitens finden sich besonders viele widersprüchliche Bewertungen und Ideologien. Ich vermute, daß dies seinen Grund darin hat, daß die Arbeit uns die Paradoxien und Ambivalenzen der geschöpflichen Abhängigkeit besonders deutlich spüren läßt. Es fällt uns offenbar schwer, diese Paradoxien und Ambivalenzen auszuhalten.

Die konkrete Gestalt unseres Arbeitens ist geprägt durch natürliche, kulturelle und ökonomische Umstände. Dieser Ausprägung – sozusagen als Prägematerial – vorgegeben, finde ich hier drei Merkmale geschöpflicher Abhängigkeit:

1. Arbeitend erleben wir die Paradoxie bedingter Freiheit besonders deutlich. Wir erleben die Potenz, etwas auszudenken und ins Werk zu setzen. Wir können selbst schöpferisch wirksam werden, damit unser Leben sichern und die Lebensumstände verändern. Diese Erfahrung kann so eindrücklich sein, daß sie uns zum Glauben an die Machbarkeit all dessen verführt, was wir uns auszudenken vermögen. Ebenso unübersehbar ist, wie wir arbeitend von Unverfügbarem abhängig sind: Von natürlichen und sozialen Umständen, von gesunder Arbeitskraft, nicht zuletzt von der Verläßlichkeit unserer Gedanken und der Geschicklichkeit unserer Hände, Fehler zu vermeiden. Vielleicht ist es ein Versuch, dieser Paradoxie zu entfliehen, wenn wir geistige Arbeit höher bewerten als handwerkliche. Sie läßt uns – scheinbar! – unabhängiger sein von der Hinfälligkeit des Körpers. Umso größeren Schrecken jagt uns der Gedanke an geistige Schwäche ein. Solche Fluchtversuche stellen wohl auch die Bewunderung der Technik einerseits und ihre Verteufelung andererseits dar.

2. Mit der Arbeit macht sich die Ambivalenz alles Geschöpflichen fast permanent bemerkbar: Schwere Arbeit ist besser als gar keine. – Und auch die schönste Arbeit ist lästig. Dieser Ambivalenz versuchen wir zu entfliehen durch Idealisierung der Arbeit als Selbstverwirklichung einerseits, andererseits durch Idealisierung von Muße und Freizeit als ›eigentlichem‹ Leben. Muße wird leicht als Faulheit diskriminiert und Fleiß als Leistungsdenken. Hiermit hängt die Bewertung bestimmter Tätigkeiten als besonders edel zusammen. Wenn demzufolge unangenehmere Arbeiten tatsächlich schlechter honoriert werden und unter unerfreulicheren Bedingungen getan werden müssen, schließt sich der Kreis.

3. Arbeitend erleben wir schließlich die Paradoxie, daß wir zielstrebig auf sichtbaren Erfolg aus sind, und daß dieser nicht unfehlbar herbeizuführen ist. Der Acker soll Früchte tragen, und das Werk unserer Hände soll am Ende sichtbar vor uns stehen. Und wenn es nicht um so eindeutig sichtbare eigenständige Werke geht, sondern um Beteiligung am Werk vieler oder um geistige Produkte, sind wir um so mehr auf Anerkennung und gerechten Lohn angewiesen.

Die Orientierung an Leistung und Erfolg ist nicht nur deshalb unvermeidlich, weil es um Herstellung oder Erwerb des »täglichen Brotes« geht. Es geht auch um Selbstbestätigung durch den Anblick des Werkes und die Aufmerksamkeit anderer. Das ist noch nicht Eitelkeit. Auch Gott hat sich solche Bestätigung nicht versagt: »Gott sah, daß es gut war«, heißt es nach Vollendung eines jeden Werkes im Schöpfungsbericht (1. Mose 1). Andererseits gehört es zu unseren Erfahrungen, daß der Acker seine Frucht versagt, daß ein Handwerk mißlingt, daß Menschen uns um Anerkennung und gerechten Lohn betrügen. Und wo wir nicht mit Material arbeiten, sondern erziehend, beratend oder heilend direkt mit Menschen zu tun haben, müssen wir die Unverfügbarkeit des Erfolges geradezu gewährleisten, wenn wir nicht manipulieren – und damit erst recht scheitern wollen. Das Unbehagen an dieser Paradoxie zeigt sich im heimlichen Neid geistig arbeitender Leute auf den Handwerker, der abends »wenigstens sieht, was er geschafft hat«.

Ziele seelsorgerlicher Gespräche

»Wir stellen die besten X-Geräte der Welt her.« So hatte der Vertreter des Betriebsrates seinen Vortrages begonnen. Damit hatte er etwas über sein Werk und damit über sich selbst gesagt. Er drückte seine Selbstachtung aus und wollte sich anerkannt wissen. Das war um so bemerkenswerter, als es sich bei seiner Arbeit nicht um eine der Tätigkeiten handelte, die wir ›anspruchsvoll‹ genug finden, daß sie uns von ›Berufsidentität‹ oder ›Selbstverwirklichung‹ reden ließe. Seine Arbeit läßt uns eher an ›Entfremdung‹ denken. Ohne den Prozeß von der Planung bis zur Vollendung des Werkes beeinflussen und in seiner Ganzheit wahrnehmen zu können, war er nur an der Fertigung eines Details beteiligt. Sein *Werksinn* verwirklichte sich nicht in einer besonders verantwortlichen oder reizvollen Tätigkeit. Er fand seine Gestalt in der kompetenten und verläßlichen Beteiligung an der Herstellung eines Produktes, das sich sehen lassen kann. In sein kollegiales »Wir« bezog er allen Konflikten zum Trotz die Firmenleitung mit ein.

Daran anknüpfend, formuliere ich fünf Ziele für Gespräche:

1. Aufmerksamkeit verdient das Arbeiten selbst. Interessant sind nicht nur seine sozialen Bedingungen und Folgen.

Ohne eine bestimmte Intention zu verfolgen, geht es zuerst darum, in Gesprächen der Arbeit den Platz einzuräumen, der ihrem Gewicht in unserem Leben entspricht. Es gilt, mit der Arbeit dem arbeitenden Menschen die gebührende Ehre zu geben. Nur wenn wir in unseren Gesprächen vor aller Ziel- und Zweckbestimmung den Erlebnissen mit der Arbeit um ihrer selbst willen Raum geben, kann es gelingen, nötigenfalls auch zielgerichtet miteinander zu sprechen: zur Deutung von Erfahrungen, zur Klärung innerer und äußerer Konflikte, zur Entlarvung destruktiver Tendenzen, zur Motivation politischen Handelns. Hier gilt wie überall: Die Dinge werden nicht erst interessant, wenn sie Probleme bereiten. Und nur was uns um seiner selbst willen der Aufmerksamkeit wert erscheint, wird auch kultivierendem Einfluß zugänglich sein.

2. Ein Ziel kann es sein, sich über die Bewertungen von Arbeit und Freizeit oder von bestimmten Tätigkeiten klarzuwerden.

So kann bewußt werden, was einem wirklich Freude und Kummer bereitet, und wo solche Gefühle fremdbestimmt sind. Man kann Spielräume entdecken und entscheiden, wofür man welchen Preis zahlen will, ohne der Stimme der Nachbarn oder einer Ideologie aufzusitzen. Man versteht vielleicht besser, was es einem bedeutet, diesen oder jenen Beruf zu haben, oder um der Beweglichkeit oder des Geldes willen einen ›Job‹ vorzuziehen. Nicht selten höre ich den lähmenden Einwand, man müßte von der Arbeitswelt mehr verstehen, um mitreden zu können. Als SeelsorgerInnen müssen wir uns hier vor falschen Ansprüchen an uns hüten, die wir bezüglich anderer Lebensbereiche viel seltener erheben. Im übrigen lernt man am meisten, wenn man mit den Leuten redet. Ich muß nichts von Ökonomie verstehen, um mit einem Kaufmann zu reden, sowenig ich medizinische Kenntnisse brauche, um mit Kranken zu sprechen. Ich muß keine Erfahrung mit Lohnabhängigkeit haben, um an den Erlebnissen einer Arbeiterin Anteil zu nehmen, so wenig es der Kochkenntnisse bedarf, um einer Hausfrau Interesse entgegen zu bringen. Ich muß ich selbst sein und den anderen zugestehen, sie selbst zu sein.

3. *Seelsorgerliche Gespräche können dazu beitragen, die wechselseitige Abhängigkeit des Individuellen und Politischen klarer wahrzunehmen.*

Dabei ist es sinnvoll, Gefühlen von Zufriedenheit oder Hoffnung, Trauer oder Zorn zum Ausdruck zu helfen. Es ist ebenso sinnvoll, sachliche Gegebenheiten abwägend zu betrachten. Beides kann eine realistische Sicht der ökonomischen und sozialen Verhältnisse oder der technischen Entwicklung fördern. Es kann der realistischeren Einschätzung der Handlungsräume dienen. Es kann zu politischem Handeln ebenso motivieren wie zur Hinnahme dessen, was dem Einfluß der Betroffenen entzogen ist. Das setzt voraus, daß SeelsorgerInnen ihre Grenzen akzeptieren und sich nicht durch Schuldgefühle zu Aktionismus oder schamhaftem Rückzug verführen lassen. Seelsorge dient der Deutung erfreulicher und bedrückender Lebenserfahrungen, sie muß nicht immer Hilfe intendieren. Und wo es um Hilfe gehen muß, können Beratung und Seelsorge Hilfe zur Selbsthilfe leisten. Sie können nicht die Verantwortung für das Leben anderer übernehmen, und Parteilichkeit steht ihnen eher im Wege. Selbstverständlich können PfarrerInnen sich zur Lösung sozialer Konflikte auch politisch und diakonisch engagieren. Wenn aber der Eindruck entsteht, politisches Engagement und tätige Hilfe gäben erst die Legitimation zu seelsorgerlichem Engagement, hat sich das richtige Ziel ganzheitlicher Hilfe in eine lähmende Ideologie verwandelt. Ich finde diese Lähmung bei vielen KollegInnen. Sie führt zu Vermeidungen: Bei denen, die sozial unter uns stehen, vermeidet man es, auf ihre Arbeit zu sprechen zu kommen, weil man meint, erst die soziale Schuld an ihrer Abhängigkeit abarbeiten zu müssen. Mit denen, die sozial über uns stehen, vermeidet man Gespräche, weil man davon ausgeht, daß sie auf der falschen Seite stehen.

4. Seelsorgerliche Gespräche können auf die Gefahr oder Gegebenheit destruktiver Abhängigkeit aufmerksam machen, die uns auch bei der Arbeit bedroht.

Destruktive Abhängigkeit zeigt sich hier in Gestalt der Arbeitssucht. In Anlehnung an den Alkoholismus hat sich die Bezeichnung ›workoholic‹ eingebürgert. Diese Sucht hat deutliche Symptome. Wenn jemand keine Zeit hat für Muße, Zerstreuung und anderweitige Beschäftigung, so ist das schon ein bedenkliches Zeichen. Falls aber jemand sagt, er oder sie müßte(!) sich »eigentlich« wieder mal Zeit für die Familie oder die Freunde nehmen, ist dies ein untrügliches Zeichen für eine typisch verzerrte Wahrnehmung der Wirklichkeit. Denn die Pflege von Familienleben und Geselligkeit erscheint so auch lediglich als Pflichterfüllung. Wer so redet, verschleiert sich damit auch oft, daß er oder sie am Übermaß der Arbeit nicht nur leidet, sondern daran auch die leichtere Befriedigung findet, die eine Droge zu bieten hat. Eine solche Verfallenheit kann psychische Ursachen haben. Sie kann auch durch äußeren Leistungs- und Konkurrenzdruck ausgelöst sein. Verführerische Bewertungen können ein übriges tun.Darüber hinaus habe ich den Eindruck, daß unsere wachsenden Möglichkeiten uns kollektiv immer neue Pflichten suggerieren. Wie dem auch sei: Einmal darin befangen, kommt man mit ›guten‹ Vorsätzen aus solcher Abhängigkeit selten heraus. Es bedarf der Befreiung aus der destruktiven Dynamik, und die lassen sich die meisten Leute erst gefallen, nachdem es auch hätte zu spät sein können. Die leichteste und vielleicht wirksamste seelsorgerliche Hilfe ist hier der Rat zu beten: »Führe uns nicht in Versuchung, sondern erlöse uns von dem Bösen.«

In destruktiver Abhängigkeit befinden wir uns auch, wenn wir in eine Situation hineingeraten sind, in der bei der Arbeit auf keinen Fall ein Fehler unterlaufen darf, weil dessen Folgen unabsehbar wären. Es kann sein, daß sich jemand durch Leichtsinn oder Übermut in eine solche Situation verstrickt hat. Deutlicher vor Augen ist mir aber die Gefahr, daß wir mit der Entwicklung der Technik Situationen schaffen, in denen dann Einzelne unerträgliche Verantwortung tragen sollen. Es gehört zu unserer Menschlichkeit, daß uns jederzeit Fehler unterlaufen können, durch Unaufmerksamkeit oder trotz starker Konzentration. Dies müssen wir uns und den anderen zugestehen. Wie schwer oder leicht der entstehende Schaden ist, entscheidet sich in der Situation. Die momentane Unaufmerksamkeit am Küchenherd kann zur Folge haben, daß die Milch überkocht, am Steuer eines Autos kann sie das Leben vieler Menschen kosten. Solche Fehler gehören zum normalen Risiko unseres gemeinsamen Lebens und Arbeitens.

Normalerweise führt es zu größerer Aufmerksamkeit und damit zur Vermeidung von Fehlern, wenn wir uns des Risikos bewußt sind. Das kann sich aber ins Gegenteil kehren, wenn uns das Bewußtsein, auf keinen Fall versagen zu dürfen, überfordert. Jeder kann sich wohl an Streßsituationen erinnern, in denen der Fehler deshalb erst recht passierte. Die moderne Technik läßt uns häufiger in Situationen geraten, in denen kleine Fehlleistungen unabsehbaren Schaden zur Folge haben können. Paradox und nicht mehr menschengemäß wird es, wenn es sich um Situationen handelt, in denen kaum noch Aktivität oder gar Kreativität erforderlich sind, sondern nur noch ungeteilte Aufmerksamkeit. In einem Atomkraftwerk ist dies wohl nicht selten der Fall.

Die Absurdität wurde mir in einem beiläufig entstandenen Gespräch mit einem amerikanischen Offizier deutlich. Er war Standortkommandant und erst kürzlich nach Deutschland gekommen. Auf die Frage, wie es ihm hier ginge, antwortete er mit bedrückter Stimme. Er habe keine Familie, sagte er. Dies sei aber der einzige Vorteil. Denn so könne er sonntags umherfahren und seine »boys« besuchen, die in der Umgebung in kleinen Gruppen stationiert waren. Die seien so »depressed«, sonntags sei es am schlimmsten, da hätten sie seine Besuche besonders nötig. Sie könnten ja nichts tun. An anderen Standorten könnten die Leute wenigstens LKW fahren, mit Panzern spielen und auch mal eine Kanone abfeuern. Hier ginge das aber nicht. Ich verstand zunächst nicht, wovon der Mann redete. Er wollte es auch nicht weiter erklären. Nachher wurde mir klar, was er meinte. Seine »boys« bewachten Atomraketen. Mit denen konnte man natürlich nicht spielen. Absurder kann sich ›Arbeit‹ nicht mehr gestalten: Schon die Herstellung hatte den Zweck, den Einsatz der Produkte zu verhindern. Die Leute, die sie nun hüteten, mußten nichts können und durften nichts tun. Sie mußten nur aufpassen, daß niemand etwas tun und damit eine Katastrophe auslösen konnte. Hoffentlich haben die Abrüstungsmaßnahmen wenigstens diese Leute davon inzwischen erlöst.

5. *Destruktive Abhängigkeit ist die Perversion der geschöpflichen Abhängigkeit. Deshalb muß es letztlich das Ziel seelsorgerlicher Gespräche sein, die Erfahrungen mit dem Arbeiten auch symbolisch zu deuten.*

So kann bewußt bleiben oder zu Bewußtsein kommen, wie hier unsere Geschöpflichkeit und damit unsere Gottesbeziehung Gestalt gewinnt. Welchen Dienst leisten uns dazu die Symbole? Es wird sich zeigen, daß auch deren Dienst zwiespältig ist: Symbole bieten sich zur Deutung unserer Arbeit an, sie haben aber auch Anteil an ihrer Verdrängung aus unserem Bewußtsein.

3. Die Botschaft der Symbole, Mythen und Legenden

Vorherrschende Skepsis gegenüber Handwerk und Technik

Die Abspaltung des Themas ›Arbeit‹ hat ihre Ursachen nicht nur in den beschriebenen Schuldgefühlen heutiger SeelsorgerInnen. Sie ist kennzeichnend für unsere Kultur und ihre Geschichte. Die abendländische Kultur ist stärker als andere geprägt durch zielstrebige Arbeit, durch Handwerk und Technik. Zu unserer Tradition gehört das benediktinische »ora et labora«. Zu ihr gehören die mittelalterlichen Zünfte mit ihrem Beitrag zur Kultivierung des Handwerks. Zu ihr gehört Luthers Berufsethik. Zu ihr gehört die Industrialisierung, die den Arbeitern nicht nur soziales Elend gebracht hat, sondern auch Anlaß wurde zur gewerkschaftlichen Organisation einer selbstbewußten Arbeiterschaft. Zu unserer Tradition gehört Karl Marx mit der Utopie von nicht mehr entfremdeter Arbeit. Aber was unser Alltagsleben bestimmt, unsere Wirtschaft und Politik, prägt unser kulturelles Leben nicht im selben Maße. Unsere ›Dichter und Denker‹ haben sich für das Arbeiten und Schaffen selten interessiert. Die für die Deutung unseres Lebens zuständigen Philosophen und Theologen, Schriftsteller und Künstler haben sich meistens anderen Lebensbereichen zugewandt. Ihnen ging es um Krieg und Frieden, Treue und Verrat, um seelische Erlebnisse aller Art. Eine tragische Liebesbeziehung kann viel eher zum Stoff für ein Epos oder einen Essay werden als der Umgang eines Handwerkers mit seinem Material.

Natürlich gibt es Ausnahmen. Aber man muß sie suchen. Sie sind kaum bewußtseinsbildend präsent. Goethes Faust z.B. hat sich immerhin nicht damit zufrieden geben wollen, daß zu Beginn des Johannes-Evangeliums der griechische »Logos« deutsch als »Wort« erscheint. Er wollte die bekannte Stelle Joh 1,14 lieber übersetzen: »Am Anfang war die Tat«. Aber sonderlich weit läßt Goethe den tätigen Faust nicht kommen. Bekannter ist Schillers »Glocke«. Einige Kinderlieder widmen sich dem Thema: »Wer will fleißige Handwerker seh'n« oder: »Im Märzen der Bauer die Rößlein einspannt«. Viele sind es nicht. Zahlreiche Volkslieder des vorigen Jahrhunderts singen von wandernden Handwerksburschen. Aber zum Thema werden auch in diesen Liedern Liebesleid und Liebesfreud, Abschied und Heimkehr, kaum die Arbeit dieser Leute. Einige Künstler haben programmatisch versucht, eine ›Wende‹ herbeizuführen. Aber wo sie mit faschistischem oder sozialistischem Einschlag die ›Helden der Arbeit‹ gemalt oder beschrieben haben, ist es allermeistens zum Kitsch geraten.

Ist der homo faber dem homo sapiens so uninteressant? Es wird sich zeigen, daß er nicht nur uninteressant ist. Er ist vielmehr verdächtig!

Auch die Bibel widmet dem homo faber nur selten Aufmerksamkeit, und sie ist ihm nicht sonderlich gewogen: Natürlich erzählt die Bibel häufig von arbeitenden Menschen. Viele Geschichten handeln von Bauern und Hirten.

Deren Tätigkeit gibt auch das Bildmaterial für viele Gleichnisse ab. Aber sie sind dabei als selbstverständlich vorausgesetzt, sie werden kaum selbst zum Thema: Man kann von dem Bauern, der sät und gelassen die Ernte abwartet, lernen, wie es mit dem Reich Gottes geht (Mk 4,26ff). Kann umgekehrt auch der Bauer aus der Perspektive des Reiches Gottes sehen, was es mit seiner Arbeit oder seiner ›Berufsidentität‹ auf sich hat? Handwerk und Technik bleiben noch stärker im Hintergrund. Das ist verständlich, denn diese gehören eher zur städtischen Kultur. Israel war ein Volk von Nomaden und Bauern und hatte aus politischen und religiösen Gründen zu denLeuten in den Städten oft ein gespanntes Verhältnis. Damit wird aber ein wesentlicher Aspekt menschlichen Arbeitens ausgeblendet: Bauern und Hirten versuchen, die natürlichen Ressourcen zu nutzen. Handwerker aber stellen gestalterisch etwas her. Schon indem sie ein landwirtschaftliches Gerät ersinnen und bauen, trachten sie, die Lebensbedingungen zu ändern. Die Dinge, die sie herstellen, sind aber nicht nur von praktischem Nutzen. Sie werden zu Merkmalen kultureller Identität. Sie machen u.a. das Heimatliche aus. Es ging nicht nur um Ehrgeiz, sondern auch um Identität, als sie in Babel ihren Turm bauen wollten, um sich »einen Namen zu machen« (1.Mose 11,4). Natürlich galt dies auch im bäuerlichen Israel. Aber man dachte offenbar kaum darüber nach. Es wäre ja z.B. denkbar, daß im Anschluß an die Vertreibung aus dem Garten Eden eine Geschichte erzählte, wie Adam den Pflug erfand oder zum Geschenk erhielt, damit er mit den Disteln besser zurecht käme. Aber das Staunen über den Menschen als ein kreatives Geschöpf wird in den Bibel kaum zum Thema.

Immerhin wird in der Geschichte vom Paradies etwas vom Wesen der Arbeit beschrieben: Schon bevor der Mensch von der verbotenen Frucht gekostet hatte, fand er sich zu selbständiger Arbeit befähigt, daß er den ihm anvertrauten Garten »bebaute und bewahrte«. Nachdem die Menschen vom Baum der Erkenntnis gegessen hatten und geworden waren »wie unsereiner«, mußte Gott auch den Acker verfluchen: Er sollte fortan nicht nur Früchte tragen, sondern auch »Dornen und Disteln«. Damit ist die Ambivalenz beschrieben, die unser Arbeiten kennzeichnet. Durch Arbeit kann sich der Mensch Nahrung besorgen und vieles mehr, aber der Boden – oder anderes Material – wird immer auch Widerstände bieten, die Schweiß kosten, und an denen der Mensch auch scheitern kann. Arbeit dient uns zur Selbstentfaltung, und sie ist immer auch mühselig und oft genug vergeblich. Die Möglichkeit, daß der Mensch Werkzeuge oder gar Chemikalien erfinden könnte , die »Dornen und Disteln« auszurotten, ist in dieser Geschichte nicht im Blick.

Um den *Werksinn* und seine Bedeutung zur Gestaltung einer kulturellen Identität geht es in der Geschichte vom Turmbau:

»Es hatte aber alle Welt einerlei Zunge und Sprache. Als sie nun nach Osten zogen, fanden sie eine Ebene im Lande Schinar und wohnten daselbst. Und sie sprachen untereinander: Wohlauf, laßt uns Ziegel streichen und brennen! Und sie nahmen Ziegel als Stein und Erdharz als Mörtel und sprachen: Wohlauf, laßt uns eine Stadt und einen Turm bauen, dessen Spitze bis an den Himmel reiche, damit wir uns einen Namen machen; denn wir werden sonst zerstreut in alle Länder.«

Das taten sie denn auch. Aber soviel Eigenmächtigkeit ist Gott nun doch zuviel. Dem Menschen, der geworden war »wie unsereiner«, hatte er Grenzen gesetzt. Nun greift er ein, um das anmaßende Werk zu stören:

»Da fuhr der Herr hernieder, daß er sähe die Stadt und den Turm, die die Menschenkinder bauten. Und der Herr sprach: Siehe, es ist einerlei Volk und einerlei Sprache unter ihnen allen, und dies ist der Anfang ihres Tuns; nun wird ihnen nichts mehr verwehrt werden können von allem, was sie sich vorgenommen haben zu tun. Wohlauf, laßt uns herniederfahren und dort ihre Sprache verwirren, daß keiner des anderen Sprache verstehe! So zerstreute sie der Herr von dort in alle Länder, daß sie aufhören mußten, die Stadt zu bauen« (1.Mose 11).

Zerstreut wurden sie wirklich. Aber bekanntlich haben sie nicht aufgehört, Städte und Türme zu bauen. Die Bedenken Gottes sind berechtigt: »Nun wird ihnen nichts mehr verwehrt werden können von allem, was sie sich vorgenommen haben zu tun.« Inzwischen teilen wir diese Angst. Denn es hat sich herausgestellt: Wenn wir alles Machbare machen, ist es wahrscheinlicher, daß wir die Erde unbewohnbar machen; es sieht nicht so aus, daß wir sie zur Heimat gestalten.

Wir finden das Motiv später wieder in Goethes Gedicht vom Zauberlehrling. »Hat der alte Hexenmeister sich doch einmal wegbegeben! Und nun sollen seine Geister auch nach meinem Willen leben.« Bekanntlich gelingt es dem Lehrling, die Geister zu aktivieren. Aber die machen sich selbständig, und er kann sie weder bändigen noch töten. So bleibt ihm am Ende nur der zum Sprichwort gewordene Hilferuf: »Ach da kommt der Meister! Herr, die Not ist groß! Die ich rief, die Geister, werd ich nun nicht los.« Der Meister hilft. Er tut es aber nicht dadurch, daß er dem Lehrling zeigt, wie er künftig klüger mit den Geistern umgehen kann. Diese Kunst behält er sich selber vor: »In die Ecke, Besen! Besen! Seid‹s gewesen! Denn als Geister ruft euch nur, zu seinem Zwecke, stets der alte Meister.«

Die Frage lautet: Ist die Wahrheit der Erzählung vom Turmbau und des Gedichtes vom Zauberlehrling partiell oder umfassend? Können wir uns in diesen Geschichten als Geschöpfe (oder Lehrlinge) wiedererkennen, deren Kreativität zuweilen gigantomanische Züge trägt, und für die solche Selbstüberschätzung eine permanente Versuchung darstellt? Oder deutet alles darauf hin, daß wir dieser Versuchung längst erlegen sind? Dann wäre es umgekehrt Selbstüberschätzung zu meinen, wir könnten kreativ und maßvoll zugleich sein. Und falls diese Geschichten grundsätzlich und umfassend die Wahrheit sagen sollten: Gibt es Grund zu hoffen, sie würden auch insofern wahr bleiben, als Gott – oder der »alte Meister« – eingreifen wird, bevor es zu spät ist?

Unsere alltägliche Praxis des Arbeitens und das Nachdenken und Reden über unser Arbeiten zeigen eine zwiespältige Einstellung: Wir arbeiten, erfinden, konstruieren und produzieren weiter – und wir versuchen, durch Ethik die Dinge in den Griff zu kriegen. Dies gibt sich arbeitsteilig: Die einen wirken als Arbeiter, Ingenieure oder Ökonomen weiter wachstumsorientiert. Die anderen warnen in kritischen Reportagen oder Predigten vor den damit verbundenen Gefahren. Das Fatale daran ist nicht, daß wir uns gegenseitig auf die gefährliche Möglichkeit des zerstörerischen Gebrauchs von Arbeitskraft und Technik aufmerksam machen und nach ethischen Maßstäben für verantwortliches Handeln suchen. Das Fatale ist, daß bei solchen kritischen Stellungnahmen und Appellen als Motiv oft ein tiefes Mißtrauen gegen die Praktiker oder ›Macher‹ und Angst vor Technik und Wirtschaft spürbar sind. Ethik hat aber nur Sinn, wenn das Vertrauen größer ist als die Angst. Sollten Mißtrauen und Angst gegenüber bestimmten Dingen, Menschen oder Institutionen berechtigterweise größer sein, kann man diese nicht durch Ethik kultivieren. Man muß durch Askese von ihnen Abstand zu gewinnen suchen.

Das vielfältigere Bild weiterer Symbole

Nicht allein in der Bibel, auch in sonstigen Mythen und Legenden, in der religiösen und philosophischen Literatur ist nur spärlich vom arbeitenden Menschen die Rede. Aber manches findet sich, wenn man sucht. Hier einige Beispiele, die von der Entstehung und der Bedeutung von Handwerk und Technik erzählen und sich zur Deutung der Wirklichkeit anbieten:

1. Prometheus, Sohn eines Titanen und Bruder des Atlas, wirkt als kenntnisreicher Wohltäter der Menschen und Kulturbringer. Nachdem er versucht hatte, als Vertreter der Menschen Zeus zu betrügen, entzieht dieser den Menschen das Feuer. Als Prometheus es entwendet, um es wieder zur Erde zu bringen, läßt Zeus den Frevler an einen Felsen schmieden, wo ihm ein Adler täglich die Leber zerfleischt. Den Menschen aber sendet Zeus die Pandora, eine Frau mit einer Büchse, aus der Krankheiten und andere Übel hervorkommen.

2. Das apokalyptische Henochbuch erzählt von gefallenen Engeln, die sich, von den Menschentöchtern angezogen, zur Erde begaben und mit ihnen Riesen zeugten. Die Riesen wandten sich gegen die Menschen. Da lehrte einer der Engel, Azazel, »die Menschen, Schwerter, Messer, Schilde und Brustpanzer machen und zeigte ihnen die Metalle und die Art ihrer Bearbeitung, Armspangen, Schmucksachen ... Es herrschte viel Gottlosigkeit; sie trieben Unzucht und gerieten auf Abwege.« Die übrigen Engel

lehrten Beschwörungen, Astrologie, Wolkenschau und anderes. »Als die Menschen umkamen, schrien sie, und ihre Stimme drang zum Himmel.« Dort wurde Azazel verurteilt. Er soll in den Feuerpfuhl geworfen werden, damit die Erde Heil fände und »nicht alle Menschen umkämen durch all die geheimen Dinge, die die Wächter enthüllt ... hatten.« Ähnlich erzählt auch die Bibel von frevelhaften Ehen zwischen Engeln und Menschentöchtern. Aber da reagiert Gott anders: Bevor er die Sintflut auslöst, lehrt er selbst den Noah, die Arche zu bauen (1. Mose 6).

3. Im alten Ägypten galten Eisenerze als im Schoß der Erde gewachsene Embryonen, Bergwerke als Gebärmutter der Erde. Nur mit Reinigung, Fasten und Gebeten durfte man sich dem geheimnisvollen, gefährlichen Bereich nähern. Ähnliche Riten begleiteten das Schmelzen, durch das Handwerker anstelle der Erdmutter das ›Wachstum‹ zur Vollendung brachten. Als ›Meister des Feuers‹ waren sie geachtet und gefürchtet zugleich.

4. Eine babylonische Sage erzählt vom geheimnisvollen Lehrer mit Namen Oanes. Dem Land und dem Wasser zugehörig, erschien er mit menschlichem Haupt unter dem Fischkopf, mit Fischleib und menschlichen Füßen. Er »pflegte den Tag bei den Menschen zuzubringen, nahm aber keine Speise zu sich zu dieser Zeit. Er brachte ihnen Schrift und Wissenschaft und Fertigkeiten aller Art. Er lehrte sie, Städte zu bauen und Tempel zu errichten. Er führte sie in die Gesetze ein und lehrte Geometrie. Er zeigte ihnen, Samen und Früchte zu sammeln. Kurz, er brachte ihnen alles, was sich im täglichen Leben geziemt. Seit jener Zeit ist nichts darüber hinaus erfunden worden. Und wenn die Sonne unterging, zog sich dieses Wesen ins Wasser zurück und verbrachte die Nacht in der Tiefe.«

5. Ähnlich erscheint auch im Alten Testament Gott einmal als Lehrer des Handwerks: Mose soll den Auftrag zum Bau der Stiftshütte erteilen. Den Baumeister stellt ihm Gott selbst zur Verfügung: »Ich habe mit Namen berufen Bezazel, ..., und habe ihn erfüllt mit dem Geist Gottes, mit Weisheit und Verstand und Erkenntnis und mit aller Geschicklichkeit, kunstreich zu arbeiten in Gold, Silber, Kupfer, kunstreich Steine zu schneiden und einzusetzen und kunstreich zu schnitzen in Holz, um jede Arbeit zu vollbringen« (2. Mose 31).

6. Eine Geschichte aus der Tradition des Konfuzius: Ein Weiser traf einen Bauern, der mit einem Eimer mühsam sein Feld bewässerte. Er fragte ihn, ob er nicht ein Schaufelrad benutzen wolle. Der Weise erklärte ihm, wie das funktioniert, und bot sich an, beim Bau zu helfen. Der Bauer überlegte lange und meinte schließlich: »Das ist ein listiges Gerät. Ich will es nicht bauen. Denn wenn ich listig werde gegen das Wasser, dann werde ich auch listig gegen meine Kinder, gegen meine Nachbarn, gegen den König und gegen meine Seele.«

Soweit die Beispiele. Mag sein, daß solche Texte auf den ersten Eindruck weit hergeholt und fremdartig wirken. Bei näherem Hinsehen zeigt sich, wie sie symbolisch Einstellungen und Erfahrungen beschreiben, die auch unsere

Erlebnisse und Diskussionen bezüglich der Arbeit prägen, und die nicht zur Sprache kommen, wenn wir unser Arbeiten nur eindimensional betrachten.

All diesen Texten ist zweierlei gemeinsam: Sie beschreiben die Fähigkeit des Menschen zu eigenständiger Tätigkeit als etwas, was nicht selbstverständlich vorgegeben, sondern auf geheimnisvolle Weise in die Schöpfung gekommen ist. In mir weckt das Erinnerungen an das kindliche Bastelalter, in dem es eine abenteuerliche Entdeckung war, etwas herstellen zu können. Werksinn versus Minderwertigkeitsgefühl stehen da auf dem Spiel. Die Texte sehen zweitens, daß diese Fähigkeit irgendwie auch gefährlich ist. Eher beglückt oder eher erschrocken drücken sie das Staunen der Menschen über sich selbst aus, die sich, obwohl Teil der Schöpfung oder der Natur, in der Lage finden, die Schöpfung oder die Natur zum Gegenstand selbständigen Nachdenkens und gestaltenden Handelns zu machen: So ähnlich wie Gott – an seiner Kreativität oder, sie usurpierend, an teuflischer Destruktivität partizipierend? »Nun wird ihnen nichts mehr verwehrt werden können«, stellt auch die Geschichte vom Turmbau fest. Offen aber ist die Frage, ob sich das Ganze als Heilsgeschichte erweisen wird oder als Tragödie. Dies gilt für die Geschichte der Menschheit. Es gilt auch für den kleinen Ausschnitt der Lebensgeschichte, der damit beginnt, daß jemand einen Schraubenzieher zur Hand nimmt, um damit zum Wohl oder Wehe etwas ins zu Werk setzen.

Im einzelnen bieten die Texte eine unterschiedliche Sicht der Dinge: Das apokalyptische Henochbuch ist ein Ausdruck der Angst der Menschen vor ihren eigenen destruktiven Fähigkeiten. Es ist zugleich ein Ausdruck der Hoffnung auf Erlösung der Schöpfung von unserer Destruktivität. – Ein eher optimistisches Bild zeichnet die babylonische Erzählung: Der Mensch wird seinen Platz in der Schöpfung einnehmen, nachdem er gelernt hatte, auch als Handwerker und Techniker zu tun, »was sich im täglichen Leben geziemt« nach der vorgegebenen Ordnung. In ihrer Weltsicht und ihrem Wirklichkeitsverständnis sind beide Erzählungen gegensätzlich. Aber beide entsprechen unseren Erfahrungen und vermögen so, die Widersprüchlichkeit unserer Wirklichkeit zu deuten. Der apokalyptische Text verleiht vorhandenen Ängsten Ausdruck und beschreibt real gegebene Gefahren. Der babylonische Text beschreibt Möglichkeiten, die hoffentlich immer noch gegeben sind, und die wir jedenfalls in Anspruch nehmen, sobald wir handwerklich und technisch tätig werden.

Die Frage ist also nicht, welcher der beiden Wirklichkeitsdeutungen wir ausschließlich trauen. Die Frage ist, in welchem Maße beide Wahrheit sagen und uns vor Selbstbetrug warnen.Beiden Sichtweisen zunächst einmal Recht einzuräumen, kann den Sinn für die Widersprüchlichkeit der Wirklichkeit schärfen, die uns von Fall zu Fall zur Entscheidung herausfordert, Befreiung von der Macht des Bösen zu suchen, oder uns auf die Ambivalenzen der Schöpfung einzulassen.

Solche Differenzierung wäre die Alternative zu der zwiespältigen Einstellung zur Welt der Arbeit und besonders der Technik, die oft unser individuelles Leben und weitgehend die öffentliche Meinung kennzeichnet, und in der wir einer Entscheidung gerade ausweichen: Wir vergötzen und verteufeln die Arbeit zugleich, indem wir uns ihr über ein gedeihliches Maß hinaus widmen und sie zugleich verfluchen. Wir pflegen unsere ängstliche oder zornige Abneigung gegen die Technik und bereden sie in klischeehaften apokalyptischen Bildern, und wir denken nicht daran, auf sie zu verzichten.

Die Mythen und Legenden unterscheiden sich nicht nur in der Einschätzung des Bedrohlichen. Sie richten ihr Augenmerk auf verschiedene Merkmale des Arbeitens. Dazu zwei Beispiele:

1. »Wie es sich geziemt« die Arbeit zu verrichten, lehrt Oanes. Die babylonische Erzählung spricht von maßvollem Verhalten. Sie denkt nicht an eine geschichtliche Entwicklung. Die Schöpfung ist vorgegeben. »Seit jener Zeit ist nichts darüber hinaus erfunden worden.«

Von solchem Ordnungsdenken geprägt ist auch die Weisheitsliteratur in Israel: Als Weisheit gelten zunächst menschliche Eigenschaften: Kenntnisse des Zusammenlebens, ebenso handwerkliches Geschick. Nachexilisch erscheint die Weisheit auch als präexistente, an der Schöpfung beteiligte Ordnungsmacht. Eine ähnliche Vorstellung finden wir in Ägypten. Die Welt- oder Schöpfungsordnung wird personifiziert und als eine Instanz dargestellt, der die Götter und Menschen gleichermaßen verpflichtet sind: In Ägypten verkörpert Ma'at die Weltordnung. Als Gefährtin des Sonnengottes tritt sie überall auf, wo es um Recht und Ordnung geht.

Das weisheitliche Denken ist an Beobachtung, Katalogisierung und Weitergabe von Erfahrung interessiert. Es freut sich an der wahrgenommenen Ordnung, in die der Mensch sich einzufügen sucht. Wir sind dagegen bestrebt, Zusammenhänge und Gesetzmäßigkeiten zu entdecken, um die Dinge in den Griff zu kriegen – und womöglich aus den Angeln zu heben. Dabei sind wir uns der Geschichte menschlicher Entdeckungen und Erfindungen bewußt. Dennoch entspricht die Erzählung von Oanes, der die Menschen alles lehrt, »was sich im täglichen Leben geziemt«, einer wichtigen Seite unseres Lernens und Arbeitens: Unser handwerkliches und technisches Handeln gelingt nur, wenn es den mit dem Werkstoff gegebenen Gesetzlichkeiten entspricht. Eben dies sind die Lernerfahrungen eines Kindes und eines Lehrlings, und es sind die Erfahrungen des Meisters: Zu entdecken und zu erproben, was z.B. mit Papier oder Holz oder Metall möglich ist. Ein Glücksgefühl tritt ein, wenn mit angewandtem WERKSINN etwas gelungen ist, »wie es sich geziemt«. Dabei geht es nicht nur um die pragmatische Frage, was sich »geziemt«, damit etwas gelingt. Es ist durchaus auch eine moralische Frage. Den weisheitlichen Texten geht es auch um Ehrfurcht vor der Schöpfungsordnung. Das entspricht dem Empfinden eines Handwerkers, dessen Berufsehre verletzt wird, wenn etwas nicht ›werkgerecht‹ gemacht wird, wenn z.B. genagelt wird, wo Leim hingehörte. Die Geschichte von Bezazel nennt solchen Werk- und Kunstsinn den »Geist Gottes«.

Aber nicht nur an die Adresse der Menschen wendet sich die Erwartung, das Maß dessen zu achten, »was sich geziemt«. Wir erwarten auch unsrerseits, daß die Ordnung, der wir zu entsprechen suchen, verläßlich ist. Anders können wir gar nicht planen und arbeiten. Handwerkern und Bastlern entschlüpft die zornige Klage: »Das Ding will nicht so, wie ich will.« Darin kann sich der kindliche Trotz eines Unerfahrenen äußern. Es kann auch die Klage eines allzu forschen Experten sein, der sein Material überbeansprucht hatte. Wem gilt die Anklage? Wem gilt das »Verdammt« oder »Verflixt«? Der eigenen Ungeschicklichkeit? Der Sperrigkeit des Werkstückes? Der Weltordnung? Gott? – Und wem gilt sie zu recht? Natürlich sind wir selbst verantwortlich für unseren

Werksinn und unsere Weisheit wie für unsere Torheit. Aber wir müssen uns auch auf Gott verlassen können. Bei unserem Planen und Arbeiten gehen wir immer von der Verläßlichkeit der Dinge aus. Symbolisch gesprochen im Sinne der Weisheitsliteratur: Arbeiten können wir nur unter der Voraussetzung, daß beide Seiten sich an die Ordnung halten, wie sie in der Ma'at, in der Sophia verkörpert ist.

2. »Das ist ein listiges Gerät«, meinte in der konfuzianischen Legende der Bauer und wollte mit einem Schaufelrad nichts zu tun haben. Und »wenn ich listig werde gegen das Wasser, werde ich auch listig gegen meine Kinder, gegen meine Nachbarn, gegen den König und gegen meine Seele.« Der Mann hätte auch sagen können: »Ich kann meine Kinder dann besser ernähren, die Nachbarn werden es auch leichter haben, der König wird mir für den Beitrag zum allgemeinen Wohlstand danken, und meine Seele wird sich freuen.« Aber der Mann sagt: »Ich werde meine Unschuld verlieren.« Auch damit hat er recht.

Etwas erfinden bedeutet, die Natur zu überlisten und gezielt auf die Lebensumstände Einfluß zu nehmen suchen. Wenn dies gelang, ist es eine Lernerfahrung, hinter die wir nicht mehr zurück können, und die uns ganzheitlich prägen wird. Natürlich kann man das gleiche dann überall anstreben: Man kann gezielt Einfluß nehmen auf die Entwicklung der Kinder, man wird im Verkehr mit den Nachbarn seinen Vorteil suchen, man kann die Gunst des Königs zu erwerben lernen. Es fehlt auch nicht an Methoden, die eigene Seele zu steuern.

Diese Geschichte sieht die Dinge kritisch, aber anders als das Henoch-Buch. Im Sinne des Henoch-Buches hätte der Mann gefürchtet, sich frei und mächtig zu wähnen und zu spät zu merken, wie er von teuflischen Mächten beherrscht wird. Hier aber geht es um die Erfahrung, daß wir in unserer Beziehung zur Natur, zu den Mitmenschen und zu uns selbst unvermeidlicherweise die Unschuld verlieren, wenn wir die Dinge in die Hand nehmen. Verantwortlichkeit und Schuld sind hier das Thema, nicht Freiheit und destruktive Abhängigkeit. Dieses Bewußtsein finden wir auch bei den Bergleuten in Ägypten, die spürten, wie sie der – als Mutter symbolisierten – Natur zu nahe traten, sie störten und verletzten, wenn sie ihr die Schätze raubten. Sie wußten, daß es der entschuldigenden Sühne bedurfte, um das verantworten zu können.

Diese Traditionen machen darauf aufmerksam, daß es kein Arbeiten ohne Schuld gibt: Wo immer wir kultivierend Einfluß nehmen, beeinträchtigen wir auch. Am ehesten spüren wir dies noch unmittelbar, wenn wir als Erziehende mit Menschen umgehen und an ihnen ›arbeiten‹. Daß wir ihnen dies schuldig sind, und daß es mit Methode – also »List« – zu geschehen hat, ändert nichts daran, daß unser Einfluß ihre Entwicklungsmöglichkeiten auch beschneidet. – Unmittelbar empfinden wir es auch bei der Gestaltung des sozialen Lebens: Was immer gelingt, günstigenfalls zum Wohle vieler, kostet einen Preis, den einige zahlen müssen. – Nicht so unmittelbar spüren wir es in unserer Beziehung zur Natur, seit wir nicht mehr in animistischem Empfinden überall beseelte und leidensfähige Wesen wahrnehmen. Das Gefühl dafür ist freilich nicht ganz verloren. Ein Baum kann uns noch daran erinnern, daß er hundert Jahre lang wachsen mußte, bevor wir ihn in zehn Minuten fällen. Und vielleicht regt sich eine Ahnung, daß es ihnen wehtun könnte, wenn wir einen Stein behauen oder durch einen Felsen eine Trasse schneiden. – Am spätesten bemerken wir oft die verletzende Beeinträchtigung, wenn wir unsere Seele disziplinieren oder aufputschen, sie in der einen oder anderen Richtung zu formen trachten. Und falls irgendwann spürbar wird, wie wir sie bearbeitet haben, müssen wir die Dinge ›aufarbeiten‹.

Wohlgemerkt: Es geht hier nicht um Verfallenheit, nicht um Widerstand gegen Versuchung und Erlösung vom Bösen. Es geht um unvermeidliche Schuld, für die um Vergebung zu beten ist. Dem Rechnung zu tragen, bedürfte es öffentlicher Rituale und geeigneter privater Gebete, die nicht suggerieren, es ginge hier um Abbitte für vermeidliche moralische Verfehlungen. Ein solches Mißverständnis müßte jede Initiative lähmen. Es bedürfte der Formulierungen, die eine Schuld zum Ausdruck bringen, die verantwortet werden muß und kann. Ein Arzt, der weiß, daß er wehtun wird, wenn er hilft, wird vielleicht behutsam handeln, aber nicht zögerlich. Ein Techniker, der weiß, daß er die Natur verletzt, wird vielleicht rücksichtsvoll vorgehen, aber nicht skrupulös. Schuldfähigkeit und Verantwortungsfähigkeit bedingen einander.

Anhang

Eine gute Einführung in die *Diskussion um die menschliche Produktivität* aus der Sicht eines Unternehmensberaters: H. Becker, Produktivität und Menschlichkeit, in: Ethik – Wirtschaft – Kirche, Festschrift für K.W. Dahm, Düsseldorf 1991, S. 207-228 (mit guten Literaturhinweisen). Becker beschreibt den Streit zweier, einander der Ideologie verdächtigenden, Auffassungen: »Menschlichkeit schließt Produktivität aus« versus »Menschlichkeit schließt Produktivität ein«. Er selbst vertritt letztere. Dies trägt dazu bei, daß er nicht nur die (un)gerechten oder (in)humanen Bedingungen der Arbeit bedenkt, sondern das Arbeiten selbst in den Blick nimmt. Die diesbezügliche Position zu klären, ist für die Seelsorge auch insofern wichtig, als – z.B. in Gesprächen mit Leuten in kirchlichen Leitungsämtern – häufig die Scheinalternative auftaucht, wieweit man auf Effektivität Wert legen dürfe/müsse, und wieweit man die menschlichen Interessen der MitarbeiterInnen berücksichtigen müsse/dürfe (als trüge es nicht auch zu deren Wohlbefinden bei, wenn sie sich zu effektiver Arbeit in der Lage finden).

*

Arbeit und Arbeitslosigkeit thematisiert WZM 43,3, 1991. Darin u.a. zwei Aufsätze, die zeigen, wie Arbeit nicht nur sozialethisches (kirchliches) Interesse verdient, sondern zum Thema der Theogie werden muß: H. Steinkamp, Deformationen durch Arbeitslosigkeit, S.132ff

O. John, Die Bedeutung von Rationalisierungsprozessen für eine Theologie der Arbeit, S.144

Theologische und philosophische Überlegungen und Texte bietet J. Wolf, Vom Sinn der Arbeit, Göttingen 1989, anregend für seelsorgerliche, pädagogische und homiletische Praxis.

*

Wie leicht Handarbeit übergangen wird, beschreibt H. Barié, Wie Berufstätige ins Gebet kommen, Ev.Kom. 4/92,226

*

Fundorte der Zitate, auf die ich mich, mit anderer Akzentuierung, auch in meinem o.g. Buch Freude am Fahren (Kap. Homo faber, Homo ludens, Homo religiosus) bezogen habe:

Die zitierten oder beschriebenen Mythen und Legenden:
Henoch in: P. Rießler, Altjüd. Schrifttum außerhalb der Bibel, Augsburg 1928, S. 359f
Ägypt. Bergbau nach: M. Eliade, Geschichte der religiösen Ideen I, Freibg,Basel,Wien (3. Aufl.), S.58-61
Die Geschichte von Oanes: Übersetzung einer von Berossos im 3. Jh.v.Chr. überlieferten griech. Fassung, in: F. Jacobi, Fragmente der griechischen Historiker III, Leiden 1958, S. 368ff
Die konfuzianische Legende nach mündlicher Erzählung eines Kollegen, Fundort unbekannt.

5. Kapitel

Sexualität als geschöpfliche Lust und Kreativität

Zwei Bemerkungen vorweg: Ich denke hier an Heterosexualität. Vieles wird sich auf die Homosexualität übertragen lassen. Darauf ausdrücklich einzugehen, fehlen mir Erfahrungen und Kenntnisse. Ich bin mir dessen bewußt, daß ich die Dinge einseitig als Mann betrachte. Wieweit sie aus weiblichem Blickwinkel anders aussehen, müssen die Leserinnen beurteilen.

1. Verlegenheiten

Sexualität sei das ›Thema Nr. 1‹, sagt man. Das mag übertrieben sein, jedenfalls beschäftigt sie uns aufs höchste. Umso bedauerlicher ist es, daß christliche Theologie es schwer hat, zu diesem Thema etwas beizutragen. Denn in der Bibel bieten sich nur wenige Symbole zur Deutung sexueller Erfahrungen an. Theologisch läßt sich kaum mehr sagen als dies: Sexualität gehört zu den geschöpflichen Gaben Gottes, und es ist uns gegönnt, sie in gewissen Grenzen zu genießen. Diese Aussage ist aber, bei Licht besehen, fast trivial!

Was die Grenzen betrifft, so besteht wohl annähernd Konsens darüber, in welcher Richtung sie zu suchen sind. Niemand aber weiß genau zu sagen, wo sie liegen: Verwerflich ist es, wenn andere ausgebeutet und verletzt werden. Aber wo beginnt Ausbeutung auf einem Gebiet, auf dem man auch legitimerweise von ›Eroberung‹ spricht? Grenzen sind der Wahl des Partners oder der Partnerin gesetzt. Aber welche Beziehungen gehören zu den tunlichst zu meidenden? Bedenklich wird die Sache, wenn Lust in einen maßlosen Exzeß übergeht. Aber was wäre das eben noch rechte Maß, das dem Ekstatischen Raum gibt? Die ›gewissen‹ Grenzen sind so gewiß also allesamt nicht. Und ich sehe nicht, wie das, was in Theologie und Kirche dazu mit Konsens oder Dissens gesagt wird, sich wesentlich von dem unterscheidet, worüber man sich auch sonst in Geschichte und Gegenwart einig oder uneinig war und ist.

Immerhin läßt sich über den Mißbrauch noch konkret und anschaulich reden. Es hat aber keinen Sinn, engagiert den Mißbrauch zu beschreiben, bevor es gelingt, dem guten Gebrauch auch sprachlich die Ehre zu geben. Und eben damit haben wir – in Kirche und Gesellschaft! – große Schwierigkeiten. Die Auskunft, Sexualität sei eine geschöpfliche Gabe, deren Genuß uns erlaubt und gegönnt ist, besagt ja kaum mehr als eine Selbstverständlichkeit. Ein geschöpfliches Phänomen bedarf keiner Legitimation. Die Versicherung, Sexualität sei uns von Gott gegeben, ist nur bedeutsam gegen den Verdacht, sie stamme möglicherweise doch vom Teufel. Sie zu erlauben, würde Freiheit nur stiften, falls sie vorher verpönt worden war. Dies ist freilich der Fall. Die Kirche hat im Laufe ihrer Geschichte die Sexualität oft eher skeptisch beurteilt. Sie hat nicht nur dem Mißbrauch zu wehren versucht. Vielfach hat sie den Gedanken nahegelegt, es sei empfehlenswert, enthaltsam zu leben. Wer demzufolge unsicher und im Gewissen unruhig ist, dem mag also geholfen sein, wenn ihm eindeutig und mit Autorität versichert wird, er habe es mit Gottes Schöpfung und nicht mit einem Fallstrick des Teufels zu tun. Dies wäre jedoch eher die Korrektur einer verfehlten Indoktrination und damit die Lösung eines innerkirchlichen Problems. Es wäre noch kein eigenständiger Beitrag zum individuellen und kulturellen Leben.

Skepsis und Angst gegenüber der Sexualität sind freilich keine christliche oder kirchliche Erfindung! Auch andere Kulturen zeigen sich im Umgang mit Sexualität nicht immer unbefangen.

Dem Alten Testament liegt die Diskriminierung der Sexualität gänzlich fern. Es weiß unbefangen zu erzählen, wie sie zur Freude und zur Fortpflanzung dient, und nirgends wird Askese als Grundhaltung nahegelegt. Aber nicht nur in gelassener und nüchterner Abgrenzung, sondern mit Abscheu werden Baal und Astarte betrachtet. Die kanaanäischen Kulte um Fruchtbarkeit und Liebe lösten in Israel Angst und Aggression aus.

In der griechischen und römischen Welt war die Vielfalt noch größer. Hier finden sich beide Extreme: Wo die Göttinnen und Götter der Liebe verehrt wurden, galt die menschliche Sexualität als Partizipation an deren Potenz und Lust. Andererseits gab es asketische Tendenzen. Wo der Körper dualistisch als Gefängnis der göttlichen Seele galt, erschien die Sexualität als ein Mittel, die Seele an den ungeliebten Körper zu fesseln. Diese Phänomene deuten darauf hin, daß wir es mit einem uralten und wohl unvermeidlichen Problem zu tun haben: Die Sexualität bereitet unbändige Freude – so kann sie leicht außer Kontrolle geraten. Sie entfaltet mächtige Energie – so kann sie leicht Gewalt über uns gewinnen. So liegt es nahe, ›gewisse‹ – kulturell unterschiedliche – Grenzen zu setzen. Und da offenbar nicht nur vor verantwortungsloser Leichtfertigkeit zu warnen, sondern der Gefahr zu begegnen ist, der mächtigen Begierde zu verfallen, kann man schon auf den Gedanken kommen, es sei am sichersten, sich ganz zu enthalten.

Die Frage ist, ob ein Plazet in Gottes Namen Freiheit von dieser Angst zu stiften vermag. Wenn man psychologisch an die Wiederkehr des Verdrängten denkt und annimmt, daß ängstlich Unterdrücktes erst recht Gewalt über uns bekommen kann, dann erscheint die Aussage, Sexualität sei eine Gabe Gottes, nicht mehr ganz so trivial. Indem sie Erlaubnis erteilt zu genießen, was des Genusses wert ist, mag sie helfen, irrationale Angst auf ein rationales Maß zu reduzieren.

Aber nun taucht das Defizit auf: Deutende und befreiende Kraft könnte eine solche Aussage nur entfalten, wenn sie in Bildern zu beschreiben wüßte, inwiefern und in welcher Weise wir es hier mit Gott und nicht mit dem Teufel zu tun haben. Von Gott müßte – bezüglich der Sexualität wie auch sonst – ebenso anschaulich geredet werden wie vom Teufel, und das ist leider schwierig. Umgekehrt gesagt: Der Teufel macht sich selber anschaulich, Gott – jedenfalls der biblische – hält sich da eher zurück! Es ist ja spürbar und sagbar, wie wir es bei der destruktiven Gewalt von Sexualität mit einer uns beherrschenden Macht zu tun haben. Davon redet auch die Bibel. Daß wir es dagegen im Erleben beglückender, manchmal ekstatischer Sexualität unmittelbar mit Gottes schöpferischer oder gar erlösender Gegenwart zu tun haben, ist vielleicht spürbar. Es ist aber kaum sagbar, jedenfalls kaum mit biblischen Bildern.

Die Aussage, Sexualität sei eine geschöpfliche Gabe zu gedeihlichem und verantwortlichem Gebrauch, ist richtig. Aber diese Aussage bleibt in ihrer Nüchternheit eben weit zurück hinter der Erlebnisqualität dessen, was sie beschreiben will. Sie ist eine Legitimation, aber keine Beschreibung.

Wir haben keine Sprache, die uns angemessen von Sexualität sprechen ließe. Es ist wie überall, wo wir es im Alltäglichen mit dem Unverfügbaren und Geheimnisvollen zu tun haben: Was sich wirklich abspielt, und was wir dabei erleben, läßt sich eben nur in poetischer und symbolischer Sprache beschreiben. Und wo uns die symbolische Sprache entzogen ist, gelingt auch die poetische nur schwer.

Unsere Sprachschwierigkeiten verraten ein kulturelles Problem. Es taucht nicht erst auf bei dem Versuch, theologisch zu reden. Es hemmt uns auch in familiären und freundschaftlichen Gesprächen. Selbst Dichtern gelingt es nur ausnahmsweise, so zu reden, daß es schicklich klingt und zugleich etwas von dem mitschwingt, was an dieser Sache so aufregend ist. Was normalerweise Sprache findet, klingt technisch, vermeidend, obszön oder lächerlich. Die Handlung zu benennen, spricht man von ›Geschlechtsverkehr‹. Dieser Ausdruck mag manche über das rein Technische hinausgehende Gefühle und Phantasien erregen. Er gibt ihnen aber gerade keine Gestalt, sondern läßt sie wild wuchern.

Die technische Sprache ist eben eindimensional. Leider kann sie dazu verführen, die Sache auch eindimensional zu betrachten, als käme es vor allem auf die richtige ›Technik‹ an. Dann wird es umso nötiger und ist auch möglich zu sagen, daß es darüber hinaus auf Verantwortlichkeit ankommt. So wird ethischer Unterricht möglich, die Sprache dazu bietet sich leichter an. Aber auch damit will man ja oft etwas ›in den Griff‹ kriegen, und Erlebnisqualität wird damit nicht beschrieben. Taktvoller spricht man davon, daß zwei miteinander ›schlafen‹. Aber das tun sie ja gerade nicht. Was sie wirklich tun, wird so aus der Sprache verbannt. Wollen Eltern, Lehrer oder Freunde konkreter werden, können sie von ›Ficken‹, ›Bumsen‹ oder ›Vögeln‹ reden. Damit sind sie nahe daran, die Sache der Lächerlichkeit oder der Obszönität preiszugeben, auch wenn sie das nicht wollen.

Was die Sprache beschreibt, ist ja nicht unwahr: Zur sexuellen Praxis gehören auch ›Techniken‹, und es spricht nichts dagegen, sie aufklärend denen zu beschreiben, die sie noch nicht kennen. Zweifellos auch hat Sexualität ihre häßlichen und lächerlichen Züge. Aber wenn vornehmlich die technischen, obszönen und lächerlichen Seiten der Sprache zugänglich sind, dann ist das wohl nicht nur ein Symptom für Verlegenheiten, es kann auch Deformationen zur Folge haben. Es ist schwierig, hier Ursache und Wirkung zu unterscheiden. Jedenfalls vermute ich, daß es wechselseitig mit dieser Sprachlosigkeit zusammenhängt, wenn die Sexualität im Bereich unserer Kultur tatsächlich oft unerfreuliche Gestalt annimmt. Der Teufel holt sich eben, was man nicht kultiviert und in die Gottesbeziehung integriert.

Zwar erzählen die alttestamentlichen Geschichten unbefangen von sexueller Freude. Aber sie nehmen sie als etwas selbstverständlich Gegebenes hin. Sexuelle Erlebnisse werden nicht als Offenbarung von Geschöpflichkeit mit Staunen und Unruhe beschrieben. Vom ›Tremendum (Furchtbaren) et Fascinosum‹, nach Rudolf Otto Merkmal des Heiligen, ist im Zusammenhang von Sexualität alttestamentlich keine Rede.

Anders z.B. im babylonischen Gilgamesch-Epos:

Dieser altorientalische Schöpfungsmythos erzählt zu Beginn, wie Gilgamesch, ein Drittel Mensch und zwei Drittel Gott, in Uruk gewaltsam herrscht. Unter anderem läßt er nicht »die Buhle zu ihrem Geliebten«. Die Klage darüber dringt vor die Götter, und der Himmelsgott Anu beauftragt Aruru, die »große, des Formens kundige Göttin«, ein Ebenbild des Gilgamesch zu schaffen. »Wetteifern soll er mit Gilgamesch. Ruhe habe dann Uruk.« Aruru schafft daraufhin Enkidu. Aber der ist zunächst behaart wie ein Tier, und er lebt auch mit den Tieren. Einem Jäger, der ihn an einer Tränke trifft, jagt er gewaltigen Schrecken ein. Dessen Vater rät ihm, sich von Gilgamesch eine der Liebesgöttin Ischtar geweihte, »blühende Dirne« zu erbitten und sie zu Enkidu zu bringen. Der Jäger und die Dirne begeben sich zu der Tränke und treffen wieder auf Enkidu:

»Er schreitet über das Feld, .., kommt näher. ›Da ist er, Weib! Löse das Tuch deines Busens, enthülle den Hügel der Freude, damit deine Fülle er nehme! Warte nicht länger, nimm wahr seine Lust! Wird er dich sehen, so wird er dir nahen. Begierde errege in ihm, lock ihn ins Fangwerk des Weibes! Fremd wird ihm werden das Tier, das mit ihm wuchs auf dem

Felde. Seine Brust wird fest auf dir ruhen.‹ Da löste das Weib das Tuch ihres Busens, enthüllte den Hügel der Freude, damit ihre Fülle er nehme. Sie zögerte nicht, nahm wahr seine Lust. Hin sank das Gewand, er sah sie und warf sie zu Boden. Begierde erregte sie ihm, das Fangwerk des Weibes. Fest ruht seine Brust auf der heiligen Dienerin Gottes. Sie waren allein. Sechs Tage und sieben Nächte erkannte Enkidu das Weib, vereinte sich ihr in der Liebe. Von ihrer Schönheit Fülle gesättigt, erhob Enkidu sein Antlitz und blickte umher auf der Steppe. Er späht nach den Tieren. Kaum sehen sie ihn, da jagen sie davon. Die Tiere des Feldes scheuen vor ihm zurück. Staunen ergriff Enkidu. Still stand er wie angebunden. Er wendet sich zum Weibe und setzt sich zu ihren Füßen. Er blickt ihr ins Auge, und wie sie nun spricht, da horchen auf seine Ohren: ›Enkidu, schön bist du, wie ein Gott bist du! Warum willst du mit wildem Getier hinjagen über die Felder?‹« Daraufhin ziehen die beiden nach Uruk und begegnen Gilgamesch.

Soweit die Wiedergabe. Hier wird Sexualität in ihren verschiedenen Seiten beschrieben: Sie ist erschreckend und beglückend, verwirrend und befreiend. Sie ist trickreiche und verführerische Technik, und sie ist heilig. Sie erscheint als Mysterium von Schöpfung, Erlösung und Menschwerdung.

Was würde es für unsere Kultur bedeuten, wenn diese Geschichte zu der Literatur gehörte, die von Kindern und Erwachsenen so selbstverständlich gelesen werden wie unsere Märchen und biblischen Geschichten?

Warum fehlt dergleichen im Alten Testament? Sicherlich: Das Alte Testament redet nicht von halbgöttlichen Wesen, die erst menschlich werden müssen. Es beschreibt, wie Gott den Menschen mit der Schöpfung gleich ihre Gestalt gibt. Aber hätte nicht wenigstens in ähnlicher Weise erzählt werden können, wie Adam und Eva Sexualität als etwas Aufregendes entdekken?

2. Heiliges – Dämonisches – Maßvolles
Unsere widersprüchlichen Traditionen

Das griechisch-römische Erbe

In der griechisch-römischen Welt finden sich zwei Tendenzen, zuweilen durchaus in extremer Ausformung: Bekannt ist die platonische Trennung von Leib und Seele, und um die Seele frei zu halten, empfiehlt sich eben das, was man immer noch die ›platonische‹ Liebe nennt, also die sexuelle Enthaltsamkeit. Auf diesem Hintergrund konnte es in Rom zur kultischen Verehrung der Jungfräulichkeit kommen: Die Priesterinnen der Vesta, der Göttin des reinen Herdfeuers, mußten jungfräulich sein und, bei Strafe des Todes, bleiben. Weniger um die Reinheit der Seele und eher um Gelassenheit und vernünftiges Maß in der Lebensführung ging es den Stoikern, aber auch dazu war naturgemäß die Sexualität nicht dienlich. Daneben gab es die kultische Verehrung von Eros und Fruchtbarkeit. Im griechischen Raum beheimatet oder aus Ägypten und Kleinasien eingewandert: Diana und Dionysos, Aphrodite, Isis und andere standen für die Heiligkeit der Liebe in ihrer Schönheit und Wildheit, ihre Priesterinnen dienten zur heiligen Hochzeit zu bestimmten Festen und anderen Anlässen.

Die asketische und die orgiastische Tendenz konnten in der griechisch-römischen Welt bis in ihre Extreme ausgezogen werden. In ihrer extremen Gestalt bestimmten sie sicherlich nicht das Alltagsleben. Erotik und Sexualität bedürfen schließlich nicht immer der exzessiven Gestalt. Sie können sich auch in geregelter und maßvoller Weise entfalten. Ein antikes Beispiel dafür bietet die Liebeslyrik des Horaz. Sie erzählt von Abenteuern, von Liebesglück und Liebeskummer, aber sie ist nicht orgiastisch. Aber die Extreme standen als Möglichkeiten zur Verfügung. Sie boten sich an zur symbolischen Darstellung und zur kultischen Praxis dessen, was auch innerhalb alltäglicher Lebensformen spontan, unkalkulierbar und zuweilen ekstatisch Gestalt gewinnt, und was die Grenzen des Alltäglichen sprengen will und manchmal sprengt: Auch wo der geregelte Alltag Raum bietet für Spontaneität, Phantasie und Abenteuer, hat er nicht Platz für alle Handlungen, schon gar nicht für alle Phantasien. Sich innerhalb des normalen Lebens spontan entfaltend oder die Grenzen in orgiastischer oder asketischer Richtung sprengend: Es sind Phantasien und Erlebnisse von höchstem Glück oder von schlimmem Schmerz, zuweilen sind beide miteinander vermischt.

So nimmt es nicht Wunder, daß in den ersten christlichen Jahrhunderten die ängstliche und aggressive Abwehr sexueller Exzesse die Oberhand gewann. Daß dabei die naturgemäß kaum domestizierbare Sexualität als solche in den Verdacht geriet, ein Teufelswerk zu sein, hat geschichtlich fatale Folgen gehabt. Aber verständlich ist es immerhin: Die Sexualität meldet sich mit Macht, und wo orgiastische Exzesse nicht mehr als heilig gelten durften, konnte und mußte diese unbändige Macht nur noch als bedrohlich empfunden werden.

Abwehr und Abscheu gegenüber den Göttinnen und Göttern der Liebe wurden natürlich auch dadurch ausgelöst, daß nicht alles, was symbolisch dargestellt und zu ihrer Ehre kultisch praktiziert wurde, von reiner Schönheit war. Symbole und Kulte ließen auch die häßlichen und brutalen Seiten der Sexualität zutage treten. Die Darstellung eines riesenhaften Penis zum Beispiel dürfte auch damals nicht nur als Symbol lustvoller Potenz erschienen sein, sondern auch als beängstigendes Zeichen von Macht. Die zeitweilig oder auf Dauer dem erotischen Dienst geweihten Frauen hatten nicht nur das Privileg, an der göttlichen Lust und Fruchtbarkeit teilzuhaben, sie waren auch Sklavinnen oder mußten sich wie Sklavinnen zur Verfügung stellen. Und der Kult war, jedenfalls in späterer Zeit, auch ein Geschäft. Daß während der Fruchtbarkeitsfeste und im Tempel das Gebot ehelicher Treue ausgesetzt war, mag uns Heutige eher befremden als die Menschen damals. Ob es dabei auch Eifersucht gab, weiß ich nicht. Ich kann es mir kaum anders vorstellen. Und schließlich: Es gab auch Kulte, in denen die Männer nach ihrem Liebesdienst geopfert wurden. Dies alles zeigt, wie wenig die religiöse Weihe von Erotik und Sexualität mit deren Idealisierung zu tun hat. Sie ist symbolische Darstellung und kultische Praxis ihrer Wildheit in durchaus ambivalenter Gestalt. Sie erscheint als heilig. Und Merkmal des Heiligen ist eben nicht nur das ›Fascinosum‹, auch das ›Tremendum‹ gehört dazu.

Die kirchliche Abwehr solcher Kulte ist also verständlich, und man mag froh sein, daß wir diese Dinge hinter uns haben. Aber täuschen wir uns nicht: So gründlich hat sich das Leben nicht gewandelt. Geändert hat sich unsere Bewertung der Sexualität. Unsere Praxis in ihrer Schönheit und Häßlichkeit hat sich viel weniger geändert. Das gilt für das sexuelle Leben innerhalb der als normal geltenden Regeln wie für die Sexualität in exzessiver, die Grenzen des Geregelten sprengenden Gestalt: Wo Prostitution nicht mehr als heilig gilt, verschwindet sie ja nicht. Sie wird dann ausschließlich, was sie früher nebenbei auch war: ein Geschäft. Wo die Dirnen nicht mehr geweihte Priesterinnen sind, werden sie nur noch körperlich ausgebeutet und schlimmenfalls auch um ihren Lohn betrogen. An brutaler Gewalt fehlt es auch im Umfeld moderner Prostitution nicht. Dies kann man zu ändern versuchen: Man kann Prostitution erfahrungsgemäß kaum abschaffen. Man kann sie zurückdrängen, wenn puritanischer Geist die Politik bestimmt. Aber das ist erst recht keine überzeugende Alternative.

Wenn der Ausbruch aus der ehelich oder anders geregelten Beziehung nicht mehr kultisch vollzogen werden kann, heißt das ja nicht, daß er nicht mehr stattfindet. Er gilt als tolerabler Seitensprung oder schwer verzeihlicher Ehebruch, je nach Mode und persönlicher Einstellung. Weder zeitgeschichtlich bedingte Bewertung noch individuelle Einstellung können freilich entscheiden, wie leicht oder schwer die Sache für den Partner oder die Partnerin wiegt. Und die Mode, die eher nachsichtig oder rigide urteilen läßt, ändert meinem Eindruck nach auch mehr an den Gefühlen als an der Häufigkeit solcher Praxis. Damit will ich nicht sagen, daß der als Seitensprung oder Ehebruch qualifizierte Exzeß so normal wie unvermeidlich und deshalb legitim ist. Er ist in keinem individuellen Falle unvermeidlich, und gegebenfalls muß er individuell verantwortet werden. Aber das ändert nichts daran, daß er, statistisch gesehen, nicht so auffällig seltener oder häufiger wird, wie es die jeweils öffentlich geltende Bewertung nahelegt.

Ich erinnere mich an Seelsorgegespräche, in denen mein Gegenüber aus gegebenem Anlaß die Frage aufwarf, wie schwer die Angelegenheit zu nehmen sei. Es zeigte sich regelmäßig, daß die Frage um die Qualifizierung einer außerehelichen Beziehung als legitimer Seitensprung oder verbotener Ehebruch nur zu Rationalisierungen führte. Sie sollte Schuldgefühle zurückdrängen oder selbstmitleidig Reuegefühle nähren. Sie lenkte ab von dem, worum es wirklich ging: Die Gefühle und die Zukunft der drei Betroffenen. Wo deshalb das Gespräch in eine Sackgasse geriet, wurde zuweilen ein Ausweg durch eine neue Bewertung gesucht: Plötzlich stand der Begriff ›Selbstverwirklichung‹ im Raum. Ihr sollte der Ausbruch nun dienen.

Mit diesem hehren Begriff sind wir nun zwar scheinbar in der Nähe der kultisch geheiligten Sexualität, und man mag auch an die babylonische Geschichte von Enkidu denken, dem die sexuelle Begegnung zur Befreiung aus seiner Tiergestalt geriet. In Wahrheit aber handelt es sich um das Gegenteil. Was symbolisch dargestellt und kultisch vollzogen wurde, war ja gerade das Exzessive in geregelter und zugleich heiliger, also unverfügbarer Gestalt. Wer dagegen so manipulativ von ›Selbstverwirklichung‹ redet, erhebt einen Anspruch. Diesen Anspruch kann die neue Partnerin oder der neue Partner natürlich nicht einlösen. Und er macht es schwer, nach Hause zurückzukehren. So wird aus einer vielleicht lösbaren Schwierigkeit ein kaum lösbares Problem: Was geschehen war, mag ein kurzes Abenteuer oder ein Schritt auf einem neuen Weg gewesen sein, harmlos oder mit schwerer, doch immerhin vergebbarer Schuld verbunden. Nun aber gerät man in die Abhängigkeit eines Ideals.

Ein letzter Gesichtspunkt: Die erotischen Symbole und die kultische Feier von Eros und Sexualität erlaubten etwas, was auch damals normalerweise weder üblich noch erlaubt war: Die Begierde und Lust erregende öffentliche Darstellung des menschlichen Körpers. Heute erlaubt sich das die kommerzielle Werbung, und wir erlauben es ihr. Natürlich ist das anfechtbar. Denn damit wird vermarktet, was nicht zur Ware degradiert werden darf. Es wird etwas versprochen, was nicht eingelöst wird. Aber wie schon bezüglich der religiösen Deutung von Dingen gesagt: Die Werbung pflegt damit auch, was die Religion keiner Aufmerksamkeit mehr für wert hält und eher verächtlich findet. Sie kommerzialisiert, was die Religion heiligen könnte. Wenn eine Illustrierte auf ihrem Deckblatt ein nacktes Mädchen zur Schau stellt, soll ein Reiz ausgelöst werden, für den wir empfänglich sind. Man mag sich darüber mokieren, es ändert nichts daran, daß Erotik triumphiert. Oder sollten wir sie lieber Diana, Aphrodite oder Astarte nennen? Natürlich ist es ein Ersatz, wenn nackte Brüste dem Blick geboten werden, die den Händen entzogen sind. So ist es eben in unserer leider nicht ganzheitlich vollkommenen Welt. Die heiligen Hochzeiten der Antike waren die symbolische Darstellung und Weihe dessen, was auch der Alltag an sexueller Lust bot. Und sie waren Ersatz für das, was im Alltag versagt blieb.

Prostitution, Seitensprung oder Ehebruch, öffentliche Darstellung erotischer Reize: Die Beispiele zeigen, daß sich unser Verhalten gegenüber dem unserer antiken Vorfahren nicht grundlegend geändert hat. Es ist nur alles etwas trivialer geworden, wo wir die Dinge nicht mehr ausdrücklich mit dem Heiligen in Verbindung bringen. Uns stellt sich die Frage, ob auch die irregulären Reize der geschöpflichen Freude dienen, oder ob sie sie nur verderben und pervertieren. Früher stellte sich die Frage, ob die orgiastischen Kulte dem Chaos destruktive Macht geben, oder ob sie es zu heiligen vermögen. Oder gibt es zur Spannung von Askese und Exzess noch eine andere Alternative als die eher unerfreuliche Disziplinierung?

Das alttestamentliche Erbe

Auf den ersten Blick scheint es im alten Israel ja gelungen zu sein: Sexualität galt als geschöpfliche Gegebenheit, die der Freude und der Fortpflanzung dient, die man in Zucht nehmen muß, die man auch mißbrauchen kann. Das Alte Testament erzählt von alledem als etwas Selbstverständlichem. Man mußte davon nicht viel Aufhebens machen.

Die alttestamentlichen Geschichten sparen die Hochzeitsnächte nicht aus. Sie nennen die Dinge auch beim Namen, wenn um der Nachkommenschaft willen die Magd zu begatten war. Man hatte Gesetze, der Sexualität gedeihliche Gestalt zu geben, z.B. das Verbot des Ehebruches und das Gebot, mit der verwitweten Schwägerin dem Bruder posthum einen Erben zu zeugen (5. Mose 25,6f). Manche dieser Gesetze sind uns befremdlich. Alle ordnen die Frau dem Manne unter und sind insofern nicht unserer Zeit gemäß. Beispielhaft aber ist die überall erkennbare Intention, Gerechtigkeit walten zu lassen und sich so der Erwählung Gottes würdig zu erweisen. Man trug kreatürlichen Bedürfnissen Rechnung, z.B. mit der Freistellung Verlobter vom Kriegsdienst (5. Mose 20,7). Man wußte auch von verbotenem Verlangen, z.B. nach der Frau des Vaters (5. Mose 27,20). Man schämte sich nicht, davon zu sprechen. Aber es ist weder von besonderer Heiligkeit der Sexualität die Rede, noch läßt die Gefahr der Verstrickung an Askese denken. Entsprechend erscheint Gott in seiner Beziehung zum Volk und zu einzelnen: Mit der Schöpfung hat er auch die Sexualität zur Lust und Fruchtbarkeit geschaffen. Aber er ist selbst nicht in sie verwickelt.

Der von Israel verehrte Gott spricht, er zeugt nicht. Er hört, aber er empfängt nicht. Er schafft, aber er gebiert nicht. Er macht sich in der Geschichte bemerkbar, gelegentlich auch im Naturgeschehen. Aber er läßt sich nicht sehen, nicht abbilden, schon gar nicht berühren. Gelegentlich wird Gott als Bräutigam des Volkes Israel beschrieben. Der Prophet Hosea z.B. klagt das Volk der Untreue gegenüber diesem Bräutigam an. Er kündigt dessen Strafe an und zugleich seine treue Liebe: »Darum siehe, ich will sie locken und will sie in die Wüste führen und freundlich mit ihr reden. Dann will ich ihr von dorther ihre Weinberge geben und das Tal Achor zum Tor der Hoffnung machen. Und dorthin wird sie mir willig folgen wie zur Zeit ihrer Jugend, als sie aus Ägyptenland zog. Alsdann, spricht der Herr, wirst du mich nennen ›mein Mann‹ und nicht mehr ›mein Baal‹« (Hos 2). Dies sind erotische Bilder. Aber sie werden als Gleichnis gebraucht, um werbend und anschaulich von Gottes Enttäuschung und Liebe, von Gericht und Verläßlichkeit zu reden. Dadurch wird Gott nicht zum Gott der Liebe, der in der kultischen Feier von Eros und Fruchbarkeit verehrt wird. Nur einmal, im Hohenlied, werden Gott und Erotik direkt miteinander in Verbindung gebracht: »Liebe ist stark wie der Tod und Leidenschaft unwiderstehlich wie das Totenreich. Ihre Glut ist feurig und eine Flamme des Herrn« (8,6). Eine Ausnahme.

So vermittelt das Alte Testament den Eindruck, es ließe sich hoffnungsvoll formulieren: Wer Sexualität als eine Gabe Gottes zu sehen gelernt hat, kann sich ihrer unverkrampft freuen und sie verantwortlich gebrauchen. Dieser Eindruck ist nicht falsch – und entspricht doch nicht der ganzen Wahrheit. Er trifft zu auf weite Teile des Alten Testamentes, die von gelingendem und mißlingendem sexuellem Leben erzählen. In diesen Erzählungen können wir mutatis mutandis eigene alltägliche Erfahrungen wiederfinden. Und sofern es in ihnen bisweilen unverkrampfter zugeht als bei uns, können wir etwas von ihnen lernen. – Nur bleibt leider auch im Alten Testament die Angst ungebannt, das Maß könnte aus den Fugen zu geraten. Im Hintergrund steht diese Angst fast überall, und nicht selten drängt sie sich in den Vordergrund.

Direkt als Verführung erscheint Sexualität in Gestalt der kanaanäischen Fruchtbarkeitskulte. Der Gott Israels ist bekanntlich ein eifersüchtiger Gott, der die Verehrung anderer Götter nicht duldet. Unter solchen anderen scheinen Baal und Astarte die bei weitem gefährlichste – und attraktivste Versuchung dargestellt zu haben. Und deren Verehrung galt den Bußpredigern Israels nicht nur im übertragenen Sinne als Hurerei.

Noch einmal zur Gleichnisrede des Propheten Hosea: Wo von Gottes Werben um Israel als Braut die Rede ist, wird Gott nur gleichnishaft Bräutigam genannt. So hat sein Werben um eine neue Verlobung zwar liebevolle und erotische Töne, aber es bleibt zurückhaltend: »Ich will sie locken ... wie zur Zeit ihrer Jugend.« Drastischer aber werden das drohende Gericht und die es provozierenden Sünden beschrieben: »Fordert von eurer Mutter, ..., daß sie die Zeichen ihrer Hurerei von ihrem Angesicht wegtue und die Zeichen ihrer Ehebrecherei zwischen ihren Brüsten, damit ich sie nicht nackt ausziehe und hinstelle, wie sie war, als sie geboren wurde« (Hosea 2).

Noch deutlicher wird der Prophet Hesekiel: Auch er vergleicht Israel mit einer untreuen Frau, Gott mit einem eifersüchtigen Ehemann. Auch er spricht von schließlicher Versöhnung. Er tut es in zurückhaltender Sprache: »Ich will einen neuen Bund mit dir aufrichten, so daß du erfahren sollst, daß ich der Herr bin, damit du daran denkst und dich schämst und vor Scham deinen Mund nicht mehr aufzutun wagst, wenn ich dir alles vergeben werde, was du getan hast.« Umso farbenreicher wird die ›Hurerei‹ geschildert: »Du verließest dich auf deine Schönheit. Und weil du so gerühmt wurdest, triebst du Hurerei und botest dich jedem an, der vorüberging, und warst ihm zu Willen ... Du machtest dir Götzenbilder und triebst deine Hurerei mit ihnen... Du spreiztest deine Beine für alle, die vorübergingen, und triebst viel Hurerei« (Hes 16). In schier unerschöpflichen Varianten wird hier die ›Hurerei‹ geschildert. Und als sei es damit nicht genug, wird auch noch die zügellose Buhlerei eines ägyptisches Schwesternpaares zum Gleichnis für Israels Untreue genommen und ebenso ausgiebig geschildert (Hes 23). Es ist schwer zu entscheiden, wieweit hier ›Hurerei‹ zum Gleichnis für die Verehrung anderer Götter allgemein gemacht wird, und wieweit die Schilderung des frevelhaften Treibens direkt beschreibt und auch meint, was sich bei den Fruchtbarkeitskulten tatsächlich abgespielt hat zur Lust und zum Leid der beteiligten Frauen – und dort als heilig galt. Gleichnis oder Beschreibung: In jedem Falle ist hier die erotische Phantasie mit den Propheten durchgegangen. Die Schilderungen bei Hosea und Hesekiel lassen Abscheu ebenso erkennen wie nicht eingestandene Lüsternheit. Es ist ja verräterisch, wenn jemand für die Lust der Liebe nur zurückhaltende Worte findet, das Laster aber umso farbiger zu schildern weiß und dazu Worte benutzt, mit denen er Liebeslust und Liebesglück ebenso beschreiben könnte – wenn er denn dürfte. Psychologisch läßt sich dies unschwer als Projektion erkennen. Solche Projektionen mag man Spießbürgern nachsehen. Bei öffentlich Gehör beanspruchenden Propheten muß man strenger die Frage stellen, ob sie da von Gott oder vom Teufel geritten sind.

Wenn man einige allzu drastische Schilderungen streicht, die tatsächlich nur Haß und nicht Liebe, nur Verachtung und nicht Verehrung ausdrücken können, muß man die anklagenden Worte nur wenig ändern, damit es wirklich verführerisch lockend klingt: »Ich will dich nackt hinstellen«, heißt es bei Hosea. »Ich will sammeln alle deine Liebhaber und will ihnen deine Blöße aufdecken«, sagt Hesekiel, um Beschämung anzudrohen. So ähnlich steht es freilich auch im Gilgamesch-Epos! Da beschreibt es, wie Enkidu verführt wurde, sich von seiner Tiergestalt erlösen zu lassen. Es könnte die Hochzeitsnächte in Nomadenzelten ebenso darstellen wie die heilige Hochzeit im Fruchtbarkeitskult. Aber: Wo so die Frau als geweihte Priesterin und Dirne zugleich zum Gottesdienst bereit ist, wird eben Baal als Liebhaber erscheinen, und nicht der Gott Israels. Für den hat nämlich Nacktheit keinen Reiz. Er deckt die Blöße nur auf, wenn er zornig ist und beschämen will. Sonst deckt er sie großmütig zu (1.Mose 3). Kein Wunder also, daß sich die Frauen und Männer in Israel hin- und hergerissen finden!

Mit anderen Worten: Der alttestamentliche Glaube bietet lust- und leidvollen Erfahrungen mit der Sexualität im alltäglichen Leben und an hochzeitlichen Tagen weiten Raum, solange alles mit Maß geschieht. Aber das mit der Sexualität untrennbar verbundene ›Tremendum et Fascinosum‹ konnte offenbar kaum in den Betten Israels erlebt werden und umso mehr in den kanaanäischen Tempeln. Das Heilige erscheint als ›Tremendum et Fascinosum‹. Umgekehrt erscheint das ›Tremendum et Fascinosum‹ als heilig – oder dämonisch. So gerät die Sexualität mit ihren faszinierenden und bedrohlichen Anteilen unvermeidlich in die Nähe des Heiligen. Aber in den kanaanäischen Tempeln konnte – oder sollte – sie Israel natürlich nicht als heilig wahrnehmen, sondern nur als dämonisch. Nicht als überwältigendes Glück und erschreckende Gewalt, nicht in ihrer Schönheit und Häßlichkeit, sondern nur als abscheulichen Frevel.

So mußte der Ausbruch aus dem Bereich des ›Normalen‹ mißlingen. Ein vergleichbarer Vorgang mag sich heute vollziehen, wenn ein Mann mit seiner Ehefrau eine durchaus zufriedenstellende sexuelle Beziehung hat, sich zum Abbild weitergehender Phantasien aber einen Beate-Uhse-Katalog besorgt. Sich einen der dort angebotenen Artikel auch zu kaufen, ist ein kleiner Schritt. Aber da die Angelegenheit nicht nur reizvoll, sondern auch irgendwie anrüchig ist, und er den Artikel zunächst auch heimlich bestellt hat, wird er ihn möglicherweise doch nicht mit seiner Frau erproben wollen. Unbefangener geht es vielleicht mit einer anderen Frau. Und falls er noch keine Geliebte hat, mag er sich zu eben diesem Zweck eine suchen. Er wäre keineswegs unehrlich, wenn er zugleich einem Bußprediger Recht gäbe oder selber zu einem würde. Denn irgendwie verachtet er sich auch in dem, was er tut.

Alttestamentlich findet der Konflikt besonders deutlichen Ausdruck in der Geschichte vom »goldenen Kalb«, um das Mose das Volk tanzend findet, als er mit den auf zwei Steintafeln gemeißelten zehn Geboten vom Sinai kommt. Sich in heiligem Zorn mit Gott einig wissend, zerschmettert er die Tafeln und richtet mit einigen Getreuen ein Blutbad an. Danach erst ist er zur Versöhnung bereit und redet auch von Gottes Vergebung (2.Mose 32).

Auch abgesehen von der Gestalt des Kultbildes handelt es sich um eine Geschichte von Untreue gegenüber dem Gott, der Israel aus Ägypten erlöst hatte, und der gehört, nicht im Bild in den Blick genommen werden will. Aber es ging nicht um irgend ein Bild. Es ging auch nicht um ein Kalb, sondern um einen Stier, das Symbol unbändiger Sexualität und Fruchtbarkeit. Damit gewinnt der Konflikt unversöhnliche Schärfe. Geht es in Gottes Geboten um die gedeihliche und verantwortliche Regelung u.a. des sexuellen Lebens, so geht es in der Verehrung des Stieres um die Feier der sexuellen Lust und Potenz, die sich nicht in Regeln fassen lassen wollen, und die eben darin als Partizipation am Heiligen erlebt werden.

Mit alttestamentlich geleiteten Augen gelesen, erscheint der ›Tanz um das goldene Kalb‹ nur als Untreue und Unzucht. Mit kanaanäischen Augen gesehen, erscheint der Gott des Mose wohl nur als Richter, dessen Gebote der Fülle des Lebens Fesseln anlegen und selbst unschuldigem Vergnügen Disziplin verordnen. Beide Sichtweisen sind ungerecht:

Der alttestamentliche Gott ist nicht nur ein Gott der Gebote. Und seine Gebote sind nicht zuerst Fessel, sondern Hilfe zur gedeihlichen Gestaltung des sozialen und kultischen Lebens. Israel hat darin ein Privileg gesehen. – Der orgiastische Kult ist nicht frevelhafte Unzucht, sondern Feier des Heiligen. Es erscheint uns – nicht nur in der Sexualität, aber auch in ihr – als ›Tremendum et Fascinosum‹, das wir aus unserer Phantasie sowieso nicht verbannen können, und das den gelegentlichen Ausbruch aus dem Gewohnten gebietet.

Ist der Konflikt lösbar? Nun ja: Irgendwie wursteln wir uns in leidlich zuträglicher und mehr oder weniger schicklicher Weise durch, unterschiedlich in den verschiedenen Kulturen. Aber gelöst wurde der Konflikt weder damals am Sinai, noch in der griechisch-römischen Welt. Unsere Kulturgeschichte ist unter anderem dadurch geprägt, daß dieser Konflikt damals nicht ausgeräumt wurde. Unsere asketischen Tendenzen mögen eher griechisches Erbe sein. Die Aggressivität im Umgang mit sexuellen Konflikten stammt wohl eher vom Sinai.

Vielleicht rühren manche unserer Verlegenheiten daher, daß sich – bildlich gesprochen – der Gott Israels und die kanaanäische Astarte geschieden haben und nie wieder zueinander fanden, und daß wir folglich als Halbwaisen aufwachsen mußten.

Vielleicht hängt damit auch unsere Sprachlosigkeit bezüglich der Sexualität zusammen. Falls es so wäre: Wäre Sprachlosigkeit dann die Strafe unseres Gottes dafür, daß wir immer noch an das Orgiastische denken? Oder trifft uns hier die Rache der alten Liebesgöttinnen für ihre Verbannung aus unserer Kultur? Es wäre eine milde Form der Rache dafür, daß sie sich einen Platz suchen mußten, wo sie – nicht nur von Kleidern entblößt, sondern ihrer Heiligkeit entkleidet – nur schwer einen anderen Bündnispartner finden als den Teufel.

3. Der unauflösliche Konflikt

Wir können die alten Liebes- und Fruchtbarkeitskulte nicht wiederbeleben. Ich bin mir noch nicht einmal sicher, ob das wünschenswert wäre. Man kann nicht zweckgerichtet Symbole und Kulte erfinden, man kann sie nur entdekken oder wiederfinden. Man kann sie allenfalls restaurieren, aber man kann sie nicht rekonstruieren. Sie können nach einiger Zeit wieder aufleben. Man kann sie aber nicht künstlich erwecken, es sei denn in propagandistischer Absicht und mit demagogischem Geschick. Besonders wenig können christliche Theologie und Kirche tun, um den Kontakt mit den alten Symbolen wieder herzustellen. Und wenn sie in unserer Kultur wieder aufleben sollten, hätten wir mit ihnen unvermeidlicherweise große Schwierigkeiten. Die Wiederkehr der alten Liebesgöttinnen und -götter bedeutete die Verehrung und Feier des ›Tremendum et Fascinosum‹ der Sexualität als etwas Heiligem, und dafür ist in der Kirche kein Raum.

Um in Predigt und Liturgie, Unterricht und Seelsorge über Liebe und Sexualität zu sprechen, bedarf es nicht unbedingt solcher alten Symbole. Der Versuch aber, unseren exzessiven und ekstatischen Phantasien und Erfahrungen deutend Raum zu geben, könnte nur mit Symbolen gelingen, die von Baal und Astarte oder Aphrodite und Dionysos mehr vermitteln als von dem Gott des Alten und Neuen Testamentes.

Ich habe den Konflikt Israels mit den kanaanäischen Kulten in seiner Schärfe dargestellt um zu zeigen, daß hier grundverschiedene Beziehungen zur Wirklichkeit aufeinander trafen: Auf der einen Seite der der Welt gegenüber stehende Gott. Seine Heiligkeit und Unverfügbarkeit wahrt er durch Distanz. Ihm entsprechend der Mensch: Als Geschöpf ist er ein Teil der Welt. Zugleich besteht seine Heiligkeit – als Gottesebenbildlichkeit – eben auch in seiner Distanz zur Welt, in der er das Leben genießen, es verantwortlich gestalten oder auch verfehlen kann. Er kann die Erde »bebauen und bewahren« und außerhalb Edens womöglich zerstören. Auf der anderen Seite die Götter und Göttinnen, die sich im Geheimnisvollen und Unheimlichen der Natur bemerkbar machen, insbesondere im Mysterium von Sexualität und Fruchtbarkeit. Ihre Heiligkeit liegt gerade in der auch sie unverfügbar machenden Nähe, die nährend und verzehrend sein kann, Liebeslust oder Tod bewirkend oder beides gleichzeitig. Entsprechend der Mensch, der im Einklang mit der Natur zu sich selbst findet oder mit ihr verschmilzt, und der seine Heiligkeit in der Partizipation an den überwältigendes Glück und schrecklichen Schmerz bereitenden Kräften der Natur erlebt.

Es sind zwei grundverschiedene Weisen, geschöpfliche Abhängigkeit zu erleben und zu deuten. Beide gehören zu unserer Lebenserfahrung, mehr oder weniger bewußt, zugelassen oder verdrängt. Aber sie sind nicht miteinander zu harmonisieren. Im alltäglichen Leben finden wir wohl meistens mehr oder weniger redliche Kompromisse. Aber wenn es ernst wird – nicht nur, weil rigide Propheten es fordern, sondern weil in bestimmten Situationen etwas auf dem Spiel steht – kommt es zum Konflikt. Diese Konflikte müßten vielleicht nicht so gewalttätig verlaufen wie in den geschilderten Beispielen aus dem Alten Testament, falls die alten Kulte zurückkehrten, oder falls man auf einem Kirchentag vom gefühlvollen Agape-Mahl zur heiligen Hochzeit überginge. Aber auch dessen bin ich nicht sicher. Warum sollte ein solcher Streit um Sexualität weniger brisant verlaufen als Rassen- und Nationalitätenkonflikte?

Leichter zugänglich sind die asketischen Tendenzen des griechischen Erbes. Aber eine Lösung bieten auch sie kaum. Es ist wohl kein Zufall, daß in frühchristlicher Zeit die griechische Trennung von Leib und Seele und die Wertschätzung der Askese in die Kirche Eingang fanden. Askese ist immerhin auch ein Ausweg aus den Ambivalenzen und Trivialitäten der Normalität. Auch sie läßt Anteil am Heiligen finden: Als mystisches Erleben der Seele bei gleichzeitigem Zurücktreten leiblicher Bindungen, als Freiheit von vielem, was andere Leute glücklich und unzufrieden, reich und abhängig macht, und dem manche verfallen. Auch in der Askese wird geschöpfliche Abhängigkeit erlebt. Anders als in den alttestamentlichen und naturreligiösen Varianten erscheint sie hier in dem Paradox, daß Entbehrung mehr Freiheit als Not bereitet. Wie alles kann auch sie zur destruktiven Abhängigkeit pervertiert werden, wenn man meint, den Leib zerstören zu müssen, um die Seele zu retten.

Weder die Wertschätzung der Sexualität als geschöpfliche Gabe im Sinne des Alten Testaments noch ihre gottesdienstliche Feier im Sinne der alten Kulte bedeutet, sie für unverzichtbar zu erklären – als sei man sich das Erreichen sexuellen Glückes schuldig, oder als hätte man Anspruch darauf. Im Gegenteil: Die symbolische Deutung der Sexualität als geschöpfliche Gabe wie als Partizipation am Heiligen läßt eben auch ihre Unverfügbarkeit wahrnehmen. Die Wahrnehmung geschöpflicher Abhängigkeit bedeutet die Freiheit zu genießen und zu entbehren. Und viele Asketen sind fröhliche Menschen gewesen. Askese kann auch heute denen Freiheit stiften, die sich spontan zu ihr entscheiden, oder die sie bejahen, weil sie aus sozialen oder gesundheitlichen Gründen keine Gelegenheit zu einem befriedigenden sexuellen Leben finden.

Aber Askese ist immer die Sache weniger gewesen. Sie öffentlich zu proklamieren bedeutet, die vielen zu verführen, die es dann doch nicht schaffen, weil sie es gar nicht ernsthaft wollen. Es führt dazu, Charisma mit Disziplin zu verwechseln, Freiheit mit moralischer Überforderung, Reinheit mit Selbstverurteilung. Um dieser Folgen willen wäre die Predigt der Askese nicht weniger beunruhigend als die kanaanäischen Kulte, und sie steht zum biblisch tradierten Glauben in ebenso scharfem Widerspruch wie diese.

Wir werden also die Konflikte nicht los. Das Problem besteht in einem unvermeidlichen Widerspruch: Einerseits kann sich Sexualität innerhalb der jeweils geltenden Regeln des Zusammenlebens entfalten, mit glücklichen und leidvollen Anteilen. Diese Ambivalenzen als Merkmal der geschöpflichen Abhängigkeit zu beschreiben, entspricht der biblischen Tradition. So kann auch Seelsorge helfen, die Würde dieser Erfahrungen wahrzunehmen.

Andererseits aber tendiert Sexualität immer dazu, das Geregelte zu sprengen in Richtung auf Orgiastisches oder in Richtung auf Askese. Daß dies ›normal‹ und in Grenzen auch tolerabel ist, muß christliche Theologie nicht bestreiten. Aber wir können solche Erfahrungen kaum beschreiben in ihrer Qualität als Gottesbeziehung. Denn dazu müßten wir uns die Symbole von den Liebesgöttinnen und -göttern leihen bzw. aus dualistischen Religionen. Und mit denen liegt unser Gott eben im Streit. Das verleitet leicht dazu, orgiastische oder asketische Phantasien und Praktiken als Versuchung des Bösen anzusehen oder gar Verfallenheit zu wittern. Dies ist falsch! Weder orgiastische noch asketische Erfahrungen sind vom Teufel. Sie haben mit dem Heiligen zu tun und können dämonische Züge bekommen. Sie müssen keineswegs in destruktive Abhängigkeit führen.

Exzessiv sind diese Wünsche und Phantasien, weil sie die Grenze dessen sprengen, was als schicklich gilt, und was in einer normal gelingenden Partnerschaft alltäglich praktikabel ist. Sie überschreiten damit aber nicht automatisch die Grenze dessen, was geschöpflichem Leben gemäß und als beglückende Lust mindestens vorstellbar ist. Sie sind nicht eo ipso allesamt zerstörerisch und verwerflich. Da Grenzenlosigkeit und mitunter Wildheit Merkmale solcher Wünsche und Phantasien sind, ist naturgemäß kaum präzise zu beschreiben, worauf sie sich richten. Ich sehe drei Tendenzen:

1. Die Gedanken richten sich auf die vollkommene und exklusive Intimität mit einer bestimmten Person. Dies sind hochzeitliche Phantasien. Sie lassen von »ewiger Treue« sprechen und singen.

2. Es sind Träume von der Begegnung mit der idealen Frau oder dem idealen Mann, mit dem Urbild von Weiblichkeit oder Männlichkeit – dessen Heiligkeit Gedanken an Sexualität sogar in den Hintergrund drängen kann. Vorstellungen von Verschmelzung wie die Verehrung der Jungfräulichkeit haben hier Platz.

3. Es sind Gedanken an ungezügelte und grenzenlose sexuelle Lust. Sie

müssen sich nicht auf eine bestimmte Person richten, vielfältige Formen sexueller Praxis bewegen die Phantasie.

In jedem Falle sind es Vorstellungen von ungeteilter und unbegrenzter Lust, die nicht schon den Gedanken an ihr Ende und an das nächste Mal bei sich trägt. Zugleich sind solche Phantasien oft mit aggressiven Elementen gemischt. Sadistische oder masochistische Regungen sind ihre Schattenseite.

Die Versuchung zu destruktiver Abhängigkeit kann sich freilich überall zeigen, im Geordneten wie im Außerordentlichen: Die zwanghafte und tendentiell lustlose Beschränkung auf Normales und Geregeltes aus Angst und Abscheu vor allem, was Phantasie und Werbung sonst noch möglich erscheinen lassen, stellt die eine Versuchung dar. Die andere Versuchung ist die Fixierung auf Orgiastisches oder auf Askese, als seien sie unverzichtbar und führten geradewegs in den Himmel.

4. Möglichkeiten und Grenzen christlicher Seelsorge

Das sexuelle Leben in unserer Gesellschaft stimmt mich keineswegs pessimistisch. Sexualität mag zu Recht oder Unrecht das ›Thema Nr. 1‹ genannt werden, es ist nicht das ›Problem Nr. 1‹. Auch ist zu beobachten, wie die Entkrampfung und Liberalisierung der vergangenen Jahrzehnte ihren Teil dazu beigetragen hat, daß vieles gelingt, ohne daß es vieler Worte bedürfte.

Selbstverständlich finden sich nach wie vor Konflikte und Probleme im individuellen Zusammenleben. Sie können sich an unterschiedlichen Einstellungen und Gewohnheiten der Beteiligten entzünden. Sie können auch die Folge psychischer oder körperlicher Beschädigungen sein. Hinzu kommen Verlegenheiten und Konflikte, die individuell erlebt werden, mit denen man aber Anteil an gesellschaftlichen Problemen hat. Die öffentliche Diskussion über Abtreibung und die immer noch herrschende Unsicherheit in der Bewertung der Homosexualität sind Beispiele dafür. Neu hinzugekommen ist die Bedrohung durch AIDS, die mehr Disziplin erfordert, als der Spontaneität lieb ist, und die uns zudem mit einem alten Thema in Berührung bringt: mit dem Zusammenhang von Eros und Tod.

Dies sind jedoch durchweg Beispiele für Konflikte und schmerzliche Erfahrungen, die es so oder ähnlich immer gegeben hat, und die die leidvolle Seite dessen darstellen, was innerhalb des kulturell Geregelten und Maßvollen normalerweise gelingt und überwiegend Glück bereitet. Diese Dinge lassen sich oft auch besprechen. Zwar stellen auch hier Scham und Sprachlosigkeit Hindernisse dar, aber sie sind überwindlich. Überwiegend problematisch und leider nicht überwiegend beglückend gerät es indessen, wo wir es mit dem zu tun bekommen, was zwar auch alltäglich geschieht und teilweise toleriert wird, aber als unschicklich, anrüchig oder verwerflich gilt. Und weil es als so verächtlich gilt, kann es eben auch kaum kultiviert werden.

Ambivalent erscheint das die Grenzen Überschreitende meinem Eindruck nach immer noch in der schon erwähnten kommerziellen Darstellung von Nacktheit. Ihre Intention ist es, erotischen Reiz auszuüben. Oft will sie mithilfe dieses Reizes noch mancherlei anderes verkaufen. Wo sie pornographisch gerät, ist sie zudem entwürdigend. Aber Pornographie ist mindestens so abstoßend wie reizvoll und wird auf die Dauer langweilig. Verkaufswerbend ist Nacktheit nur, wenn sie reizvoll und zugleich ästhetisch schön dargestellt wird: Vielleicht eine List der Aphrodite, die so eine Nische zum Überleben findet.

Überwiegend unerfreuliche Gestalt gewinnt Sexualität aber in vielen anderen Bereichen, in denen sie die Grenzen des als schicklich Geltenden überschreitet – und aus denen sie sich doch nicht verbannen läßt. Ich nenne drei Beispiele:

– Erotik und Sexualität am Arbeitsplatz
– Träume und Phantasien
– Prostitution

Über solche Dinge ist schwer seelsorgerlich zu sprechen. Denn dazu bedürfte es der poetischen Sprache. Sie würde nicht nur Gedeihliches von Verletzendem unterscheiden, sie könnte dem Zuträglichen Würde verleihen und es aus dem Geruch der Verächtlichkeit befreien. Aber solche Sprache findet sich selten in der Literatur und noch seltener im Alltag. Darüber hinaus bedürfte es hier, wo uns die Symbole weitgehend entzogen sind, der symbolischen Sprache besonders dringlich. Denn mit der Sexualität erfahren wir geschöpfliche Abhängigkeit in besonders pointierter Weise. Der kann nur symbolische Deutung gerecht werden. Es handelt sich ja um eine besonders ›fleischliche‹ Angelegenheit. So bietet sich die verächtliche Rede von der ›Fleischeslust‹ geradezu an. Sie diskriminiert mit der Sexualität die Schöpfung und damit den Schöpfer. Solchem Angriff kommt man nicht mit dem Hinweis bei, es handele sich um ›Natürliches‹. Man muß ihm mit gleicher Waffe begegnen und sich bewußt machen, daß ›*Fleisches*lust‹ eben auch Fleisches*lust* ist und als solche zur Gottesebenbildlichkeit gehört.

Auch der Würde der Partnerin oder des Partners kann man letztlich nur auf diese Weise gerecht werden: Es handelt sich um ihr oder sein ›Fleisch‹, das begehrlich macht, und das man auch verächtlich und ausbeuterisch behandeln kann. Gegen ausbeuterische Tendenzen reicht die Versicherung nicht aus, daß man einander auch noch ›seelisch‹ und ›persönlich‹ liebe. Wo zwei Menschen in persönlicher Liebe verbunden sind, ist die ›Fleischeslust‹ in eine umfassendere Beziehung eingebettet und vor Mißbrauch weitgehend geschützt. Wo aber weniger die andere Person in ihrer Individualität Lust erregt, sondern eher ihre Weiblichkeit oder Männlichkeit, hilft gegen Entwürdigung nur die Verehrung eben dieses ›Fleisches‹ in seiner Attraktivität als Gottes Ebenbild. Dem sprachlichen Ausdruck zu verleihen, ist nicht leicht, zumal in den drei beispielhaft genannten Bereichen.

Erotik am unpassenden (?) Ort

Frauen fühlen sich im beruflichen Leben häufig von Männern belästigt. Solche ›Anmache‹ reicht von entwürdigenden Blicken bis zu erpresserischen Zumutungen und ist fast die Regel. Das unangemessene Verhalten der Männer ist die eine Seite. Die andere Seite ist, daß Frauen für sie eben attraktiv sind. Die Mode tut ein Übriges, die Attraktivität zu unterstützen.

Dabei denke ich gar nicht an besonders freizügige Kleidung. Deren Wirkung ist begrenzt in einer Zeit, in der es uns ja nicht mehr aufregt, daß man beim »Baden geh'n Waden seh'n« kann. Ich denke an den merkwürdigen, offenbar von Männern und Frauen gewollten Effekt, daß schicke Kleidung im Büro oder auf der Strandpromenade mitunter reizvoller sein kann als Nacktheit am FKK-Strand. Auf den erotischen Reiz reagieren eben nicht nur die Sinne, die Phantasie ist auch dabei.

Der Hinweis auf den von Frauen ausgehenden Reiz soll selbstverständlich nicht ein unverschämtes Verhalten der Männer entschuldigen. Es ist auch nicht leicht zu nehmen, zumal mit der männlichen Zudringlichkeit oft ein Machtgefälle verbunden ist: Der Chef ›macht‹ die Sekretärin häufiger ›an‹ als der Lehrling die Chefin. Dennoch: Hier zeigt sich, daß es den Männern offenbar schwer fällt, angemessen auf ein Phänomen zu reagieren, das als solches nicht moralisch zu bewerten ist: Eben die wechselseitige Attraktivität. Wenn also im Berufsleben eine rein sachliche, kollegiale Haltung gefordert wird, so ist dies ein illusionäres Postulat. Es führt zu der Zwickmühle, daß es schnell entwürdigend werden kann, wenn ein Mann in der Kollegin oder Schülerin auch die Frau wahrnimmt, und daß er sie auch beleidigt, wenn er sie nicht attraktiv findet.

Daraus folgt: Jede Frau darf von mir verlangen, daß ich mich ihr gegenüber respektvoll verhalte. Aber keine Frau, und sei sie Nonne oder Feministin, kann verlangen, daß ich sie nicht attraktiv finde. Natürlich muß das keineswegs bedeuten, daß ich dabei an eine intime Beziehung denke. Und selbst derartige Phantasien führen ja nicht gleich zu entsprechenden Wünschen oder gar Taten.

Über diesen ebenso reizvollen wie nicht ganz ungefährlichen Sachverhalt wird fast nie spontan gesprochen. Es ist meiner Erfahrung nach aber leicht, ihn zur Sprache zu bringen: Ich habe noch nie erlebt, daß ein Vikar von sich aus erzählt hätte, daß auch ein erotischer Reiz dabei war, als er mit einer Frau seelsorgerlich gesprochen hatte. Ich habe aber auch weder bei Vikaren noch bei Vikarinnen erlebt, daß sie es zudringlich gefunden haben, wenn ich in der Einzelberatung oder in Gruppen nach solchen Dingen gefragt habe. Im Gegenteil: Selbst in der Ausbildungsbeziehung, wo ich nicht nur Berater, sondern auch Prüfer bin, wurde eine solche Frage immer als Erlaubnis empfunden, auch von solchen Regungen zu erzählen. Ein kleiner Anstoß genügt normalerweise, um eine Schleuse zu öffnen. Die Dinge, die dann ohne große Befangenheit erzählt werden, sind von vielfältiger Art. Es sind

Gefühle und Phantasien, die zuweilen komisch sind, aber normalerweise durchaus liebenswert, selten beschämend oder bedrohlich. Man könnte sie ohne Peinlichkeit auch denen offenbaren, denen sie gelten. Selbstverständlich wird nicht alles erzählt. Es gibt Dinge, die sich leichter sagen lassen, wenn Frauen oder Männer unter sich sind, oder die man allenfalls in einer besonders geschützten Situation preisgeben würde. Um solche Geheimnisse geht es hier gar nicht. Hier geht es um Dinge, die man ganz gerne erzählt, wenn es einmal erlaubt ist, die bei professionellen Beziehungen natürlicherweise mitschwingen und das Licht einer begrenzten Öffentlichkeit nicht scheuen müssen. Es sind Dinge, die man in Gemeindegruppen oder mit einzelnen Gemeindegliedern sicherlich auch besprechen könnte.

Überraschend ist nicht, was dabei heraukommt, sondern daß es herauskommt. Erleichtert heißt es in Gruppen dann oft: »Was – du auch?« Daß man sexuelle Gefühle und Phantasien beim anderen nicht ohne weiteres erwartet, erstaunt mich dann. Besonders irritiert hat es mich, daß es Frauen manchmal völlig neu war, daß Männer außerhalb intensiver persönlicher Beziehungen auf solche Gedanken kommen können. Was ist daran so überraschend? Es scheint so zu sein, daß man unreflektiert davon ausgeht, betroffen seien nur man selbst und irgendwelche fremden Leute, aber nicht die Kollegin und der Kollege neben mir. Falls das so sein sollte: Woher kommen solche Phantasien von der ›Reinheit‹ des konkreten Menschen neben uns? Meint die Frau denn, der Mann sei ein Engel, um nicht annehmen zu müssen, er sei ein Teufel? Meint er denn, sie sei eine Heilige, um nicht annehmen zu müssen, sie sei eine Dirne? Wie verbreitet dieses Phänomen sein mag, es weist darauf hin, wie schwer es gelingt, Sexualität auch in ihrer ungeordneten geheimnisvoll-bedrohlichen Gestalt mit dem Menschlichen in Verbindung zu bringen, und wie nahe wir hier wieder der Religion sind.

Vielleicht erschiene Sexualität leichter als etwas Menschliches und wäre leichter menschengemäß zu gestalten, wenn es gelingen würde, sie in die Spiritualität zu integrieren.

Ich habe noch nicht mit anderen versucht, bezüglich der Sexualität die Bitten des Vater-Unsers zu Leitfragen zu machen. So kann ich nur von dem ausgehen, was mir selbst dazu einfällt. Die entscheidene Frage ist hier natürlich, welchen Einfällen die Bitte um das »tägliche Brot« Raum gibt! Wie die Bitte um Vergebung von Schuld zu füllen ist, fällt schnell ein. Sie bringt mir leicht zu Bewußtsein, womit ich wen verletzen kann und zuweilen verletze, und wie verletzlich ich bin. Auch die dritte Bitte leistet unschwer ihren Dienst: »Führe uns nicht in Versuchung, sondern erlöse uns von dem Bösen.« Sie bringt vielleicht schwerer zur Sprache, aber leicht zu Bewußtsein, was mich zu beherrschen droht oder beherrscht, was mich hinreißen mag, zu denken oder zu tun, was ich nicht will.

Aber sogleich – und Gott sei Dank! – meldet sich die Frage: Ist denn alles, was mir da einfällt, wirklich böse? Denn das Stichwort ›Versuchung‹ läßt mich gleich an *alles* denken, was sozusagen über den Gartenzaun hinausgeht. Nicht nur gemeine und boshafte Gedanken kommen mir in den Sinn. Eben hier zeigt sich unsere Verlegenheit: Um Böses definieren zu können, müßte man auch wissen, was als gut und schön zu gelten verdient. Um entscheiden zu können, was als teuflische Verführung keiner Kultivierung zugänglich ist, müßte man wissen, was nur deshalb unkultiviert wuchert, weil es diskriminiert und der Kultivierung entzogen wird.

Dem bringt uns sonst die Bitte auf die Spur: »Unser tägliches Brot gib uns heute.« Sie läßt sonst zu Bewußtsein kommen, was wir genießen und entbehren, was dessen auch wert ist und uns im Genießen und Entbehren Geschöpflichkeit als Gottesbeziehung erleben läßt. Genau hier aber liegt die Schwierigkeit bezüglich der Sexualität, jedenfalls bezüglich der die Grenzen des Geregelten oder Gebotenen tangierenden Sexualität. Die Hemmungen, Liebeslust, Liebesfähigkeit und Liebesgelegenheit allgemein ins Gebet zu nehmen, lassen sich wohl überwinden. Aber dem, woran ich hier denke, gibt das Gebet um das »tägliche Brot« nicht ohne weiteres Sprache. Es geht eben nicht um das »tägliche Brot«, sondern um das »unalltägliche«!

Da uns die Symbole zur Beschreibung der Sexualität aus den genannten Gründen entzogen sind, führt es vielleicht weiter, wenigstens mit dem Symbol des »täglichen Brotes« zu spielen: Das, woran ich hier denke, kann ich nicht »tägliches Brot« nennen. Vielleicht aber »süße Frucht«, »scharfes Gewürz« oder »bittersüßen Wermut«, vielleicht »Lebkuchen« oder »Apperitif«. Es mag als Festschmaus vorgestellt werden, oder als kleiner Tropfen von dem, was in größeren Mengen allzu giftig wäre.

Was immer einem dazu einfällt an Gedanken und Bildern: Es wäre Deutung und Offenbarung, wenn sich dabei in unserem Bewußtsein das Bekömmliche und Gedeihliche vom Verwerflichen und Zerstörerischen scheiden würde. Am ehesten würde es sich wohl vom Teufelszeug scheiden, wenn wir nicht nur ein Gedankenspiel versuchten, sondern ernstlich ein Gebet riskierten. Dann würden unsere Träume der Gottesbeziehung ausgesetzt. Mag sein, daß Gott auch dann Großmut zeigt, wenn wir ihm mit Dingen kommen, für die früher Astarte zuständig war. Vielleicht heiligt er, was wir so schwer kultivieren können. Denn um Kultivierung geht es. Es geht darum, daß wir der Realität gerecht werden und kultivieren, was auch im beruflichen Alltag zur Realität gehört: Die wechselseitige Attraktion in ihrer Unverfügbarkeit. Natürlich ist es immer ein Spiel mit dem Feuer. Mit dem Feuer spielen wir jedesmal, wenn wir ein Streichholz entzünden, aber nicht immer wird daraus eine unkontrollierte Feuersbrunst. Im übrigen haben wir keine Wahl! Die reine Sachlichkeit ist keine Alternative. Die einzige Alternative ist die ›Anmache‹ in ihrer unerfreulichen Form.

Exzessive Phantasien (nicht nur) Jugendlicher

Wäre es denn möglich, mithilfe der Bitten aus dem Vater-Unser auch mit unseren wilden Phantasien ins Reine zu kommen, in denen sich Wünschenswertes und Zerstörerisches, Praktikables und Unerreichbares vermischen?

Wir erreichen solche Phantasien ja nicht, wenn es – z.B. in Erziehung und Unterricht – auf Aufklärung hinausläuft und dann gewöhnlich gleich auf Verantwortlichkeit. Nicht nur, daß sich Wünsche und Phantasien schwer disziplinieren lassen und man also leicht ins Leere redet. Nicht nur, daß man leicht an den Jugendlichen vorbeiredet, wenn man über Moral diskutiert und dabei übergeht, was sie wirklich im Inneren erregt und bewegt. Hinzu kommt, daß sie sich ja alles dessen enthalten sollen, was nicht – oder noch nicht – zur verantwortlichen Praxis gestaltet werden kann. So geraten leicht alle über die zugängliche und geregelte Praxis hinausgehenden Wünsche und Phantasien in den Bereich dessen, was lästig, verwerflich oder abartig erscheint. Früher empfahl man den Jungen, sich im Falle der Erregung unter einer kalten Dusche abzukühlen, um ›rein‹ zu bleiben. Ich weiß nicht, wieweit das funktioniert hat. Aber so gerät eben alles – vorläufig noch – Unpassende in den Geruch abzuduschenden Schmutzes.

Umso wichtiger ist es, im Zusammenhang von Verantwortlichkeit zugleich von dem zu reden, was uns über die zu regelnde Praxis hinaus bewegt. Es muß sagbar werden, was uns in Berührung mit dem als ›Tremendum et Fascinosum‹ erscheinenden Unverfügbaren bringt und auch zu unserer Menschlichkeit gehört. Dem ist schwer Sprache zu verleihen, weil uns Erwachsenen die Sprache fehlt, und weil es bei den Jugendlichen mit Scham besetzt ist. Man wäre dem mit der Geschichte aus dem Gilgamesch-Epos näher als mit der vorschnellen Frage nach Verantwortlichkeit. Sie würde deutend sagen, was man ohnehin ahnt: Daß es um die Humanisierung des Tierischen geht. Aber darf diese Geschichte in den Kanon zulässiger Geschichten hinein? Und falls ein Junge es ernstlich probieren wollte, würde er die Dirne wohl finden. Es fänden sich aber kein Priester und keine Priesterin, die Dirne heilig zu sprechen.

Könnte das so schwer Sagbare in den Bitten des Vater-Unsers wenigstens unausgesprochen Raum und Gestalt finden?

Die Bitte um Vergebung würde leicht ihren Inhalt finden. Auch die Bitte um Bewahrung vor Versuchung und Erlösung von dem Bösen dürfte eine Fülle von Einfällen auslösen. Vielleicht könnte dabei angesichts der Macht zerstörerischer Träume zugleich etwas vom erlösenden Sinn des Bekenntnisses verständlich werden, Jesus Christus sei »niedergefahren zur Hölle und am dritten Tage auferstanden«. Vielleicht auch würden die Phantasien an Bedrohlichkeit verlieren, wenn sich ihre ›himmlischen‹ Anteile von den ›höllischen‹ trennen ließen.

Die Frage ist, ob die sich zuweilen unbändig und maßlos gebenden Gefühle und Phantasien in den Formulierungen Raum fänden, mit denen ich oben den Rahmen der Bitte um das »tägliche Brot« gesprengt habe, schon etwas riskant, aber zugleich maßvoll. Oder müßte hier nun von »Götterspeise« die Rede sein und von »himmlischen Genüssen«, die man vielleicht nicht bekommt, aber von denen man immerhin träumen darf? Und hat dafür das Vater-Unser noch Raum? Oder ist dafür nur Platz in den Tempeln und Liturgien der Astarte?

Die heilige und verworfene Hure

Wie wäre mit einem Mann zu reden, der zu einer Prostituierten gehen will?

Noch einmal: Ich sage nicht, daß er gehen soll. Ich sage auch nicht, daß Prostitution ein normales und harmloses Phänomen ist. Es ist unerträglich, wenn Frauen verbrecherisch zur Prostitution gezwungen werden, und es ist ein Skandal, wenn wirtschaftliche Not sie dazu treibt. Aber es hat immer Prostitution gegeben, und es ist nicht zu erwarten, daß sie verschwindet. Das hat nicht nur mit wirtschaftlicher Not zu tun. Es hat auch damit zu tun, daß es Sexualität ›pur‹ eben gibt. Es gehört zu unserer Erfahrung, daß Sexualität in einer von persönlicher Liebe geprägten Zweierbeziehung eine reife und beglückende Gestalt findet. Und was sich auch dabei nicht alltäglich, sondern ›hochzeitlich‹ spontan und exzessiv ereignet, mag man auch der »Götterspeise« zuordnen. Es wäre aber eine Ideologie zu postulieren, daß wirkliche Lust nur auf diese Weise zu haben und der Menschen würdig wäre. Und es ist unvermeidlich, daß Wünsche und Phantasien über eine exklusive Beziehung hinausdrängen. Jeder Mann und jede Frau müssen entscheiden, ob sie diesen Neigungen folgen wollen. Aber der Sachverhalt ist mit unserer Geschöpflichkeit gegeben. Hoffentlich nicht mit der Geschöpflichkeit, jedenfalls aber mit unseren gesellschaftlichen Gegebenheiten verbunden ist freilich auch die Tatsache, daß ›pure‹ Sexualität oft in einer Weise Gestalt gewinnt, die entwürdigend ist.

Wie aber ist dem seelsorgerlich zu begegnen? Könnte auch dies im rechten Licht erscheinen, wenn man es mit den Bitten des Vater-Unsers deutend befragt? Was genau wäre als Schuld zu benennen? Daß man – gegebenenfalls – die Ehe bricht? Daß man die Prostituierte ›benutzt‹, die sich vielleicht nicht gerne anbietet, und doch froh ist, wenn jemand das Angebot annimmt? – Was müßte als Versuchung zum Bösen gelten oder gar als Verfallenheit? Schon der Wunsch? Oder dessen häßliche Anteile?

Hier gilt wie überall: Klarheit bezüglich der Schuld oder Verfallenheit kann sich erst einstellen, wenn man Klarheit darüber gefunden hat, ob auch in dieser Angelegenheit etwas ist, was man sich getraut, in die Bitte um das »tägliche Brot« einzuschließen, als »bittersüße Frucht« oder als »Götterspeise«. Wie also wäre mit dem Mann zu reden, der eine Prostituierte besuchen will? Der Fall ist ja nicht unwahrscheinlich, daß man es von jemandem weiß, den man als ehrenwertes Gemeindeglied kennt. Mag sein, daß er davon sogar erzählt, beiläufig und ohne ein Problem daraus machen zu wollen. Und falls er hinzufügte, er hoffe, Gott würde wegsehen oder wenigstens ein Auge zudrücken, würde er das vielleicht nicht nur dem Pfarrer zuliebe sagen. Vielleicht legt er sich selbst die Dinge so zurecht. Damit nähme er freilich weder sich noch Gott ernst. Wollte er sich ernst nehmen, müßte er sich sagen: »Wenn ich es schon tue, so mag Gott auch zusehen, vielleicht hat der ja auch seine Freude daran.« Dürfte man ihm das nahelegen?

Um der Würde der Prostituierten willen müßte man hinzufügen: »Sie ist heilig!« Denn da sie nicht um ihrer Individualität sondern um ihres weiblichen ›Fleisches‹ willen begehrt wird, läßt sich der Unantastbarkeit ihrer Würde nicht billiger Rechnung tragen. Ihr die Ehre zu geben, müßte man etwa sagen: »Sie bereitet uns nicht nur einen Genuß wie z.B. ein Koch oder ein Musiker, die ihre Kunst zur Verfügung stellen. Sie gibt vielmehr sich selbst, um der Lust zu dienen. Statt ins Bahnhofsviertel gehörte sie in einen Tempel.« Solche Rede hätte keinen Platz in der Kirche. Ich will sie nicht nahelegen. Ich weiß aber auch: Weil wir diesen Schritt nicht tun werden, wird ein weiter Bereich unseres Lebens aus dem theologischen Denken ausgeklammert und der Seelsorge unzugänglich bleiben. Er bleibt auch verbannt aus der Spiritualität. Deshalb wird sich auch an unserer Praxis nichts ändern: Prostitution wird nicht als heilig gelten mit beglückenden und erschreckenden Zügen. Sie wird als etwas ›eigentlich‹ Verächtliches mehr oder weniger tolerabel erscheinen. Die Prostituierte wird nicht als Priesterin gelten, sondern als Hure. Und je verächtlicher man über sie denkt, umso verwerflicher wird sich die Praxis gestalten. Diesen fatalen Mechanismus betreffend ist nur zu beten: »Erlöse uns von dem Bösen«!

Anhang

Ich habe mich auf die Konkurrenz zwischen alltäglich geregelter und orgiastischer, gegen Regelungen rebellischer Sexualität konzentriert, weil ich davon überzeugt bin, daß viele Frustrationen und Konflikte aus dieser Konkurrenz resultieren – oder daraus, daß es uns kaum gelingt, ihr in unserer Lebensdeutung und -praxis gerecht zu werden.
Ich weise auf drei Bücher hin, die dieses Thema unterschiedlich behandeln. In ihrer Unterschiedlichkeit finde ich sie repräsentativ, nicht für die Sexualwissenschaft, wohl aber für die Erfahrungen oder Gedanken, die uns in dieser Sache bewegen:

1. *R.J.Lawrence Jr., The Poisoning of Eros, New York 1989:* Lawrence bietet aufschlußreiches theologie- und kirchengeschichtliches Material und gute Gedanken zu einer entspannten Einstellung zur Sexualität. Er bemüht sich überzeugend, vielen, auch konfliktträchtigen, Aspekten und Situationen des ›normalen‹ Alltags gerecht zu werden.

Lawrence beschreibt, wie sich Sexualität gestalten läßt, wenn man sie als geschöpfliche Gabe betrachtet, ohne ihr besondere Heiligkeit beizumessen. An Exzessives und Orgiastisches denkt er kaum. M.E. traut er der Rückbesinnung auf das – unkritisch gesehene – alttestamentliche Erbe zur Überwindung des – zu kritisch gesehenen – leibfeindlichen griechischen Erbes etwas zu viel zu.

2. *J. Illies, Theologie der Sexualität, Die zweifache Herkunft der Liebe, Zürich und Osnabrück 1981:* Illies ist Biologe. Die Sexualität biologisch »von unten her« und theologisch »von oben her« betrachtend, kommt er zur Einschätzung der Liebe – einschließlich genitaler Sexualität – als Unio mystica, als (Wieder)vereinigung der getrennten Geschöpfe und zugleich als (Wieder)vereinigung der Geschöpfe mit Gott. In dieser Unio mystica sieht Illies das Ziel der Sexualität auch der Tiere und Pflanzen. Als menschliche Erfahrung behält er sie der personalen Liebe vor, die zu exklusiver Zweisamkeit führt, und die Sexualität von der »Magie des Fleisches« erlöst.

Das Matriarchat, dem er die orgiastischen Kulte zuordnet, sieht Illies analog zur Entwicklung des Individuums: Zunächst lebten die Völker in fragloser Einheit mit der mütterlichen Natur, dem Säugling vergleichbar. Als mit dem Bewußtsein den Menschen die erste Trennung zwischen sich und ihrem Körper gelang, kam es konsequenterweise zur Entdeckung der Mütter, zur Verehrung des Weiblichen und damit zum Matriarchat mit seinen Sakramenten von Geburt und sexueller Vereinigung. Geopfert wurden dabei freilich Individualität und personale Würde. Die konnten erst zu ihrem Recht kommen, als neben der Urmacht des Weiblichen auch die Zeugungsfähigkeit des Mannes entdeckt wurde – mit der Abwertung des Weiblichen als bedauerlicher Schattenseite. Zugleich nahmen auch die Mütter den Liebhaber als Vater der Kinder in Anspruch (vgl. Demeter als »Göttin des Herdfeuers«). Damit wurde die Familie zur verbindlichen Institution (S. 79ff).

Diametral gegensätzlich: 3. *Heide Göttner-Abendroth, Die Göttin und ihr Heros, München 1980.* Die Heiligkeit der Liebe sehen beide. Aber genau da, wo Illies personale Würde, damit Freiheit von der »Magie des Fleisches«, Raum gewinnen sieht, findet Göttner-Abendroth die patriarchale Usurpation der Göttinnen und Frauen und die Ideologisierung der Mythen zu deren Rechtfertigung: Als der König die Priesterin als Ehefrau in Anspruch nahm, mußte er sie durch das Postulat der Treue domestizieren.

Göttner-Abendroth analysiert Mythen aus dem Mittelmeerraum, aus keltischem, germanischem und indischem Erbe, ebenso Märchen und mittelalterliche Epen. Sie sieht, wie darin Göttinnen eine untergeordnete und oft zweifelhafte Rolle spielen. Sie entdeckt überall frühere Schichten und beobachtet eine Entwicklungsgeschichte der Mythen analog der Entwicklung der sozialen Verhältnisse:

Ein »einfaches Matriarchat« differenziert sich zum »entwickelten Matriarchat«, in dem die Göttin unter drei Aspekten erscheint: Als Mädchen Kampf und Jagd repräsentierend – und in Gestalt der Priesterin dem Mann als König Macht und Würde verleihend. Als Frau Liebe und Fruchtbarkeit repräsentierend – und den Mann zur heiligen Hochzeit ladend. Als Greisin und Herrin der Unterwelt Tod und Auferstehung, Magie, Kunst und Wissenschaft repräsentierend – den König tötend (zuerst direkt, später symbolisch) und in der Unterwelt in Gestalt des Nachfolgers zu neuem Leben erweckend. Dem entsprechen soziale Verhältnisse, unter denen der Mann Autorität als Leihgabe der Frau empfängt und von ihr zum Liebhaber gewählt wird. Verwandtschaftsverhältnisse gibt es nur über die Mütter zu Geschwistern. So kann ein Mann eine ›väterliche‹ Beziehung nur zu Kindern seiner Schwester haben.

Ich kann nicht beurteilen, wieweit diese Analysen historisch zutreffend sind. Ich finde sie weitgehend überzeugend. Etwas skeptisch macht mich die Regelmäßigkeit, mit der Göttner-Abendroth gleiche Entwicklungen und ähnliche Inhalte trotz zeitlicher und räumlicher Distanz überall findet. Viele Details kann ich nicht überprüfen. Mein Zutrauen wuchs, als ich die Analysen gerade da evident fand, wo ich der Argumentation kritisch folgen kann, weil mir die Texte vertraut sind: Bei den mittelalterlichen Epen.

Ich betrachte die Tradition freilich unter einer anderen Voraussetzung als Göttner-Abendroth. Für sie setzt mit der patriarchalischen Usurpation eine Ideologisierung und

Instrumentalisierung der Mythen ein. Ich gehe davon aus, daß jede geschichtliche Epoche mit den ihr eigentümlichen sozialen Verhältnisse ihre Ambivalenzen hat, falls nicht destruktive Abhängigkeiten ein beherrschendes Ausmaß gewonnen haben. Entsprechend setze ich auch voraus, daß die Mythen und Epen auf jeder ihrer Entwicklungsstufen betimmte – möglicherweise verdrängte – Aspekte der Wirklichkeit zu Bewußtsein bringen können und so eine immer begrenzte Wahrheit enthalten – oder auch ideologisch verformt sein können.

Wo immer ich mich bei meinen Überlegungen auf die Überlieferung von kultischer Darstellung und Praxis der Sexualität bezogen habe, habe ich Kulte und Riten im Blick gehabt, die (schon?) patriarchal geprägt waren. Das gilt für die griechisch-römische Welt, das gilt wohl auch für die Kulte, mit denen sich die alttestamentlichen Propheten auseinandergesetzt haben. Das gilt für die Entwicklungsstufe, aus der ich Das Gigamesch-Epos, bearbeitet von G.Burkhardt, Insel-Vlg. 1958, S.10ff, zitiert habe. Dementsprechend erscheinen hier die Ambivalenzen der orgiastischen Sexualität, ihr Tremendum et Fascinosum: Die Frauen galten als heilig, und sie standen zugleich den Männern zur Verfügung. Auch die priesterliche Dirne, die Enkidu zur Erlösung aus seiner Tiergestalt hilft, stand im Dienst des Mannes. In der – wohl tatsächlich älteren – Gestalt, die Göttner-Abendroth herausarbeitet, haben solche Überlieferungen natürlich eine ganz andere Botschaft. Es ist etwas anderes, wenn die Göttin in Gestalt der Priesterin den Mann erwählt, um damit der Ordnung und Fruchtbarkeit der Schöpfung zu entsprechen. Besonders pointiert zeigt sich der Unterschied, wenn in einer früheren Gestalt der Paradieseserzählung Eva als Erdgöttin dem Adam als ihrem Heros im Initiationsritus den Liebes- und Todesapfel überreicht.

Schon die Überlieferungen von kultischer Liebe in ihrer patriarchalen Gestalt ließen mich auf Motive aufmerksam werden, die den gegenwärtigen, frauenfeindlichen Tendenzen der die Regeln sprengenden Erotik entgegenstehen. Die Frage ist, welche verdrängten Aspekte uns die Überlieferungen in matriarchaler Gestalt zu Bewußtsein bringen können.

Ich will dazu einen Auschnitt unserer Wirklichkeit unter den Aspekten betrachten, die ich durch die drei genannten Bücher repräsentiert finde:

Kennzeichnend für unsere Kultur ist das Ideal personaler Liebe und (ehelicher) Treue, in Gedichten, Volksliedern und Schlagern vielfach besungen. Deren Schattenseite ist das, was man landläufig die »doppelte Moral« nennt, mit paradoxen Zügen: In der Regel wird Treue energischer seitens der Männer gefordert. Untreue der Frauen wird unnachsichtiger geahndet, ein männlicher Seitensprung nachsichtiger beurteilt. Damit verbunden ist die häufig vertretene Auffassung, einem Mann, besonders einem Jungen sei leichter an einem sexuellen Abenteuer gelegen, während das Mädchen auf persönliche Bindung bedacht und deshalb verletzlicher ist. In der Erziehung der Jungen folgt(e) daraus leicht Uneindeutigkeit bei der Rede von Treue: Es ist nicht klar, ob er sie um seiner Ehre willen fordern muß oder um der Integrität des Mädchens willen leisten soll. Und wie steht es um die Auffassung, daß besonders Mädchen und Frauen an personaler Beziehung und Treue gelegen ist? Wieweit entspricht sie deren natürlicher Eigenart, wieweit deren auf soziale Gegebenheiten reagierenden Empfinden? Wieweit ist sie usurpatorische Ideologie?

Wenn Lancelot am Hof des Artus die Königin Ginevra liebt und Tristan am Hof des Marke die Königin Isolde, so erscheint dies in unterschiedlichem Licht, je nach Betrachtungsweise:

Gemessen an den ritterlichen Idealen des Mittelalters, handelt es sich um sündhaften Ehebruch. Der Tendenz seines Buches entsprechend, würde J.R.Lawrence es wohl auch so sehen. Da ihm aber die Tabuierung des Eros so fern liegt wie seine Idealisierung, vermeidet er auch eine Dramatisierung der Sünde. Ohne Schuld und Konflikte zu verharmlosen, zeigt er am Beispiel nahmhafter Leute, wie auch das, was ›eigentlich‹ nicht geht, eine Dreiecksbeziehung etwa, einigermaßen gedeihlich zu gestalten ist, wenn sich die Beteiligten verantwortungsbewußt verhalten. Lawrence' Intention ist Entgiftung, verbunden mit der Hoffnung, damit tragische Ausgänge zu vermeiden, wie sie die genannten Epen erzählen.

J.Illies dürfte es dramatischer sehen. Denn mit der Unio mystica in personaler Liebesbeziehung steht mehr auf dem Spiel als eine gedeihliche Regelung. Würde er in dem, was Lancelot und Tristan bewegt, die »Magie des Fleisches« erkennen? Jedenfalls wäre Illies der Dramatik der Epen wohl näher: König Marke zeigt zwar Verständnis, kann aber Tristans und Isoldes tragisches Ende nicht verhindern, und in der Artussage bricht mit der Ehe auch das Königreich zusammen. – So gerne ich Illies in der Hochschätzung personaler Liebe folge: Die Frage bleibt, wie schlimm die Folgen sind, wenn aus einer erlösenden Verheißung oder Erfahrung ein moralisches Postulat wird.

H.Göttner-Abendroth schließlich legt ältere, mythische Schichten der Epen frei und erkennt in deren Überarbeitung ein Spiegelbild der kulturgeschichtlichen und politischen Konflikte der Zeit der Völkerwanderung. Und gemessen an der älteren Ordnung, dienen Lancelot und Tristan der Priesterin und dem Eros als weltschöpferischem Prinzip und rebellieren damit gegen deren Usurpation durch den König (S. 209ff).Den bei uns geltenden Maßstäben ist sie damit am fernsten, weniger fern sicherlich unserer Praxis. Wie fern unseren Phantasien? Jedenfalls sollte man das, was sie beschreibt, nicht mit Freizügigkeit und Unverbindlichkeit verwechseln. Es geht auch hier um eine heilige Ordnung, in der Liebe und Tod eng beieinander liegen.